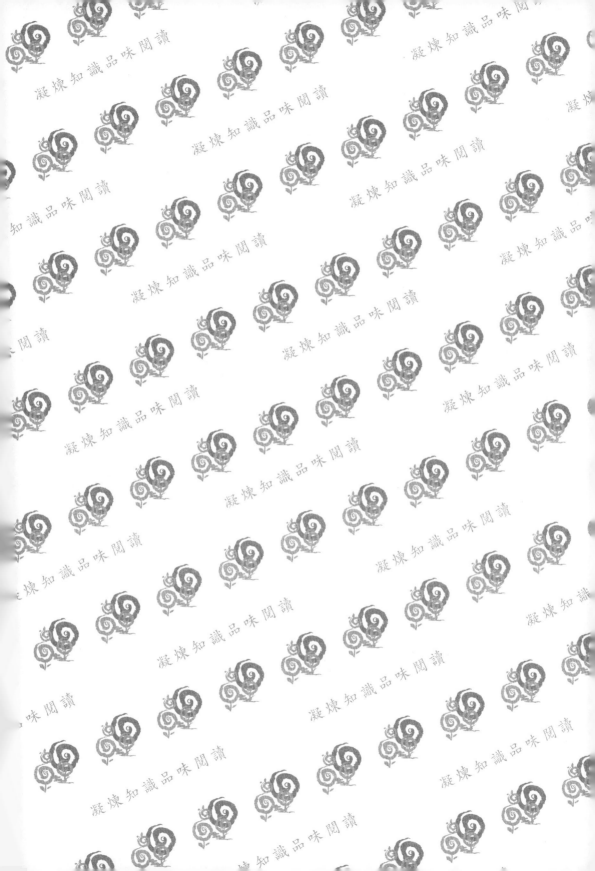

五南圖書出版公司 印行

水系統消防安全設備

作者 **盧守謙**

協同作者 **陳承聖**

閱讀文字

理解內容

觀看圖表

圖解讓
水系統
更簡單

推薦序

　　爲培育出國家消防安全設備之設計、監造、裝置、檢修及防火防災實務型人才，本校特創立消防安全學士學位學程之獨立系所，建置了水系統、警報系統及氣體滅火系統專業教室等軟硬體設備，擁有全方位師資團隊，跨消防、工程科技、機械工程、電機、資訊等完整博士群組成，每年消防設日間部四技班、進修部四技班及進修學院二技班等，目前也刻正籌備規劃消防系（所），爲未來消防人力注入所需的充分能量。

　　本校經營主軸爲一核心之提升人的生命品質；三主軸之健康促進、環境保育、關懷服務；四志業之健康、管理、休閒、社會福利等完整理念目標。在消防學程發展上，重視實務學習與經驗獲得，促進學生能儘快了解就業方向；並整合相關科系資源，創造發展出綜合性消防專業課程模組，不僅能整合並加強教學資源，使課程更爲專業及專精，還能順應新世紀社會高度分工發展，提升學生消防就業市場之競爭能力。在課程規劃上，含消防、土木建築、機械、化工、電機電子、資訊等基礎知識與專業技能，培育學生具備公共安全、災害防救、職業安全衛生管理等市場所需之專業領域知識；並使學生在校期間，取得救護技術員、防火管理人、保安監督人、CAD 2D、CAD 3D 或 Pro/E 等相關證照，及能考取消防設備士、消防四等特考、職業安全／衛生（甲級）或職業安全／衛生管理師（員）等公職及專業證照之取得。

　　本書作者盧守謙博士在消防機關服務期間累積豐富之現場救災經歷，也奉派至英國及美國消防學院進階深造，擁有消防設備師，也熟稔英日文能力，教學經驗及消防書籍著作相當豐富。本書再版完整結合理論面與實務面內涵，相信能使讀者在學習上有系統式貫通了解，本人身爲作者任教大學之校長，也深感與有榮爲，非常樂意爲本書推薦給所有之有志消防朋友們，並敬祝各位身心健康快樂！

郭代琇　教授

大仁科技大學校長

自序

各類場所消防安全設備設置標準自 78 年 7 月訂定發布，同年 9 月施行以來，隨著社會新興行業出現，各項災例發生，迄今歷經多次修正，期使法規更臻於完備。此為場所設置消防安全設備之一種準則，當然無法涵蓋所有場所，於特殊用途構造如挑高大廳高鐵車站或機場大廈等，或難以適用本標準之消防技術與工法，如無塵室場所等。

在水系統消防安全設備方面，於民國 106 年修正中，將集熱板修正為防護板，避免一些挑高空間再錯誤設計，因撒水頭啟動為天花板噴流之對流作用，非集熱之熱傳導機制。此外，令人欣慰引入日本水道連結型自動撒水設備，並增加人員使用便利之第二種室內消防栓保形水帶，如洗車機一樣方便人員親合使用。此外，作者希望法規多要求水道連結型撒水設備裝置，而不是現今設置標準第 28 條第 1 項第 2 款廣泛檢討居室排煙，尤其是機械排煙之高成本效益問題。

在消防救災上，地下層火災非常難以搶救，歷年來也造成國內消防人員死於此類空間之火場，解決之道可引入日本消防搶救上必要設施之連結散水設備（樓地板面積 700m² 以上者）。當地下空間發生火災時，消防車於地面上送水口（選擇閥）送水至該起火位置，直接冷卻火勢位置，而消防人員卻不必冒著生命危險深入火煙之險境，也可避免死於閃（爆）燃現象。此外，國內室內停車場普遍設置泡沫滅火設備，但歐美國家卻大多設置撒水設備，此種設計邏輯於臺灣是火災撲滅（Fire Suppression），不考慮前來救災之消防人員，而直接噴灑大量泡沫淹蓋住火點使其熄滅；而歐美國家則是以火災控制（Fire Control）觀點，係撒水冷卻控制溫度火勢縮減後，消防人員再進入針對火點處，安全撲滅遮蔽處之火點位置。

本書編輯重心以消防設備師（士）國家考試及教學用書方式來撰寫，在火災學原理、水力學等理論基礎，將設備之構造、動作原理、系統組成，以圖示進行解說，並分各類場所消防安全設備設置標準、公共危險物品場所消防設計設備、檢修申報作業基準、消防安全設備認可基準、消防安全設備測試報告書測試方法及判定要領（本要領因限於篇幅，請另見圖解消防安全設備認可基準與測試方法一書）等命題為範圍，文末也納入消防設備師（士）近 9 年完整歷屆考題，非常適

宜參加報考之讀者；也能作爲消防設備從業人員在職進修之工具用書。

　　從事消防教育工作者，無不思索如何以個別單元或彼此整合單元，使資料具體呈現圖解空間有機形態，以讓學生或讀者更有興趣來探究發掘。而消防安全設備欲完全透澈需熟稔四大系統，也需瞭解設備檢修作業基準、認可基準及測試報告書，這即爲本次出版全系列用書（六本）。此外，國內消防法規多參考自日本，本書以其第一手資料來進行解析，並以相當時間於電腦繪圖上，無不希望以圖解式使讀者從複雜條文中，來暢通法規脈胳及掌握條理之思路。倘若本書對教學與實務上有此微貢獻，自甚感榮幸，這也是筆者孳孳不倦之動力來源。

盧守謙　博士
大仁科技大學火災鑑識中心主任

第1章　水系統火災學理

第2章　設置標準消防設計（110年6月修正）

第3章 公共危險物品場所消防設計

第4章 檢修申報作業基準

第5章　認可基準

第6章　消防設備師水系統歷屆考題詳解

第7章　消防設備士水系統歷屆考題詳解

消防設備師考試命題大綱

中華民國 101 年 9 月 24 日考選部選專五字第 1013302056 號公告修正
中華民國108年12月31日考選部選專五字第1083302163號公告修正（修正「消防法規」命題大綱）

專門職業及技術人員高等考試消防設備師考試各應試科目命題大綱		
應試科目數	共計 6 科目	
業務範圍及核心能力	有關各類場所消防安全設備之設計、監造、裝置、檢修業務	
編號	科目名稱	命題大綱內容
一	消防法規	一、消防法規總論 （一）消防法。 （二）消防法施行細則。 （三）消防設備師及消防設備士管理辦法。 （四）消防安全設備檢修專業機構管理辦法。 （五）防焰性能認證實施要點。 （六）公共危險物品及可燃性高壓氣體製造儲存處理場所設置標準暨安全管理辦法。 （七）公共危險物品試驗方法及判定基準。 （八）防火牆及防火水幕設置基準。 （九）可燃性高壓氣體儲存場所防爆牆（防護牆）設置基準。 （十）消防安全設備檢修及申報辦法。 （十一）消防機具器材及設備認可實施辦法。 （十二）消防機關受理集合住宅消防安全設備檢修申報作業處理原則。 二、消防安全設備相關法規 （一）各類場所消防安全設備設置標準。 （二）消防機關辦理建築物消防安全設備審查及查驗作業基準。 （三）各類場所消防安全設備檢修及申報作業基準。 （四）複合用途建築物判斷基準。 （五）二氧化碳及乾粉滅火設備各種標示規格。 （六）消防幫浦加壓送水裝置等及配管摩擦損失計算基準。 （七）緊急電源容量計算基準。 （八）避難器具支固器具及固定部之結構、強度計算及施工方法。 （九）各項消防安全設備認可基準。 （十）消防安全設備測試報告書測試方法及判定要領。 （十一）滅火器藥劑更換及充填作業規定。 （十二）潔淨區消防安全設備設置要點。 （十三）住宅用火災警報器設置辦法。 （十四）119 火災通報裝置設置及維護注意事項。 （十五）水道連結型自動撒水設備設置基準。

		三、建築相關消防法規 （一）建築法。 （二）建築技術規則：包括建築設計施工篇第一章、第三章、第四章 （第一、四、五、六節）、第十一章（第一、三節）、第十二 章（第一、三、四節）。 （三）原有合法建築物防火避難設施及消防設備改善辦法。 （四）工程倫理。
二	火災學	一、火災燃燒基本理論 （一）燃燒理論：包括可燃物、氧氣、熱源、連鎖反應及滅火原理等。 （二）熱傳理論：包括熱傳導、對流、輻射等。 （三）火災理論：包括火災概念特性等。 （四）火災分類：包括 A、B、C、D 類等火災之介紹。 （五）火災化學特性。 （六）爆炸工學：包括高壓氣體爆炸、分解爆炸、粉塵爆炸、蒸氣爆 炸等。 二、火災類型 （一）建築物火災。 （二）電氣火災。 （三）化學火災。 （四）儲槽火災。 （五）工業火災分析。 （六）特殊場所火災。 三、預防與搶救 （一）防火及滅火：包括火災防阻與搶救等理論之論述。 （二）滅火劑與滅火效果：包括各種滅火藥劑及效果之介紹與評析。 （三）火災生成物（煙、熱、火焰）之分析與處理。 四、火災工學 （一）可燃物的燃燒種類、特性和過程。 （二）火災過程中之熱傳導、熱對流、熱輻射。 （三）浮升火羽（柱）的結構及其在火災發展過程中的熱流變化。 （四）影響火災煙氣的產生、蔓延和控制的相關因素。 （五）區劃空間火災特性。
三	避難系統消防安全設備	一、設備之構造與機能 （一）包括基本原理、設備系統構造機能 （二）構件元件之檢定、認可、檢驗測試原理 二、設備法規 國內相關法規及解釋令：包括各類場所消防安全設備設置標準、審勘作業規定、各類場所消防安全設備檢修及申報作業基準及相關實務 三、設計實務 包括設計步驟、設計公式、繪圖及其實務應用 四、設備竣工測試 含審勘作業規定 五、設備檢修要領（含檢修作業規定） （一）設備機能之檢測 （二）檢測儀器之操作使用
四	水系統消防安全設備	一、設備之構造與機能（含消防專用蓄水池等消防安全設備） （一）包括基本原理、設備系統構造機能 （二）構件元件之檢定、認可、檢驗測試原理 二、設備法規 國內相關法規及解釋令：包括各類場所消防安全設備設置標準、審勘作業規定、各類場所消防安全設備檢修及申報作業基準及相關實務

		三、設計實務 包括設計步驟、設計公式、繪圖及其實務應用 四、設備竣工測試 含審勘作業規定 五、設備檢修要領（含檢修作業規定） （一）設備機能之檢測 （二）檢測儀器之操作使用
五	化學系統消防安全設備	一、設備之構造與機能（含海龍替代品等滅火設備） （一）包括基本原理、設備系統構造機能 （二）構件元件之檢定、認可、檢驗測試原理 二、設備法規 國內相關法規及解釋令：包括各類場所消防安全設備設置標準、審勘作業規定、各類場所消防安全設備檢修及申報作業基準及相關實務 三、設計實務 包括設計步驟、設計公式、繪圖及其實務應用 四、設備竣工測試 含審勘作業規定 五、設備檢修要領（含檢修作業規定） （一）設備機能之檢測 （二）檢測儀器之操作使用
六	警報系統消防安全設備	一、設備之構造與機能 （一）包括基本原理、設備系統構造機能 （二）構件元件之檢定、認可、檢驗測試原理 二、設備法規 國內相關法規及解釋令：包括各類場所消防安全設備設置標準、審勘作業規定、各類場所消防安全設備檢修及申報作業基準及相關實務 三、設計實務 包括設計步驟、設計公式、繪圖及其實務應用 四、設備竣工測試 含審勘作業規定 五、設備檢修要領（含檢修作業規定） （一）設備機能之檢測 （二）檢測儀器之操作使用
備註		表列各應試科目命題大綱為考試命題範圍之例示，惟實際試題並不完全以此為限，仍可命擬相關之綜合性試題。

消防設備師四大系統考試型式與規定

考試時間：2 小時

考試型式：四題申論題，每一題占 25 分

※ 注意：

一) 禁止使用電子計算器。

二) 不必抄題，作答時請將試題題號及答案依照順序寫在申論試卷上，於本試題上作答者，不予計分。

三) 請以黑色鋼筆或原子筆在申論試卷上作答。

消防設備士考試命題大綱

中華民國 101 年 9 月 24 日考選部選專五字第 1013302056 號公告修正

編號	科目名稱	命題大綱內容
專門職業及技術人員普通考試消防設備士考試各應試科目命題大綱		
應試科目數		共計 4 科目
業務範圍及核心能力		有關各類場所消防安全設備之裝置、檢修業務
一	消防法規概要	一、消防法規總論 （一）消防法。 （二）消防法施行細則。 （三）消防設備師及消防設備士管理辦法。 （四）消防安全設備檢修專業機構管理辦法。 （五）公共危險物品及可燃性高壓氣體設置標準暨安全管理辦法。 （六）防火牆及防火水幕設置基準。 （七）可燃性高壓氣體儲存場所防爆牆（防護牆）設置基準。 二、消防安全設備相關法規 （一）各類場所消防安全設備設置標準。 （二）消防機關辦理建築物消防安全設備審查及查驗作業基準。 （三）各類場所消防安全設備檢修及申報作業基準。 （四）二氧化碳及乾粉滅火設備各種標示規格。 （五）消防幫浦加壓送水裝置等及配管摩擦損失計算基準。 （六）避難器具支固器具及固定部之結構、強度計算及施工方法。 三、建築相關消防法規 （一）建築技術規則：建築設計施工篇第一章。 （二）工程倫理。
二	火災學概要	一、火災燃燒基本理論 （一）燃燒理論：包括可燃物、氧氣、熱源、連鎖反應及滅火原理等。 （二）熱傳理論：包括熱傳導、對流、輻射等。 （三）火災理論：包括火災概念特性等。 （四）火災分類：包括 A、B、C、D 類等火災之介紹。 二、火災類型 （一）建築物火災 （二）電氣火災 （三）化學火災 （四）儲槽火災 （五）工業火災分析 （六）特殊場所火災 三、預防與搶救 （一）防火及滅火：包括火災防阻與搶救等理論之論述。 （二）滅火劑與滅火效果：包括各種滅火藥劑及效果之介紹與評析。 （三）火災生成物（煙、熱、火焰）之分析與處理。

三	水與化學系統消防安全設備概要	一、設備設置標準 　　包括相關法令規定及解釋令 二、設備之構造與機能 　　包括基本原理、設備系統構造機能 三、設備竣工測試 　　含審勘作業規定 四、設備檢修要領（含檢修作業規定） 　　（一）設備機能之檢修 　　（二）檢測儀器之操作使用
四	警報與避難系統消防安全設備概要	一、設備設置標準 　　包括相關法令規定及解釋令 二、設備之構造與機能 　　包括基本原理、設備系統構造機能 三、設備竣工測試 　　含審勘作業規定 四、設備檢修要領（含檢修作業規定） 　　（一）設備機能之檢修 　　（二）檢測儀器之操作使用
備註		表列各應試科目命題大綱為考試命題範圍之例示，惟實際試題並不完全以此為限，仍可命擬相關之綜合性試題。

消防設備士四大系統考試型式與規定

考試時間：1 小時 30 分

※ 注意：禁止使用電子計算器。

甲、申論題部分：（50 分）
　一）一般有二題，一題（25 分）
　二）不必抄題，作答時請將試題題號及答案依照順序寫在申論試卷上，於本試題上作答者，不予計分。
　三）請以黑色鋼筆或原子筆在申論試卷上作答。
乙、測驗題部分：（50 分）
　一）本測驗試題為單一選擇題，請選出一個正確或最適當的答案，複選作答者，該題不予計分。
　二）共 40 題，每題 1.25 分，需用 2B 鉛筆在試卡上依題號清楚劃記，於本試題或申論試卷上作答者，不予計分。

消防設備師水系統考題趨勢分析

申論題依命題大綱內容之出題年份（101 年～110 年）

命題大綱內容
一、設備之構造與機能（含消防專用蓄水池等消防安全設備） 　　（一）包括基本原理、設備系統構造機能 　　（二）構件元件之檢定、認可、檢驗測試原理 二、設備法規 　　國內相關法規及解釋令： 　　各類場所消防安全設備設置標準 　　【設置標準條文及應用計算】 　　110 年（開放式撒水啓動裝置／探測器數量／撒水頭數／水源容量／幫浦出水量） 　　110 年（連結送水管中繼幫浦管路配置／配置中元件功能） 　　110 年（飛機庫水成膜泡沫放射區域數目／總噴頭數目／水源容量／幫浦出水量／泡沫原液量） 　　109 年（幫浦出力／全揚程計算）（末端查驗管） 　　108 年（撒水頭配置／水源容量計算）（水霧水源容量／排水設備）（應設室外消防栓計算） 　　107 年（老人機構水系統設計原則）（水霧高壓電距離）（高發泡放出口計算／原液量計算／ 　　　　　　原液槽規定）（中繼幫浦程／出水量計算／專用蓄水池設置規定） 　　106 年（補助撒水栓與第二種室內消防栓異同）（小區劃型撒水頭設置規定與水源容量計算） 　　　　　（冠泡體積／原液量計算）（冷卻撒水設備設置規定） 　　105 年（消防專用蓄水池／有效水量）（第一種室內消防栓一般與公危場所比較）（公危補助 　　　　　泡沫消防栓及連結送液口）（連結送水口設置） 　　104 年（送水設計壓力／中繼幫浦全閉揚程計算）（電動機出力／防止水溫排放水量計算） 　　　　　（冷卻撒水設備有分油槽與氣槽之不同規定） 　　103 年（泡沫原液量及幫浦出水量） 　　102 年（石化工廠室外消防栓） 　　101 年（室內停車空間水霧設備規定）（室內停車空間選用滅火設備合理性） 　　審勘作業規定 　　各類場所消防安全設備檢修及申報作業基準 三、設計實務 　　包括設計步驟、設計公式、繪圖及其實務應用 四、設備竣工測試：審勘作業規定 　　【測試／判定要領】 　　109 年（末端查驗管測試／判定要領） 　　103 年（中繼水箱與中繼幫浦設計） 五、設備檢修要領（含檢修作業規定） 　　（一）設備機能之檢測（檢修申報） 　　　　【檢修基準】 　　　　109 年（泡沫昇位圖／滅火原理／泡沫發泡／還原時間）。 　　　　108 年（幫浦性能曲線） 　　　　101 年（圖示撒水壓力水箱壓力開關動作下限值設定）（圖示性能用測試配管操作要領與 　　　　　　　幫浦性能判定） 　　（二）檢測儀器之操作使用
備註　表列各應試科目命題大綱為考試命題範圍之例示，惟實際試題並不完全以此為限，仍可命擬相關之綜合性試題。

【綜合性試題】
　　110 年（細水霧滅火系統與水霧滅火系統、自動撒水系統不同）
　　107 年（水霧昇位圖）
　　104 年（末端查驗閥測試靜壓與動壓計算）
　　103 年（放水型設計種類圖示系統構件及功能連動）
　　103 年（細水霧個案審查與解決作法）
　　102 年（長隧道所設水霧系統）（古蹟歷史建築消防栓設備）（開刀房補助撒水栓）

消防設備士水與化學系統考題趨勢分析

申論題依命題大綱內容之出題年份（101 年 ～110 年）

命題大綱內容
一、設備設置標準（各類場所）：包括相關法令規定及解釋令 　　【設置標準條文】 　　109 年【石化場與傢俱場所室內消防栓比較異同】 　　108 年【一般反應型撒水頭及水道連結型放水壓力、每分鐘放水量、水源容量等之異同】 　　107 年【加壓式乾粉滅火系統遲延裝置、定壓動作裝置、壓力調整裝置、清洗裝置以及排出裝置作用】 　　106 年【乾粉與二氧化碳滅火設備啓動裝置之手動與自動切換裝置規定】 　　105 年【一般場所與危險物品場所室外消防栓設備之比較異同】 　　104 年【撒水頭規定個數及水源容量計算】 　　103 年【撒水頭裝置位置規定】 　　101 年【泡沫射水槍滅火設備設置規定】 二、設備之構造與機能：包括基本原理、設備系統構造機能 　　102 年【繪出呼水槽防止水溫遲放裝置示意圖並說明性能要求】 三、設備竣工測試：含審勘作業規定 　　102 年【消防幫浦性能曲線判斷】 四、設備檢修要領（含檢修作業規定） 　　（一）設備機能之檢修 　　【檢修基準條文】 　　110 年【高壓二氧化碳全區放射系統綜合檢查方式】 　　110 年【水道連結型自動撒水設備設置類型方式 / 性能檢查】 　　109 年【室內停車場設乾粉滅火設備性能檢查，滅火藥劑量檢查 / 判定方法 / 注意事項】 　　108 年【泡沫滅火設備綜合檢查時，水成膜泡沫沫試料採集方法、發泡倍率及 25% 還原時間測定及合格標準】 　　107 年【幫浦加壓密閉式撒水系統綜合檢查】 　　106 年【一齊開放閥性能檢查】【乾粉與二氧化碳滅火設備手動與自動切換裝置之性能檢查】 　　104 年【鹵化烴滅火設備全區放射方式綜合檢查】 　　103 年【水霧滅火設備綜合檢查之檢查方法與判定方法】 　　101 年【低壓式二氧化碳警報性能檢查 / 判定方法 / 注意事項】 　　（二）檢測儀器之操作使用
備註　表列各應試科目命題大綱為考試命題範圍之例示，惟實際試題並不完全以此為限，仍可命擬相關之綜合性試題。
【綜合性試題】 　　109 年【室內停車場設乾粉滅火設備反應方程式】 　　107 年【乾粉定壓動作裝置類型及作動原理】 　　105 年【CO_2 全區放射方式計算防護區域每立方公尺所需 CO_2 重量】 　　102 年【氣密測試意義及合格條件】 　　101 年【室外儲槽場所之顯著滅火困難場所】【低壓式二氧化碳滅火設備之優點】

第1章
水系統火災學理

1-1 水系統火災學理（一）

水系統滅火上物理特性如下：

1. 穩定性佳：在常溫下，水是一種不活潑的相當穩定性液體。水的黏度在溫度 1～99℃範圍內都能保持一致，這使得水在滅火使用時，能安全運輸和加壓送水。

2. 比熱大：每磅水比熱有 1.0BTU，即溫度升高 1 磅水所需的熱量。因此，1 磅水從 0℃升高到 100℃就需 100 BTU 熱量。

3. 汽化熱大：在一大氣壓和一定溫度下，1 磅（0.45 kg）水變成水蒸氣所需 2260 kJ/kg 熱量，或 100℃時一克水蒸發成水蒸氣吸收 539 卡熱量；可見水是非常優良冷卻劑。

4. 溶解熱大：從 0℃固態（冰）到液體水改變相態，能吸收 333.2 kJ/kg 熱量。

5. 具表面張力：水具高密度使得消防瞄子能射出相當長距離；因水最大表面張力值為 72.8 mN/m，使用上能有不同形態，從水滴到水柱流，也使水滴能保持相對穩定性。

6. 蒸氣大量膨脹：當水由液體轉變為蒸氣時會大量膨脹，在一大氣壓下其體積增加 1700 倍，這樣大體積的水（飽和蒸氣）置換了火災相當體積空氣，而減少氧氣空間。

7. 經濟便宜：沒有一種易於得到物質，具有水上述之物理特性。

水轉變水蒸氣將大量膨脹，依理想氣體定律計算：

$$PV = nRT$$

P 為 1 大氣壓

V 為體積

n 為莫耳，水分子質量為 18 g/mol

R 為理想氣體常數 $0.082 \dfrac{L \times atm}{K \times mol}$

T 為溫度（單位 K），水的沸點在大氣壓力為 100℃（373 K）

$$水氣態（1mole）體積 = \frac{nRT}{P} = \frac{1mol \times 0.082\left(\frac{L \times atm}{K \times mol}\right) \times (273+100)K}{1atm} = 30.586 \ (L)$$

$$水液態體積 = \frac{質量}{密度} = \frac{18g}{1} = 18 \ (mL)$$

$$\frac{氣態}{液態} = \frac{30586(mL)}{18(mL)} = 1699 \ （倍）$$

所以，水從常溫液態至 100℃氣態（蒸氣）時體積將擴增 1699 倍。

水系統滅火原理物理特性

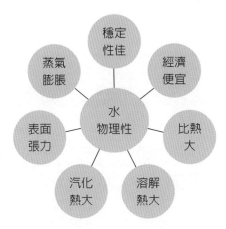

水、水蒸氣及煙之物理上相對比較

項目	水	水蒸氣	煙
密度	在 20 時 1000kg/m^3	在 100 時 0.59 kg/m^3	在 500 時 0.71 kg/m^3
比熱能力	4.2 kJ/kg	2.0 kJ/kg	1.0 kJ/kg
蒸發潛熱能力	2260 kJ/kg	——	——
理論冷卻能力	2.6 MJ/kg	——	——

水系統轉化為蒸汽能吸收熱量計算表

1. 以1加侖水（8.33 lb）至沸騰所需熱：212°F – 68°F（室溫）=144Δ°F
   144Δ°F × 1 BTU/lb × 8.33 lb = 1200 BTU
2. 水從1加侖（8.33 lb）液體到蒸氣所需的熱量：
   970.3 BTU/lb × 8.33lb = 8083 BTU

1加侖水吸收總熱量是1200 + 8083 = 9283 BTU／加侖
水系統出水量100 GPM[註1]，1分鐘後將完全轉化吸收928300 BTU/min熱量。同樣地，如此水量將完全轉化成22300 ft^{3}水蒸汽。

[註1]　GPM 為每分鐘加侖（Gallon）數，即加侖／分。

1-2 水系統火災學理（二）

水系統滅火上所產生滅火原理

項目	內容
冷卻作用	1. 水冷卻燃料表面及水分滲入燃料內層。水引入到火勢促進熱傳作用，造成燃燒熱損失。當熱損失超過火勢熱獲得，燃料表面將降溫到火焰熄滅。 2. 水冷卻而減少輻射熱通量，降低燃料熱裂解（Pyrolysis）速率。當水沫吸熱率接近火災總熱釋放率，則火災會受到壓抑熄滅。
窒息作用	1. 當水施加到火勢形成水蒸氣，使空氣中氧氣遭到稀釋，如此窒息作用達到火勢抑制。在細水霧系統（Water Mist Systems），能作為一種替代撒水系統或某些氣體滅火系統，已證實其能透過冷卻／窒息作用來達到滅火目的。 2. 如果燃燒物質表面被冷卻到不能釋放出足夠可燃氣體，則火將被撲滅。
乳化作用	1. 當二種不能相溶液體一起攪拌，其中一液體分散於另一液體時，即形成乳化層（Emulsion）。這種滅火方法是將水沫射至具黏性液體上，使液體表面形成冷卻作用，阻止蒸氣繼續釋放來達到滅火作用。 2. 當水用於有深度的液體時，由於起泡現象可以使燃燒的液體體積膨脹而超越容器壁流出，如危險之沸溢或濺溢現象。因此通常是將一股相對粗大泡沫，流於液體表面形成乳化作用。滅火時應避免使用直線水柱流，因其將引起激烈的起泡現象。
稀釋作用	1. 水具有低沸點及高汽化熱，汽化熱為液體受熱後蒸發為氣體所需吸收的熱量。因此，水本身為極性分子，在某些情況下，對付水溶性易燃液體火災可以透過稀釋燃料來滅火。例如，能使水和酒精充分混合，即能以稀釋方法成功地撲滅乙醇（Ethyl）或甲醇（Methyl）火災。 2. 如果是儲槽，稀釋不是一種滅火好方法。因需大量水，同時混合物被加熱到水的沸點時，會從底部產生起泡（Frothing）冒出，使液體溢流出槽外之危險。

水系統滅火上水所具有滅火作用

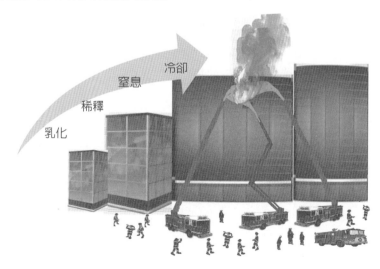

冷卻

窒息

稀釋

乳化

水系統滅火上降溫冷卻作用

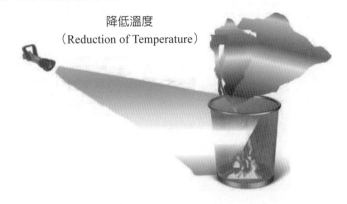

降低溫度
（Reduction of Temperature）

水系統滅火上稀釋氧氣窒息作用

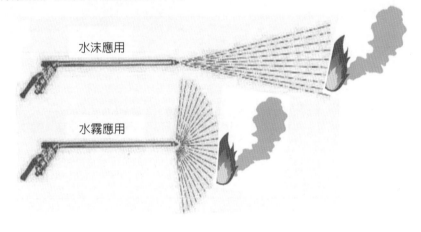

水沫應用

水霧應用

水吸熱效果非常佳，具經濟便宜且取用方便

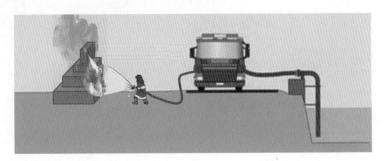

1-3 水系統火災學理（三）

水系統滅火上使用水所具優劣點

項目		內容
優點		1. 冷卻效果佳。 2. 經濟取得容易。 3. 汽化大量膨脹性。 4. 流動性，這是優點（滲透性）也是缺點（水損）。
缺點	水損問題	水系統撒水後地面積水，尤地下室火災時產生不可避免的水損問題。
	表面張力	對付深層火災時往往不能奏效，但可使用添加劑來改善。
	導電性	因水具有導電性，消防射水需先採取斷電措施。
	地面逕流	火災時水流攜帶污染物擴散，造成環境污染問題。
	摩擦損失	消防水帶或立管越長，幫浦加壓則有越大壓力損失。大部分壓力損失，是流動水流中湍流（Turbulence）或轉換接頭所產生水分子顆粒間摩擦損失的結果。水以層流遞送摩擦低，但滅火要求高速流，勢必產生湍流摩擦。此在水帶壓力損失約佔 90%；而流動的水和水帶內部管壁之摩擦，則僅佔 5～10%。
	水添加劑 改善流動性	1. 聚鏈合成劑（Poly-Chain Synthetics）是無毒的，此作為減少摩擦劑，能更有效 2～3 倍。 2. 聚鏈合成劑能完全溶解，能與所有消防設備相容。每 2.6 L 添加劑能加水 22710 L 之 8735 倍比例。測試發現有添加劑 2.5 吋水帶能提供比 3 英吋水帶更多的水，並且幾乎與 3.5 英吋一樣多的水。使用添加劑增加近一倍瞄子壓力，增加了水流量 30%，並且水流更具凝聚性（Coherent）。
	水添加劑 增加水黏度	水的相對低黏度，使得其在固體燃料的表面，往往迅速流掉，影響水在表面覆蓋（Blanket）火災之能力。添加劑使水的使用在某些類型火災更有效；尤其是森林大火之撲滅使用。

水缺點是水損、導電、表面張力、摩擦損失及地面逕流

水優點是冷卻佳、經濟、汽化膨脹及流動性

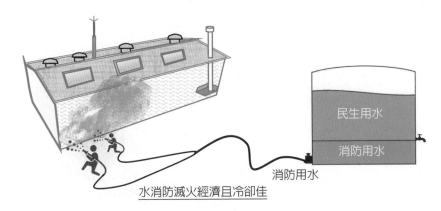

水消防滅火經濟且冷卻佳

水系統水添加劑改善流動性及增加水黏度

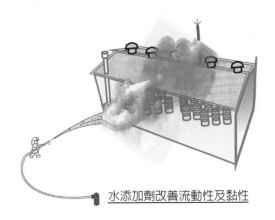

水添加劑改善流動性及黏性

水系統使用增稠劑（Thickening Agents）優缺點

優點	1. 具覆蓋（Cling）和黏著（Adhere）於燃料表面。 2. 厚連續塗層（Coating）於燃料表面。 3. 黏附的水量能吸收熱量。 4. 使瞄子射出更遠距離（Farther）。 5. 使瞄子射出抵抗風和氣流運動。
缺點	1. 無法滲透至燃料深處。 2. 形成更高摩擦損失。 3. 使用時才能進行混合。

1-4 自動撒水設備火災學理

項目	內容
水滴大小與滅火應用	在滅火所需的水量，取決於火災熱輸出。如何迅速撲滅火災，取決於能有多少水，以何種形式來應用水。假使要透過冷卻來實現滅火，最好是熱能最大量被吸收。水轉換成水蒸氣（Steam）時將能吸收最多熱量，並且從較小的液滴、水沫比固體水柱流，更容易地轉化為水蒸氣。
水滴與滅火能力	撒水頭水滴未落至燃料面早已被火羽流（Fire Plume）蒸發掉，除非用大水滴。水滴越小，水吸收火災熱量速度將會較快。因此，所使用水量就較少。從室內火災燃燒放出所有熱量，只要水能吸收 30%～60%，就足以將火災撲滅。 計算水滴最佳滅火直徑是在 0.3～1.0mm，且水滴皆大小相當均勻性。
火羽流動量	為了有效達到燃料面，水滴必須克服火羽流上升動量及氣流影響。如撒水頭釋放，小水滴會受高溫蒸發在天花板上，小水滴也沒有足夠的質量（Mass）與動量（Momenturn），能夠穿透火羽流到達地板之燃燒表面。所以高火載量之倉庫或高天花板，需使用大水滴撒水頭。
稀釋作用	當水施加到火勢形成水蒸氣，能圍繞燃料使空氣中氧氣供給遭到稀釋，來達到火勢之抑制（Suppression）。水蒸氣和水滴也繼續透過冷卻作用，以及水滴繼續蒸發火勢前端區（Heated Area）周圍，而達到完全滅火。

項目	內容
窒息作用	當水射到火勢會形成水蒸氣，則空氣（氧）就能被稀釋（Dilution），某些物質的火災是能透過窒息作用來熄滅的，要是所產生的水蒸氣能夠持續籠罩在燃燒區內，則這種窒息就更具作用。當水蒸氣開始冷凝時，水蒸氣吸熱過程便告結束。當這一情況發生時，會形成水蒸氣的可見浮雲狀物。如果這樣的冷凝發生在火的上面，則對燃燒物質沒有冷卻作用。但是，水蒸氣浮雲狀物還是可以從火勢上面帶走輻射熱量的。
冷卻作用	冷卻作用是撒水設備最大滅火機制，尤其是水霧撲滅易燃物火災，一般透過水的冷卻作用得到熄滅，而不是透過水蒸氣發生所引起的窒息作用來熄滅，雖然後者可能抑制火焰，但往往不能撲滅上述的火災。

例：假設室內初始溫度為 25℃，發生泡棉椅火災熱釋放率為 500 kW，泡棉椅頂端至天花板高度距離 3.50 m，天花板設置快速反應玻璃球型撒水頭，其防護半徑距離 2.50 m，請計算該撒水頭啟動時間？（撒水頭啟動溫度為 71℃，室內對流熱傳係數（χ_c）一般為 0.7）

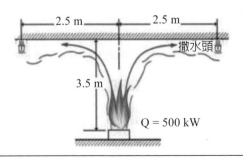

解 依題意所示

Q = 熱釋放率（穩態 Steady State）為 500 kW

r = 火羽流中心線至撒水頭半徑距離或撒水頭防護半徑距離為 2.50m

$T_{activation}$ = 撒水頭啓動溫度為 71℃

RTI = 撒水頭快速反應時間指數，查下表為 42（m-sec）$^{1/2}$

H = 燃料頂端至天花板高度距離為 3.50 m

T_a = 環境初始溫度為 25℃

χ_c = 對流熱釋放率係數（Convective Heat Release Fraction）一般為 0.7

一般撒水頭型式之 RTI

一般撒水頭型式	RTI（m-sec）$^{1/2}$
標準反應玻璃球型（Standard Response Bulb）	235
標準反應易熔金屬型（Standard Response Link）	130
快速反應玻璃球型（Quick Response Bulb）	42
快速反應易熔金屬型（Quick Response Link）	34

（資料來源：Madrzykowski, 1995）

快速反應撒水頭啓動時間 t_a（sec）

依照美國防火工程協會（SFPE 2002）指出，快速反應撒水頭啓動時間之方程式如次：

$$t_a = \frac{RTI}{\sqrt{u_{jet}}} \ln\left(\frac{T_{jet} - T_0}{T_{jet} - T_a}\right)$$

計算對流熱釋放率 Q_c（kW）（Convective Heat Release Rate）

$$
\begin{aligned}
Q_c &= \chi_c \times Q \\
&= 0.7 \times 500 \\
&= 350 \text{ kW}
\end{aligned}
$$

其中

Q = 火災熱釋放率（Heat Release Rate of the Fire）（kW）

α_c = 對流熱釋放率係數（Convective Heat Release Fraction）

計算防護半徑距離對天花板高度之比（Radial Distance to Ceiling Height Ratio）

$$
\begin{aligned}
&r/H \\
&= 2.5/3.5 \\
&= 0.71
\end{aligned}
$$

計算天花板熱煙流溫度 T_{jet}（℃）（Ceiling Jet Temperature）

$$T_{jet} - T_a = \frac{16.9Q^{\frac{2}{3}}}{H^{\frac{5}{3}}} \text{ 在 } r/H \leq 0.18 \text{ 情況}$$

$$T_{jet} - T_a = 5.38 \frac{\left(\frac{Q}{r}\right)^{\frac{2}{3}}}{H} \quad \text{ 在 } r/H > 0.18 \text{ 情況}$$

$$T_{jet} - T_a = 5.38 \frac{\left(\frac{Q}{r}\right)^{\frac{2}{3}}}{H}$$

$$= 5.38 \times \frac{\left(\frac{500}{2.5}\right)^{\frac{2}{3}}}{3.5}$$

$$= 52.57 \text{ (℃)}$$

$$T_{jet} = 52.57 + 25 = 77.57 \text{ (℃)}$$

計算天花板熱煙流速 u_{jet}（m/sec）（Ceiling Jet Velocity）

$$u_{jet} = 0.96 \left(\frac{Q}{H}\right)^{1/3} \text{ 在 } r/H \leq 0.15 \text{ 情況}$$

$$u_{jet} = \frac{0.195Q^{1/3}H^{1/2}}{r^{5/6}} \text{ 在 } r/H > 0.15 \text{ 情況}$$

$$u_{jet} = \frac{0.195Q^{1/3}H^{1/2}}{r^{5/6}}$$

$$= \frac{0.195 \times 500^{1/3} \times 3.5^{1/2}}{2.5^{5/6}}$$

$$= 1.349 \text{ (m/sec)}$$

計算撒水頭啓動時間 $t_{activation}$（sec）（Activation Time）

$$t_{act} = \frac{RTI}{\sqrt{u_{jet}}} \ln\left(\frac{T_{jet} - T_0}{T_{jet} - T_a}\right) = \frac{42}{\sqrt{1.349}} \ln\left(\frac{77.57 - 25}{77.57 - 71}\right) = 75.2 \text{ 秒}$$

撒水頭啓動額定溫度 T_a

額定溫度分類	額定溫度範圍（℃）	額定溫度（℃）
普通（Ordinary）	57～77	74
中等（Intermediate）	79～107	100
高（High）	121～149	135
超高（Extra high）	163～191	177
非常超高（Very extra high）	204～246	204
極端高（Ultra high）	260～302	288
極端超高（Ultra very high）	343	343

資料來源：NFPA Automatic Sprinkler Systems Handbook, 1994

1-5 水霧滅火設備火災學理

水霧滅火設備對環境非常友善有其相當滅火優勢。本節能瞭解水霧滅火機制、優勢及使用水霧之侷限性。

項	目	內容
主要滅火機制	熱移除	區劃空間內釋放水霧能充斥大量水霧粒子，水之蒸發潛熱為 539 cal/g，能顯著降溫達到冷卻作用。
	稀釋氧氣及可燃蒸氣	水霧遇到火災熱後，蒸發為水蒸氣，大量膨脹表面積效應，氧氣受到排擠作用，使燃燒區域氧氣大為縮減。
	可燃物表面溼潤與降溫	使可燃物表面溼潤，吸收其熱能，使其難以熱裂解及分解，新氣相燃料之生成遭到抑制，火勢難以再成長。
次要滅火機制	降低輻射回饋	大量水霧粒子產生遮蔽及吸收輻射熱，使其難以有熱量反饋。
	流場動態效應	水微粒體積小重量輕，易受熱對流循環，可延長水微粒在空氣中之漂浮時間，並藉由流場動態效應，到達所遮蔽的火源。
優勢	應用廣泛	能有效使用於 A 類、B 類、C 類火災及噴射氣體之火災。
	水量需求小	可降低對敏感設備水損問題。假使相同條件之火災環境，細水霧系統水量為 45 Lpm，而一般撒水頭則需達 70～100 Lpm 。
	成本低	兼具氣體與水滅火特性，不具毒性，且比化學系統成本低。
	避免復燃	氣體替代品的濃度，若無法維持充足的時間，區劃內則可能發生復燃情況。但水霧無此之問題。
	易於清潔	冷卻作用及較少清潔時間，允許火災後能短時間恢復使用。
	管徑小	對於空間與重量要求上，具有明顯空間使用之優勢。
	洗滌效果	大量霧化水微粒之吸附效應，將濃煙懸浮微粒物質溶入沉落於地面，產生洗滌濃煙之效果，尤其是減少煙對文物損壞。
使用限制	大空間	對於開放空間或挑高空間，滅火效果會受到限定
	遮蔽	火焰受到遮蔽，滅火效果會受到限定。
	快速火災	快速成長之火災，火羽流旺盛，細水霧難以達到火焰本身。
	禁水性	不能使用與水產生劇烈反應如 D 類、矽烷類火災。
	液化氣體	不能使用於低溫之液化氣體。

水霧滅火設備工程設計例

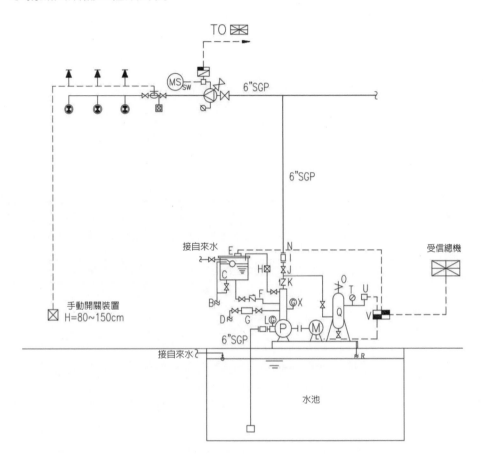

記　號	名　　稱	記　號	名　　稱	記　號	名　　稱
A	輔助水源	I	防震軟管	Q	壓力水槽
B	溢流管（至水池）	J	閘閥	R	洩水管（至水池）
C	輔助水槽（引水槽）	K	逆止閥	S	進水池（至水池）
D	試驗配管（至水源）	L	連成計	T	壓力錶
E	水位開關	M	電動機	U	壓力開關
F	輔助水槽配管	N	消防立管	V	泵浦控制盤
G	流量計	O	安全閥	W	緊急電源
H	水溫上升迴流管	P		X	壓力計

1-6 泡沫滅火設備火災學理

瞭解泡沫為一物理性滅火藥劑，其在火災上所具有哪些特有之滅火機制。

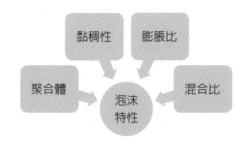

項	目	內容
泡沫特性	聚合體	是一種專門配方能產生充氣氣泡聚合體（Aggregate），PH 值範圍在 7～8.5，PH 值越大對腐蝕及導電性均會增加。
	黏稠結構	在燃燒液體的表面和垂直的面積上形成黏著性、耐熱性覆蓋層。
	膨脹比	泡沫可按發泡膨脹比率[註2]加以定義，分成三類如次： A. 低膨脹泡沫 - 發泡膨脹比低於 20：1 B. 中膨脹泡沫 - 發泡膨脹比為 20～80：1 C. 高膨脹泡沫 - 發泡膨脹比為 80～1000：1 膨脹比（Expansion Ratio）為泡沫原液之容積（V_1），與空氣混合後完全變為空氣泡後所得氣泡容積（V_2），得 $E = \dfrac{V_2}{V_1}$
	混合比	蛋白質泡沫原液 3% 或 6%；合成界面活性泡沫原液 1% 或 3%；水成膜泡沫原液 3% 或 6%。在泡沫保水性方面，以 25% 還原時間[註3]為指標，時間愈長保水性愈佳，形成膜愈能保持抗熱性。

泡沫滅火原理

項	目	內容
泡沫滅火原理	溫度	冷卻性	當泡沫受熱破裂（Breaking Down），將水轉化為水蒸氣。
		滲透性	沒有轉化為水蒸氣的泡沫溶液，可滲入 A 類可燃物質。

[註2] 發泡膨脹比指最終的泡沫體積與添加空氣之前泡沫溶液原來體積之比，
$\dfrac{\text{泡沫原液+空氣形成泡沫液體積}}{\text{泡沫原液體積}}$。

[註3] 25% 還原時間射出泡沫還原至全部泡沫水溶液量 25% 止所需之時間。

項	目		內容
	可燃物	隔絕	物體表面形成覆著層持續一段時間，形成一道隔離層。
		抑制蒸發	於油表面形成乳化層抑制油蒸發為可燃氣體。
	氧氣	窒息	油表面形成乳化層阻隔氧氣供應，產生窒息效果。
		稀釋	泡沫中水受熱轉化為水蒸氣稀釋空氣，降低氧氣濃度。

泡沫種類

　　泡沫主要分化學泡和空氣泡（或機械泡），空氣泡是以泡沫水溶液與空氣產生機械混合生成的，為機械泡沫，因其泡沫中所含氣體為空氣，稱為空氣泡沫。現今大多為空氣泡沫，並以 1%、3% 及 6% 原液比例與空氣混合成泡沫，適合大規模油類火災。

項	目	內容
化學泡	化學泡已被空氣泡取代	化學泡沫以碳酸氫鈉（A 鹼性）與硫酸鋁（B 酸性）反應細小泡沫，生成膠狀氫氧化鋁及硫酸鈉，泡沫中氣體為二氧化碳。 $6\ NaHCO_3 + Al_2(SO_4) \rightarrow 3\ Na_2\ SO_4 + 2Al(OH)_3 + 6\ CO_2$
空氣泡	水成膜泡沫（AFFF）	於蛋白質泡沫形成水溶性薄膜，其中 AFFF 3% 稱輕水泡沫。因含有氟化合成長鏈烴，具界面活性適合飛機燃料事故滅火。 水成膜泡沫滅火（Complete Fire Design Solutions, 2015）
	氟蛋白泡沫（FFA）	蛋白聚合物與有氟化的界面活性劑，可迅速擴散覆蓋燃料面。實例常見於油槽液體下注入方法，及透過泡沫消防槍。 筆者於美國氟蛋白泡沫滅火訓練

項	目	內容
	水成膜氟蛋白泡沫（FFFP）	薄膜的氟化界面活性劑快速展開分佈，形成自行閉合薄膜，使用水沫裝置但產生的泡沫流掉很快，防止復燃作用有限。
	蛋白泡沫	透過天然蛋白質化學浸漬進行細菌分解（Digestion）和水解得到。這些原液可產生穩定性優良、耐熱性好。
	高膨脹泡沫	靠送風機形成機械氣泡，透過界面活性發泡劑溼潤濾網，生成 20：1～1000：1 倍泡沫，常見於全區放射冠泡體積[註4]應用。
	抑制蒸汽泡沫	抑制未點燃易燃液體蒸氣，泡沫覆蓋時不會攪動燃料，可應用於酸性或鹼性危險物質。
	低溫用泡沫	含低溫抑制劑，環境溫度低至 -29°C環境使用。
	抗醇型泡沫	於極性溶劑性燃料火災，泡沫迅速破裂消泡如醇類、稀釋劑、丙酮、丙烯腈、胺等。抗醇型泡沫液價格高。 抗醇型泡沫滅火（Complete Fire Design Solutions, 2015）
	界面活性泡沫	界面活性劑含有水中溶解之親水基化學物質。

泡沫滅火準則

使用空氣泡沫（Air-Foams）進行滅火時，可分固定式（常見於油槽或室內停車場）、移動式（泡沫消防栓、補助泡沫消防栓）及泡沫射水槍（常見於第 4 類公共危險物品之顯著滅火困難場所），應用上基本準則如次：

項目	內容
供應平穩	泡沫供應越平穩滅火就越迅速，所需的滅火劑總量就越低。
供應速率與滅火時間	使用泡沫的成功，取決於供應速率。供應速率是以每分鐘到達燃料表面的泡沫液體積量。如果發泡膨脹倍數為 8：1，那麼 4.1（L/min）供應速率於每分鐘可提供 32.8 L/m³ 體積泡沫量。增加泡沫供應速率超過推薦的最低要求，通常會減少滅火所需時間。如果供應速率非常低，使熱和燃料造成泡沫損耗速率大於泡沫供應速率，火災就不能被控制。

[註4] 冠泡體積指防護區域自樓地板面至高出防護對象物0.5公尺所圍之體積，V = L×W×(H + 0.5) m³。

項目	內容
最低供應速率	最低供應速率是透過實驗。在下圖之一般曲線表示泡沫供應到易燃物質之速率與滅火所需時間關係；該曲線向右或向左移位取決於燃料種類、供應方式和泡沫原液類型。 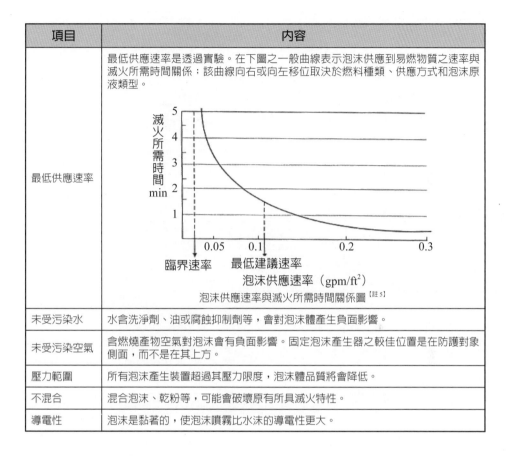 泡沫供應速率與滅火所需時間關係圖[註5]
未受污染水	水含洗淨劑、油或腐蝕抑制劑等，會對泡沫體產生負面影響。
未受污染空氣	含燃燒產物空氣對泡沫會有負面影響。固定泡沫產生器之較佳位置是在防護對象側面，而不是在其上方。
壓力範圍	所有泡沫產生裝置超過其壓力限度，泡沫體品質將會降低。
不混合	混合泡沫、乾粉等，可能會破壞原有所具滅火特性。
導電性	泡沫是黏著的，使泡沫噴霧比水沫的導電性更大。

泡沫使用注意事項（Uses of Fire Fighting Foams）

使用空氣泡沫（Air-Foams）進行滅火時，可分固定式（常見於油槽或室內停車場）、移動式（泡沫消防栓、補助泡沫消防栓）及泡沫射水槍（常見於第4類公共危險物品之顯著滅火困難場所）。

項目	注意事項
低膨脹泡沫	這類泡沫是唯一持久的滅火劑。覆蓋油槽液體表面的泡沫，防止蒸氣時間的長短，取決於泡沫的穩定性和厚度。

[註5]　1 gpm/ft² = 40.746 (L/min)/m²

項目	注意事項
	消防人員以低膨脹泡沫搶救油罐車火災
中高膨脹泡沫	用於封閉空間如地下室或船艙，滅火人員難以到達起火空間，也可用於液化天然氣洩漏火災，並驅散其產生蒸氣雲（Vapor Cloud）。
表面張力性泡沫	泡沫需足夠大體積量，供應率大於損失率，確保液體上有足夠泡沫層。
不穩定性	泡沫由物理的或機械力極易破裂如射流。化學品蒸氣也會破壞泡沫。紊流空氣或火災燃燒氣體上升氣流，會驅使泡沫從燃燒區轉向他處。
覆蓋性	飛機因事故溢出燃料需迅速應用泡沫。最好設計手提式泡沫。越來越多存儲易燃液體，以泡沫撒水系統（Foam-Water Sprinkler）作防護。

泡沫侷限性

項目	使用侷限性
低於沸點	危險性液體在環境溫度和壓力的條件下，必須低於其沸點。
冒泡或濺溢	滅火高溫使泡沫形成蒸氣、空氣和燃料的乳化液（Emulsion）。儲槽火災時泡沫體會產生四倍體積，使燃燒中液體產生冒泡（Frothing）。油槽火災使用泡沫注意危險冒泡現象
非消泡性與高可溶性	所防護的液體中，泡沫必須不具高可溶性（Highly Soluble）。
不與水反應	所防護液體必須不與水起反應。
非立體火災	火災必須是水平表面火。燃料溢出形成三維或壓力下火勢不能用泡沫撲滅，除非對象物有相當高的閃火點。
非氣體或液化之立體火災	如沸點低於室溫者之甲烷、丙烷或丁烷等火災。

第2章
設置標準消防設計
（110年6月修正）

2-1 授權命令

第1條
本標準依消防法（以下簡稱本法）第六條第一項規定訂定之。

【解說】

消防法第六條如次：

第6條 本法所定各類場所之管理權人對其實際支配管理之場所，應設置並維護其消防安全設備；場所之分類及消防安全設備設置之標準，由中央主管機關定之。
消防機關得依前項所定各類場所之危險程度，分類列管檢查及複查。
第一項所定各類場所因用途、構造特殊，或引用與依第一項所定標準同等以上效能之技術、工法或設備者，得檢附具體證明，經中央主管機關核准，不適用依第一項所定標準之全部或一部。
不屬於第一項所定標準應設置火警自動警報設備之旅館、老人福利機構場所及中央主管機關公告場所之管理權人，應設置住宅用火災警報器並維護之；其安裝位置、方式、改善期限及其他應遵行事項之辦法，由中央主管機關定之。
不屬於第一項所定標準應設置火警自動警報設備住宅場所之管理權人，應設置住宅用火災警報器並維護之；其安裝位置、方式、改善期限及其他應遵行事項之辦法，由中央主管機關定之。

「各類場所消防安全設備設置標準」係依據消防法製定，在法律位階層次上，係屬第 3 位階之法規命令，行政機關必須基於法律直接授權依據，如右圖所示。所以在本辦法第 1 條需開宗明義講出，係依消防法第 6 條第 1 項之法律授權來訂定。

基本上，「法規命令」與「行政規則」皆屬「行政命令」，第四位階之行政規則以行政體系內部事項為內容，原則上無需法律授權，行政機關得依職權訂定習稱之「行政規定」，而第三位階法規命令需要法律明確授權，有規範上的拘束力，需於行政院發布後即送立法院備查。目前在消防體系上有法制化法律，有消防法、災害防救法及爆竹煙火管理條例，惟獨法制化之第二位階，始能訂定罰則，因罰則會嚴重影響人民權利義務，需送由人民選舉出之立法委員，進行三讀立法審查。因此，人民假使違反本標準規定，只能引用消防法相關罰則進行處分。

應設置消防安全設備之各類場所予以分類列管檢查，另依同法第九條規定前揭場所管理權人應委託消防設備師、士，定期檢修消防安全設備（滅火設備、警報設備、避難逃生設備、消防搶救上之必要設備等），以維護各項設備功能之正常；次查「建築物公共安全檢查簽證及申報辦法」規定之檢查內容係針對建築物之防火避難設施（防火區劃、內部裝修材料、避難層出入口、走廊、安全梯第十一項）及設備安全（升降設備、緊急供電系統、燃氣設備等六項）等項目由建築專業檢查人為之。

金字塔型法律位階架構

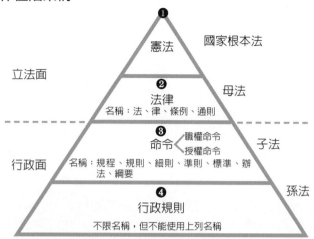

中華民國法律位階明細圖

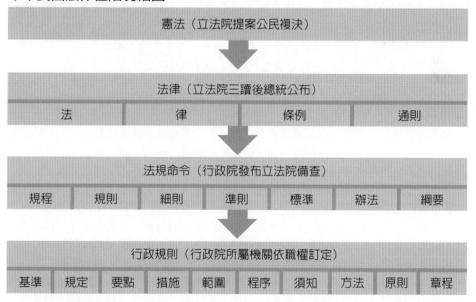

日本消防法體系

2-2 應設置室內消防栓設備

第 15 條

下列場所應設置室內消防栓設備：

一、五層以下建築物，供第十二條第一款第一目所列場所使用，任何一層樓地板面積在三百平方公尺以上者；供第一款其他各目及第二款至第四款所列場所使用，任何一層樓地板面積在五百平方公尺以上者；或爲學校教室任何一層樓地板面積在一千四百平方公尺以上者。

二、六層以上建築物，供第十二條第一款至第四款所列場所使用，任何一層之樓地板面積在一百五十平方公尺以上者。

三、總樓地板面積在一百五十平方公尺以上之地下建築物。

四、地下層或無開口之樓層，供第十二條第一款第一目所列場所使用，樓地板面積在一百平方公尺以上者；供第一款其他各目及第二款至第四款所列場所使用，樓地板面積在一百五十平方公尺以上者。

前項應設室內消防栓設備之場所，依本標準設有自動撒水（含補助撒水栓）、水霧、泡沫、二氧化碳、乾粉或室外消防栓等滅火設備者，在該有效範圍內，得免設室內消防栓設備。但設有室外消防栓設備時，在第一層水平距離四十公尺以下、第二層步行距離四十公尺以下有效滅火範圍內，室內消防栓設備限於第一層、第二層免設。

【解說】

　　室內消防栓是一非常具有大滅火能力之消防安全設備。於一般建築物初期或成長期火災，在設備正常運作上以源源不絕供應，大多能進行壓制火勢至熄滅。當然這要取決於使用人之能力與特性。爲使用便利性，可分第一種及第二種室內消防栓。而前者在日本主要設於倉庫及工廠，因此類場所火載量大，火災時需要大量水來相對冷卻。但在臺灣卻普遍設計第一種室內消防栓，在一般建築物這是一種不妥之設計。

　　但設有室外消防栓設備時，在第一層水平距離四十公尺以下、第二層步行距離四十公尺以下有效滅火範圍內，室內消防栓設備限於第一層、第二層免設，這是同等性能替代考量，因室外消防栓有效射水高度一般爲 6m，而國內建築物每層高度約爲 3m，所以，以二層高度（6m）爲有效射水；在此要注意，在第一層水平距離 < 40m、第二層步行距離 < 40m 有效滅火範圍內，第一層射水以水平直線計，而第二層要取代室內消防栓，必須進入室內及樓梯，故採步行距離計。

　　基本上，應檢討設置室外消防栓設備之場所爲高、中、低度危險工作場所，其中並不包括學校教室。內政部消防法令函釋及公告，學校教室仍應依第十五條第一項規定檢討室內消防栓設備之設置，並無「設有室外消防設備，於其有效滅火範圍內，室內消防栓設備限於第一、二層免設」規定之適用。

　　免設撒水頭處所設有補助撒水栓者，得比照第十五條第二項但書規定，併同自動撒水設備，納入免設室外消防栓設備之檢討範圍。

應設置室內消防栓場所

類別	目別	應設置室內消防栓場所	樓地板面積	地下層或無開口	≥ 6 層
甲	1	電影片映演場所（戲院、電影院）、歌廳、舞廳、夜總會、俱樂部、理容院（觀光理髮、視聽理容等）、指壓按摩場所、錄影節目帶播映場所（MTV 等）、視聽歌唱場所（KTV 等）、酒家、酒吧、酒店（廊）	≥ 300 m²	≥ 100 m²	≥ 150 m²
	2	保齡球館、撞球場、集會堂、健身休閒中心（含提供指壓、三溫暖等設施之美容瘦身場所）、室內螢幕式高爾夫練習場、遊藝場所、電子遊戲場、資訊休閒場所。	≥ 500 m²（除學校≥ 1400 m²）	≥ 150 m²	
	3	觀光旅館、飯店、旅館、招待所（限有寢室客房者）			
	4	商場、市場、百貨商場、超級市場、零售市場、展覽場			
	5	餐廳、飲食店、咖啡廳、茶藝館			
	6	醫院、療養院、榮譽國民之家、長期照顧服務機構（限機構住宿式、社區式之建築物使用類組非屬 H-2 之日間照顧、團體家屋及小規模多機能）、老人福利機構（限長期照護型、養護型、失智照顧型之長期照顧機構、安養機構）、兒童及少年福利機構（限托嬰中心、早期療育機構、有收容未滿二歲兒童之安置及教養機構）、護理機構（限一般護理之家、精神護理之家、產後護理機構）、身心障礙福利機構（限供住宿養護、日間服務、臨時及短期照顧者）、身心障礙者職業訓練機構（限提供住宿或使用特殊機具者）、啟明、啟智、啟聽等特殊學校。			
	7	三溫暖、公共浴室			
乙	1	車站、飛機場大廈、候船室			
	2	期貨經紀業、證券交易所、金融機構			
	3	學校教室、兒童課後照顧服務中心、補習班、訓練班、K 書中心、前款第六目以外兒童及少年福利機構（限安置及教養機構）及身心障礙者職業訓練機構			
	4	圖書館、博物館、美術館、陳列館、史蹟資料館、紀念館及其他類似場所			
	5	寺廟、宗祠、教堂、供存放骨灰（骸）之納骨堂（塔）及其他類似場所			
	6	辦公室、靶場、診所、長期照顧服務機構（限社區式之建築物使用類組屬 H-2 之日間照顧、團體家屋及小規模多機能）、日間型精神復健機構、兒童及少年心理輔導或家庭諮詢機構、身心障礙者就業服務機構、老人文康機構、前款第六目以外之老人福利機構及身心障礙福利機構			

類別	目別	應設置室內消防栓場所	樓地板面積	地下層或無開口	≥ 6 層
	7	集合住宅、寄宿舍、住宿型精神復健機構			
	8	體育館、活動中心			
	9	室內溜冰場、室內游泳池			
	10	電影攝影場、電視播送場			
	11	倉庫、傢俱展示販售場			
	12	幼兒園	≥ 500 m²	≥ 150 m²	≥ 150 m²
丙	1	電信機器室			
	2	汽車修護廠、飛機修理廠、飛機庫			
	3	室內停車場、建築物依法附設之室內停車空間			
丁	1	高度危險工作場所			
	2	中度危險工作場所			
	3	低度危險工作場所			
戊	1	複合用途建築物中,有供甲類用途者	──		
	2	前目以外供乙至丁類用途之複合用途建築物			
	3	地下建築物	總樓地板≥ 150 m²		
其他		經中央主管機關公告之場所	──		

免設規定
1. 設有自動撒水(含補助撒水栓)、水霧、泡沫、二氧化碳、乾粉或室外消防栓等滅火設備者,在該有效範圍內,得免設室內消防栓設備。
2. 但設有室外消防栓設備時,在第一層水平距離 ≦ 40m、第二層步行距離 ≦ 40m 有效滅火範圍內,室內消防栓設備限於第一層、第二層免設

日本應設置室內消防栓設備場所

款目		防火對象物	一般(總樓板面積 m²)	≥ 4F 或地下層或無開口樓層(m²)
1	(1)	戲院、電影院、娛樂場所、展覽中心	防火構造 1500木構造 500	防火構造 300木構造 100
	(2)	公民館、集會場		
2	(1)	歌舞表演、咖啡館、夜總會	防火構造 2100木構造 700	防火構造 450木構造 150
	(2)	遊藝場、舞廳		
	(3)	海關業務銷售場所		
	(4)	卡拉 OK、為客戶提供服務房間		

款目		防火對象物	一般 （總樓板面積 m²）	≧4F 或地下層或 無開口樓層（m²）
3	(1)	會議室、餐廳類似場所	防火構造 2100 木構造 700	防火構造 450 木構造 150
	(2)	飲食店		
4		百貨商店、超級市場、商場或展覽廳		
5	(1)	旅館、汽車旅館、有客房招待所		
	(2)	集合住宅、寄宿舍		
6	(1)	醫院、診所或有 / 無床診所	防火構造 1000 木構造 700	
	(2)	老年短期住宿設施，老人養老院等 （自力避難困難者）		
	(3)	老人日服務中心，幼兒保育類似場所		
	(4)	幼兒園或特殊學校		
7		小學、中學、高中、大學類似場所	防火構造 2100 木構造 700	
8		圖書館，博物館，美術館等類似場所		
9	(1)	公共浴池之外部蒸汽浴室、熱氣浴室 類似特定場所		
	(2)	9(1) 以外之一般公共浴池		
10		候車場或船舶 / 飛機起飛 / 到達地點 （僅限乘客上下車或等候場所）		
11		神社、寺廟、教會	防火構造 3000 木構造 1000	防火構造 600 木構造 200
12	(1)	工廠、作業場	防火構造 2100 木構造 700	防火構造 450 木構造 150
	(2)	電影攝影場、電視播送場		
13	(1)	車庫、停車場	──	──
	(2)	飛機或旋翼飛機機庫		
14		倉庫	防火構造 2100 木構造 700	防火構造 450 木構造 150
15		不適用上述之商業場所	防火構造 3000 木構造 1000	防火構造 600 木構造 200
16	(1)	複合用途建築物中供第 1 至 4、5、6 或 9 款特定用途者	──	──
	(2)	16(1) 以外之複合用途非特定建築物	──	──
16-2		地下街	防火構造 450 木構造 150	──

款目	防火對象物	一般 （總樓板面積 m²）	≥ 4F 或地下層或 無開口樓層（m²）
16-3	16-2 以外地下層接合連續性地下通路 （準地下街）	——	——
17	古蹟歷史建築、重要民俗資料、史跡 等建築物（文化財）	——	——
18	≥ 50m 拱廊	——	——
19	鄉鎮市長指定山林	——	——
20	總務省指定舟車	——	——
註：上述有底色者為特定防火對象物			

＋ 知識補充站

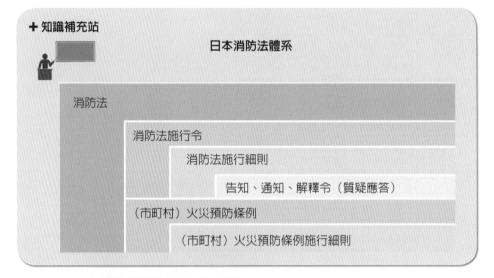

日本消防法體系

消防法

消防法施行令

消防法施行細則

告知、通知、解釋令（質疑應答）

（市町村）火災預防條例

（市町村）火災預防條例施行細則

（捷運站天花板面之優美型
密閉濕式撒水頭，攝於日本
大阪梅田車站）

室內消防栓設備組成

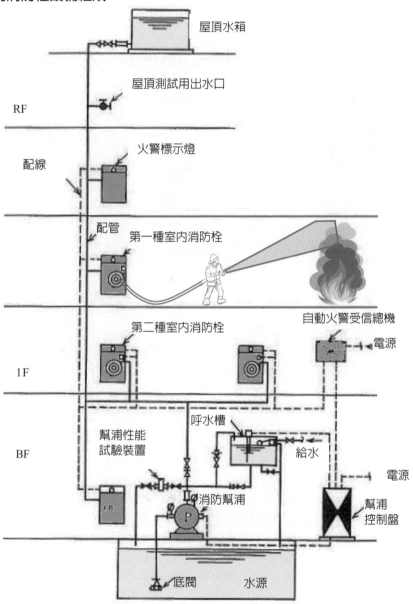

屋頂水箱

屋頂測試用出水口

RF

火警標示燈

配線

配管　第一種室內消防栓

第二種室內消防栓

自動火警受信總機

電源

1F

呼水槽

幫浦性能
試驗裝置

給水

BF

電源

消防幫浦

幫浦
控制盤

底閥　水源

2-3 應設置室外消防栓設備

第 16 條
下列場所應設置室外消防栓設備：
一、高度危險工作場所，其建築物及儲存面積場所之第一層及第二層樓地板面積合計在三千平方公尺以上者。
二、中度危險工作場所，其建築物及儲存面積場所之第一層及第二層樓地板面積合計在五千平方公尺以上者。
三、低度危險工作場所，其建築物及儲存面積場所之第一層及第二層樓地板面積合計在一萬平方公尺以上者。
四、如有不同危險程度工作場所未達前三款規定標準，而以各款場所之實際面積為分子，各款規定之面積為分母，分別計算，其比例之總合大於一者。
五、同一建築基地內有二棟以上木造或其他易燃構造建築物時，建築物間外牆與中心線水平距離第一層在三公尺以下，第二層在五公尺以下，且合計各棟第一層及第二層樓地板面積在三千平方公尺以上者。
前項應設室外消防栓設備之工作場所，依本標準設有自動撒水、水霧、泡沫、二氧化碳、乾粉等滅火設備者，在該有效範圍內，得免設室外消防栓設備。

【解說】

　　室外消防栓主要係以防止外牆間延燒，因射水有效高度 6m（二層高）。依消防署法令說明室外消防栓之主要功能，在防護及阻止往鄰棟建築物延燒，且日本消防法施行令第十九條室外消防栓設備檢討以建築物之第一層及第二層樓地板面積合併計算規定，及視為另一場所意旨與第十五條第二項但書規定設置室外消防栓設備時之有效滅火範圍內，僅限於第一層、第二層免設室內消防栓。在衡量室外消防栓設備之功能、射水防護範圍與能力，其檢討「建築物及儲存面積」之認定，以第十二條第四款場所（丁類場所）之第一層及第二層計算其樓地板面積之和，至各棟建築物應分別檢討之。使用室外消防栓之水來進行滅火，於 A 類火災而言，有其相當優點：冷卻效果佳、經濟取得容易、汽化大量膨脹性及流動性，這是優點（滲透性）也是缺點（水損）。但也有一些需要考量：如水損問題，水系統撒水後地面積水，尤地下室火災時產生不可避免的水損問題。表面張力，對付深層火災時往往不能奏效，但可使用添加劑來改善。導電性，因水具有導電性，消防射水需先採取斷電措施。此外，有地面逕流問題要考量，因火災時水流攜帶污染物擴散，造成環境污染問題。再者，摩擦損失問題，以消防水帶或立管越長，幫浦加壓則有越大壓力損失。大部分壓力損失，是流動水流中湍流（Turbulence）或轉換接頭所產生水分子顆粒間摩擦損失的結果。水以層流遞送摩擦低，但滅火要求高速流，勢必產生湍流摩擦。此在水帶壓力損失約佔 90%；而流動的水和水帶內部管壁之摩擦，則僅佔 5～10%。於第十六條第二項但書明定，應設室外消防栓設備之工作場所，依本標準設有自動撒水設備者，在該有效範圍內，得免設室外消防栓設備。至免設撒水頭處所設有補助撒水栓者，得比照第十五條第二項但書規定，併同自動撒水設備，納入免設室外消防栓設備之檢討範圍。

應設置室外消防栓場所

類別	目別	應設置室外消防栓場所	建築物及儲存面積
工作場所	高度	1. 可燃性固體物質倉庫高度 ≥ 5.5m。 2. 易燃性液體閃火點 < 攝氏 60℃與 37.8℃時，其蒸氣壓 < 2.8kg/cm² 者。 3. 可燃性高壓氣體製造、儲存、處理場所。 4. 石化作業場所，木材加工業作業場所及油漆作業場所等。	≥ 3000 m²
	中度	1. 儲存一般可燃性固體物質倉庫之高度 < 5.5m 者。 2. 易燃性液體物質之閃火點 ≥ 60℃之作業場所。 3. 輕工業場所。	≥ 5000 m²
	低度	有可燃性物質存在，存量少，延燒範圍小，延燒速度慢，僅形成小型火災者。	≥ 10000 m²
	複合	未達前三款規定不同危險程度工作場所。	$(\dfrac{各款場所之實際面積}{各款規定之面積} + \dfrac{各款場所之實際面積}{各款規定之面積} \cdots) \geq 1$
	同一建築基地 ≥ 2 棟	木造或其他易燃構造建築物時，建築物間外牆與中心線水平距離第一層在 < 3m，第二層在 < 5m。	第 1 棟第 1 層及第 2 層＋第 2 棟第 1 層及第 2 層……合計樓地板面積 ≥ 3000m²

免設規定
設有自動撒水、水霧、泡沫、二氧化碳、乾粉等滅火設備者，在該有效範圍內，得免設室外消防栓設備。

二棟以上木造或其他易燃構造火災有延燒之虞

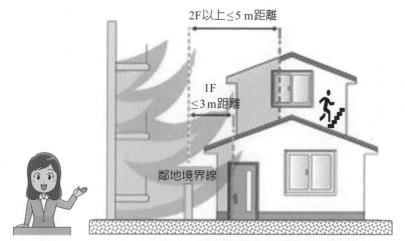

2F以上≤5 m距離

1F ≤3 m距離

鄰地境界線

（日本根據建築標準法，於火災延燒之虞範圍需安裝防火設備如金屬網玻璃，臺灣建築法規於前後戶間從境界線（二棟中心線）各退縮1.5m，合計3m為防火巷之用）

日本應設置室外消防栓設備場所

款目		防火對象物	第 1 層與第 2 層樓地板合計面積（m²）
1	(1)	戲院、電影院、娛樂場所、展覽中心	
	(2)	公民館、集會場	
2	(1)	歌舞表演、咖啡館、夜總會	
	(2)	遊藝場、舞廳	
	(3)	海關業務銷售場所	
	(4)	卡拉 OK、為客戶提供服務房間	
3	(1)	會議室、餐廳類似場所	
	(2)	飲食店	
4		百貨商店、超級市場、商場或展覽廳	
5	(1)	旅館、汽車旅館、有客房招待所	
	(2)	集合住宅、寄宿舍	
6	(1)	醫院、診所或有／無床診所	1) 防火構造 9000
	(2)	老年短期住宿設施，老人養老院等（自力避難困難者）	2) 木構造 3000
	(3)	老人日服務中心，幼兒保育類似場所	3) 同一建築基地內有二棟以上建築物時，建築物間外牆與中心線水平距離第一層在三公尺以下，第二層在五公尺以下者，但不含防火構造及準防火構造建築物。
	(4)	幼兒園或特殊學校	
7		小學、中學、高中、大學類似場所	
8		圖書館、博物館、美術館等類似場所	
9	(1)	公共浴池之外部蒸汽浴室、熱氣浴室類似特定場所	
	(2)	9(1) 以外之一般公共浴池	
10		候車場或船舶／飛機起飛／到達地點（僅限乘客上下車或等候場所）	
11		神社、寺廟、教會	
12	(1)	工廠、作業場	
	(2)	電影攝影場、電視播送場	
13	(1)	車庫、停車場	
	(2)	飛機或旋翼飛機機庫	

款目		防火對象物	第 1 層與第 2 層樓地板合計面積（m²）
14		倉庫	
15		不適用上述之商業場所	
16	(1)	複合用途建築物中供第 1 至 4、5、6 或 9 款特定用途者	─
	(2)	16(1) 以外之複合用途非特定建築物	
16-2		地下街	
16-3		16-2 以外地下層接合連續性地下通路（準地下街）	
17		古蹟歷史建築、重要民俗資料、史跡等建築物（文化財）	1）防火構造 9000 2）木構造 3000 3）同一建築基地內有二棟以上建築物時，建築物間外牆與中心線水平距離第一層在三公尺以下，第二層在五公尺以下者，但不含防火構造及準防火構造建築物。
18		≥ 50m 拱廊	
19		鄉鎮市長指定山林	─
20		總務省指定舟車	

註：上述有底色者為特定防火對象物

（防火水槽，攝於日本大阪）

（公設消防栓，攝於日本大阪）

2-4 應設置自動撒水設備

第 17 條

下列場所或樓層應設置自動撒水設備：

一、十層以下建築物之樓層，供第十二條第一款第一目所列場所使用，樓地板面積合計在三百平方公尺以上者；供同款其他各目及第二款第一目所列場所使用，樓地板面積在一千五百平方公尺以上者。

二、建築物在十一層以上之樓層，樓地板面積在一百平方公尺以上者。

三、地下層或無開口樓層，供第十二條第一款所列場所使用，樓地板面積在一千平方公尺以上者。

四、十一層以上建築物供第十二條第一款所列場所或第五款第一目使用者。

五、供第十二條第五款第一目使用之建築物中，甲類場所樓地板面積合計達三千平方公尺以上時，供甲類場所使用之樓層。

六、供第十二條第二款第十一目使用之場所，樓層高度超過十公尺且樓地板面積在七百平方公尺以上之高架儲存倉庫。

七、總樓地板面積在一千平方公尺以上之地下建築物。

八、高層建築物。

九、供第十二條第一款第六目所定榮譽國民之家、長期照顧服務機構（限機構住宿式、社區式之建築物使用類組非屬 H-2 之日間照顧、團體家屋及小規模多機能）、老人福利機構（限長期照護型、養護型、失智照顧型之長期照顧機構、安養機構）、護理機構（限一般護理之家、精神護理之家）、身心障礙福利機構（限照顧植物人、失智症、重癱、長期臥床或身心功能退化者）使用之場所。

前項應設自動撒水設備之場所，依本標準設有水霧、泡沫、二氧化碳、乾粉等滅火設備者，在該有效範圍內，得免設自動撒水設備。

第一項第九款所定場所，其樓地板面積未達一千平方公尺者，得設置水道連結型自動撒水設備或與現行法令同等以上效能之滅火設備或採用中央主管機關公告之措施；水道連結型自動撒水設備設置基準由中央消防機關定之。

【解說】

依消防署修正說明，無法自身初期應變及避難逃生，為提升該場所主動式滅火防護能力，參酌日本消防法施行令第十二條第一項第一款規定，並配合第十二條第一款第六目增列榮譽國民之家、長期照顧服務機構（限機構住宿式、社區式之建築物使用類組非屬 H-2 之日間照顧、團體家屋及小規模多機能），修正第一項第九款不論面積大小皆應設置自動撒水設備；但其樓地板面積合計未達一千平方公尺者，得設置水道連結型自動撒水設備。

而自動撒水設備在一百多年前就已發明，迄今是全球公認最有效之消防設備，在建築物發生火災後，一般密閉式撒水頭不會超過三顆破裂，即控制住火勢發展，並熄

減火勢；在撒水頭應用上，NFPA 將其區分火勢控制（Fire Control）與火勢抑制撲滅（Fire Suppression）二種，如室內停車空間在英語系國家是裝置自動撒水設備，以達火勢控制，後續由消防人員進入後以滅火器等再將殘火徹底撲滅。而國內則要求裝置泡沫滅火設備，認定車輛火災會有 A 類與 B 類，一旦起火後以大量泡沫進行放射，以淹蓋住火點使其熄滅之方式，但這是不經濟設計觀點。

依內政部消防法令函釋及公告（以下同），建築法系與消防法系就場所歸類認定之方式有別，建築法系將廠、庫歸為同類，應檢討設置之防火避難設施相等。惟消防法系以災例為鑑，就倉庫及工廠分別歸為乙類及丁類場所，並分別定其應設消防安全設備之規範。建築物建造執照申請用途為冷凍工廠，應釐清該場所實際用途究屬工廠之動態作業場所抑或靜態儲存場所，俾定性其為工廠或倉庫；如屬前者，即不受該規定所規範，如屬後者，自應依該規定之規範。按樓層高度超過十公尺且樓地板面積在七百平方公尺以上之高架儲存倉庫，應設置自動撒水設備，第十七條第一項第六款定有明文。該高架儲存倉庫即使在零下 25℃ 環境運作加工，仍應依規定，並檢討設置密閉乾式或預動式之自動撒水設備。蓋冷凍倉庫之諸多災例，通常肇生於其電機設備、溫控設備之故障、維修或局部工程施作期間，且倉庫之棧板、貨架、容器、包裝材或儲存物本身，概皆含有可燃性物質；冷凍倉庫所採冷凍劑無水氨氣（anhydrous ammonia），並具火災及爆炸危險性。徵諸美國、日本等先進國家，針對冷凍倉庫（或冷凍空間），亦皆設有應設自動撒水設備或其他自動滅火設備之規定。而煤礦儲存倉庫未設貨架，非高架儲存倉庫，亦非第十七條第一項第六款規範對象。

建築物層數為「基地地面以上樓層數之和。建築物內層數不同者，以最多之層數作為該建築物層數。」高層建築物因樓層高度限制，考量其對於人員避難逃生、消防搶救困難等因素，相對危險性增加，且建築技術規則建築設計施工編第十二章高層建築物專章對於部分消防安全設備設置，有較特別之規定。

又十一層以上整棟供甲類場所使用之建築物或複合甲類之建築物，應以整棟檢討設置自動撒水設備，係考量樓層高度較高建築物其搶救與避難不易，爰應以整棟檢討設置自動撒水設備，至如屬十一層以上之複合乙類建築物則無同條款之適用。又所稱「樓地板面積合計在三百平方公尺以上者」，係指該建築物供第十二條第一款第一目所列場所使用之各樓層，其樓地板面積跨樓層合計達三百平方公尺以上者。

例：共四層樓之醫院，每層樓地板面積一四九五平方公尺，是否可免設撒水設備，若再開挖六〇〇平方公尺之地下室作為機械室及停車場用途，則該建築物一至四樓醫院部分，是否可免設撒水設備？

解 共四層樓之醫院，每層樓地板面積一四九五平方公尺，如無同條項第三款「地下層或無開口樓層，供第十二條第一款所列場所使用，樓地板面積在一千平方公尺以上者。」之適用，則未達設置自動撒水設備之標準，若再開挖六〇〇平方公尺之地下室作為機械室及停車場用途，因該停車場有可能供外人使用，本建築物係屬複合用途建築物，經檢討一至四樓醫院應設自動撒水設備。

應設置自動撒水設備場所

類別	目別	應設置自動撒水設備場所	＜10層	地下層或無開口	≥11層	≥16層
甲	1	電影片映演場所（戲院、電影院）、歌廳、舞廳、夜總會、俱樂部、理容院（觀光理髮、視聽理容等）、指壓按摩場所、錄影節目帶播映場所（MTV等）、視聽歌唱場所（KTV等）、酒家、酒吧、酒店（廊）	≥ 300 m²	≥ 1000 m²	≥ 0 m²	≥ 0 m²
	2	保齡球館、撞球場、集會堂、健身休閒中心（含提供指壓、三溫暖等設施之美容瘦身場所）、室內螢幕式高爾夫練習場、遊藝場所、電子遊戲場、資訊休閒場所。	≥ 1500 m²			
	3	觀光旅館、飯店、旅館、招待所（限有寢室客房者）				
	4	商場、市場、百貨商場、超級市場、零售市場、展覽場				
	5	餐廳、飲食店、咖啡廳、茶藝館				
	6	醫院、療養院、榮譽國民之家、長期照顧服務機構（限機構住宿式、社區式之建築物使用類組非屬 H-2 之日間照顧、團體家屋及小規模多機能）、老人福利機構（限長期照護型、養護型、失智照顧型長期照顧機構、安養機構）、兒童及少年福利機構（限托嬰中心、早期療育機構、有收容未滿二歲兒童之安置及教養機構）、護理機構（限一般護理之家、精神護理之家、產後護理機構）、身心障礙福利機構（限供住宿養護、日間服務、臨時及短期照顧者）、身心障礙者職業訓練機構（限提供住宿或使用特殊機具者）、啟明、啟智、啟聰等特殊學校、身心障礙福利機構（限照顧植物人、失智症、重癱、長期臥床或身心功能退化者）	≥ 0 m²（左述劃底線場所），其餘 1500 m²			
	7	三溫暖、公共浴室	≥ 1500 m²			
乙	1	車站、飛機場大廈、候船室	──		≥ 100 m²	
	2	期貨經紀業、證券交易所、金融機構				
	3	學校教室、兒童課後照顧服務中心、補習班、訓練班、K 書中心、前款第六目以外之兒童及少年福利機構（限安置及教養機構）及身心障礙者職業訓練機構				
	4	圖書館、博物館、美術館、陳列館、史蹟資料館、紀念館及其他類似場所				
	5	寺廟、宗祠、教堂、供存放骨灰（骸）之納骨堂（塔）及其他類似場所				

類別	目別	應設置自動撒水設備場所	＜10層	地下層或無開口	≥11層	≥16層
	6	辦公室、靶場、診所、長期照顧服務機構（限社區式建築物使用類組屬 H-2 之日間照顧、團體家屋及小規模多機能）、日間型精神復健機構、兒童及少年心理輔導或家庭諮詢機構、身心障礙者就業服務機構、老人文康機構、前款第六目以外之老人服務機構及身心障礙福利機構	—	—		
	7	集合住宅、寄宿舍、住宿型精神復健機構				
	8	體育館、活動中心				
	9	室內溜冰場、室內游泳池				
	10	電影攝影場、電視播送場			≥ 100 m²	≥ 0 m²
	11	倉庫、傢俱展示販售場	樓層高度≥ 10m 且面積 ≥ 700m² 之高架儲存倉庫			
	12	幼兒園				
丙	1	電信機器室				
	2	汽車修護廠、飛機修理廠、飛機庫	—	—		
	3	室內停車場、建築物依法附設之室內停車空間				
丁	1	高度危險工作場所				
	2	中度危險工作場所				
	3	低度危險工作場所				
戊	1	複合用途建築物中,有供甲類用途者	甲類合計達≥ 3000m² 時,供甲類使用樓層			
	2	前目以外供乙至丁類用途之複合用途建築物	—			
	3	地下建築物	總樓地板≥ 1000 m²			
己		大眾運輸工具	—			
其他		經中央主管機關公告之場所				

免設規定
前項應設自動撒水設備之場所,依本標準設有水霧、泡沫、二氧化碳、乾粉等滅火設備者,在該有效範圍內,得免設自動撒水設備。

撒水頭	一般反應型	水道連結型
放水壓力	1 kg/cm²	0.5 kg/cm²
每分鐘放水量	80 L/min	30 L/min
水源容量	≥ 11F 或 ＜ 10F 供第十二條第一款第四目使用或地下層:15 顆 ×80L/min×20min = 24000L 其他場所:10 顆 ×80L/min×20min = 16000L	4 顆 ×30L/min×20min = 2400L

日本應設置自動撒水設備場所

款目		防火對象物	一般 （總樓板面積 m²）	4F～10F （m²）	地下層或無 開口樓層 （m²）	≧11F
1	(1)	戲院、電影院、娛樂場所、展覽中心	平樓以外 6000	1500	1000	整棟設
	(2)	公民館、集會場				
2	(1)	歌舞表演、咖啡館、夜總會	平樓以外 6000	1000	1000	
	(2)	遊藝場、舞廳				
	(3)	海關業務銷售場所				
	(4)	卡拉 OK、為客戶提供服務房間				
3	(1)	會議室、餐廳類似場所	平樓以外 6000	1500	1000	
	(2)	飲食店				
4		百貨商店、超級市場、商場或展覽廳	平樓以外 3000	1500	1000	
5	(1)	旅館、汽車旅館、有客房招待所	平樓以外 6000	1500	1000	
	(2)	集合住宅、寄宿舍	─	─	─	≧11F 設
6	(1)	醫院、診所或有／無床診所	醫院、診所整棟 有床診療所平樓以外 3000 無床診療所平樓以外 6000	1500	1000	整棟設
	(2)	老年短期住宿設施，老人養老院等（自力避難困難者）	整棟			
	(3)	老人日服務中心，幼兒保育類似場所	平樓以外 6000			
	(4)	幼兒園或特殊學校				
7		小學、中學、高中、大學類似場所	─	─	─	≧11F 設
8		圖書館、博物館、美術館等類似場所	─	─	─	≧11F 設
9	(1)	公共浴池之外部蒸汽浴室、熱氣浴室類似特定場所	平樓以外 6000	1500	1000	整棟設
	(2)	9(1) 以外之一般公共浴池	─	─	─	≧11F 設

款目		防火對象物	一般 （總樓板面積 m²）	4F～10F （m²）	地下層或無 開口樓層 （m²）	≥ 11F
10		候車場或船舶／飛機起飛／到達地點（僅限乘客上下車或等候場所）	——		——	
11		神社、寺廟、教會	——		——	
12	(1)	工廠、作業場	——		——	
	(2)	電影攝影場、電視播送場	——		——	≥ 11F 設
13	(1)	車庫、停車場	——		——	
	(2)	飛機或旋翼飛機機庫	——		——	
14		倉庫	天花板高度≥ 10m 且總樓地板面積≥ 700m²（但防火構造 2100 m²）			
15		不適用上述之商業場所	——	——	——	——
16	(1)	複合用途建築物中供第 1 至 4、5、6 或 9 款特定用途者	特定防火對象物之總樓地板≥ 3000m² 之樓層	特定防火對象物之總樓地板≥ 1500m² 之樓層	特定防火對象物之總樓地板≥ 1000m² 之樓層	整棟設
	(2)	16(1) 以外之複合用途非特定建築物	——		——	≥ 11F 設
16-2		地下街	總樓地板面積≥ 1000 m²，供 6(2) 則全部	——	——	——
16-3		16-2 以外地下層接合連續性地下通路（準地下街）	總樓地板面積≥ 1000 m² 且特定防火對象物≥ 500m²	——	——	
17		古蹟歷史建築、重要民俗資料、史跡等建築物（文化財）	——		——	≥ 11F 設
18		≥ 50m 拱廊	——	——	——	
19		鄉鎮市長指定山林	——	——	——	
20		總務省指定舟車	——	——	——	
註：上述有底色者為特定防火對象物						

日本水道連結型撒水設備種類

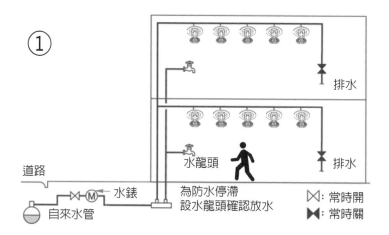

（埼玉市消防局，平成28年）

直結增壓直送式

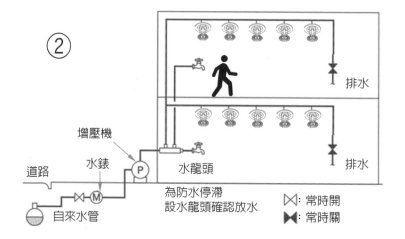

直結增壓重力水箱式

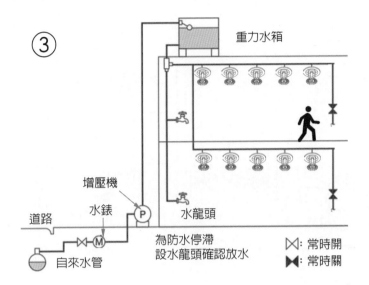

③

重力水箱

增壓機

水錶

道路

自來水管

水龍頭

為防水停滯
設水龍頭確認放水

⋈：常時開

◤◥：常時關

呼水槽重力水箱併式

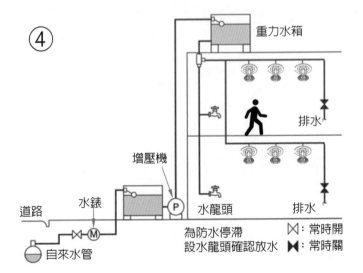

④

重力水箱

增壓機

水錶

道路

自來水管

水龍頭

排水

排水

為防水停滯
設水龍頭確認放水

⋈：常時開

◤◥：常時關

呼水槽壓力水箱式

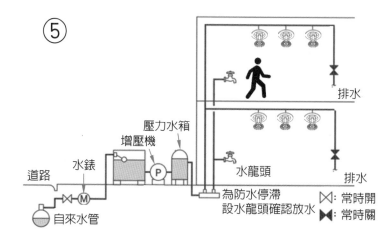

⑤

壓力水箱

增壓機

水錶

道路

自來水管

排水

排水

水龍頭

為防水停滯
設水龍頭確認放水

⋈：常時開
◢◣：常時關

呼水槽幫浦直送式

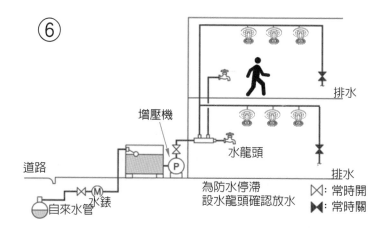

⑥

增壓機

道路

水錶

自來水管

排水

排水

水龍頭

為防水停滯
設水龍頭確認放水

⋈：常時開
◢◣：常時關

加壓送水裝置之幫浦出水量及全揚程

內部裝修	出水量	全揚程
準不燃材料 （耐燃二級）	最大放水區域之撒水頭數 （≥ 4 個以 4 個計）× 20 L/min	$H = h1 + h2 + 2m$
耐燃一、二級以外	最大放水區域之撒水頭數 （≥ 4 個以 4 個計）× 35 L/min	$H = h1 + h2 + 5m$
註：H 為幫浦全揚程、h1 為配管摩擦損失水頭、h2 為落差（m）		

呼水槽直結補助水箱併用式

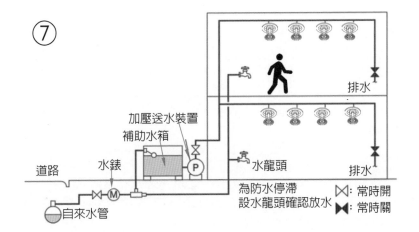

日本水道連結型撒水設備場所設置實例

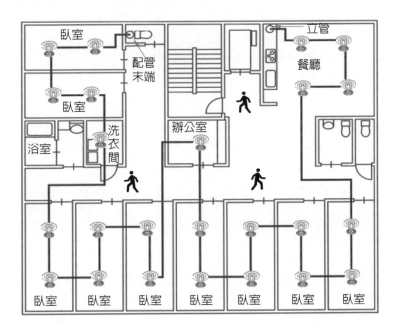

2-5 水道連結型自動撒水設備（107. 11. 29）

本基準所定水道連結型自動撒水設備設置規定如下：

(一) 水道連結型自動撒水設備得排除設置標準第四十四條至第四十六條、第五十條至第五十五條、第五十七條至第六十條之配管、配件、屋頂水箱、竣工時之加壓試驗、配置、放水量、放水壓力、流水檢知裝置、水源容量、加壓送水裝置、送水口及緊急電源等規定；撒水頭放水壓力未符規定者，應設增壓供水裝置或其他有效增壓措施。

(二) 水源容量：以四顆水道連結型撒水頭，持續放水二十分鐘以上計算之。

(三) 配管、配件及閥類：
1. 民生水箱共用式室內水平配管應避免傾斜且裝置時儘量縮短配管與撒水頭間管距，撒水頭應配接防止水滯留之管接頭，配管末端連結水龍頭或馬桶水箱等日常生活用水設施，俾使配管內水源流動不滯留。
2. 民生水箱共用式連結撒水頭之配管材質應符合自來水配管之相關規定，獨立水箱式配管材質應符合下列規定之一：
   (1) 設置標準規定之符合國家標準六四四五配管用碳鋼鋼管、四六二六壓力配管用碳鋼鋼管、六三三一配管用不銹鋼鋼管或具同等以上強度、耐腐蝕性及耐熱性者，或採用經中央主管機關認可具氣密性、強度、耐腐蝕性、耐候性及耐熱性等性能之合成樹脂管。
   (2) 自來水用戶用水設備標準規定之聚乙烯塑膠管、聚氯乙烯塑膠管、聚乙烯夾鋁塑膠管、內襯聚乙烯之聚氯乙烯塑膠管、丙烯腈 - 丁二烯 - 苯乙烯（ABS）塑膠管、聚丁烯塑膠管、玻璃纖維強化塑膠管、碳鋼鋼管、鎳鉻鐵合金管、不銹鋼管或鋼管。
3. 設置標準規範之合成樹脂管或自來水用戶用水設備標準規範之聚乙烯塑膠管、聚氯乙烯塑膠管、聚乙烯夾鋁塑膠管、內襯聚乙烯之聚氯乙烯塑膠管、丙烯腈 - 丁二烯 - 苯乙烯（ABS）塑膠管、聚丁烯塑膠管、玻璃纖維強化塑膠管，其立管應設於防火構造之管道間，垂直及水平配管應敷設於耐燃材料內保護。
4. 屋外或潮溼場所露出之金屬配管需施以防銹塗裝等防蝕措施，配管材質採不銹鋼鋼管不在此限。
5. 管接頭及閥類應符合場所使用壓力值以上。
6. 設置於高層建築物之配管管材應符合建築技術規則規定。

(四) 撒水頭：
1. 設置符合密閉式撒水頭認可基準規範之水道連結型撒水頭，設置數量依各廠牌水道連結型撒水頭之原廠技術手冊所訂防護半徑、防護範圍檢討。
2. 除住宅場所外，設置水道連結型自動撒水設備之長期照顧服務機構等場所，其洗手間、浴室或廁所亦應設置水道連結型撒水頭。

　　3.水道連結型撒水頭放水量應在每分鐘三十公升以上，最末端放水壓力應在每
　　　平方公分零點五公斤以上或零點零五百萬帕斯卡（MPa）以上。
(五)建築物各層放水壓力最低最遠支管末端，依設置類型應符合下列規定之一：
　　1.採獨立水箱式設有末端查驗閥，其配置應符設置標準第五十六條規定。
　　2.採民生水箱共用式連結水龍頭或馬桶水箱等日常生活用水設施，並配置壓力
　　　表。
(六)每層自來水供水之水龍頭至少一處張貼標示，標示內容應明確記載停水時應強
　　化防火管理對策。
依本基準採民生水箱共用式設計如涉自來水法相關規定，應經自來水事業審核確
認始得設置使用。

【解說】
　　水道連結型自動撒水設備設置基準係依各類場所消防安全設備設置標準第十七條第
三項規定訂定之。水道連結型自動撒水設備，指為控制火災、降低火場溫度及阻隔濃
煙，而利用場所內自來水系統連結水箱、增壓給水裝置、撒水配管、水道連結型撒水
頭之簡易自動撒水滅火設備。

適用範圍

(一) 供設置標準第十二條第一款第六目所定榮譽國民之家、長期照顧服務機構（限機
　　構住宿式、社區式之建築物使用類組非屬 H-2 之日間照顧、團體家屋、小規模多
　　機能）、老人福利機構（限長期照護型、養護型、失智照顧型之長期照顧機構、
　　安養機構）、護理機構（限一般護理之家、精神護理之家）、身心障礙福利機構
　　（限照顧植物人、失智症、重癱、長期臥床或身心功能退化者）使用之場所，其
　　樓地板面積合計未達一千平方公尺者。
(二) 各直轄市、縣（市）政府依原有合法建築物防火避難設施及消防設備改善辦法第
　　二條及第二十五條規定，檢討前款所列場所設置自動撒水設備時，採用水道連結
　　型自動撒水設備得視為同等滅火效能之滅火設備；另住宅場所亦得自主設置水道
　　連結型自動撒水設備，以提升其主動滅火能力。

設置類型

(一) 民生水箱共用式:由自來水管線供水至民生水箱，連接撒水配管及撒水頭，藉由重力
　　或增壓供水裝置提供水道連結型自動撒水設備撒水頭放射所需之水量及放射壓力。
(二) 獨立水箱式:由自來水管線供水至消防水箱，連接撒水配管及撒水頭，藉由重力或
　　增壓供水裝置提供水道連結型自動撒水設備撒水頭放射所需之水量及放射壓力。

民生水箱共用式 (A)

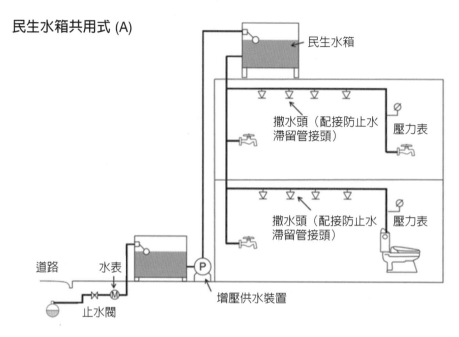

民生水箱

撒水頭（配接防止水滯留管接頭）

壓力表

撒水頭（配接防止水滯留管接頭）

壓力表

道路

水表

增壓供水裝置

止水閥

民生水箱共用式 (B)

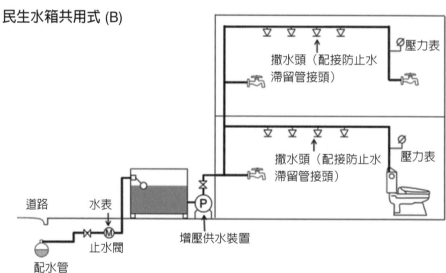

撒水頭（配接防止水滯留管接頭）

壓力表

撒水頭（配接防止水滯留管接頭）

壓力表

道路

水表

增壓供水裝置

止水閥

配水管

日本快速反應水道連結型撒水頭及防止水停滯之三通接頭

獨立水箱式地面水箱型 (C)

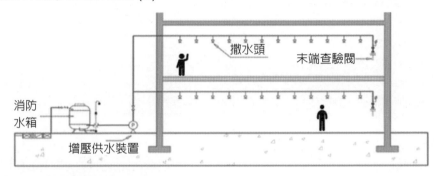

獨立水箱式屋頂水箱型 (D)

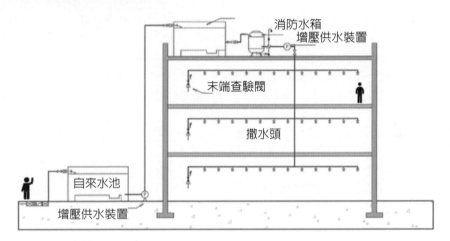

獨立水箱式樓層水箱型 (E)

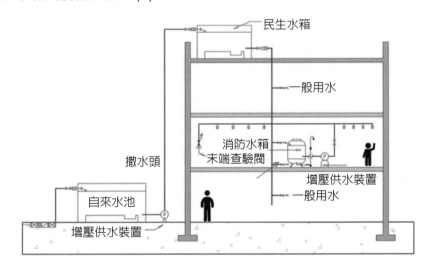

2-6 應設連結送水管場所

第 26 條

下列場所應設置連結送水管：

一、五層或六層建築物總樓地板面積在六千平方公尺以上者及七層以上建築物。

二、總樓地板面積在一千平方公尺以上之地下建築物。

【解說】

本條規定與日本規定幾乎相同：連結送水管在一定樓層於消防搶救上有其必要性，以提供本身消防車可控制之穩定水壓，減少水帶延伸之時效性及水壓摩擦損失。亦即連結送水管是供消防搶救人員使用的，從建築物外部如消防車供水，配合火災層之室內消防栓，拉出二條水帶進行消防人員射水，於室內消防栓設置口徑六十三公厘快速出水口。因此，連結送水管設備非提供建築物本身內部人員火災時進行滅火之設施，係屬消防搶救上必要設備之一。

而地下建築物火災往往是濃煙瀰漫火場，入內搶救消防人員有其危險性，參照日本消防搶救必要設備在地下層（樓地板面積合計超過七百平方公尺者）要求設置「連結撒水設備」（臺灣無此項消防設備項目），消防人員得不必冒險進入地下空間火災，從外部供給水源至地下層開放式撒水頭（分區），針對火源處進行直接撒水滅火動作，能大幅冷卻地下空間燃燒溫度，這是一種相當安全有效作法，不知消防署當初立法時為何將其遺漏。

按五層或六層建築物總樓地板面積在六千平方公尺以上者及七層以上建築物應設置連結送水管設備，有關機械式停車塔屬密閉式鋼骨結構建築物，且其供停車部分並無樓地板，亦無法提供連結送水管設備之操作使用空間，依內政部函釋，本件尚非前揭標準第二十六條第一款規定規範之範疇，自無該規定之適用，故得檢討免設連結送水管設備。

應設連結送水管場所

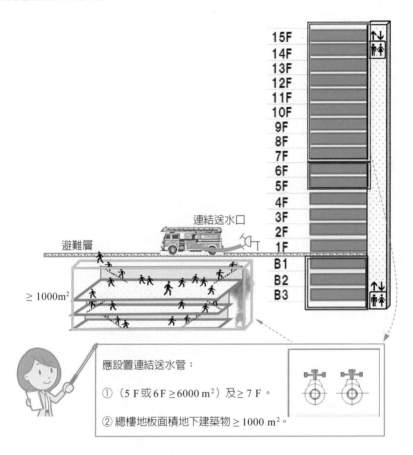

避難層

連結送水口

≥ 1000m²

15F
14F
13F
12F
11F
10F
9F
8F
7F
6F
5F
4F
3F
2F
1F
B1
B2
B3

應設置連結送水管：

① （5 F 或 6F ≥ 6000 m²）及 ≥ 7 F。

② 總樓地板面積地下建築物 ≥ 1000 m²。

日本連結撒水設備（適用地下層 ≥ 700m²）

▷◁：開

▶◀：關

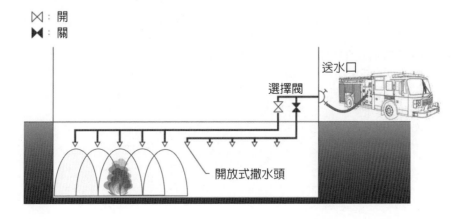

選擇閥

送水口

開放式撒水頭

2-7 應設消防專用蓄水池場所

第27條
下列場所應設置消防專用蓄水池：
一、各類場所其建築基地面積在二萬平方公尺以上，且任何一層樓地板面積在
　　一千五百平方公尺以上者。
二、各類場所其高度超過三十一公尺，且總樓地板面積在二萬五千平方公尺以上
　　者。
三、同一建築基地內有二棟以上建築物時，建築物間外牆與中心線水平距離第一層
　　在三公尺以下，第二層在五公尺以下，且合計各棟該第一層及第二層樓地板面
　　積在一萬平方公尺以上者。

【解說】

　　本條在日本無此項名稱，日本為消防用水指防火水槽及蓄水池等；因臺灣木造建築
物相當少，不需如日本一樣設置防火水槽。因場所面積規模大，一旦發生火災時，有
時滅火救災相當耗時；因此，首先需要有長時間供應穩定的水源。再者，基於使用者
付費原則，救災使用的水源，不能全民買單，由場所自費設置及提供。

　　同一建築基地內有二棟以上建築物時，建築物間外牆與中心線水平距離第一層在
三公尺以下，第二層在五公尺以下，依火災輻射熱曲線，代表二棟間已能相互延燒，
視為單一場所，必須合計一、二層範圍，也就是消防水帶有效射水範圍內（6公尺高
度）樓地板面積。

　　此外，總樓地板面積的計算包括建築物各層樓地板面積的總和，並包括地下室各
層樓地板面積，以及屋頂突出物及夾層、閣樓等樓地板面積之總和，但不計入法定騎
樓、依法設置的陽台、花台、雨遮或遮陽板等之面積。是各層樓地板面積合計，再加
上地下室、屋頂突出物及夾層、閣樓等樓地板面積之總和。

　　依內政部消防法令函釋及公告規定，應設消防專用蓄水池者，該蓄水池依同標準第
一百八十五條第一項第一款第一目及同條同項第二款核算有效水量及檢討其至建築物
各部分之水平距離，得就該新建、增建或改建之場所為之，不及於該建築基地內其他
建築物。

　　有關原「勞工安全衛生設施規則」第二百五十一條第一項第四款對於高、中、低
危險工作場所應設置蓄水池（塔）充分供應消防水源之相關規定，業於七十八年六月
二十九日行政院臺（78）內字第一七三七三號函核定之「各類場所消防安全設備設置
標準」予以參酌納入，除增列相關設置規定於上揭標準條文中，並將蓄水池（塔）酌
作文字修正為「消防專用蓄水池」，故前揭二項法規對於蓄水池（塔）之設置規定雖
有部分差異，惟皆屬法定之「消防專用蓄水池」，並非不同之消防安全設備。

應設消防專用蓄水池場所

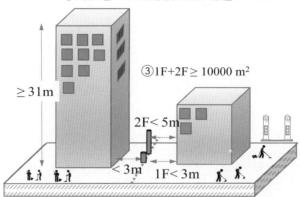

②高度 ≥ 31m且總樓地板面積≥ 25000m²

③1F+2F ≥ 10000 m²

≥ 31m

2F< 5m

< 3m　1F< 3m

① 建築基地面積≥ 20000 m²且任何一層≥ 1500m²

項目	場所規模	有效水量
面積	建築基地面積 ≥ 20,000m²，且任何一層樓地板面積 ≥ 1500m²	有效水量於 1F 及 2F 合計 < 7500m²，≥ 20m³
高度	建築物高度 ≥ 31m，且總樓地板面積 ≥ 25,000m²	有效水量於總樓地板面積 < 12,500m²，≥ 20m³
2棟	同一建築基地≥ 2 棟時，建築物間外牆與中心線水平距離 1F < 3m、2F < 5m，且合計各棟該 1F 及 2F 樓地板面積在 ≥ 10,000m²	有效水量於 1F 及 2F 合計 < 7500m²，≥ 20m³

日本消防安全設備設置義務

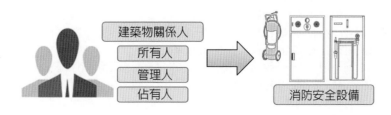

建築物關係人

所有人

管理人

佔有人

消防安全設備

2-8 室內消防栓配管及水箱

第 32 條
室內消防栓設備之配管、配件及屋頂水箱，依下列規定設置：
一、配管部分：
　　(一) 應爲專用。但與室外消防栓、自動撒水設備及連結送水管等滅火系統共用，無礙其功能者，不在此限。
　　(二) 符合下列規定之一：
　　　　1. 國家標準（以下簡稱 CNS）六四四五配管用碳鋼鋼管、四六二六壓力配管用碳鋼鋼管、六三三一配管用不銹鋼鋼管或具同等以上強度、耐腐蝕性及耐熱性者。
　　　　2. 經中央主管機關認可具氣密性、強度、耐腐蝕性、耐候性及耐熱性等性能之合成樹脂管。
　　(三) 管徑，依水力計算配置。但立管與連結送水管共用，其管徑在一百毫米以上。
　　(四) 立管管徑，第一種消防栓在六十三毫米以上；第二種消防栓在五十毫米以上。
　　(五) 立管裝置於不受外來損傷及火災不易殃及之位置。
　　(六) 立管連接屋頂水箱、重力水箱或壓力水箱，使配管平時充滿水。
　　(七) 採取有效之防震措施。
二、止水閥以明顯之方式標示開關之狀態，逆止閥標示水流之方向，並符合 CNS規定。
三、屋頂水箱部分：
　　(一) 水箱之水量，第一種消防栓有零點五立方公尺以上；第二種消防栓有零點三立方公尺以上。但與其他滅火設備並用時，水量應取其最大值。
　　(二) 採取有效之防震措施。
　　(三) 斜屋頂建築物得免設。

【解說】
　　室外消防栓並無屋頂水箱；而屋頂水箱是輔助用，旨在使立管內隨時保持充滿水之蓄壓狀態，正如同呼水槽之作用一樣，也避免管內存有空氣。一旦末端出水，管內失壓幫浦還未啓動前，屋頂水箱也可先輔助給水。於系統來源端及末端皆設逆止閥，以能保持管內蓄壓狀態。另設計止水閥一般是爲了檢查用或更換組件等。
　　在配管部分，ASTM A 53/A 53M（配管用黑化、熱浸鍍鋅、焊接及無縫鋼管）規範之配管如 Grade B，得視爲「具同等以上強度、耐腐蝕性及耐熱性」。至黑化及熱浸鍍鋅鋼管應比照配管用碳鋼鋼管（符合 CNS6445 者），焊接及無縫鋼管應比照壓力配管用碳鋼鋼管（符合 CNS4626 者）。配管額定全揚程，配管壓力逾每平方公分十公斤者，應使用符合 CNS4626 管號 Sch 40 以上。
　　閥類指止水閥、逆止閥，標示開、關及水流方向，而屋頂水箱係補充管路免於缺水爲目的。在配管材質方面，美國 NFPA 並未強制規定應使用何種材質；而日本消防法施行細則指出消防配管得使用鐵管、鋼管、銅管、氯化聚氯乙烯管（CPVC）等材質。

室內消防栓系統升位圖與開關水流標示

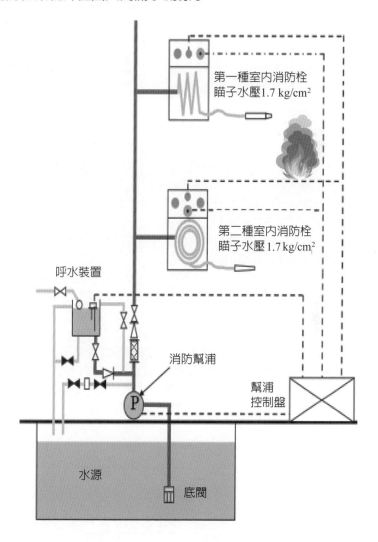

第一種室內消防栓
瞄子水壓1.7 kg/cm²

第二種室內消防栓
瞄子水壓1.7 kg/cm²

呼水裝置

消防幫浦

幫浦
控制盤

水源

底閥

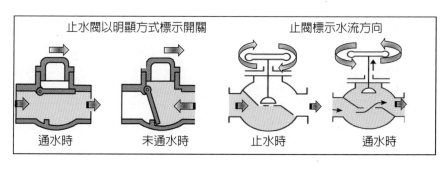

止水閥以明顯方式標示開關　　　　　止閥標示水流方向

通水時　　　未通水時　　　止水時　　　通水時

2-9 室內消防栓加壓試驗及選擇設置

第 33 條
室內消防栓設備之消防立管竣工時，應做加壓試驗，壓力不得小於加壓送水裝置全閉揚程一點五倍以上水壓。試驗壓力以維持二小時無漏水現象為合格。

【解說】

消防立管之耐壓試驗，一般採水壓試驗方式（水壓）及氮氣加壓試驗（氣壓）來進行。在實務上各種工業用配管完成後，可用水做耐壓試驗，其試驗壓力通常採用設計壓力一點五倍以上水壓，這是安全餘裕值一點一到二倍，在此採取一點五倍。

在公共危險物品及可燃性高壓氣體設置標準暨安全管理辦法，指出室內儲槽場所輸送液體六類物品之配管，應經該配管最大常用壓力之一點五倍以上水壓進行耐壓試驗十分鐘，不得洩漏或變形。但以水壓進行耐壓試驗確有困難者，得以該配管最大常用壓力之一點一倍以上氣壓進行耐壓試驗。

此外，在高壓氣體勞工安全規則高壓，指出氣體設備（容器及中央主管機關規定者外）應具有以常用壓力二倍以上壓力加壓時，不致引起降伏變形之厚度或經中央主管機關認定具有同等以上強度者。

基本上，管壁愈厚愈耐壓，於配管時儘量採取直線，少用管件，以減少漏氣機會及壓力損失。在配管形狀上，大多採取圓管方式，因其容易製造，且每單位質量之材料具有較高耐壓強度，較其他形狀輸送管有較大流動截面積及較小摩擦管壁面積。

事實上，配管依流體溫度使用壓力範圍、耐壓會變化，一般流體溫度增加，配管之耐壓程度會降低，而火場溫度當然會嚴重影響配管之耐壓範圍。

消防立管水壓試驗

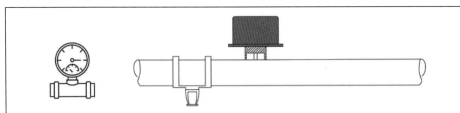

消防立管應採水壓試驗方式，如以氮氣加壓試驗，並不符規定，因要求耐壓不單是靜水壓也考慮水鎚作用（Water Hammer）之瞬間動水壓現象。假使具與第三十三條同等以上效能時，得檢具具體證明，提送中央消防主管機關審核認可。

消防設備水壓試驗

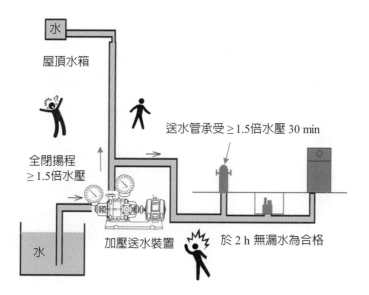

水

屋頂水箱

送水管承受 ≥ 1.5倍水壓 30 min

全閉揚程
≥ 1.5倍水壓

加壓送水裝置

於 2 h 無漏水為合格

水

消防設備氣壓試驗

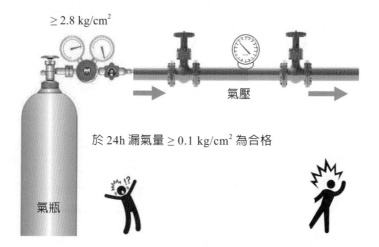

≥ 2.8 kg/cm²

氣壓

於 24h 漏氣量 ≥ 0.1 kg/cm² 為合格

氣瓶

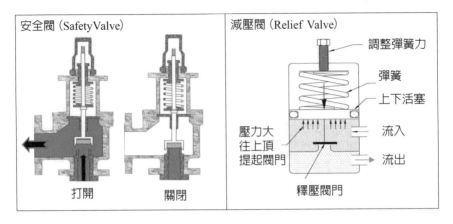

安全閥（SafetyValve）
打開　　　關閉

減壓閥（Relief Valve）
調整彈簧力
彈簧
上下活塞
壓力大
往上頂
提起閥門
流入
流出
釋壓閥門

配管閥門類型表

閥門型式	線性運動（Linear Motion）	旋轉運動（Rotary Motion）	1/4 轉（直角轉）（Quarter Turn）
閘閥（Gate Valve）	✓	——	——
球閥（上下動）（Globe Valve）	✓	——	——
塞閥（Plug Valve）	——	✓	✓
球塞閥（左右動）（Ball Valve）	——	✓	✓
蝶閥（Butterfly Valve）	——	✓	✓
擺動式逆止閥（Swing Check Valve）	——	✓	
隔膜閥或針閥（Diaphragm Valve）	✓	——	——
管夾閥（Pinch Valve）	✓	——	——
安全閥（Safety Valve）	✓	——	——
減壓閥（Relief Valve）	✓	——	——

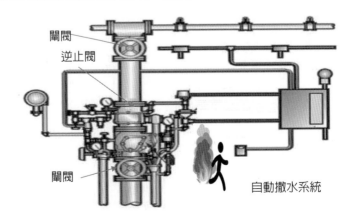

閘閥
逆止閥
閘閥
自動撒水系統

水系統滅火設備之構件表

設備項目 / 檢修項目	室內消防栓	室外消防栓	自動撒水設備	水霧滅火設備	泡沫滅火設備
1 水源	O	O	O	O	O
2 電動機控制裝置	O	O	O	O	O
3 啟動裝置	O	O	O	O	O
4 加壓送水裝置	O	O	O	O	O
5 呼水裝置	O	O	O	O	O
6 配管	O	O	O	O	O
7 消防栓箱、噴頭	O	O	O	O	O
8 送水口	X	X	O	O	X
9 流水檢知裝置	X	X	O	O	O
10 一齊開放閥	X	X	O（開放式）	O	O
11 補助撒水栓	X	X	O	X	X
12 排水設備	X	X	X	O	X
13 泡沫原液槽	X	X	X	X	O
14 混合裝置	X	X	X	X	O
15 防護區劃（高發泡）	X	X	X	X	O

解說：
1. 水系統滅火設備中滅火機制，主要是三要素之熱量，冷卻燃燒中可燃物至燃點以下，使其不再熱分解可燃氣體提供燃料燃燒。但泡沫滅火設備主要防護對象物有油類燃料，而滅火機制是三要素之氧氣，藉以比油類輕之泡沫浮於油表面上，遮蓋空氣中氧接觸，達到窒息火勢之目的。
2. 送水口除室內／外消防栓沒有外，其他皆可由消防車提供外來水源繼續供水滅火，因室內／外消防栓僅供自衛消防之初期滅火使用水量（20/30 分鐘）即可。
3. 一齊開放閥是對付大面積初期火勢如車輛火災，或快速延燒如往上延燒布幕等，或需要優勢滅火劑時，由四顆以上噴頭一齊同時放射，大量來壓制可能火勢成長。
4. 補助撒水栓僅自動撒水設備有，因由人員操作，在泡沫是需泡沫原液及比例混合，且泡沫往往是對付有油類火災，在室內空間環境對人為操作不利。
5. 排水設備僅水霧滅火設備有，這是考量電氣設施積水及油水浮於水面上，產生二次災害。
6. 防護區劃是高發泡之泡沫滅火設備所需，因其是以淹沒蓋住火勢，始有滅火效果。所以必須有空間區劃，以使其累積膨脹上升至火點。

2-10 室內消防栓選擇設置

第 34 條

除第十二條第二款第十一目或第四款之場所，應設置第一種消防栓外，其他場所應就下列二種消防栓選擇設置之：

一、第一種消防栓，依下列規定設置：

(一) 各層任一點至消防栓接頭之水平距離在二十五公尺以下。

(二) 任一樓層內，全部消防栓同時使用時，各消防栓瞄子放水壓力在每平方公分一點七公斤以上或 0.17MPa 以上，放水量在每分鐘一百三十公升以上。但全部消防栓數量超過二支時，以同時使用二支計算之。

(三) 消防栓箱內，配置口徑三十八毫米或五十毫米之消防栓一個，口徑三十八毫米或五十毫米、長十五公尺並附快式接頭之水帶二條，水帶架一組及口徑十三毫米以上之直線水霧兩用瞄子一具。但消防栓接頭至建築物任一點之水平距離在十五公尺以下時，水帶部分得設十公尺水帶二條。

二、第二種消防栓，依下列規定設置：

(一) 各層任一點至消防栓接頭之水平距離在二十五公尺以下。

(二) 任一樓層內，全部消防栓同時使用時，各消防栓瞄子放水壓力在每平方公分一點七公斤以上或 0.17MPa 以上，放水量在每分鐘八十公升以上。但全部消防栓數量超過二支時，以同時使用二支計算之。

(三) 消防栓箱內，配置口徑二十五毫米消防栓連同管盤長三十公尺之皮管或消防用保形水帶及直線水霧兩用瞄子一具，且瞄子設有容易開關之裝置。

前項消防栓，應符合下列規定：

一、消防栓開關距離樓地板之高度，在零點三公尺以上一點五公尺以下。

二、設在走廊或防火構造樓梯間附近便於取用處。

三、供集會或娛樂處所，設於舞臺二側、觀眾席後二側、包廂後側之位置。

四、在屋頂上適當位置至少設置一個測試用出水口，並標明測試出水口字樣。但斜屋頂設置測試用出水口有困難時，得免設。

【解說】

　　日本最新改良式之第二種消防栓（保形水帶），使用效能更佳，以提升消防栓之功能，並符合實際設置場所之人員短少問題。消防栓位置需於避難動線上，萬一滅火失敗也能安全避難。在瞄子放水量上，計算係為 $Q = KD^2\sqrt{P}$〔Q：放水量（l/min）；K：第一種消防栓為 0.653，第二種消防栓則依其產品設計而有不同 K 值；D：瞄口徑（mm）；P：放水壓力（kgf/cm^2）〕，爰進行檢查時，將利用比托計量測瞄子放水壓力及該類型消防栓之 K 值、瞄子口徑代入上開公式，即可計算出瞄子放水量，藉以判定第一種及第二種消防栓瞄子放水壓力及放水量是否符合規定。

　　任一點係指有效防護範圍內的任何一點垂直投影。而公式於第一種室內消防栓 $Q=0.653d^2\sqrt{P}$，130 $=0.653\times d^2\sqrt{1.7}$，$d^2=152.69$，瞄子口徑 d=12.36mm。於第二種室內消防栓 $Q=0.653d^2\sqrt{P}$，80 $=0.653\times d^2\sqrt{1.7}$，$d^2=93.96$，瞄子口徑 d=9.69mm。

第一種及第二種室內消防栓設置規定

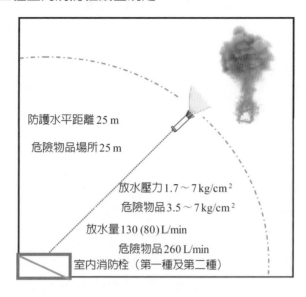

防護水平距離25 m

危險物品場所25 m

放水壓力1.7～7 kg/cm²

危險物品3.5～7 kg/cm²

放水量130 (80) L/min

危險物品260 L/min

室內消防栓（第一種及第二種）

室內消防栓設於便於取用處及消防幫浦內部水設計

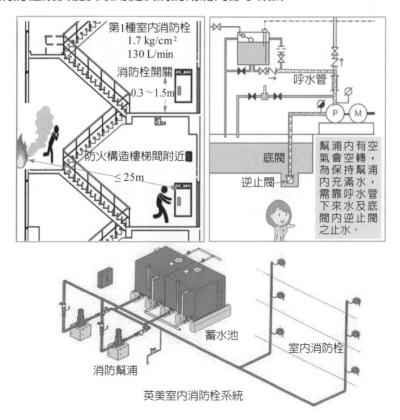

第1種室內消防栓
1.7 kg/cm²
130 L/min

消防栓開關

0.3～1.5m

防火構造樓梯間附近

≦ 25m

呼水管

底閥

逆止閥

幫浦內有空氣會空轉，為保持幫浦內充滿水，需靠呼水管下來水及底閥內逆止閥之止水。

蓄水池

室內消防栓

消防幫浦

英美室內消防栓系統

2-11 室內消防栓箱與水源容量

第 35 條

室內消防栓箱，應符合下列規定：
一、箱身爲厚度在一點六毫米以上之鋼板或具同等性能以上之不燃材料者。
二、具有足夠裝設消防栓、水帶及瞄子等裝備之深度，其箱面表面積在零點七平方
　　公尺以上。
三、箱面有明顯而不易脫落之消防栓字樣，每字在二十平方公分以上。

【解說】

　　室內消防栓箱是建築物火災內部使用人最佳自衛消防利器，其具有源源不斷水源供應，每分鐘依法規要求達到 130 L，且防護半徑可達 25m 之遠；事實上，依二條水帶（每條 15m）長度即達 30m 加上瞄子具有 $1.7kg/cm^2$ 壓力水，甚可達更遠距離，但實際上依現場環境步行可能轉彎或上下樓梯或坡道曲折，故水平防護距離半徑需考量環境因素。

　　而室內消防栓箱從未規定顏色，爲配合室內裝潢，可使用不同顏色搭配，使用什麼樣顏色，並不影響其性能，故法規也大可不必加以干預。而室內消防栓往往設置於走廊通道上便於取用處，所以不設凸出把手，以免勾住行走人員褲裙，因此把手是內嵌式。

　　低度危險工作場所內供冷凍肉類之冷凍倉庫，爲確保其室內消防栓設備操作及使用功能，設置在冷凍倉庫外周圍四個入口處，該倉庫內任一點至消防栓接頭之水平距離如超過各類場所消防安全設備設置標準第三十四條第一項之規定，以加設水帶方式檢討，依內政部函釋指出，出水量及放射壓力應符合規定，原則可行。

第 36 條

室內消防栓設備之水源容量，應在裝置室內消防栓最多樓層之全部消防栓繼續放水二十分鐘之水量以上。但該樓層內，全部消防栓數量超過二支時，以二支計算之。
消防用水與普通用水合併使用者，應採取必要措施，確保前項水源容量在有效水量範圍內。
第一項水源得與本章所列其他滅火設備水源併設。但其總容量應在各滅火設備應設水量之合計以上。

【解說】

　　因室內消防栓爲系統式設備，而火災應變分秒必爭，爲使人員一打開即可射水，所以在國內皆爲密閉溼式，於各出口末端以逆止閥保持管內蓄壓狀態，所以打開後爲保有一定水源，首先從屋頂水箱（ $0.5m^3$ ）先供應重力水下來，而打開後管內水壓降低，於加壓送水裝置附近壓力水槽感應到水壓不足，即會啓動消防幫浦，從地下室（在國內大多位於地下層空間）之水池打水上來，供自衛消防編組人員進行初期應變時間至少二十分鐘，此時消防部門已到達，由消防人員接管現場。

第 1 種室內消防栓

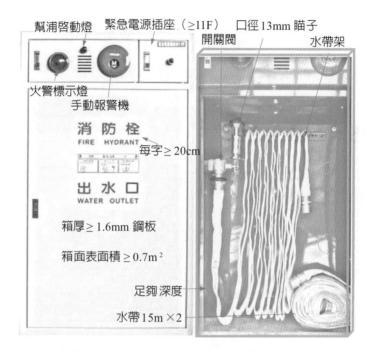

第 2 種室內消防栓

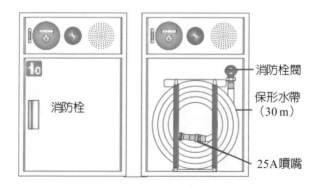

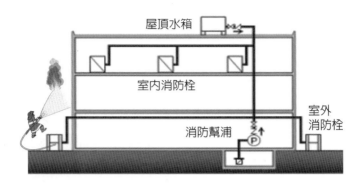

配管摩擦損失計算例

一高處水箱，有一長度500m管系延伸下來，其進口及出水口分別高於參考水位35m及20m，進水口水位低於水面15m、流速為8 m/s，出水口流速為10m/s，如下圖所示，出水口為一大氣壓下，求管系的能量損失？

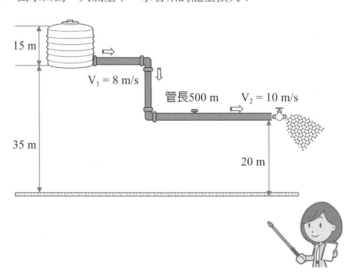

解 依能量守恆原則

$\dfrac{v_1^2}{2g}$（速度水頭‧動能：沿水流方向）$+ \dfrac{P_1}{\gamma}$（壓力水頭‧壓能：垂直管壁）$+ h_1$（高

水頭‧位能：水流高度）$= \dfrac{v_2^2}{2g} + \dfrac{P_2}{\gamma} + h_2 + h_f$

$$\frac{v_1^2}{2g} + \frac{P_1}{\gamma} + h_1 = \frac{v_2^2}{2g} + \frac{P_2}{\gamma} + h_2 + h_f$$

$\dfrac{8^2}{2\times9.8}$（動能）$+ 15$（壓力能）$+ 35$（位能）$= \dfrac{10^2}{2\times9.8}$（動能）$+ 0$（壓力能）$+ 20$（位能）$+ h_f$

h_f = 53.26 – 25.10 = 28.16 m（配管、彎頭、接頭及開關閥門等摩擦損失及其他造成之能量損失水頭）

✚ 知識補充站

白努利定律（Bernoulli's principle）

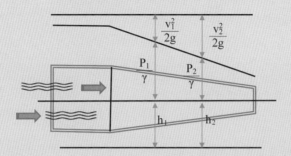

能量守恆 = $\dfrac{v_1^2}{2g}$（速度水頭．動能：沿水流方向）+ $\dfrac{P_1}{\gamma}$（壓力水頭．壓能：垂直管壁）+ h_1（高水頭．位能：水流高度）= $\dfrac{v_2^2}{2g} + \dfrac{P_2}{\gamma} + h_2$

白努利定律是流體力學中的一個定律，由瑞士人白努利於 1738 年出版 *Hydrodynamica*，描述流體沿著一條穩定、非黏性、不可壓縮的流線移動行為。依白努利原理指出，無黏性的流體的速度增加時，流體的壓力能或位能（位能）總和將減少。白努利定律可以從能量守恆定律來推演，在一個穩定的水流，沿著直線流向的所有點上，各種形式的流體機械能總和必定相同。也就是說，動能，位能，與內能的總和保持不變。換言之，任何的流體速度增加，即代表動態壓力和單位體積動能的增加，而在同時會導致其靜態壓力，單位體積流體的位能、內能等三者總和的減少。但每單位體積能量的總和（即壓力和單位體積流體的重力位能的總和）在管內任何位置都相同。而飛機上升動力也是來自於白努利定律之流體力學。

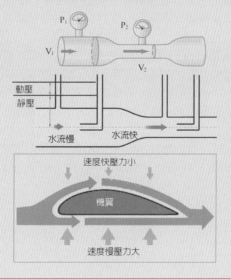

2-12 室內消防栓加壓送水裝置（一）

第 37 條

依前條設置之水源，應連結加壓送水裝置，並依下列各款擇一設置：

一、重力水箱，應符合下列規定：

(一) 有水位計、排水管、溢水用排水管、補給水管及人孔之裝置。

(二) 消防栓水箱必要落差在下列計算值以上：

必要落差＝消防水帶摩擦損失水頭＋配管摩擦損失水頭＋17（計算單位：公尺）

$H = h1 + h2 + 17m$

二、壓力水箱，應符合下列規定：

(一) 有壓力表、水位計、排水管、補給水管、給氣管、空氣壓縮機及人孔之裝置。

(二) 水箱內空氣占水箱容積之三分之一以上，壓力在使用建築物最遠處之消防栓維持規定放水水壓所需壓力以上。當水箱內壓力及液面減低時，能自動補充加壓。空氣壓縮機及加壓幫浦與緊急電源相連接。

(三) 消防栓水箱必要壓力在下列計算值以上：

必要壓力 = 消防水帶摩擦損失水頭＋配管摩擦損失水頭＋落差＋1.7（計算單位：公斤／平方公分）

$P = P1 + P2 + P3 + 1.7 \text{ kgf/cm}^2$

（續）

【解說】

重力水箱在實際設置上，有其窒礙難行之問題，因有 17m 落差高度，再加上摩擦損失，因此在屋頂上水箱至其直下層至少需具有 20 m 落差高度；所以現今實務上國內仍少見之。

壓力水箱內空氣占水箱容積≥ 1/3，因液體難以壓縮，所以需存一定比例空氣作壓縮源，並產生一定壓力水，是其空氣壓縮機及加壓幫浦與緊急電源相連接，來產生法規要求之水壓。但壓力水箱持續放水，水壓會降低，此時需靠空氣壓縮機即將補充所需壓力。而壓力水箱必要壓力 P，為水箱內的水送出時之最終壓，其原始壓力勢必較高很多。

第二種消防栓防護半徑、放水壓力及消防用保形水帶等設置規範，業經民國 106 年 10 月修正，此為日本針對室內消防栓所進行之改良，為單人操作且方便，並符合實際設置場所之選擇需求。

日本室內消防栓種類（日本總務省消防廳）					
種類	設置基準				特徵
	設置間隔	放水壓力	放水量	水源容量	
第一種	≤ 25m	≥ 1.7 kg/cm²	≥ 130 L/min	≥ 2.6 m³	2 人操作
易操作型第一種	≤ 25m	≥ 1.7 kg/cm²	≥ 130 L/min	≥ 2.6 m³	1 人操作
第二種	≤ 15m	≥ 2.5 kg/cm²	≥ 60 L/min	≥ 1.2 m³	1 人操作
廣範圍型第二種	≤ 25m	≥ 1.7 kg/cm²	≥ 80 L/min	≥ 1.6 m³	1 人操作

（國內107年修正訂定第2種室內消防栓係引進日本之廣範圍型第二種）

消防用水與普通用水合併使用

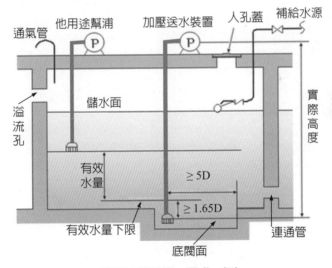

（福岡市消防局，平成26年）

皮托管壓力計與室內消防栓耐燃耐熱線

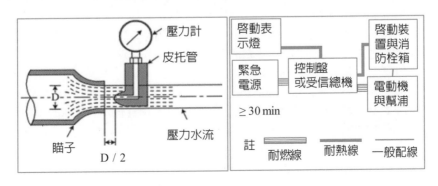

2-13 室內消防栓加壓送水裝置（二）

第37條（續）
三、消防幫浦，應符合下列規定：
　　(一)幫浦出水量，第一種消防栓每支每分鐘之水量在一百五十公升以上；第二種消防栓每支每分鐘之水量在九十公升以上。但全部消防栓數量超過二支時，以二支計算之。
　　(二)消防栓幫浦全揚程在下列計算值以上：
　　　　幫浦全揚程＝消防水帶摩擦損失水頭＋配管摩擦損失水頭＋落差＋17（計算單位：公尺）
　　　　$H = h1 + h2 + h3 + 17m$
　　(三)應為專用。但與其他滅火設備並用，無妨礙各設備之性能時，不在此限。
　　(四)連接緊急電源。
前項加壓送水裝置除重力水箱外，依下列規定設置：
一、設在便於檢修，且無受火災等災害損害之處所。
二、使用消防幫浦之加壓送水裝置，以具一小時以上防火時效之牆壁、樓地板及防火門窗等防火設備區劃分隔。但設於屋頂或屋外時，設有不受積水及雨水侵襲之防水措施者，不在此限。
三、設自動或手動啟動裝置，其停止僅限於手動操作。手動啟動裝置應設於每一室內消防栓箱內，室內消防栓箱上方有紅色啟動表示燈。
四、室內消防栓瞄子放水壓力超過每平方公分七公斤時，應採取有效之減壓措施。
五、採取有效之防震措施。

【解說】
　　消防幫浦應設在以具一小時以上防火時效之牆壁、樓地板及防火門窗等防火設備區劃分隔，無受火災等災害損害之處所，室外之加壓送水裝置，受火災延燒機率低，不需建築防火區劃之要求。各類場所消防安全設備設置標準第三十七條第二項第一款及第二款業有明文；此也包含面向室外之開口。
　　消防幫浦在國內是普遍使用之一種加壓送水裝置，其出水口徑不得小於立管口徑，而出水口徑以開關閥口徑視為消防幫浦出水口徑。至消防幫浦室應採用甲、乙種防火門，不得使用防火鐵捲門代替；其為一完整防火區劃空間，如此作用是雙重的，第一是避免受外來火勢波及，第二是幫浦室內存第四類公共危險物品油類（大多為柴油）如發生火災，避免失控向外延燒出來。
　　室內消防栓瞄子放水壓力超過每平方公分七公斤時，應採取有效之減壓措施，這是反作用力之人員手持問題，依反作用力 $F = 1.5d^2P = 1.5 \times 1.3^2 \times 7 = 17.7$ kg。因此，需有二人來操作使用。

加壓送水裝置組成與減壓措施

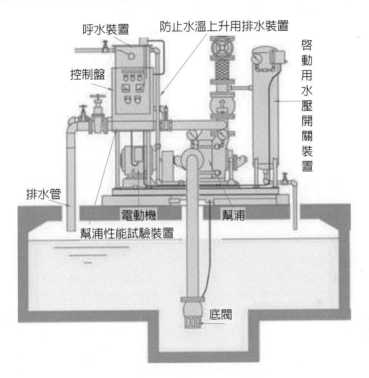

呼水裝置
防止水溫上升用排水裝置
啓動用水壓開關裝置
控制盤
排水管
電動機
幫浦
幫浦性能試驗裝置
底閥

有效減壓措施

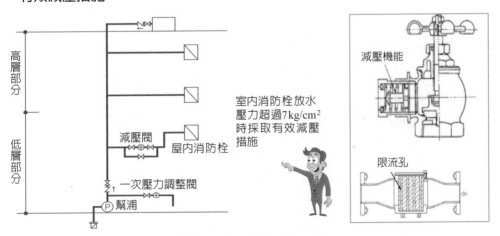

高層部分
低層部分
減壓閥
屋內消防栓
一次壓力調整閥
幫浦

室內消防栓放水壓力超過7kg/cm²時採取有效減壓措施

減壓機能
限流孔

（福岡市消防局，平成26年）

2-14 室內消防栓緊急電源

> **第 38 條**
> 室內消防栓設備之緊急電源,應使用發電機設備或蓄電池設備,其供電容量應供其有效動作三十分鐘以上。
> 前項緊急電源在供第十二條第四款使用場所,得使用具有相同效果引擎動力系統。

【解說】

緊急電源應使用蓄電池、全自動發電機或具有相同效果之設備。而「具有相同效果之引擎動力系統」依內政部消防法令函釋及公告(以下同),係指柴油引擎消防幫浦,該設備係應經審核認可始准使用之消防安全設備品目;至所增設水池、幫浦及柴油動力引擎之系統設計個案,毋需送內政部消防技術審議委員會審核認可。另依消防法第七條規定,其設計、監造應由消防設備師為之;其裝置、檢修應由消防設備師或消防設備士為之。

各場所現場設置之消防幫浦機組,其揚程、出水量應在消防圖說設計之揚程、出水量以上,於消防會勘檢查時,應按現場設置之機組,檢附其出廠證明及審核認可書。消防會勘檢查,實施消防幫浦性能測試時,係以現場消防幫浦組標示之揚程、出水量為額定揚程及額定出水量,而非以消防圖說設計之揚程、出水量為額定揚程、出水量,例如:消防圖說設計需求為揚程五五公尺、出水量一五○公升/分鐘,而現場選設揚程六十公尺、出水量三○○公升/分鐘之幫浦,於消防測試時,應以三○○公升/分鐘為額定出水量測試,其揚程如為 X 公尺時,X 應在六十公尺之一○○%至一一○%(即六十至六六公尺)間,而於額定出水量之一五○%(即四五○公升/分鐘)時,其全揚程應在 X 公尺之六五%以上,而其全閉揚程應在 X 公尺之一四○%以下,如此方為檢查合格。惟此時消防檢查人員應一併查核此型機組(揚程六○公尺、出水量三○○公升/分鐘)是否登載在認可書內,及檢附此型機組之出廠證明。

由於消防系統大都為高壓重負荷容量設計,故於幫浦操作運轉時,其啟動扭力、軸向推力、徑向推力所承受負荷相當大,於運轉過程中,幫浦軸心會產生變形及偏心,造成連接馬達之軸心影響電樞之運轉而產生燒毀,故因而需於幫浦及馬達之間連接一個聯結器,此聯結器具有可撓性、緩衝性,才不會因幫浦軸之變形而影響馬達之軸心轉子。而同軸式幫浦與馬達之主軸同軸,故其運轉所產生之推力及扭力會直接傳達至馬達電樞內部,造成故障,故同軸式並不適用於高壓重負荷之消防機組。

又柴油引擎消防幫浦及所提消防用發電機組產品,現為內政部消防技術審議委員會決議應經審核認可始准使用之消防安全設備品目,應分別取得內政部消防安全設備審核認可書,至所增設水池、幫浦及柴油動力引擎之系統設計個案毋需送內政部消防技術審議委員會審核認可;惟其設計應符合上開設置標準相關規定。

加壓送水裝置組件

項目	構件	圖示	構件	圖示
加壓送水裝置	消防幫浦	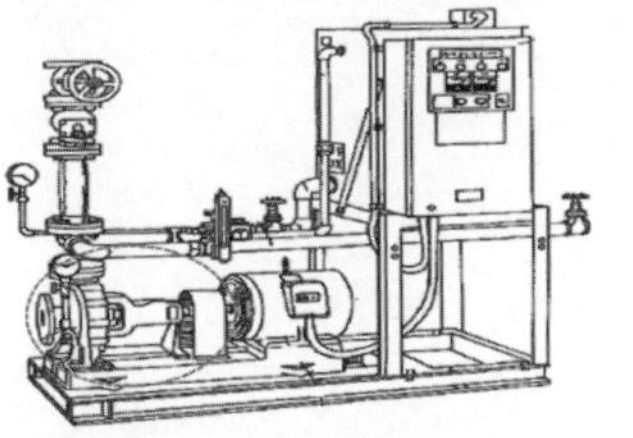	電動機（馬達）	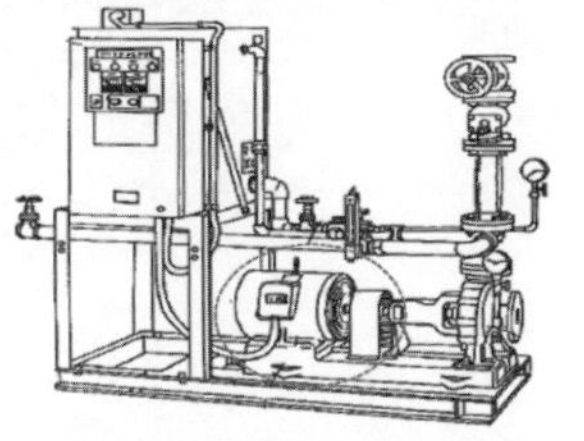
附屬裝置	控制盤	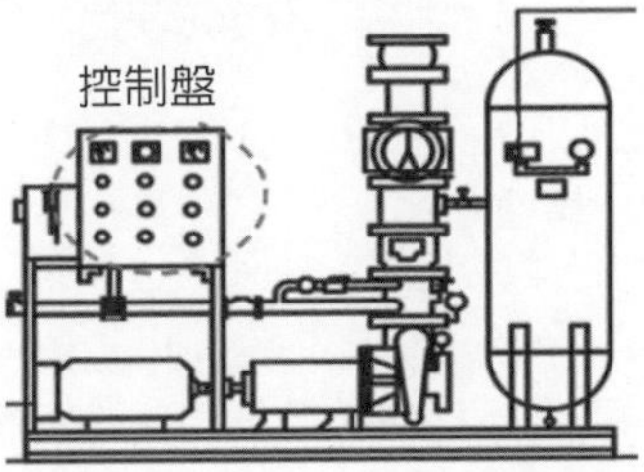 控制盤	呼水裝置	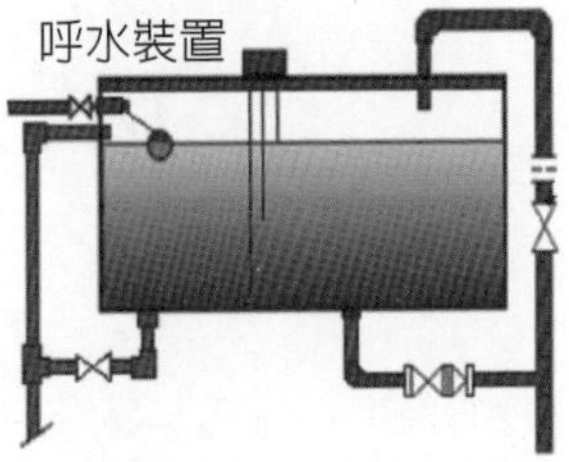 呼水裝置
	防止水溫上升用排放裝置	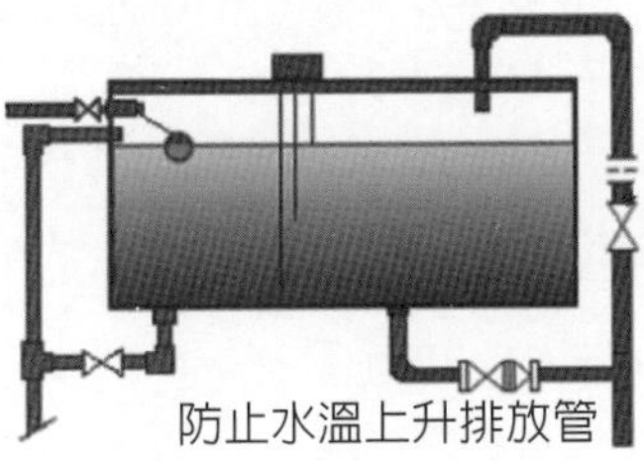 防止水溫上升排放管	幫浦性能試驗裝置	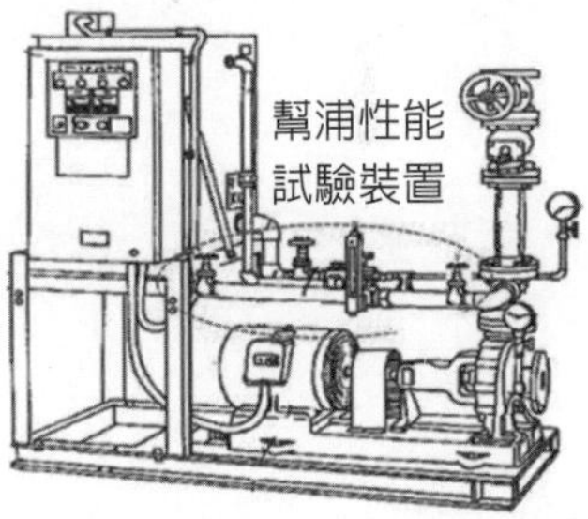 幫浦性能試驗裝置
	啓動用水壓開關裝置	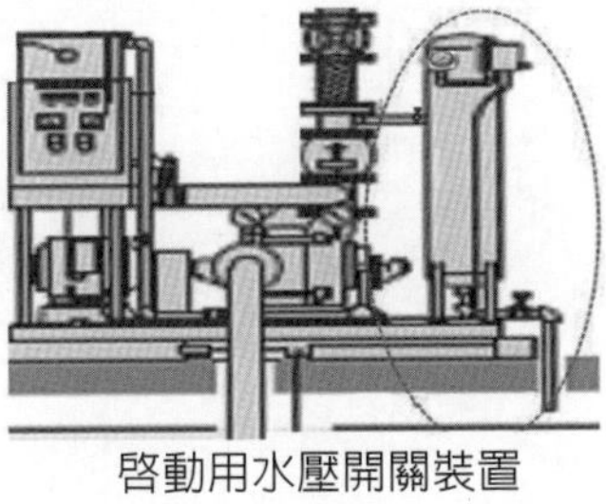 啓動用水壓開關裝置	底閥	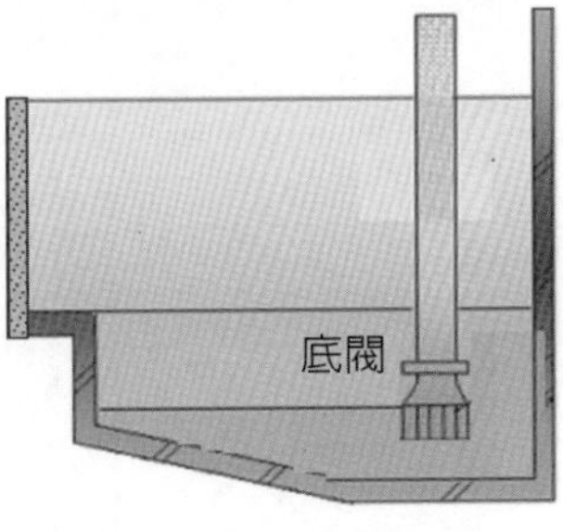 底閥

✚ 知識補充站

幫浦相似定律（Pump Affinity Laws）(1)

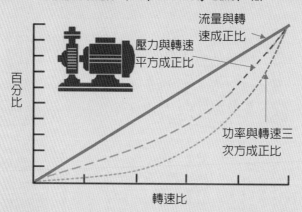

基本上，泵浦於串聯時揚程（壓力）增加，水量不變。而於並聯時水量增加，揚程不變。依白努力定律，流動在管路內經由離心式泵浦傳遞一個速度給流體，而且將速度能轉換成壓力能之高能量狀態。

依照幫浦相似定律，得知轉速（N）與流量（Q）、壓力（P）／揚程（H）以及軸馬力（HP）之間關係為：

$\dfrac{Q_1}{Q_2} = \dfrac{N_1}{N_2}$，流量（Flow）與轉速（Shaft Speed）成正比；

$\dfrac{H_1}{H_2} = \left(\dfrac{N_1}{N_2}\right)^2$，壓力或揚程（Head）與轉速平方成正比；

$\dfrac{HP_1}{HP_2} = \left(\dfrac{N_1}{N_2}\right)^3$，功率（軸馬力）（Power）與轉速三次方成正比。

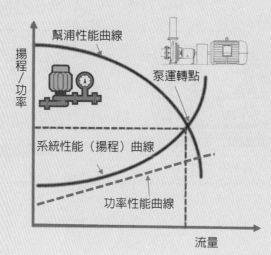

+ 知識補充站

幫浦相似定律（Pump Affinity Laws）(2)

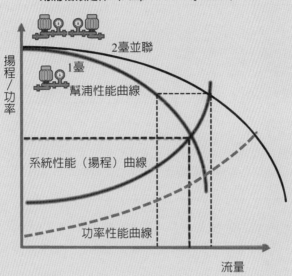

例：幫浦每分鐘轉數為 2800 rpm，在揚程 20m 情況，輸送流量為 200 L/min，如果幫浦轉速改為 3600 rpm 時，求幫浦運轉上性能變化？

流量（Flow）與轉速（Shaft Speed）成正比 $\dfrac{Q_1}{Q_2} = \dfrac{N_1}{N_2}$

$\dfrac{200}{Q_2} = \dfrac{2800}{3600}$ 　所以 $Q_2 = 257$ L/min

壓力或揚程（Head）與轉速平方成正比 $\dfrac{H_1}{H_2} = \left(\dfrac{N_1}{N_2}\right)^2$

$\dfrac{20}{H_2} = \left(\dfrac{2800}{3600}\right)^2$ 　所以 $H_2 = 33$ m

功率（軸馬力）與轉速三次方成正比 $\dfrac{HP_1}{HP_2} = \left(\dfrac{N_1}{N_2}\right)^3$

$\dfrac{HP_1}{HP_2} = \left(\dfrac{N_1}{N_2}\right)^3$

$HP_1 = \dfrac{0.163 \times h \times Q}{e} = 0.163 \times h \times Q = 0.163 \times 0.2 \times 20 = 0.65$ kW（假設幫浦效率 (e) 變化不大，

$Q = 200\ \dfrac{L}{min} = 0.2\ \dfrac{m^3}{min}$）

$\dfrac{0.65}{HP_2} = \left(\dfrac{2800}{3600}\right)^3$ 　所以 $HP_2 = 1.38$ kW

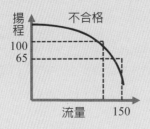

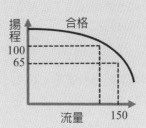

2-15 室外消防栓設備配管、試壓及設置規定

第39條

室外消防栓設備之配管、試壓及緊急電源，準用第三十二條第一款第一目至第五目、第七目、第二款、第三十三條及第三十八條規定設置。

配管除符合前項規定外，水平主幹管外露部分，應於每二十公尺內，以明顯方式標示水流方向及配管名稱。

【解說】

水平主幹管外露每隔一段距離標示其水流及配管，方便日後查修維護之用。而配管尚非經濟部標準檢驗局公告應施檢驗或內政部公告應施認可品目。

第40條

室外消防栓，依下列規定設置：

一、口徑在六十三毫米以上，與建築物一樓外牆各部分之水平距離在四十公尺以下。

二、瞄子出水壓力在每平方公分二點五公斤以上或 0.25 MPa 以上，出水量在每分鐘三百五十公升以上。

三、室外消防栓開關位置，不得高於地面一點五公尺，並不得低於地面零點六公尺。設於地面下者，其水帶接頭位置不得低於地面零點三公尺。

四、於其五公尺範圍內附設水帶箱，並符合下列規定：

　(一) 水帶箱具有足夠裝置水帶及瞄子之深度，箱底二側設排水孔，其箱面表面積在零點八平方公尺以上。

　(二) 箱面有明顯而不易脫落之水帶箱字樣，每字在二十平方公分以上。

　(三) 箱內配置口徑六十三毫米及長二十公尺水帶二條、口徑十九毫米以上直線噴霧兩用型瞄子一具及消防栓閥型開關一把。

五、室外消防栓三公尺以內，保持空曠，不得堆放物品或種植花木，並在其附近明顯易見處，標明消防栓字樣。

【解說】

室外消防栓開關距離地面 0.6～1.5m，這是配合東方人體位高度，不能太高，而太低需完全蹲下來，不便使用；而箱底排水孔為防積水生鏽。室外消防栓 ≤3m 保持空曠，以利人員接近轉動開關，不能有障礙體妨礙人員快速取用。

室外消防栓口徑在六十三毫米為二又二分之一吋，是目前各縣市消防隊所使用，俗稱大水帶，而小水帶為一又二分之一吋。與建築物一樓外牆各部分之水平距離在四十公尺以下，因消防栓箱內置長二十公尺水帶二條。而口徑十九毫米以上瞄子一具，從 $Q = 0.653d^2 \sqrt{P}$，$350 = 0.653 \times d^2 \sqrt{2.5}$，$d^2 = 338.99$，瞄子口徑 $d = 18.41mm$ 以上。

室外消防栓

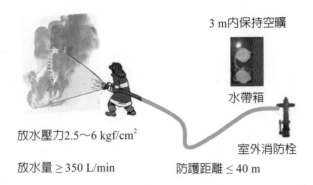

3 m內保持空曠

水帶箱

放水壓力2.5～6 kgf/cm^2

放水量 ≥ 350 L/min

室外消防栓

防護距離 ≤ 40 m

水系統配管口徑示意圖

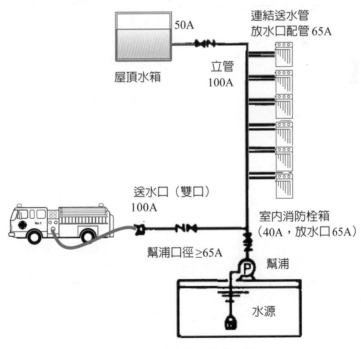

50A

連結送水管
放水口配管 65A

屋頂水箱

立管
100A

送水口（雙口）
100A

室內消防栓箱
（40A，放水口65A）

幫浦口徑≥65A

幫浦

水源

（橫濱市消防局，平成27年）

2-16 室外消防栓水源容量

第 41 條
室外消防栓設備之水源容量，應在二具室外消防栓同時放水三十分鐘之水量以上。
消防用水與普通用水合併使用者，應採取必要措施，確保前項水源容量，在有效水量範圍內。
第一項水源得與其他滅火設備併設。但其總容量應在各滅火設備應設水量之合計以上。

【解說】

　　室外消防栓供應初期滅火三十分鐘水量，三十分鐘公設消防隊一定會到達現場，並進行接管掌控現場。於室外消防栓幫浦原則應為專用，若與室內消防栓設備共用時，應符合規定；而共用時，其幫浦出水量及全揚程，應為兩者最大出水量及最大全揚程之合計。而消防幫浦加壓送水裝置之設置應符合「消防幫浦加壓送水裝置等及配管摩擦損失計算基準」之相關規定，而呼水裝置：「水源之水位低於幫浦位置時，常時充水於幫浦及配管之裝置。」同一基地各幢建築物，其加壓送水裝置在性能符合各類場所消防安全設備設置標準之規定下，得就其設備與他棟建築物分別共用之。

　　依內政部消防法令函釋及公告，消防幫浦、發電機設置處所應依各類場所消防安全設備設置標準第三十七條、第二百三十七條規定辦理，意旨係該設置空間應與該樓層其他空間及其他樓層形成區劃分隔，避免火災時延燒而影響該設備功能，至設於地面以上各樓層，且出入口面向室外時，消防幫浦、發電機設置空間鄰接外牆設置者，該外牆及其設於外牆之門窗等防火性能，應依建築技術規則有關外牆及其門窗之防火時效相關規定檢討辦理。即消防幫浦應設在以具一小時以上防火時效之牆壁、樓地板及防火門窗等防火設備區劃分隔，無受火災等災害損害之處所。

　　基於維修觀點而言，負荷過大（電流大）馬達燒掉時，聯軸式幫浦機組可拆馬達之聯結器側，不需動到幫浦部分，拆換方便無需動到進出口之配管，而同軸式幫浦機組需全部拆除更換。又基於消防幫浦之高壓力負荷、緊急運轉扭力、推力、維修及功能發揮等因素，「電動機應與幫浦軸心直結，及幫浦傳動部分由外側易被接觸位置應裝置應裝設安全保護蓋」，而消防幫浦與電動機連結方式應採聯軸式。所以，為確保各項消防水系統滅火設備平時能容易維修、緊急時能發揮良好功能，對於已取得內政部審核認可書之消防幫浦，應使用具有聯結器之聯軸式幫浦機組。

有效水源示圖及室外消防栓應用方式

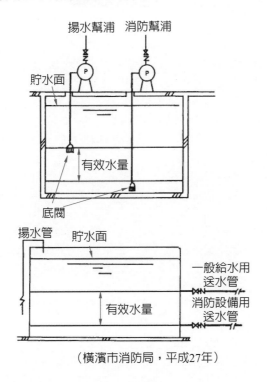

揚水幫浦　消防幫浦

貯水面

有效水量

底閥

揚水管　貯水面

一般給水用
送水管

消防設備用
送水管

有效水量

（橫濱市消防局，平成27年）

瞄子口徑 ≥ 19mm直線水霧一具

水帶2條口徑63mm長20m

2條 ≧ 30 min 水量

水帶箱

（外部）　（內部）

消防栓閥型開關1把　室外消防栓

2-17 室外消防栓加壓送水裝置

第42條

依前條設置之水源,應連結加壓送水裝置,並依下列各款擇一設置:

一、重力水箱,應符合下列規定:

　　(一) 有水位計、排水管、溢水用排水管、補給水管及人孔之裝置。

　　(二) 水箱必要落差在下列計算值以上:

　　　　必要落差 = 消防水帶摩擦損失水頭+配管摩擦損失水頭+ 25 (計算單位:公尺)

　　　　$H = h1 + h2 + 25 \ m$

二、壓力水箱,應符合下列規定:

　　(一) 有壓力表、水位計、排水管、補給水管、給氣管、空氣壓縮機及人孔之裝置。

　　(二) 水箱內空氣占水箱容積之三分之一以上,壓力在使用建築物最高處之消防栓維持規定放水水壓所需壓力以上。當水箱內壓力及液面減低時,能自動補充加壓。空氣壓縮機及加壓幫浦與緊急電源相連接。

　　(三) 水箱必要壓力在下列計算值以上:

　　　　必要壓力 = 消防水帶摩擦損失水頭 + 配管摩擦損失水頭 + 落差 + 2.5 (計算單位:公斤/平方公分)

　　　　$P = P1 + P2 + P3 + 2.5 \ kgf/cm^2$

三、消防幫浦,應符合下列規定:

　　(一) 幫浦出水量,一支消防栓在每分鐘四百公升以上。但全部消防栓數量超過二支時,以二支計算之。

　　(二) 幫浦全揚程在下列計算值以上:

　　　　幫浦全揚程 = 消防水帶摩擦損失水頭 + 配管摩擦損失水頭 + 落差 + 25 (計算單位:公尺)

　　　　$H = h1 + h2 + h3 + 25m$

　　(三) 應為專用。但與其他滅火設備並用,無妨礙各設備之性能時,不在此限。

　　(四) 連接緊急電源。

前項加壓送水裝置除採重力水箱外,準用第三十七條第二項第一款至第三款、第五款規定,室外消防栓瞄子放水壓力超過每平方公分六公斤或 0.6Mpa 時,應採取有效之減壓措施。

【解說】

　　當水箱內設浮筒開關,於水位降低時會啟動消防幫浦,送水到水箱內至一定水位時則停止。而溢水用排水管是當浮筒故障時,幫浦送水就不會自動停止,為了有效排水,管徑比補給水管大一倍以上,水管開口設於比平常水位略高處。重力水箱之水壓來自於垂直落差,當不計水帶配管摩擦損失下落差需達 17m 時,始滿足 $1.7kg/cm^2$ 之水壓要求。所以實務上少見重力水箱,而多以消防幫浦之方式設計。

加壓送水裝置及室外消防栓瞄子反作用力減壓

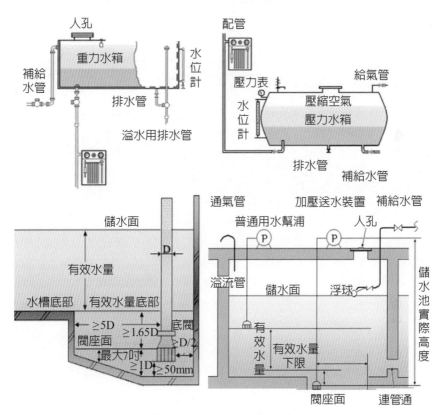

（福岡市消防局，平成26年）

牛頓第三種定律

作用力與反作用力大小相等方向相反

室外消防栓	室內消防栓（第1種）
水壓 ≤ 6 kg/cm²	水壓 ≤ 7 kg/cm²
F（反作用力）= 1.5 d²P	F（反作用力）= 1.5 d²P
$F = 1.5 \times (1.9)^2 \times 6 = 32kg$	$F = 1.5 \times (1.3)^2 \times 7 = 17.7kg$

2-18 自動撒水設備型式及加壓試驗

第 43 條
自動撒水設備，得依實際情況需要就下列各款擇一設置。但供第十二條第一款第一目所列場所及第二目之集會堂使用之舞臺，應設開放式：
一、密閉濕式：平時管內貯滿高壓水，撒水頭動作時即撒水。
二、密閉乾式：平時管內貯滿高壓空氣，撒水頭動作時先排空氣，繼而撒水。
三、開放式：平時管內無水，啓動一齊開放閥，使水流入管系撒水。
四、預動式：平時管內貯滿低壓空氣，以感知裝置啓動流水檢知裝置，且撒水頭動作時即撒水。
五、其他經中央主管機關認可者。

【解說】
　　開放式撒水頭設於一起火即可能火勢成長快規模大之處所如舞臺等。而撒水配管應以明管設置方式施工爲宜，使用暗管會有檢測維修困難、室內格局變更時，配管修改困難；而設備之維修檢查必須定期實施，暗管設計方式無法有效檢查。

第 44 條
自動撒水設備之配管、配件及屋頂水箱，除準用第三十二條第一款、第二款規定外，依下列規定設置：
一、密閉乾式或預動式之流水檢知裝置二次側配管，施予鍍鋅等防腐蝕處理。一齊開放閥二次側配管，亦同。
二、密閉乾式或預動式之流水檢知裝置二次側配管，爲有效排水，依下列規定裝置：
　　(一) 支管每十公尺傾斜四公分，主管每十公尺傾斜二公分。
　　(二) 於明顯易見處設排水閥，並標明排水閥字樣。
三、立管連接屋頂水箱時，屋頂水箱之容量在一立方公尺以上。

【解說】
　　密閉乾式或預動式之流水檢知裝置二次側配管，因管內無水會接觸空氣氧化，所以需施予鍍鋅等防腐蝕處理；且爲避免管內積水，會有斜度使其順利排水。

第 45 條
自動撒水設備竣工時，應做加壓試驗，其測試方法準用第三十三條規定。
但密閉乾式管系應併行空氣壓試驗，試驗時，應使空氣壓力達到每平方公分二點八公斤或 0.28 MPa 之標準，其壓力持續二十四小時，漏氣減壓量應在每平方公分零點一公斤以下或 0.01MPa 以下爲合格。

【解說】
　　自動撒水設備之水壓要求僅 1kg/cm^2，但加壓試驗需達 2.8kg/cm^2 之氣壓要求。

自動撒水系統分類

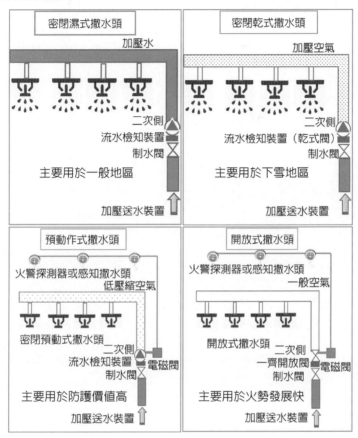

撒水頭 RDD 與 ADD 關係

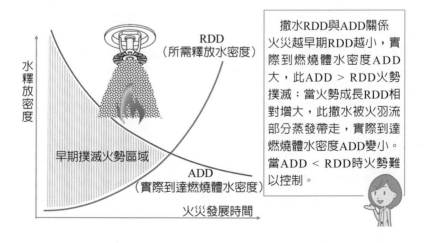

2-19 撒水頭配置（一）

第 46 條

撒水頭，依下列規定配置：

一、戲院、舞廳、夜總會、歌廳、集會堂等表演場所之舞臺及道具室、電影院之放映室或儲存易燃物品之倉庫，任一點至撒水頭之水平距離，在一點七公尺以下。

二、前款以外之建築物依下列規定配置：

　　(一) 一般反應型撒水頭（第二種感度），各層任一點至撒水頭之水平距離在二點一公尺以下。但防火構造建築物，其水平距離，得增加為二點三公尺以下。

　　(二) 快速反應型撒水頭（第一種感度），各層任一點至撒水頭之水平距離在二點三公尺以下。但設於防火構造建築物，其水平距離，得增加為二點六公尺以下；撒水頭有效撒水半徑經中央主管機關認可者，其水平距離，得超過二點六公尺。

三、第十二條第一款第三目、第六目、第二款第七目、第五款第一目等場所之住宿居室、病房及其他類似處所，得採用小區劃型撒水頭（以第一種感度為限），任一點至撒水頭之水平距離在二點六公尺以下，撒水頭間距在三公尺以上，且任一撒水頭之防護面積在十三平方公尺以下。

四、前款所列場所之住宿居室等及其走廊、通道與其類似場所，得採用側壁型撒水頭（以第一種感度為限），牆面二側至撒水頭之水平距離在一點八公尺以下，牆壁前方至撒水頭之水平距離在三點六公尺以下。

五、中央主管機關認定儲存大量可燃物之場所天花板高度超過六公尺，或其他場所天花板高度超過十公尺者，應採用放水型撒水頭。

六、地下建築物天花板與樓板間之高度，在五十公分以上時，天花板與樓板均應配置撒水頭，且任一點至撒水頭之水平距離在二點一公尺以下。但天花板以不燃性材料裝修者，其樓板得免設撒水頭。

（續）

【解說】

　　舞臺布幕為垂直燃燒型態，一旦起火時火勢成長快速，為即時壓抑採用一舉數顆撒水頭一齊開放撒水，以優勢撒水面積來控制火勢發展。因此，不論舞臺天花板高度，皆應設開放式；而其他場所天花板 > 10 m，應採用大水滴之放水型撒水頭，避免水滴小，未落至地面已受高溫氣化掉。又關於凡作為舞臺使用時，不論天花板高度，應設置開放式自動撒水設備。

　　又旅館飯店、集合住宅等住宿居室、病房及其他類似處所，得採用小區劃型撒水頭（以第一種感度為限）；前款所列場所之住宿居室等及其走廊、通道與其類似場所，得採用側壁型撒水頭（以第一種感度為限指 RTI 50 或 30mm 感知玻璃）。是上開場所設置自動撒水設備時，得依規定選設小區劃型撒水頭、側壁型撒水頭、一般反應型撒水頭，或快速反應型撒水頭。

密閉乾式或預動式配管排水

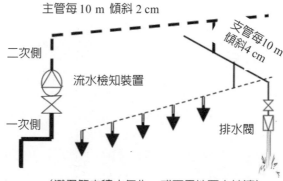

（避免管內積水氧化，或下雪地區之結凍）

撒水頭間距配置例

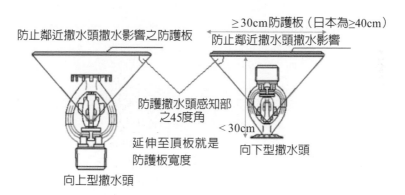

正方形配置

水平距離 R	間距 $\sqrt{2}$ R	防護面積 $2R^2$
1.7	2.40	5.76
2.1	2.97	8.82
2.3	3.25	10.56
2.6	3.68	13.52

交錯形配置

水平距離 R	間距 (A) $\sqrt{3}$ R	間距 (B) $\frac{3}{2}$ R	防護面積 $\frac{3\sqrt{3}}{2}R^2$
1.7	2.94	2.55	7.51
2.1	3.64	3.15	11.46
2.3	3.98	3.45	13.74
2.6	4.50	3.90	17.56

2-20 撒水頭配置（二）

第 46 條（續）
第十七條第一項第六款之高架儲存倉庫，其撒水頭依下列規定配置：
一、設在貨架之撒水頭，應符合下列規定：
　　(一) 任一點至撒水頭之水平距離，在二點五公尺以下，並以交錯方式設置。
　　(二) 儲存棉花類、塑膠類、木製品、紙製品或紡織製品等易燃物品時，每四公
　　　　尺高度至少設置一個；儲存其他物品時，每六公尺高度至少設置一個。
　　(三) 儲存之物品會產生撒水障礙時，該物品下方亦應設置。
　　(四) 設置符合第四十七條第二項規定之防護板。但使用經中央主管機關認可之
　　　　貨架撒水頭者，不在此限。
二、前款以外，設在天花板或樓板之撒水頭，任一點至撒水頭之水平距離在二點一
　　公尺以下。

【解說】

　　高架儲存倉庫除非是儲存非可燃物，不然火災時勢必形成高聳立體火災型態，但因燃料表面與空氣中氧氣接觸面關係，也會形成深層火災型式（Deep-seated Fires），這會造成火災搶救之問題，也會造成入內滅火人員受到高架燃燒物質燒陷倒塌受困之危險；所以法規特別予以另外作規範。

　　為避免形成立體火災與深層火災型態，法規要求易形成長時間悶燒之可燃物質，如棉花類、木製品、紙製品或紡織製品等多孔性纖維系物質，每 4m 高度至少設置一個並以交錯方式設置，形成撒水交叉網狀之水蒸氣空間環境，使火勢熱量受到環境溼氣之冷卻。而儲存其他物品時，每 6m 高度至少設置一個；儲存之物品會產生撒水障礙時，該物品下方亦應設置，以消除可能深層燃料型態。而上下層皆有設撒水頭，避免上層撒水頭撒灑，使下方撒水頭無法觸動開啟，故應設 ≥ 30cm 寬防護板，使下方撒水頭避免沾到上方水滴；防護板於日本為被水防止板，於設計上係為防止貨物崩落砸中或上方撒水頭撒水至下方撒水頭使其冷卻致無法開啟，而防護板設計寬度係以感知（玻璃瓶等）部位之垂直中心點，以四十五度角延伸至防護板之水平兩端，一般設計寬度 ≥ 40 cm。

　　於第四十七條撒水頭側面有樑，係考量撒水頭要符合設於裝置面下方三十公分內，迴水板又要與樑底保持在一定距離以下，因可能無法兼顧二者之規定，故有得設防護板之規定；至其他處所應考量能及早動作，避免作動延遲造成無法滅火之疑慮，撒水頭之迴水板應設於裝置面下方，其間距在三十公分以下。

　　戶外劇場舞臺頂蓋，屬開放式舞臺，四周無外牆遮蔽，非屬法規範之一般建築物型態，無庸檢討設置自動撒水設備。

　　若設計者提高撒水頭配置密度而縮小「水平距離」之設計配置基準時，因其撒水頭間隔亦隨之緊密，惟間距縮小至一定範圍以內時，將影響撒水頭彼此間之作動，因此小區劃型撒水頭相互設置間隔應在三公尺以上。

密閉溼式自動撒水設備

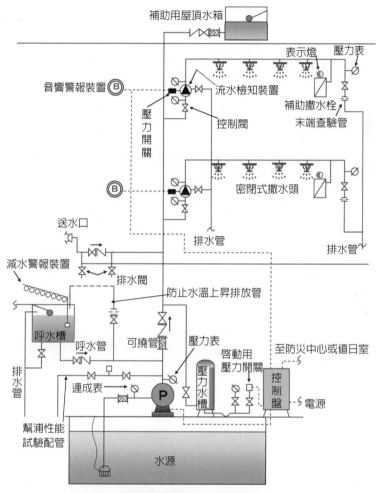

補助用屋頂水箱

表示燈　壓力表

音響警報裝置 Ⓑ

流水檢知裝置

壓力開關

控制閥

補助撒水栓

末端查驗管

Ⓑ

密閉式撒水頭

送水口

排水管

排水管

減水警報裝置

排水閥

防止水溫上昇排放管

呼水槽

呼水管

可撓管

壓力表

至防災中心或值日室

啓動用壓力開關

排水管

連成表

控制盤

電源

壓力水槽

水源

幫浦性能試驗配管

（福岡市消防局，平成26年）

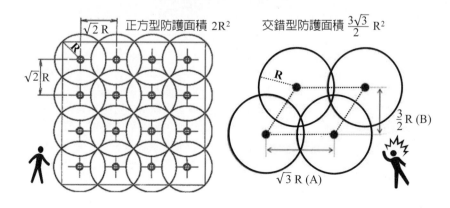

正方型防護面積 $2R^2$　　交錯型防護面積 $\dfrac{3\sqrt{3}}{2} R^2$

$\sqrt{2}R$

R

$\sqrt{2}R$

R

$\dfrac{3}{2} R$ (B)

$\sqrt{3}R$ (A)

2-21 撒水頭位置

第47條

撒水頭之位置，依下列規定裝置：

一、撒水頭軸心與裝置面成垂直裝置。

二、撒水頭迴水板下方四十五公分內及水平方向三十公分內，應保持淨空間，不得有障礙物。

三、密閉式撒水頭之迴水板裝設於裝置面（指樓板或天花板）下方，其間距在三十公分以下。

四、密閉式撒水頭裝置於樑下時，迴水板與樑底之間距在十公分以下，且與樓板或天花板之間距在五十公分以下。

五、密閉式撒水頭裝置面，四周以淨高四十公分以上之樑或類似構造體區劃包圍時，按各區劃裝置。但該樑或類似構造體之間距在一百八十公分以下者，不在此限。

六、使用密閉式撒水頭，且風管等障礙物之寬度超過一百二十公分時，該風管等障礙物下方，亦應設置。

七、側壁型撒水頭應符合下列規定：

(一) 撒水頭與裝置面（牆壁）之間距，在十五公分以下。

(二) 撒水頭迴水板與天花板或樓板之間距，在十五公分以下。

(三) 撒水頭迴水板下方及水平方向四十五公分內，保持淨空間，不得有障礙物。

八、密閉式撒水頭側面有樑時，依下表裝置。

撒水頭與樑側面淨距離（公分）	74以下	75以上99公下	100以上149以下	150以上
迴水板高出樑底面尺寸（公分）	0	9以下	14以下	29公分

前項第八款之撒水頭，其迴水板與天花板或樓板之距離超過三十公分時，依下列規定設置防護板：

一、防護板應使用金屬材料，且直徑在三十公分以上。

二、防護板與迴水板之距離，在三十公分以下。

【解說】

　　密閉式撒水頭側面有樑時，隨著距離樑，而逐漸高於樑底面，這是考量撒水傘形面積能完全展開。撒水頭與裝置面成垂直裝置，考量其撒水投影正確面積；而側壁型是美觀問題。而原先條文之集熱板，已修正為防護板，因撒水頭啟動為天花板噴流之對流機制，非集熱之熱傳導，避免一些挑高空間再錯誤設計。而防護板之真正目的，係防護架（管槽等）上方及下方皆設有撒水頭，一般上方撒水頭因貼近樓板，會先受熱釋放撒水，一旦噴淋下方撒水頭，將使下方撒水頭冷卻無法動作，故設置防護板以防護上方水滴噴溼之意；另也可防護上方物體掉落砸壞。

撒水頭裝置位置

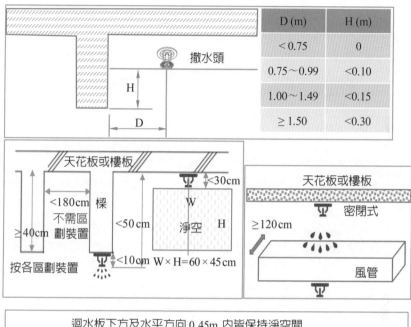

D (m)	H (m)
< 0.75	0
0.75～0.99	<0.10
1.00～1.49	<0.15
≥1.50	<0.30

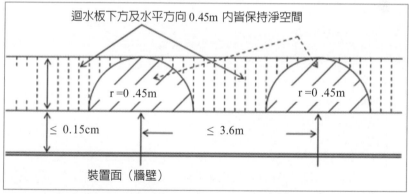

密閉式撒水頭側面有樑時撒水頭裝置

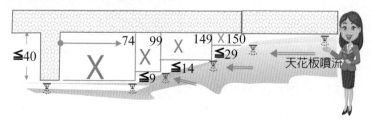

2-22 密閉式撒水頭標示溫度與免裝撒水頭處所

第48條

密閉式撒水頭，應就裝置場所平時最高周圍溫度，依下表選擇一定標示溫度之撒水頭。

最高周圍溫度	標示溫度
三十九度未滿	七十五度未滿
三十九度以上六十四度未滿	七十五度以上一百二十一度未滿
六十四度以上一百零六度未滿	一百二十一度以上一百六十二度未滿
一百零六度以上	一百六十二度以上

【解說】

撒水頭之標示溫度是置於液體中（油或水等），進行熱傳（熱對流）測試所得之啓動溫度，因此在空氣中撒水頭，因空氣爲不良傳熱體，實際啓動溫度會來得高很多，如撒水頭標示溫度 75 ℃，如於空氣中一般需達 110℃ 以上，方能作動。

第49條

下列處所得免裝撒水頭：

一、洗手間、浴室或廁所。

二、室內安全梯間、特別安全梯間或緊急昇降機間之排煙室。

三、防火構造之昇降機昇降路或管道間。

四、昇降機機械室或通風換氣設備機械室。

五、電信機械室或電腦室。

六、發電機、變壓器等電氣設備室。

七、外氣流通無法有效探測火災之走廊。

八、手術室、產房、X光（放射線）室、加護病房或麻醉室等其他類似處所。

九、第十二條第一款第一目所列場所及第二目之集會堂使用之觀眾席，設有固定座椅部分，且撒水頭裝置面高度在八公尺以上者。

十、室內游泳池之水面或溜冰場之冰面上方。

十一、主要構造爲防火構造，且開口設有具一小時以上防火時效之防火門之金庫。

十二、儲存鋁粉、碳化鈣、磷化鈣、鈉、生石灰、鎂粉、鉀、過氧化鈉等禁水性物質或其他遇水時將發生危險之化學品倉庫或房間。

（續）

【解說】

免設撒水頭之場所係考量空間之火載量、電器、防火構造或禁水性之問題。本條採以例舉明定之方式，其中並未包括電扶梯下方天花板部分，有關百貨商場電扶梯四周雖已設置自動防火鐵捲門而成爲獨立之防火區劃範圍，仍應就建築物整體依規定檢討撒水頭之設置。

外氣流通場所例

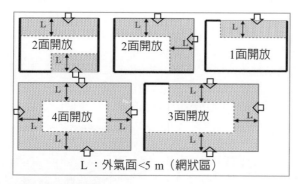

L：外氣面<5 m（網狀區）

撒水頭動作溫度測試

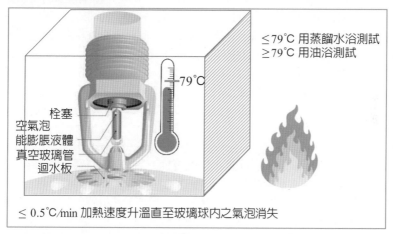

≤79℃ 用蒸餾水浴測試
≥79℃ 用油浴測試

－79℃

栓塞
空氣泡
能膨脹液體
真空玻璃管
迴水板

≤ 0.5℃/min 加熱速度升溫直至玻璃球內之氣泡消失

（撒水頭標稱動作溫度，依該認可基準指出，如68℃係在上述液體中所測出之溫度值，但實際上在空氣（不良熱傳導體）中會在108～125℃之間始能破裂。）

複合用途供第十二條第二至四款使用免裝撒水頭

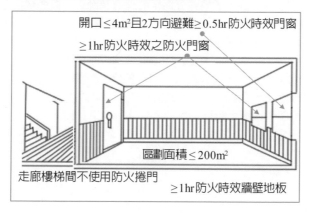

開口≤4m² 且2方向避難≥0.5hr防火時效門窗

≥1hr防火時效之防火門窗

區劃面積≤200m²

走廊樓梯間不使用防火捲門

≥1hr防火時效牆壁地板

2-23 免裝撒水頭處所（一）

【解說】

免裝撒水頭因有些場所可能是禁水性物質、防火區劃空間之具一定防火時效防火構造開口小、不燃裝修、火載量少或無人處所或外氣流通無法感知之處所。依內政部消防法令函釋及公告指出，於捷運系統中運量高架車站乘降場（收票閘門以內）自動撒水設備之設置，原則設置防煙垂壁及防火區劃，其乘降場得免設自動撒水設備。而冰宮及戲雪區，如其主要構造為不燃材料建造，且該場所確無任何可燃性物質存在，得比照室內溜冰場用途，依第四十九條第一項第十款、第一百一十六條第一項第六款及第一百九十條第一項第七款之規定，免設撒水頭、探測器及排煙設備。惟室內消防栓設備需設置於該場所之鄰近入口處，該場所內任一點至消防栓接頭之水平距離如超過上開標準第三十四條第一項之規定，以加設水帶方式檢討，其消防幫浦出水量、消防栓瞄子放水量及放水壓力等並應符合該標準規定。另該場所溫控設備機械室及周邊場所，仍應依同標準之規定，檢討其消防安全設備之設置。

高層建築物因樓層高度限制，考量其對於人員避難逃生、消防搶救困難等因素，相對危險性增加，且建築技術規則建築設計施工編第十二章高層建築物專章對於部分消防安全設備設置，有較特別之規定。而於高層建築物設置自動撒水設備，各層有電氣、電信或機械室時，此類場所免設撒水頭，惟需依第十八條檢討乾粉、二氧化碳等滅火設備之設置。

撒水頭裝置高度計算方式，應以撒水頭裝置面之實際高度計算之。依消防署指出，參酌 NFPA13、日本東京消防廳預防事務審查、檢查基準Ⅱ第四章第二節第三點撒水設備之規範，撒水頭配置遇有風管、架子、格柵型天花板時，應符合下列規定：

一、風管、電纜線架等障礙物寬度超過一點二公尺以上時，應依上開設置標準第四十七條第一項第六款規定，於其下方設置撒水頭，當前述障礙物下以格柵型天花板裝飾時，設置於格柵天花板下方。

二、架子、格柵等（在安裝撒水頭的動作溫度以下溶融且對熱感知無障礙者除外）開放型裝飾天花板，其下方應另設置撒水頭。但格柵材料等的厚度、寬度及安裝狀態明顯對撒水無妨礙，開放部分面積合計為裝飾天花板面積之百分之七十以上，且撒水頭之迴水板距離裝飾天花板等上方在零點六公尺以上時，該開放型裝飾天花板下方得不另設置撒水頭。

三、前 2 項之情形中，風管、架子及開放型裝飾天花板等下方設有撒水頭時，該撒水頭的感熱會受到上方撒水頭撒水冷卻影響時，應設置符合下列之防護板：

(一)防護板應使用金屬材料，且直徑在三十公分以上。

(二)防護板與迴水板之距離，在三十公分以上。

開放型裝飾天花板

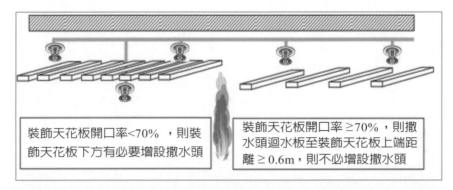

| 裝飾天花板開口率<70%，則裝飾天花板下方有必要增設撒水頭 | 裝飾天花板開口率≧70%，則撒水頭迴水板至裝飾天花板上端距離≧0.6m，則不必增設撒水頭 |

依消防署函釋：架子、格柵等（在安裝撒水頭的動作溫度以下溶融且對熱感知無障礙者除外）開放型裝飾天花板，其下方應另設置撒水頭。但格柵材料等的厚度、寬度及安裝狀態明顯對撒水無妨礙，開放部分面積合計為裝飾天花板面積之百分之70以上，且撒水頭之迴水板距離裝飾天花板等上方在0.6公尺以上時，該開放型裝飾天花板下方得不另設撒水頭。

消防撒水頭防護板功用

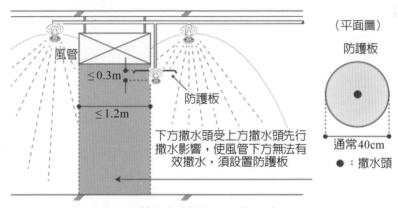

（埼玉市消防局，平成28年）

自動撒水設備與被動式防火之等價替代

撒水與室內裝修	≧11F 供乙丙丁類符合施工編第八十八條 室內裝修得不受限制
撒水與防火區劃	複合用途供乙丙丁類有防火區劃，開口面積 <8m² ≧11F 供乙丙丁類有防火區劃面積 < 200m² 設有自動滅火設備者防火區劃面積得加倍
撒水與防火設備	複合用途供乙丙丁類開口部為防火設備 ≧11F 供乙丙丁類開口部為防火設備

2-24 免裝撒水頭處所（二）

第 49 條（續）
十三、第十七條第一項第五款之建築物（地下層、無開口樓層及第十一層以上之樓層除外）中，供第十二條第二款至第四款所列場所使用，與其他部分間以具一小時以上防火時效之牆壁、樓地板區劃分隔，並符合下列規定者：
(一) 區劃分隔之牆壁及樓地板開口面積合計在八平方公尺以下，且任一開口面積在四平方公尺以下。
(二) 前目開口部設具一小時以上防火時效之防火門窗等防火設備，且 開口部與走廊、樓梯間不得使用防火鐵捲門。但開口面積在四平方公尺以下，且該區劃分隔部分能二方向避難者，得使用具半小時以上防火時效之防火門窗等防火設備。
十四、第十七條第一項第四款之建築物（地下層、無開口樓層及第十一層以上之樓層除外）中，供第十二條第二款至第四款所列場所使用，與其他部分間以具一小時以上防火時效之牆壁、樓地板區劃分隔，並符合下列規定者：
(一) 區劃分隔部分，樓地板面積在二百平方公尺以下。
(二) 內部裝修符合建築技術規則建築設計施工編第八十八條規定。
(三) 開口部設具一小時以上防火時效之防火門窗等防火設備，且開口部與走廊、樓梯間不得使用防火鐵捲門。但開口面積在四平方公尺以下，且該區劃分隔部分能二方向避難者，得使用具半小時以上防火時效之防火門窗等防火設備。
十五、其他經中央主管機關指定之場所。

【解說】
　　其他經中央主管機關指定之場所，如百貨商場電扶梯四周雖已設置自動防火鐵捲門而成為獨立之防火區劃範圍，仍應就建築物整體依規定檢討撒水頭之設置。而甲種防火捲門依建築技術規則設計施工編第七十六條並無甲種防火捲門乙詞，有防火門係屬經濟部公告為應施檢驗品目，故所提之防火捲門如由經濟部標準檢驗局檢驗合格，自得適用。
　　高層建築物設置自動撒水設備，各層有分散設置之電氣、電信或機械室時，依各類場所消防安全設備設置標準第四十九條規定，此類場所係屬得檢討免設撒水頭之處所，惟需同時依據第十八條檢討乾粉、二氧化碳等滅火設備之設置，但並無不論面積大小均要求設置之情事。

免裝撒水頭之處所

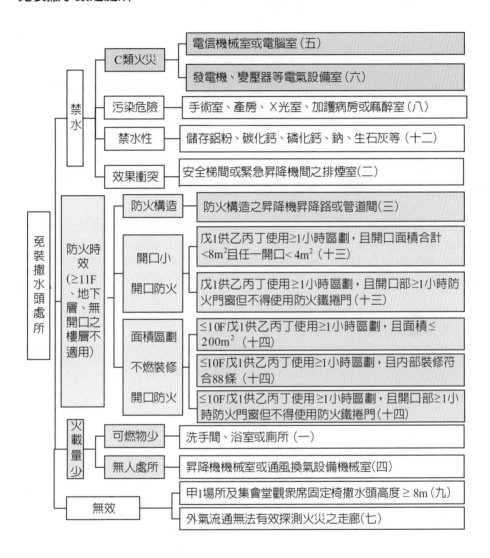

2-25 撒水頭放水量與流水檢知裝置

第 50 條

撒水頭之放水量，每分鐘應在八十公升（設於高架倉庫者，應為一百十四公升）以上，且放水壓力應在每平方公分一公斤以上或 0.1 Mpa 以上。但小區劃型撒水頭之放水量，每分鐘應在五十公升以上。

放水型撒水頭之放水量，應達防護區域每平方公尺每分鐘五公升以上。但儲存可燃物場所，應達每平方公尺每分鐘十公升以上。

【解說】

撒水頭放水壓力會與撒水下來展開之傘形面積有關，如水壓加大，撒水傘形展開角度也越大，這會影響其防護面積。

高架倉庫火災成長快且易成深層火災，需大量水來進行壓制，始可奏效；而小區劃型面積少也代表火載量少，不宜過大水量，免造成水損（Water-Damage）。放水型用於高天花板場所，可分固定式與移動式，以射水柱方式攻擊火點；其在日本應用較多，國內目前仍較少見。在此，其放水量應達防護區域 $\geq 5L/m^2.min$，但儲存可燃物場所應達 $\geq 10L/m^2.min$，此語義邏輯令人不解。事實上，本條文意在儲存可燃物區，火載量多導致火焰大，放水量需求較大；但非在可燃物區，因室內輻射熱關係，沒有火焰，僅為降低輻射熱，因此放水量僅$\geq 5L/m^2.min$ 即可。

第 51 條

自動撒水設備應裝置適當之流水檢知裝置，該流水檢知裝置應符合流水檢知裝置認可基準，並符合下列規定：

一、各樓層之樓地板面積在三千平方公尺以下者，裝設一套，超過三千平方公尺者，裝設二套。但上下二層，各層撒水頭數量在十個以下，且設有火警自動警報設備者，得二層共用。

二、無隔間之樓層內，前款三千平方公尺得增為一萬平方公尺。

三、撒水頭或一齊開放閥開啟放水時，即發出警報。

四、附設制水閥，其高度距離樓地板面在一點五公尺以下零點八公尺以上，並於制水閥附近明顯易見處，設置標明制水閥字樣之標識。

當撒水頭動作時，為即時啟動幫浦動，必須設計流水檢知裝置，以能偵知管內水流現象，並連動使幫浦啟動，同時也發出警鈴，並通知建築物使用人有緊急狀態發生，另一方面，避免撒水造成大量水損，也設置控制閥，以便人員能操控。

自動警報裝置是由發信部（流水檢知裝置）、受信部（表示裝置）及音響部（警鈴、蜂鳴器）所構成；其中流水檢知裝置可分溼式、乾式及預動作式，在國內多為溼式系統，當管內一次側與二次側失壓時，會自動發出警報，通知人員發生火災，其使撒水系統不但具有滅火，同時也具人員通報作用。至設置高度為自動警報逆止閥一次側之制水閥，應設在距樓地板面 0.8～1.5m，俾利操作、檢修；另維修孔之長寬大小均應在 $\geq 80cm$，以利人員可進出進行維修。

水系統自動起動裝置

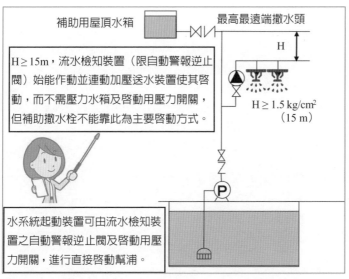

H≥15m，流水檢知裝置（限自動警報逆止閥）始能作動並連動加壓送水裝置使其啟動，而不需壓力水箱及啟動用壓力開關，但補助撒水栓不能靠此為主要啟動方式。

水系統起動裝置可由流水檢知裝置之自動警報逆止閥及啟動用壓力開關，進行直接啟動幫浦。

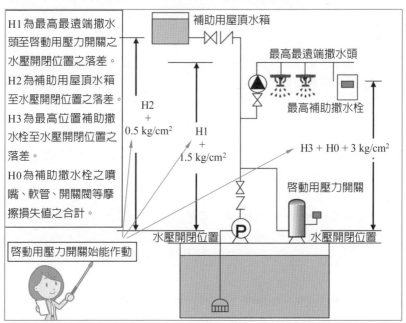

H1為最高最遠端撒水頭至啟動用壓力開關之水壓開閉位置之落差。
H2為補助用屋頂水箱至水壓開閉位置之落差。
H3為最高位置補助撒水栓至水壓開閉位置之落差。
H0為補助撒水栓之噴嘴、軟管、開關閥等摩擦損失值之合計。

啟動用壓力開關始能作動

2-26 開放式自動及手動啓動裝置

第52條

開放式自動撒水設備之自動及手動啓動裝置，依下列規定設置。但受信總機設在平時有人處，且火災時，能立即操作啓動裝置者，得免設自動啓動裝置：

一、自動啓動裝置，應符合下列規定：

　　(一) 感知撒水頭或探測器動作後，能啓動一齊開放閥及加壓送水裝置。

　　(二) 感知撒水頭使用標示溫度在七十九度以下者，且每二十平方公尺設置一個；探測器使用定溫式一種或二種，並依第一百二十條規定設置，每一放水區域至少一個。

　　(三) 感知撒水頭設在裝置面距樓地板面高度五公尺以下，且能有效探測火災處。

二、手動啓動裝置，應符合下列規定：

　　(一) 每一放水區域設置一個手動啓動開關，其高度距樓地板面在零點八公尺以上一點五公尺以下，並標明手動啓動開關字樣。

　　(二) 手動啓動開關動作後，能啓動一齊開放閥及加壓送水裝置。

【解說】

　　消防安全設備具有自動智慧功能，目前僅靠探測器與感知撒水頭（僅偵溫式）二種裝置。而感知撒水頭係爲感知火災而設置，因此裝置太高即失其保護人命之意義，因火流溫度無法升至其感知部份，第二熱煙升高至室內某一定高度後即會逐漸冷卻。

　　消防設備有自動也可手動，此具雙重意義。首先，機器尚未自動偵知火災，但人員已發現即可啓動；第二，假使自動故障，可手動啓動系統，使其發揮應有功能。而手動啓動裝置係爲人員驅近使用，需配合我東方人體位高度。

第53條

開放式自動撒水設備之一齊開放閥應依下列規定設置：

一、每一放水區域設置一個。

二、一齊開放閥二次側配管裝設試驗用裝置，在該放水區域不放水情形下，能測試一齊開放閥之動作。

三、一齊開放閥所承受之壓力，在其最高使用壓力以下。

【解說】

　　一齊開放閥是用於火勢一開始就快速成長，如舞臺垂直布幕或室內車輛火災。一般會與數個撒水頭、泡沫噴頭或水霧頭，構成一放射區域。於火災發生時，一起開放閥上之連通支管上感知撒水頭，因火災熱煙流使其高溫感應破裂，二次側壓力水流出，使一次側與二次側失衡，一齊開放閥急速開放放射區域之撒水頭、泡沫噴頭或水霧噴頭，區域數顆噴頭一起放出水流、泡沫藥劑或水霧流，即爲一齊開放火劑進行滅火效果。此外，一齊開放閥二次側配管應裝設試驗用裝置，在該放水區域不放水情形下，能測試一齊開放閥之動作。並無一齊開放閥二次側配管之試驗用裝置應配置導水排水管之規定。

每區域設一個一齊開放閥

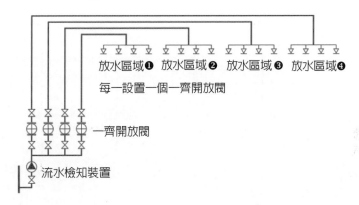

放水區域❶ 放水區域❷ 放水區域❸ 放水區域❹

每一設置一個一齊開放閥

一齊開放閥

流水檢知裝置

二次側試驗用裝置

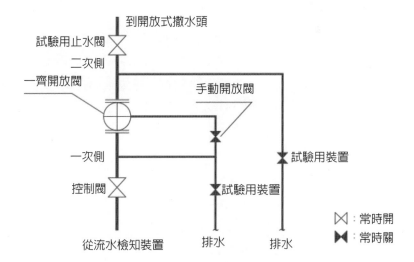

到開放式撒水頭

試驗用止水閥

二次側

一齊開放閥

手動開放閥

一次側

試驗用裝置

控制閥

試驗用裝置

⋈：常時開

◀▶：常時關

從流水檢知裝置　排水　排水

確保水源容量在有效水量範圍內必要措施

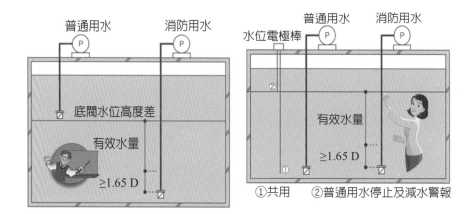

幫浦性能測試

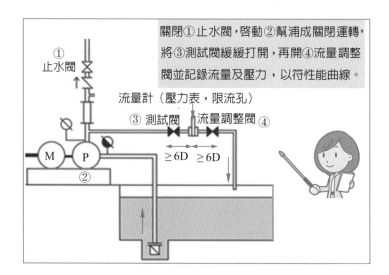

密閉式與開放式撒水動作流程

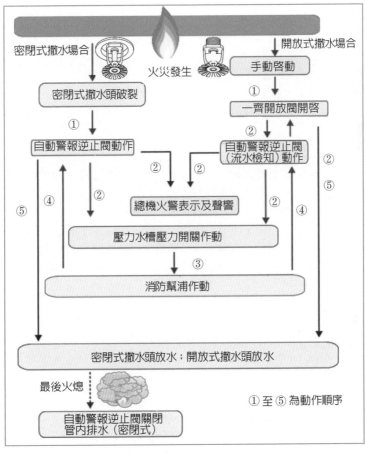

（東京防災設備保守協會，平成28年）

撒水頭配置

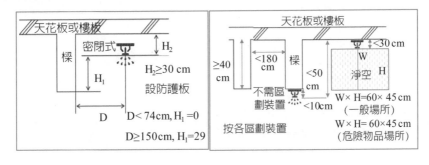

2-27 放水區域及密閉乾式或預動式撒水

第 54 條
開放式自動撒水設備之放水區域，依下列規定：
一、每一舞臺之放水區域在四個以下。
二、放水區域在二個以上時，每一放水區域樓地板面積在一百平方公尺以上，且鄰
　　接之放水區域相互重疊，使有效滅火。

【解說】

　　舞臺放水區域劃分爲四區時，每區單獨放水，免造成大區域水損問題。依內政部消防法令函釋及公告，其幫浦出水量在每分鐘五千公升以上者，該舞臺得劃分五個以上放水區域。在此法規特別挑出舞臺另作規範，主要舞臺場所一般多爲大量不特定多數人聚集場所，而舞臺表演中用火用電不愼引起火災，除垂直性布幕雖列爲防焰物品項目，但火勢足夠大仍是可燃物，會參與火勢燃燒，而舞臺道具大多爲輕質燃料，且環境空間多爲無開口屬性，火災生成煙恐會造成人群恐慌，故法規對此場所另作人命安全考量。

第 55 條
密閉乾式或預動式自動撒水設備，依下列規定設置：
一、密閉乾式或預動式流水檢知裝置二次側之加壓空氣，其空氣壓縮機爲專用，並
　　能在三十分鐘內，加壓達流水檢知裝置二次側配管之設定壓力值。
二、流水檢知裝置二次側之減壓警報設於平時有人處。
三、撒水頭動作後，流水檢知裝置應在一分鐘內，使撒水頭放水。
四、撒水頭使用向上型。但配管能採取有效措施者，不在此限。

【解說】

　　自動撒水設備是一種非常有效且具成本效益之消防設備；故於世界各地衍生多種型式，如密閉乾式或預動式自動撒水設備，其在國內設置微乎其微。密閉乾式或預動式之撒水頭應使用向上型之規定，其用意應是易懂，如同內政部消防法令函釋及公告，爲避免乾式配管於空氣加壓壓縮過程所凝結之水及系統動作後殘留水，存積於撒水頭配管內有結凍、銹蝕之慮，致影響撒水系統放射性能，故配管如能採類似在回彎管上設置撒水頭等之有效措施且無結凍、銹蝕之慮時，自有不在此限，得採用向下型撒水頭。

　　而撒水頭動作後，流水檢知裝置應在一分鐘內使撒水頭放水，這段期間不宜過久，以免火勢過大，但仍可利用這段時間進行人員確認是否爲眞實火災。

舞台放水區域工程設計

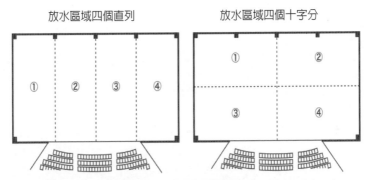

放水區域四個直列　　　　　放水區域四個十字分

每一舞臺之放水區域在四個以下

密閉乾式或預動式消防工程

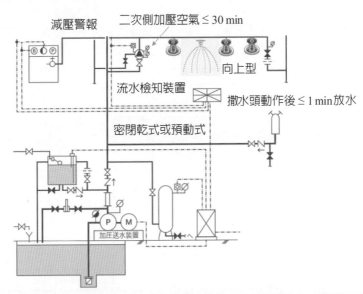

種類	密閉濕式	密閉乾式	預動式	開放式
管內	高壓水	高壓空氣	加壓空氣	常壓空氣
屋頂水箱	✓	✓	✓	✓
送水口	✓	✓	✓	✓
使用區域	非結凍區域	結凍區域	水損敏感	火勢延燒快
末端查驗管	✓	✓	✓	-
二次側試驗用裝置	-	-	-	
竣工試驗	水壓試驗	水壓併行氣壓試驗	水壓試驗	水壓試驗

2-28 查驗閥及水源容量

第 56 條

使用密閉式撒水頭之自動撒水設備末端之查驗閥,依下列規定配置:

一、管徑在二十五毫米以上。

二、查驗閥依各流水檢知裝置配管系統配置,並接裝在建築物各層放水壓力最低之
最遠支管末端。

三、查驗閥之一次側設壓力表,二次側設有與撒水頭同等放水性能之限流孔。

四、距離地板面之高度在二點一公尺以下,並附有排水管裝置,並標明末端查驗閥
字樣。

【解說】

　手動之末端查驗閥高度設在二點一公尺以下,違反了火災應變之手動啟動位置應在
≦1.5m,但這與火災無關,只是作為查驗維修之用途,且避免內部人員誤動作,使其
無端啟動撒水,故可設至 2.1m,且維修人員多帶有梯子。而查驗閥限流孔與撒水頭
孔徑大小是一樣的。

第 57 條

自動撒水設備之水源容量,依下列規定設置:

一、使用密閉式一般反應型、快速反應型撒水頭時,應符合下表規定個數繼續放
水二十分鐘之水量。但各類場所實設撒水頭數,較應設水源容量之撒水頭數少
時,其水源容量得依實際撒水頭數計算之。

各類場所		撒水頭個數	
		快速反應型	一般反應型
十一樓以上建築物、地下建築物		十二	十五
十樓以下建築物	供第十二條第一款第四目使用及複合用途建築物中供第十二條第一款第四目使用者	十二	十五
	地下層	十二	十五
	其他	八	十
高架儲存倉庫	儲存棉花、塑膠、木製品、紡織品等易燃物品	二十四	三十
	儲存其他物品	十六	二十

(續)

【解說】

　有關購物中心挑高超過二十公尺部分撒水設備之設置,適用設置標準確有困難,依
第二條但書規定,需送經中央消防主管機關認可時,基於簡政便民及避免獨家壟斷,
對於海龍替代滅火系統得於申請建造之消防圖說上,以註記《如 FM-200、I-541、
PCA-410、NAF-S-3、HFC-23 等》方式,先行通過消防審查。俟建築物竣工後再進
行會勘檢查。並於消防圖說上註記送認可之設備種類。

一齊開放閥種類

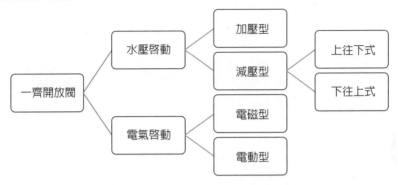

查驗閥與限流孔

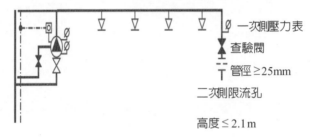

在各層放水壓力最低支管末端

一次側壓力表
查驗閥
管徑 ≥ 25mm
二次側限流孔

高度 ≤ 2.1 m

末端查驗閥

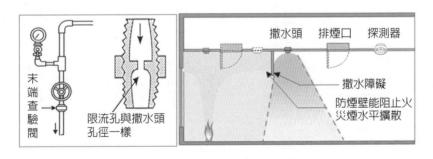

2-29 撒水設備水源容量

第 57 條（續）
二、使用開放式撒水頭時，應符合下列規定：
  (一) 供第十二條第一款第一目使用場所及第二目集會堂之舞臺，在十層以下建築物之樓層時，應在最大放水區域全部撒水頭，繼續放水二十分鐘之水量以上。
  (二) 供第十二條第一款第一目使用場所及第二目集會堂之舞臺，在十一層以上建築物之樓層，應在最大樓層全部撒水頭，繼續放水二十分鐘之水量以上。
三、使用側壁型或小區劃型撒水頭時，十層以下樓層在八個撒水頭、十一層以上樓層在十二個撒水頭繼續放水二十分鐘之水量以上。
四、使用放水型撒水頭時，應在實設撒水頭數繼續放射二十分鐘之水量以上。
前項撒水頭數量之規定，在使用乾式或預動式流水檢知裝置時，應追加百分之五十。
免設撒水頭處所，除第四十九條第七款及第十二款外，得設置補助撒水栓，並應符合下列規定：
一、各層任一點至水帶接頭之水平距離在十五公尺以下。但設有自動撒水設備撒水頭之部分，不在此限。
二、設有補助撒水栓之任一層，以同時使用該層所有補助撒水栓時，各瞄子放水壓力在每平方公分二點五公斤以上或 0.25MPa 以上，放水量在每分鐘六十公升以上。但全部補助撒水栓數量超過二支時（鄰接補助撒水栓水帶接頭之水平距離超過三十公尺時，為一個），以同時使用二支計算之。
三、補助撒水栓箱表面標示補助撒水栓字樣，箱體上方設置紅色標示燈。
四、瞄子具有容易開關之裝置。
五、開關閥設在距地板面一點五公尺以下。
六、水帶能便於操作延伸。
七、配管從各層流水檢知裝置二次側配置。

【解說】

消防設備有效動作大多設定在二十分鐘以上，第一，這是考量建築物使用人初期滅火時間，如果滅不了火，火勢已成長二十分鐘，空間已是相當煙量危險情境，這時未受過專業訓練，可能需離開建築物。第二，二十分鐘消防部門大多能到達現場，由專業消防人員來接管，並使用消防車及消防栓或連結送水管供應水壓及水源，進行滅火工作。

又天花板高，撒水頭水滴太小，當其從上方落至地面火勢，可能早已被火羽流熱浮力給蒸發掉，而無法落至火勢根基處。因此，採用較大水滴，首先顆粒大重量也大，能比火羽流上升浮力大，致能完全落至火勢根基，且水滴大代表含水量多，遇熱所產生水蒸氣也大，具有實質之滅火效果。

消防補助撒水栓

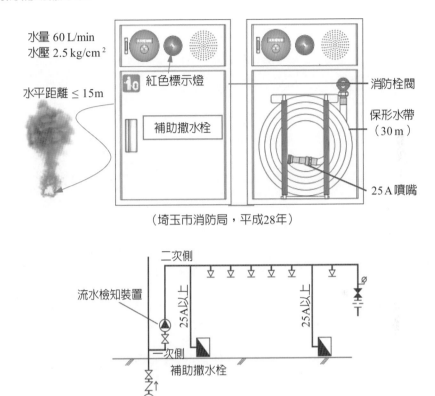

（埼玉市消防局，平成28年）

【重點整合】軟管滅火設備比較

	補助撒水栓	移動式泡沫	移動式二氧化碳	移動式乾粉	補助泡沫栓
設置條件	免設撒水頭處所	開口面積≥15%	開口面積≥15%	開口面積≥15%	儲槽設泡沫放出口時
每一水平距離	≤15m	≤15m			≤75m（步行）
放水壓力	2.5kg/cm²	3.5kg/cm²			3.5kg/cm²
放水（射）量	60L/min	100L/min	60 kg/min	45/27/18 kg/min	400L/min
水源（藥劑）		≥ 15min ≥ 30min（危險物品）	90kg	50/30/20 kg	

2-30 撒水設備加壓送水裝置

第 58 條

依前條設置之水源應連結加壓送水裝置，並依下列各款擇一設置：

一、重力水箱，應符合下列規定：

(一) 有水位計、排水管、溢水用排水管、補給水管及人孔之裝置。

(二) 水箱必要落差在下列計算值以上：

必要落差＝配管摩擦損失水頭＋10（計算單位：公尺）

$H = h1 + 10m$

二、壓力水箱，應符合下列規定：

(一) 有壓力表、水位計、排水管、補給水管、給氣管、空氣壓縮機及人孔之裝置。

(二) 水箱內空氣占水箱容積之三分之一以上，壓力在使用建築物最高處之撒水頭維持規定放水水壓所需壓力以上。當水箱內壓力及液面減低時，能自動補充加壓。空氣壓縮機及加壓幫浦與緊急電源相連接。

(三) 水箱必要壓力在下列計算值以上：

必要壓力＝配管摩擦損失水頭＋落差＋1（計算單位：公斤／平方公分）

$P = P1 + P2 + 1\ kgf/cm^2$

三、消防幫浦，應符合下列規定：

(一) 幫浦出水量，依前條規定核算之撒水頭數量，乘以每分鐘九十公升（設於高架儲存倉庫者，爲一百三十公升）。但使用小區劃型撒水頭者，應乘以每分鐘六十公升。另放水型撒水頭依中央消防機關認可者計算之。

(二) 幫浦全揚程在下列計算值以上：

幫浦全揚程＝配管摩擦損失水頭＋落差＋10（計算單位：公尺）

$H = h1 + h2 + 10m$

(三) 應爲專用。但與其他滅火設備並用，無妨礙各設備之性能時，不在此限。

(四) 連接緊急電源。

前項加壓送水裝置除應準用第三十七條第二項第一款、第二款及第五款規定外，撒水頭放水壓力應在每平方公分十公斤以下或 1MPa 以下。

【解說】

　　減壓措施僅規定撒水頭，補助撒水栓所採減壓措施應使其放水壓力$\leq 10kgf/cm^2$。使用壓力水箱，其箱內空氣占水箱容積之三分之一以上，這是藉由氣體能進行壓縮（固體與液體幾乎是不能壓縮），而預存其氣壓之壓力，但水壓計算是以使用建築物最高處之撒水頭所維持規定放水水壓所需壓力以上。如果水箱內壓力及液面減低時，爲補充壓力漸少，需能自動補充加壓。因此，空氣壓縮機及加壓幫浦與緊急電源必須相連接成一系統。此外，在設計上可採取空氣室與水室之間用全隔膜方式予以分開，避免水壓之持續降低。

自動撒水設備升位圖與撒水頭

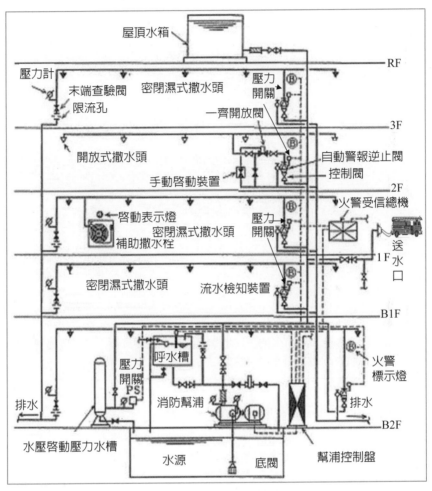

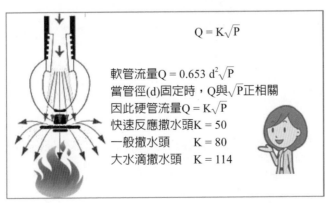

$$Q = K\sqrt{P}$$

軟管流量$Q = 0.653\ d^2\sqrt{P}$
當管徑(d)固定時，Q與$\sqrt{P}$正相關
因此硬管流量$Q = K\sqrt{P}$
快速反應撒水頭K = 50
一般撒水頭　　K = 80
大水滴撒水頭　K = 114

2-31 撒水送水口、電源及水霧噴頭

第 59 條

裝置自動撒水之建築物，應於地面層室外臨建築線，消防車容易接近處，設置口徑六十三毫米之送水口，並符合下列規定：
一、應為專用。
二、裝置自動撒水設備之樓層，樓地板面積在三千平方公尺以下，至少設置雙口形送水口一個，並裝接陰式快速接頭，每超過三千平方公尺，增設一個。但應設數量超過三個時，以三個計。
三、設在無送水障礙處，且其高度距基地地面在一公尺以下零點五公尺以上。
四、與立管管系連通，其管徑在立管管徑以上，並在其附近便於檢修確認處，裝置逆止閥及止水閥。
五、送水口附近明顯易見處，標明自動撒水送水口字樣及送水壓力範圍。

【解說】

自動撒水設備有效水量，建築物僅提供二十分鐘，後續必須仰賴消防部門之救災資源。因此，需有送水口由到來之消防車進行加壓送水，繼續提供撒水頭之撒水量，如此，消防人員也不必冒險進入火場，在火場外即可達到控制火勢之目的。而其附近明顯易見處標明「送水口」字樣等，其意係為確保消防車能提供救災所需之水源供應無虞外，並藉由「送水口」字樣之標示提醒民眾；依內政部消防法令函釋及公告，其並無不得停放車輛之相關規定。但消防栓是禁止停放非救災車輛。有時大樓同時有不同設備送水口，標明自動撒水送水口，避免送錯管路。

第 60 條

自動撒水設備之緊急電源，依第三十八條規定設置。

【解說】

與室內／外消防栓一樣，供電容量應供其有效動作三十分鐘以上。

第 61 條

水霧噴頭，依下列規定配置：
一、防護對象之總面積在各水霧噴頭放水之有效防護範圍內。
二、每一水霧噴頭之有效半徑在二點一公尺以下。
三、水霧噴頭之配置數量，依其裝設之放水角度、放水量及防護區域面積核算，其每平方公尺放水量，供第十八條附表第三項、第四項所列場所使用，在每分鐘二十公升以上；供同條附表其他場所使用，在每分鐘十公升以上。

【解說】

水霧噴頭是採用一放水區域一齊開放方式，以形成空間水霧流場動態效應，以大量冷卻燃燒火勢，並抑制輻射熱回饋效應。而供第十八條附表第三項（汽車修理廠、室內停車空間在第一層樓地板面積五百平方公尺以上者；在地下層或第二層以上樓地板面積在二百平方公尺以上者；在屋頂設有停車場樓地板面積在三百平方公尺以上者。）第四項（降機械式停車場可容納十輛以上者）所列場所使用，在每分鐘二十公升以上；這是考量上述場所存在大量 B 類（油類）火災，燃燒強度高需大量水霧進行壓制。

自動撒水送水口與幫浦室構造

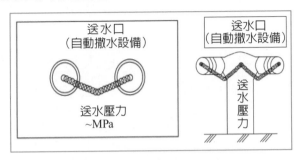

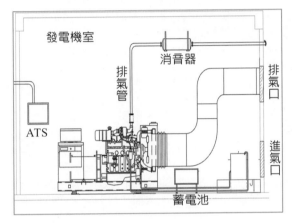

自動撒水緊急電源配線

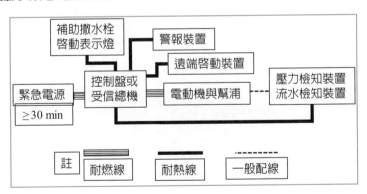

2-32 自動撒水設備之補充

【解說】

依內政部消防法令函釋及公告,有關挑高超過二十公尺撒水設備之設置,適用本設置標準確有困難,需送經中央消防主管機關認可時,其消防設備審(勘)查,基於簡政便民及避免獨家壟斷,於消防設備審查完竣後,對於海龍替代藥劑自動滅火設備系統,得於申請建造執照之消防圖說上,以註記其名稱(如 FM-200、IG-541、PCA-410、NAF-S-3、HFC-23 等……)方式,先行通過消防審查。俟建築物竣工後,再依內政部針對該建築物核發之海龍替代藥劑自動滅火設備審核認可書,進行消防會勘檢查,並於消防圖說上註記送中央消防主管機關審核認可之設備種類。

於下列場所因用途、構造特殊,參酌日本東京消防廳「預防事務審查、檢查基準」,免設置放水型撒水頭及其他型式之撒水頭:

1. 免設放水型撒水頭:挑高空間相鄰部分已設置密閉式撒水頭,在其有效之範圍內,得免除設置放水型撒水頭。
2. 免設密閉式撒水頭:挑高空間已設置放水型撒水頭,在其有效之範圍內,挑高空間相鄰以外部分,得免除設置密閉式撒水頭。
3. 於「車站、飛機場大廈、候船室」、「小學、中學、高中職、技術學院、大學、專修學校、各種學校等」、「圖書館、博物館、美術館、陳列館、史蹟資料館、紀念館等」、「寺廟、宗祠、教堂、靈骨塔等」、「集合住宅、寄宿舍」、「電影攝影場或電視播送場」、「倉庫」、「汽車修護廠、飛機修理廠、飛機庫等」、「室內停車場、建築物依法附設之室內停車空間」、第四款工作場所等建築物在十樓以下各樓層(地下層及無開口樓層除外)大廳、會議場、通路等場所之挑高空間部分。
4. 十樓以下的樓層(地下層及無開口樓層除外)有體育館、屋內射擊場(限於競技使用之場所)挑高空間部分,以及室外雨遮供通路等類似場所之挑高空間部分。
5. 樓地板面積未滿五十平方公尺之挑高空間部分。

   而上開免設放水型撒水頭及其他型式撒水頭之空間,應符合下列規定:

1. 建築物內部裝修限制規定。
2. 未使用固定之瓦斯、燃料等用火設備或移動之瓦斯、燃料等用火器具。
3. 未置放或火災時造成擴大延燒之大量可燃物。

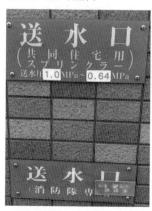

(自動撒水送水口送水壓力6.4至10 kg/cm²,攝於日本大阪)

啓動動作壓力值（動作壓力值 + 設計餘裕值）

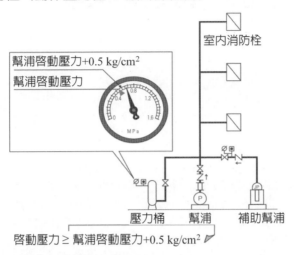

啓動壓力 ≥ 幫浦啓動壓力+0.5 kg/cm²

第 2 種室內消防栓與補助撒水栓比較

	項目	補助撒水栓	第二種室內消防栓
相同	防護距離	15m	
	全部數量	超過二支時以同時使用二支計算	
	瞄子	設有容易開關之裝置	
相異	放水壓力	$2.5kgf/cm^2 \leq P \leq 10\ kgf/cm^2$	$2.5kgf/cm^2 \leq P \leq 7\ kgf/cm^2$
	放水量	60 L/min	80 L/min
	標示字樣	標示補助撒水栓字樣	標示消防栓字樣
	開關閥高度	開關閥在距地板面 ≦ 1.5m	開關閥在距地板面 0.3～1.5m
	幫浦出水量	70 L/min	90 L/min

2-33 水霧放射區域及水源容量

第 62 條
水霧滅火設備之緊急電源、配管、配件、屋頂水箱、竣工時之加壓送水試驗、流水檢知裝置、啓動裝置及一齊開放閥準用第三十八條、第四十四條、第四十五條、第五十一條至第五十三條規定設置。

【解說】

水霧依日本定義水霧粒徑爲 400μm，其滅火上有其優勢，如一般撒水易造成水損問題，而水霧水量如以密閉溼式撒水頭而言，是難以撲滅火勢，因水霧粒子未進入火勢燃燒處，即被火羽流（Fire Plume）蒸發掉；因此，水霧自動滅火勢必與泡沫一樣，以一齊開放之放射方式，始足以勝任熄滅火勢，且其爲了噴出細小水粒子，需有較高水壓，如此有時能應用於 C 類火災場所。依消防法令函釋，室內、外消防栓及水霧滅火等設備配管採連通設計時，滅火設備如採共用消防幫浦，在無妨礙各設備之性能時，其消防幫浦至防護對象前相互連通之配管得共用之。惟共用消防幫浦之出水量應爲三者最大出水量之合計，全揚程應爲三者之最大者，而水源容量應依各設備規定容量合併計算之。水霧滅火設備在性能檢查時，只要選取任一放水區域放射即可，不像泡沫滅火設備必須選擇全部放射區域之 20% 以上之放水區域。

第 63 條
放射區域，指一只一齊開放閥啓動放射之區域，每一區域以五十平方公尺爲原則。
前項放射區域有二區域以上者，其主管管徑應在一百毫米以上。

【解說】

水霧滅火有其諸多優勢，如水損少及耗水量低等。於單顆水霧撒水量相當有限，以一防護區域內可燃物起火，採取一齊放射，以優勢滅火力來壓制火勢成長至熄滅。

第 64 條
水霧滅火設備之水源容量，應保持二十立方公尺以上。但放射區域在二區域以上者，應保持四十立方公尺以上。

【解說】

水霧滅火設備水源至少有 20m³，以供應初期火勢之用，後續由消防部門接管，以送水口繼續進行供水救災。

水霧噴頭與撒水頭

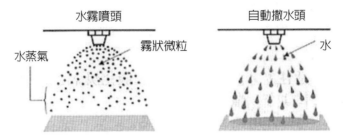

水霧噴頭　　　　　　　自動撒水頭

霧狀微粒　　　　　　　水

水蒸氣

水霧配管

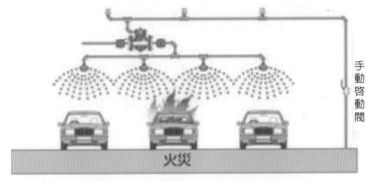

手動啓動閥

火災

每一區域50m²二區域以上主管管徑 ≥ 100mm

水霧水源容量

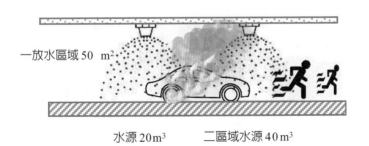

一放水區域 50 m²

水源 20m³　　　二區域水源 40 m³

2-34 水霧加壓送水裝置

第 65 條
依前條設置之水源，應連結加壓送水裝置。
加壓送水裝置使用消防幫浦時，其出水量及出水壓力，依下列規定並連接緊急電源：
一、出水量：每分鐘一千二百公升以上，其放射區域二個以上時為每分鐘二千公升以上。
二、出水壓力：核算管系最末端一個放射區域全部水霧噴頭放水壓力均能達每平方公分二點七公斤以上或 0.27MPa 以上。但用於防護電氣設備者，應達每平方公分三點五公斤以上或 0.35MPa 以上。

【解說】
　為了噴出細小水粒子，必須比撒水頭水壓（$1kg/cm^2$）還要高，如果噴出水粒子夠細小，就能不侷限於 A 類火災，而擴大應用於 C 類火災場所。水霧一放射區域之水量最低為 $20L/m^2 \cdot min \times 50m^2 = 1000L/min$，因此在幫浦出水量安全係數 1.2 倍，即 $1000L/min \times 1.2 = 1200 L/min$。

第 66 條
水霧噴頭及配管與高壓電器設備應保持之距離，依下表規定：

離開距離（mm）		電壓（KV）
最低	標準	
150	250	7 以下
200	300	10 以下
300	400	20 以下
400	500	30 以下
700	1000	60 以下
800	1100	70 以下
1100	1500	100 以下
1500	1900	140 以下
2100	2600	200 以下
2600	3300	345 以下

【解說】
　目前國內水霧滅火設備應用在室外電氣變壓設施，而臺電室內變電設施，則採取全

區二氧化碳滅火設備等來進行防護。

為了防護 C 類火災場所，於本條所稱「距離」係指電氣絕緣距離，是水霧噴頭及配管與高壓電器設備之帶電導體（不含具有效絕緣保護者）應保持之距離。最低距離間隔是 15 cm，最大間隔是 3.3m。以變壓器室而言，該防護對象係指變壓器本體，該總面積係指變壓器總面積。

水霧自動滅火系統升位圖

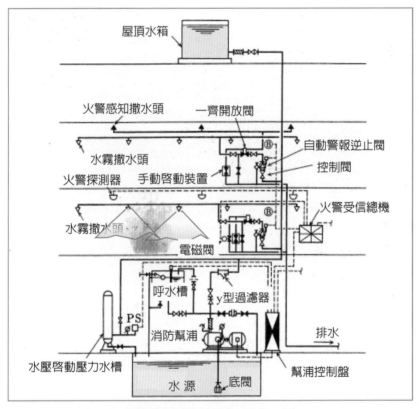

（東京防災設備保守協會，平成 28 年）

禁水性物質與水化學反應

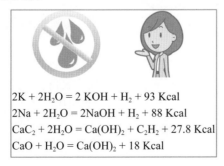

$$2K + 2H_2O = 2\ KOH + H_2 + 93\ Kcal$$
$$2Na + 2H_2O = 2NaOH + H_2 + 88\ Kcal$$
$$CaC_2 + 2H_2O = Ca(OH)_2 + C_2H_2 + 27.8\ Kcal$$
$$CaO + H_2O = Ca(OH)_2 + 18\ Kcal$$

2-35 水霧室內停車空間及泡沫放射方式

> **第 67 條**
> 水霧送水口，依第五十九條第一款至第四款規定設置，並標明水霧送水口字樣及送水壓力範圍。

【解說】

如火勢繼續維持，即需足夠水源進行供應，因此需仰賴消防部門從送水口供水，需管路構件有一定耐壓，避免前來消防車一時供應過大壓力。

> **第 68 條**
> 裝置水霧滅火設備之室內停車空間，其排水設備應符合下列規定：
> 一、車輛停駐場所地面作百分之二以上之坡度。
> 二、車輛停駐場所，除面臨車道部分外，應設高十公分以上之地區境界堤，或深十公分寬十公分以上之地區境界溝，並與排水溝連通。
> 三、滅火坑具備油水分離裝置，並設於火災不易殃及之處所。
> 四、車道之中央或二側設置排水溝，排水溝設置集水管，並與滅火坑相連接。
> 五、排水溝及集水管之大小及坡度，應具備能將加壓送水裝置之最大能力水量有效排出。

【解說】

車輛火災同時擁有 A 類與 B 類火災燃料，此種液體燃料即需有坡度、圍堵燃料不使其擴散之境界堤（≧10cm）、油水分離裝置、集中水面上油類彙集之滅火坑，並能防止其溢出向外擴散之加壓送水裝置最大能力水量有效順著排水溝排出，以免形成二次災害，對環境污染及水面上油類，可能造成回火延燒之考量。

> **第 69 條**
> 泡沫滅火設備之放射方式，依實際狀況需要，就下列各款擇一設置：
> 一、固定式：視防護對象之形狀、構造、數量及性質配置泡沫放出口，其設置數量、位置及放射量，應能有效滅火。
> 二、移動式：水帶接頭至防護對象任一點之水平距離在十五公尺以下。

【解說】

移動式防護水平距離十五公尺法規用意係需靠人員驅近操作滅火，不希望水帶過長造成移動前進困難，且水帶來不及移動遭大火波及；另外，也顯示距離超過其數量需增加；但高架直升機機場之移動式泡沫滅火設備，其水帶接頭至防護對象之水平距離，得不受第六十九條第二款之限制，且水帶長度需能涵蓋防護對象任一點。

飛機修理廠、飛機庫樓地板面積在二百平方公尺以上者，應就泡沫或乾粉滅火設備選擇設置之。發動機（引擎）為飛機之一部分，且發動機之維護可能有油類溶劑等物品或特殊金屬產生火災，應選擇設置適當之滅火設備，惟場所如僅作為飛機拆下後之發動機修護工廠使用，且現場確無燃油等油料時，擬以設置自動撒水設備替代泡沫滅火設備之方式，原則可行。

室內停車空間水霧滅火設備

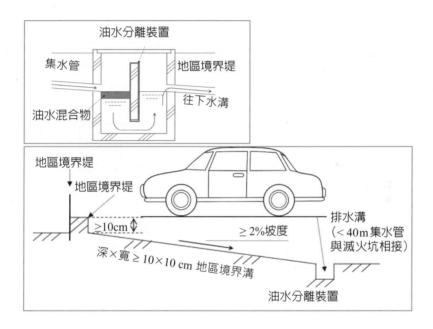

水霧應用於室內停車空間

（避免車輛油污浮水面上造成火勢延伸，地面上應有斜度及排水設備）

水霧噴頭種類及原理

種類	內容	圖示
紊流式	高壓水至噴頭內部擴大區劃空間垂直角大灣流時，形成紊流動態水粒流，高壓撞擊斜度限流孔，引流擴大水霧粒子流。	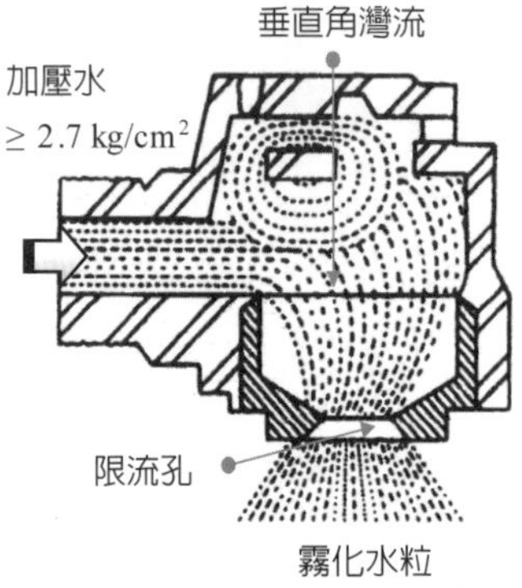
迴水板式	高壓水至噴頭內部直流，高速直接撞擊斜度外齒形迴水板，引流擴大水霧粒子流。	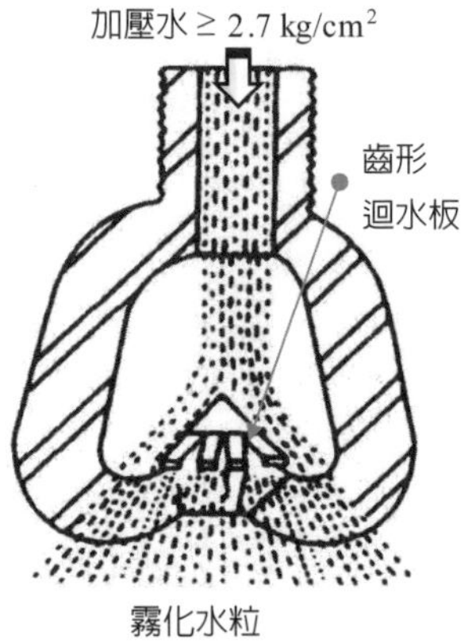
螺旋式	高壓水至噴頭內部螺旋室時，產生高速螺旋水流撞擊斜度限流孔，引流擴大水霧粒子流。	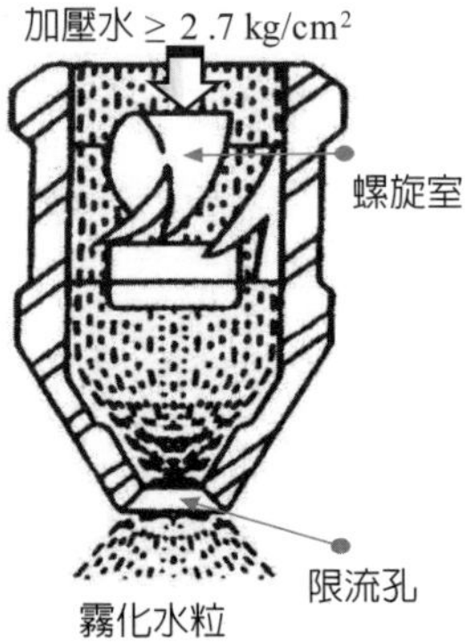

泡沫消防幫浦防止水溫上升裝置

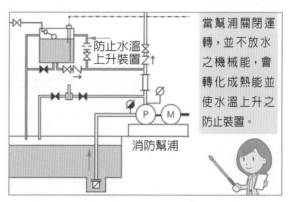

防止水溫上升裝置

消防幫浦

當幫浦關閉運轉，並不放水之機械能，會轉化成熱能並使水溫上升之防止裝置。

消防設備緊急電源

緊急電源	發電機	蓄電池	容量
室內消防栓	○	○	30分
室外消防栓			
自動撒水設備			
水霧滅火設備			
泡沫滅火設備			
二氧化碳滅火設備	－	○	60分
海龍替代滅火設備			
乾粉滅火設備			
火警自動警報設備	－	○	10分
瓦斯洩漏火警設備	－	○	20分
標示設備	○	○	20分
排煙設備	○	○	30分
緊急電源插座	○	○	30分
無線電通信輔助設備	－	○	30分
緊急照明設備	－	○	30分
冷卻撒水設備	○	－	240分
防災監控系統綜合操作裝置	○	○	120分

2-36 泡沫膨脹比

第 70 條
固定式泡沫滅火設備之泡沫放出口，依泡沫膨脹比，就下表選擇設置之：

膨脹比種類	泡沫放出口種類
膨脹比二十以下（低發泡）	泡沫噴頭或泡水噴頭
膨脹比八十以上一千以下（高發泡）	高發泡放出口

前項膨脹比，指泡沫發泡體積與發泡所需泡沫水溶液體積之比值。

【解說】

移動式使用低發泡，而全區或局部放射方式皆使用高發泡，以大量泡沫體快速淹蓋燃燒體，達到窒息火勢之目的。泡沫膨脹比於高發泡放出口之竣工查驗，在其綜合試驗之泡沫放射試驗項下的放射區域部分，得僅就水力計算上最遠端之放出口實施。並需測定其放射壓力（MPa）、泡沫水溶液放射量（l/min）及泡沫水溶液濃度，以確認該設備符合法定功能。

第 71 條
泡沫頭，依下列規定配置：
一、飛機庫等場所，使用泡水噴頭，並樓地板面積每八平方公尺設置一個，使防護對象在其有效防護範圍內。
二、室內停車空間或汽車修理廠等場所，使用泡沫噴頭，並樓地板面積每九平方公尺設置一個，使防護對象在其有效防護範圍內。
三、放射區域內任一點至泡沫噴頭之水平距離在二點一公尺以下。
四、泡沫噴頭側面有樑時，其裝置依第四十七條第一項第八款規定。
五、室內停車空間有複層式停車設施者，其最上層上方之裝置面設泡沫噴頭，並延伸配管至車輛間，使能對下層停車平臺放射泡沫。但感知撒水頭之設置，得免延伸配管。
六、前款複層式停車設施之泡沫噴頭，礙於構造，無法在最上層以外之停車平臺配置時，其配管之延伸應就停車構造成一單元部分，在其四周設置泡沫噴頭，使能對四周全體放射泡沫。

【解說】

複層式停車設施之泡沫噴頭延伸噴頭僅在初期滅火有意義，一旦火勢成長，即以停車構造為一單元成整體放射。依內政部函釋，風管等增設泡沫頭形成上下兩層防護，但補強泡沫頭得不受裝置高度限制。防護對象物之總面積應在各泡沫頭有效防護範圍內，故泡沫頭之配置位置有風管等障礙物，致生無法有效防護情事時，「在風管等障礙物下方增設泡沫頭，形成上下兩層防護，但補強之泡沫頭不受裝置高度限制。」之作法，並無不當。

泡沫滅火設備種類

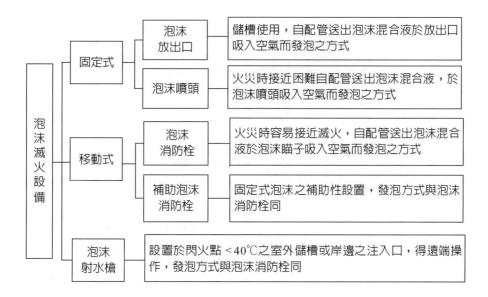

複層式停車設施

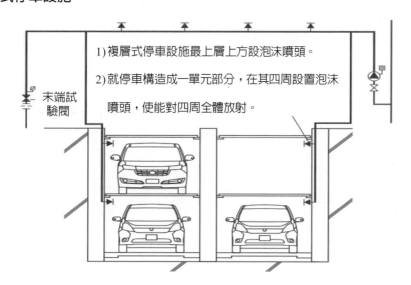

2-37 泡沫頭放射量及高發泡

第72條

泡沫頭之放射量,依下列規定:

一、泡水噴頭放射量在每分鐘七十五公升以上。

二、泡沫噴頭放射量,依下表規定:

泡沫原液種類	樓地板面積每平方公尺之放射量(公升∖分鐘)
蛋白質泡沫液	六點五以上
合成界面活性泡沫液	八以上
水成膜泡沫液	三點七以上

【解說】

　　現泡沫噴頭皆為空氣泡,本條合成界面泡沫液因消泡性較快,故其放射量大,其主要可分為碳氫系界面活性劑與碳氟系界面活性劑。而實務上,常有以蛋白質泡沫液與合成界面活性泡沫液,二者進行混合之泡沫產品。

　　此外,針對含酒精類燃料火災,以泡沫劑進行滅火時,因酒精閃火點低,滲入性強,使泡沫薄膜產生消泡現象,而衍生出抗酒精型泡沫產品。

第73條

高發泡放出口,依下列規定配置:

一、全區放射時,應符合下列規定,且其防護區域開口部能在泡沫水溶液放射前自動關閉。但能有效補充開口部洩漏者,得免設自動關閉裝置。

　　(一) 高發泡放出口之泡沫水溶液放射量依下表核算:

防護對象	膨脹比種類	每分鐘每立方公尺冠泡體積之泡沫水溶液放射量(公升)
飛機庫	八十以上二百五十未滿(以下簡稱第一種)	二
	二百五十以上五百未滿(以下簡稱第二種)	零點五
	五百以上一千未滿(以下簡稱第三種)	零點二九
室內停車空間或汽車修護廠	第一種	一點一一
	第二種	零點二八
	第三種	零點一六
第十八條表第八項之場所	第一種	一點二五
	第二種	零點三一
	第三種	零點一八

【解說】

　　因飛機航空燃料具閃火點低,燃燒快速,泡沫放射量相對大,始足以壓制火勢。

泡沫 y 型過濾器與泡沫射水槍

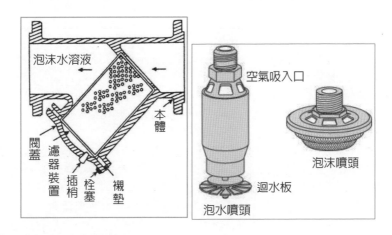

泡沫滅火原理與泡沫放出口

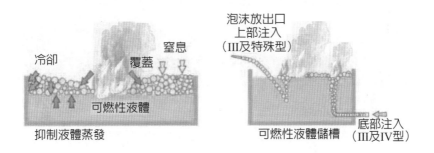

泡沫滅火設備種類與方式

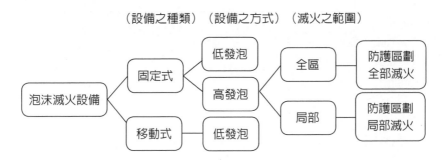

2-38 高發泡放出口

第73條（續）
　　　(二)前目之冠泡體積，指防護區域自樓地板面至高出防護對象最高點零點五公尺所圍體積。
　　　(三)高發泡放出口在防護區域內，樓地板面積每五百平方公尺至少設置一個，且能有效放射至該區域，並附設泡沫放出停止裝置。
　　　(四)高發泡放出口位置高於防護對象物最高點。
　　　(五)防護對象位置距離樓地板面高度，超過五公尺，且使用高發泡放出口時，應為全區放射方式。
　二、局部放射時，應符合下列規定：
　　　(一)防護對象物相互鄰接，且鄰接處有延燒之虞時，防護對象與該有延燒之虞範圍內之對象，視為單一防護對象，設置高發泡放出口。但該鄰接處以具有一小時以上防火時效之牆壁區劃或相距三公尺以上者，得免視為單一防護對象。
　　　(二)高發泡放出口之泡沫水溶液放射量，防護面積每一平方公尺在每分鐘二公升以上。
　　　(三)前目之防護面積，指防護對象外周線以高出防護對象物高度三倍數值所包圍之面積。但高出防護對象物高度三倍數值，小於一公尺時，以一公尺計。

【解說】
　冠泡體積用語，是指高發泡沫體充滿防護區以淹蓋方式至防護體火舌，以其上方50cm高度，完全冠蓋住燃燒體達到窒息火勢之目的。
　泡沫全區放射時不像二氧化碳或海龍替代滅火設備，對人員有致命性，所以全區泡沫放射時不需倒數計時、緊急手動停止裝置、沒有放射表示燈等安全裝置。

第74條
泡沫滅火設備之緊急電源、配管、配件、屋頂水箱、竣工時之加壓試驗、流水檢知裝置、啟動裝置及一齊開放閥準用第三十八條、第四十四條、第四十五條、第五十一條至第五十三條規定設置。

【解說】
　依內政部消防法令函釋及公告，有關泡沫滅火設備一齊開放閥二次側配管之試驗用裝置，需配置導水之排水管，依一齊開放閥二次側配管應裝設試驗用裝置，在該放水區域不放水情形下，能測試一齊開放閥之動作。並無一齊開放閥二次側配管之試驗用裝置，應配置導水排水管之規定。

泡沫全區放射冠泡體積

冠泡體積（V）＝ a × b × H

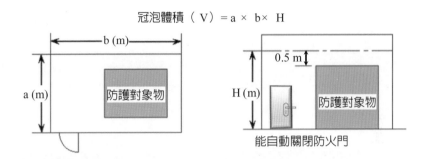

泡沫局部放射防護面積

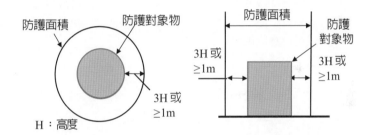

高發泡放出口

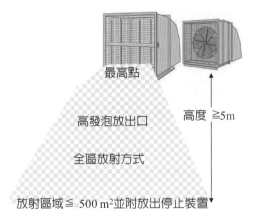

2-39 泡沫放射區域

第 75 條

泡沫滅火設備之放射區域，依下列規定：
一、使用泡沫噴頭時，每一放射區域在樓地板面積五十平方公尺以上一百平方公尺以下。
二、使用泡水噴頭時，放射區域占其樓地板面積三分之一以上，且至少二百平方公尺。但樓地板面積未達二百平方公尺者，放射區域依其實際樓地板面積計。

【解說】

本條爲低發泡應用型態，泡沫頭可分泡沫噴頭與泡水噴頭，前者滅火效果較佳，而泡水噴頭大多應用於飛機庫，每一防護放射區域較大且放射量較大。

室內停車空間複層停車設施設置泡沫滅火設備，爲使其能完全防護同一組停車設施，故其上、中、下層之機械停車設施應爲同一放射區域。至其放射區域之面積，應採上、中、下層之水平投影面積，如爲上下重疊者，則僅計其單一投影面積即可，惟其每一放射區域之大小仍應依規定辦理。

第 76 條

泡沫滅火設備之水源，依下列規定：
一、使用泡沫頭時，依第七十二條核算之最低放射量在最大一個泡沫放射區域，能繼續放射二十分鐘以上。
二、使用高發泡放出口時，應符合下列規定：
(一) 全區放射時，以最大樓地板面積之防護區域，除依下表核算外，防護區域開口部未設閉鎖裝置者，加算開口洩漏泡沫水溶液量。

膨脹比種類	冠泡體積每一立方公尺之泡沫水溶液量（立方公尺）
第一種	零點零四
第二種	零點零一三
第三種	零點零零八

(二) 局部放射時，依第七十三條核算之泡沫水溶液放射量，在樓地板面積最大區域，能繼續放射二十分鐘以上。
三、移動式泡沫滅火設備水源容量，在二具泡沫瞄子同時放水十五分鐘之水量以上。
前項各款計算之水溶液量，應加算充滿配管所需之泡沫水溶液量，且應加算總泡沫水溶液量之百分之二十。

【解說】

泡沫水源在全區與局部放射，能供應二十分鐘水量，這與自動撒水設備是一樣，法規規範邏輯係建築物所有人僅負擔初期滅火應變二十分鐘，後續由消防部門統籌接管，從消防車供應水源與水壓，由專業消防人員進行現場消防活動；而移動式僅十五分鐘，意味十五分鐘消防部門差不多也到達，不希望未受訓練人員滅火太久。

泡沫滅火藥劑混合裝置方式

種類	內容（參考日本危險物設施基準指南，平成 7 年）	
加壓比例式（加壓置換方式）	泡沫原液槽與比例混合器構成，利用加壓送水使水壓入與泡沫原液混合。由水直接流入藥劑槽內及流經送水管之吸入器。 由水流入原液槽並加壓於槽內之移動式隔膜，隔膜內側存放之原液槽內壓出至送液管。藥劑與水流入替換，水將藥劑壓入之方法，無需特別設加壓送液裝置。	
差壓比例式（壓入式）	由加壓送液裝置將水壓入泡沫原液中混合。同時使用加壓送液裝置之泵浦，並設能利用流量變化檢知壓力之壓力調節閥。泡沫原液利用泵浦出水量改變時在容許範圍內，能自動調節混合比之一種裝置。泵浦之種類與特性同水系統滅火設備，但因藥劑具腐蝕性，故材質必須考量其耐蝕性。	
幫浦循環比例式	幫浦流出管與吸入管之間應設旁通管，該管中設比例混合器。幫浦運轉時，水向泡沫放出口方向輸送，同時水流經旁通管內，經由比例混合器，再流經幫浦吸入管。通過比例混合器時，吸入泡沫原液槽內泡沫並與水混合，同時幫浦循環吸入管與水依一定混合比例進行。	

種類	內容（參考日本危險物設施基準指南，平成 7 年）	
幫浦吸入比例式	幫浦吸入管附設旁通管，旁通管中設比例混合器。幫浦運轉時，將水源之水吸入同時於比例混合器處與負壓吸入之泡沫原液混合。同時規定與水之合流點處依一定比率進行混合。本方式泡沫原液藥劑流入必須為負壓。泡沫原液槽之底部位置必須高於幫浦本體。吸入管需考量不會產生空氣滯留之配管方式。	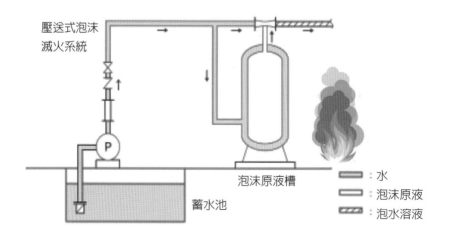
水力馬達比例式	水力馬達與泡沫原液，與幫浦結合成一體。設於加壓送水裝置和泡沫放出口之間，泡沫原液泵浦吸入管與泡沫原液槽連接，原液流出管與水力馬達之水流出管依一定比例混合。當泡沫水溶液流向泡沫放出口時，經水力馬達產生水動力迴轉，同軸使泡沫原液幫浦運轉，吸入泡沫原液流出。	

第 72 條規定泡沫原液種類泡沫性能比較方式

泡沫原液種類		性能比較	放射量
蛋白質系	蛋白	動物性蛋白質加水分解形成，比界面活性劑系耐火性較佳，常用於儲槽固定式泡沫滅火設備。	≥ 6.5（L/m².min）
	氟蛋白		
界面活性劑系	合成界面活性	因泡沫穩定性、耐熱性和耐油污性等滅火性能皆比其他泡沫差，但其優點是能長時間儲存，變化性小，發泡效果也不會劣化，且流動性與展開性優異，多用於流動性油類場所、汽車修理廠、維修工廠或停車場等火災。	≥ 8.0（L/m².min）
	水成膜	為氟系界面活性劑，在油面上能形成水膜層，具有很高穩定性，而不易消泡，可以持久防止火勢復燃。	≥ 3.7（L/m².min）

（日本總務省消防廳，平成 29 年）

泡沫噴頭之作動示意圖

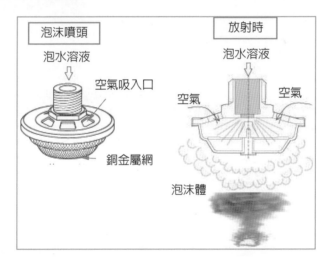

泡沫水溶液量

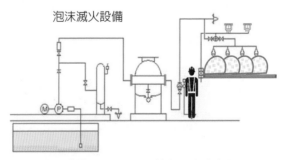

水溶液量+配管所需 = 總泡沫水溶液量+ 20%

2-40 泡沫加壓送水裝置與原液儲存量

第 77 條

依前條設置之水源，應連結加壓送水裝置。

前條第一項第一款及第二款之加壓送水裝置使用消防幫浦時，其出水量及出水壓力，依下列規定：

一、出水量：泡沫放射區域有二區域以上時，以最大一個泡沫放射區域之最低出水量加倍計算。

二、出水壓力：核算最末端一個泡沫放射區域全部泡沫噴頭放射壓力均能達每平方公分一公斤以上或 0.1MPa 以上。

三、連接緊急電源。

前條第一項第三款之加壓送水裝置使用消防幫浦時，其出水量及出水壓力，依下列規定：

一、出水量：同一樓層設一個泡沫消防栓箱時，應在每分鐘一百三十公升以上；同一樓層設二個以上泡沫消防栓箱時，應在每分鐘二百六十公升以上。

二、出水壓力：核算最末端一個泡沫消防栓放射壓力能達每平方公分三點五公斤以上或 035MPa 以上。

三、連接緊急電源。

同一棟建築物內，採用低發泡原液，分層配置固定式及移動式放射方式泡沫滅火設備時，得共用配管及消防幫浦，而幫浦之出水量、揚程與泡沫原液儲存量應採其放射方式中較大者。

【解說】

前條第一項第一款及第二款係指使用泡沫頭，與高發泡全區及局部放射，出水壓與自動撒水頭一樣爲 $\geq 1 \text{ kg/cm}^2$，因泡沫水分子黏性，壓力足夠即可，且全區及局部放射滅火機制是靠淹蓋窒息，出水壓力大反而濺起防護液體對象物。而前條第一項第三款係移動式泡沫滅火設備，這是人員驅近火場操作，因大多引火性液體火災具有高輻射熱，無法靠近火點，故其水壓大一點，可以使瞄子射遠一點。

在幫浦操作方面，幫浦啟動係可直接在其附近控制盤上或押下各層啟動按鈕或防災中心。但幫浦之停止，僅能於其附近控制盤或防災中心進行，於各層是不設計操控，避免射水滅火中幫浦遭人員按下停止。而幫浦啟動表示燈動作時，是以點亮或以點滅狀態來作表示。

第 78 條

泡沫原液儲存量，依第七十六條規定核算之水量與使用之泡沫原液濃度比核算之。

【解說】

泡沫原液儲存量 ＝ 規定水源（第 76 條）× 泡沫原液濃度比（第 79 條）

滅火泡沫種類

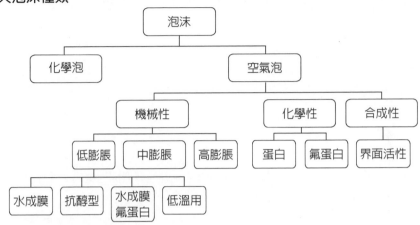

固定式低發泡滅火設備

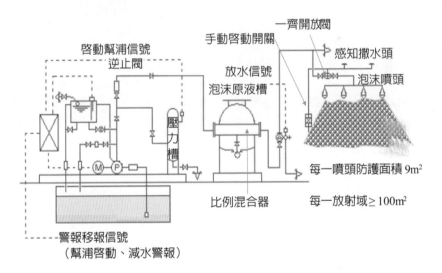

泡沫發泡結構

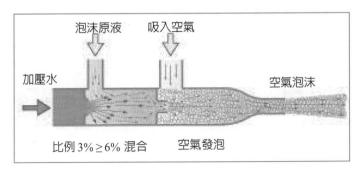

2-41 泡沫濃度、移動式泡沫及原液儲槽

第 79 條
泡沫原液與水混合使用之濃度,依下列規定:
一、蛋白質泡沫液百分之三或百分之六。
二、合成界面活性泡沫液百分之一或百分之三。
三、水成膜泡沫液百分之三或百分之六。

【解說】
　合成界面活性泡沫液使用濃度較低,這是因其流動性與展開性優異,快速覆蓋油面層,使其難以形成蒸發燃燒,這是液體主要燃燒機制。

第 80 條
移動式泡沫滅火設備,依下列規定設置:
一、同一樓層各泡沫瞄子放射量,應在每分鐘一百公升以上。但全部泡沫消防栓箱數量超過二個時,以同時使用二支泡沫瞄子計算之。
二、泡沫瞄子放射壓力應在每平方公分三點五公斤以上或 0.35MPa、以上。
三、移動式泡沫滅火設備之泡沫原液,應使用低發泡。
四、在水帶接頭三公尺範圍內,設置泡沫消防栓箱,箱內配置長二十公尺以上水帶及泡沫瞄子乙具,其箱面表面積應在零點八平方公尺以上,且標明移動式泡沫滅火設備字樣,並在泡沫消防栓箱上方設置紅色幫浦啓動表示燈。

【解說】
　移動式泡沫滅火設備,由滅火人員在現場操作,放射壓力(3.5 kg/cm²)大泡沫量大,滅火能力高,確保滅火人員有足夠滅火之優勢消防力,不致陷入火勢圍困。而原液使用低發泡,這是高發泡體積膨脹,影響人員視線或人員跌倒溺困在發泡堆,有其危險考量。泡沫消防栓箱長二十公尺以上水帶一條,此與室外消防栓是二條,因第六十九條移動式僅防護距離≦ 15m,5m 加瞄子射水距離爲餘裕量,因應接頭處水帶轉角幅度,左右移動掃射考量。

第 81 條
泡沫原液儲槽,依下列規定設置:
一、設有便於確認藥劑量之液面計或計量棒。
二、平時在加壓狀態者,應附設壓力表。
三、設置於溫度攝氏四十度以下,且無日光曝曬之處。
四、採取有效防震措施。

【解說】
　儲藏溫度以≦ 40℃爲原則,這是考量溫度提高會使物質分子間運動量提高,使藥劑易產生質變,且溫度會使壓力也相對增加,使容器內具一定壓力,而易處於不安全狀態。

泡沫原液與水混合百分比

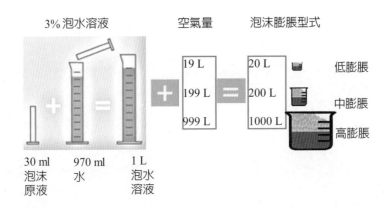

移動式泡沫設備防護半徑

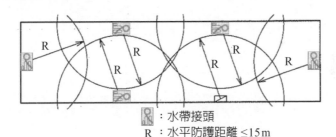

🔲 ：水帶接頭
R：水平防護距離 ≤15 m

水系統滅火設備放出所需最低壓力

滅火設備	方式	壓力（kg/cm²）
室內消防栓	第一種	1.7
	第二種	1.7
室外消防栓	移動式	2.5
撒水頭	固定	1.0
補助撒水栓	移動式	2.5
水霧	固定	2.7
泡沫	全區及局部	1.0
	移動式	3.5

註：移動式都會要求水壓大一點，如泡沫壓力要求 3.5kg/cm²，這是考量油類火災輻射熱
　　大，人員難以驅近，而可遠距離射水。另一方面是必須有足夠放水量，避免人員進行
　　時遭火勢所困。

2-42 出水口及送水口

第 180 條
出水口及送水口，依下列規定設置：
一、出水口設於地下建築物各層或建築物第三層以上各層樓梯間或緊急升降機間等
　　（含該處五公尺以內之處所）消防人員易於施行救火之位置，且各層任一點至
　　出水口之水平距離在五十公尺以下。
二、出水口為雙口形，接裝口徑六十三毫米快速接頭，距樓地板面之高度在零點五
　　公尺以上一點五公尺以下，並設於厚度在一點六毫米以上之鋼板或同等性能以
　　上之不燃材料製箱內，其箱面短邊在四十公分以上，長邊在五十公分以上，並
　　標明出水口字樣，每字在二十平方公分以上。但設於第十層以下之樓層，得用
　　單口形。
三、在屋頂上適當位置至少設置一個測試用出水口。
四、送水口設於消防車易於接近，且無送水障礙處，其數量在立管數以上。
五、送水口為雙口形，接裝口徑六十三毫米陰式快速接頭，距基地地面之高度在一
　　公尺以下零點五公尺以上，且標明連結送水管送水口字樣。
六、送水口在其附近便於檢查確認處，裝設逆止閥及止水閥。

【解說】
　　建築物第一、二層火災，消防人員佈置水帶沿著樓梯間，應是沒有問題的，且也可
在室外朝內射水；所以本條緊急升降機間，係指在第三層以上之緊急升降機間。各層
任一點至出水口之水平距離在五十公尺以下，消防人員 2.5 吋水帶（俗稱大水帶，每
條 20m 長）接三條，尚不成問題。而接裝口徑六十三毫米快速接頭，這是配合消防
隊之水帶大小。為了消防人員不完全蹲下去，應距樓地板面高度在 0.5～1.5m 之間。
而送水口六十三毫米陰式快速接頭，距基地地面高度在 1～1.5m，這是配合消防車進
水管之高度，避免高低差而彎曲造成摩擦損失大問題。送水口止水閥是能停水，方便
維修更換，而裝設逆止閥是保持管內溼式系統，一打開即有水，因火場應變分秒必
爭，設備使用不應作任何時間等待。
　　一棟十層建築物第七層原辦公室辦理變更為茶室兼視聽歌唱用途場所使用，連結送
水管設備之檢討設置，依內政部消防法令函釋及公告，得採用與原室內消防栓設備共
用立管之消防專用出水口及送水口系統。

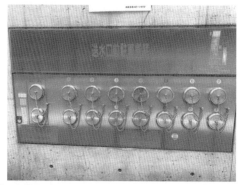

（最左邊為乾式，餘為溼式送水口，送水設計壓力6至7.5 kg/cm²，攝於日本大阪）

連結送水管

設置目的	當火災發生時，消防隊使用消防車從送水口進行送水至高樓層滅火活動之設備，以避免樓梯間逐層佈置水帶延伸所耗時間及減少水帶摩擦損失之消防搶救用設備。
組成構件	由送水口、配管、放水口、閥門、加壓送水裝置等構成。

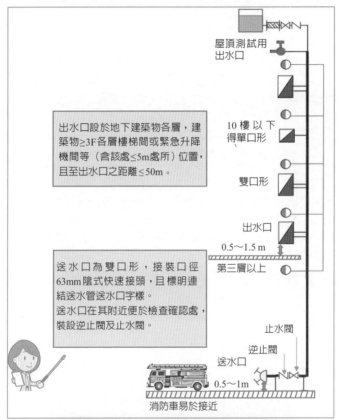

屋頂測試用
出水口

出水口設於地下建築物各層，建築物≥3F各層樓梯間或緊急升降機間等（含該處≤5m處所）位置，且至出水口之距離≤50m。

10 樓以下
得單口形

雙口形

出水口

0.5～1.5 m

第三層以上

送水口為雙口形，接裝口徑63mm陰式快速接頭，且標明連結送水管送水口字樣。
送水口在其附近便於檢查確認處，裝設逆止閥及止水閥。

止水閥

逆止閥

送水口

0.5～1m

消防車易於接近

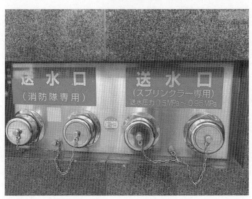

（左為室內消防栓，右為撒水設備送水口，送水設計壓力為 5 ～ 9.5kg/cm^2，攝於日本大阪）

2-43 送水管配管及水帶箱

第 181 條

配管,依下列規定設置:

一、應為專用,其立管管徑在一百毫米以上。但建築物高度在五十公尺以下時,得與室內消防栓共用立管,其管徑在一百毫米以上,支管管徑在六十五毫米以上。

二、符合 CNS 六四四五、四六二六規定或具有同等以上強度、耐腐蝕性及耐熱性者。但其送水設計壓力逾每平方公分十公斤時,應使用符合 CNS 四六二六管號 Sch 四十以上或具有同等以上強度、耐腐蝕性及耐熱性之配管。

三、同一建築物內裝置二支以上立管時,立管間以橫管連通。

四、管徑依水力計算配置之。

五、能承受送水設計壓力一點五倍以上之水壓,且持續三十分鐘。但設有中繼幫浦時,幫浦二次側配管,應能承受幫浦全閉揚程一點五倍以上之水壓。

【解說】

　　消防配管大多使用一般配管或是較好的 Sch 40 或 Sch 80。在送水壓力 ≥ 10kg/cm² 應使用 Sch 40 以上強度配管。而二支以上立管應以橫管連接,這具有旁通管作用,增強水量水壓或抵消局部水壓過大現象。可耐受一點五倍以上水壓,這是避免日後壓力突然過大而造成漏水現象。

　　管徑依水力計算,$Q = A \times V$,因 $A = \dfrac{d^2}{4}\pi$,$d = 2\sqrt{\dfrac{Q}{\pi v}}$ → 一般 $Q = 2.4 \dfrac{m^2}{min}$,

$V = 150 \dfrac{m}{min}$,則 $d = 2\sqrt{\dfrac{2.4}{3.14 \times 150}} = 0.143m = 143mm$,依此管徑採用 6 吋(150mm)立管。

第 182 條

十一層以上之樓層,各層應於距出水口五公尺範圍內設置水帶箱,箱內備有直線水霧兩用瞄子一具,長二十公尺水帶二條以上,且具有足夠裝置水帶及瞄子之深度,其箱面表面積應在零點八平方公尺以上,並標明水帶箱字樣,每字應在二十平方公分以上。

前項水帶箱之材質應為厚度在一點六毫米以上之鋼板或同等性能以上之不燃材料。

【解說】

　　十一層以上之樓層設置水帶箱,消防人員不必從消防車上攜行水帶之裝備負荷。事實上,建築物高度超過十層樓以上部分之最大一層樓地板面積,在 ≤ 1500m²,至少應設置一座緊急升降機,並設置消防栓、出水口、緊急電源插座等消防設備,供消防人員使用。消防人員水帶、瞄子、救災裝備皆可利用緊急升降機,進行運送。但十一層以上之樓層如同地下層或無開口樓層等,在法規上有其特別之考量。

送水管配管規定

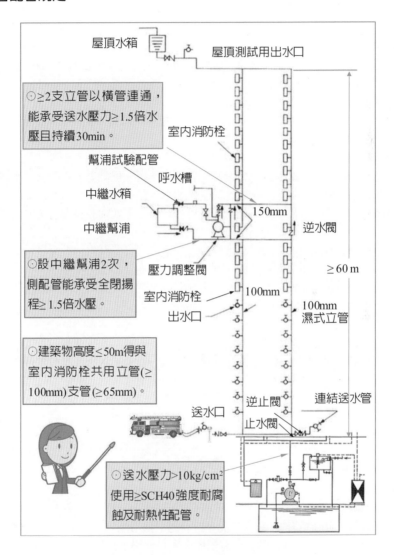

屋頂水箱

屋頂測試用出水口

⊙≥2支立管以橫管連通，能承受送水壓力≥1.5倍水壓且持續30min。

室內消防栓

幫浦試驗配管

呼水槽

中繼水箱

中繼幫浦

150mm

逆水閥

⊙設中繼幫浦2次，側配管能承受全閉揚程≥1.5倍水壓。

壓力調整閥

室內消防栓

出水口

100mm

100mm

濕式立管

≥60 m

⊙建築物高度≤50m得與室內消防栓共用立管(≥100mm)支管(≥65mm)。

逆止閥

連結送水管

送水口

止水閥

⊙送水壓力>10kg/cm² 使用≥SCH40強度耐腐蝕及耐熱性配管。

→ FIRE PROTECTION WATER →

符合 ASTM A 53/A 53M（配管用黑化、熱浸鍍鋅、焊接及無縫鋼管）規範之配管，比對其規定內容確具國家標準所定同等以上之強度、耐腐蝕性及耐熱性；另 ASTM A 53/A 53M 規範之 Grade B 配管，亦得視為第一百八十一條第二款但書所定。至該配管之摩擦損失，黑化及熱浸鍍鋅鋼管應比照配管用碳鋼鋼管（符合 CNS6445 者），焊接及無縫鋼管應比照壓力配管用碳鋼鋼管（符合 CNS4626 者）。

2-44 中繼幫浦

第 183 條

建築物高度超過六十公尺者,連結送水管應採用濕式,其中繼幫浦,依下列規定設置:

一、中繼幫浦全揚程在下列計算值以上:

全揚程 = 消防水帶摩擦損失水頭 + 配管摩擦損失水頭 + 落差 + 放水壓力

H = h1 + h2 + h3 + 60m

二、中繼幫浦出水量在每分鐘二千四百公升以上。

三、於送水口附近設手動啓動裝置及紅色啓動表示燈。但設有能由防災中心遙控啓動,且送水口與防災中心間設有通話裝置者,得免設。

四、中繼幫浦一次側設出水口、止水閥及壓力調整閥,並附設旁通管,二次側設逆止閥、止水閥及送水口或出水口。

五、屋頂水箱有零點五立方公尺以上容量,中繼水箱有二點五立方公尺以上。

六、進水側配管及出水側配管間設旁通管,並於旁通管設逆止閥。

七、全閉揚程與押入揚程合計在一百七十公尺以上時,增設幫浦使串聯運轉。

八、設置中繼幫浦之機械室及連結送水管送水口處,設有能與防災中心通話之裝置。

九、中繼幫浦放水測試時,應從送水口以送水設計壓力送水,並以口徑二十一毫米瞄子在最頂層測試,其放水壓力在每平方公分六公斤以上,且放水量在每分鐘六百公升以上,送水設計壓力,依下圖標明於送水口附近明顯易見處。

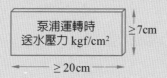

【解說】

全閉揚程與押入揚程合計在一百七十公尺以上時,表示單一台幫浦中繼之性能不足時,增設幫浦進行串聯運轉,另一目的是符合更高樓層的出水口也須達到 6 kg/cm^2。因消防車送水壓力要達 17kgf/cm^2 已有困難,所以要增加幫浦串聯運轉。押入(或吸入)揚程是指消防車加壓送水到大樓中繼幫浦所剩的壓力。而全閉揚程是指大樓中繼幫浦關閉(流量爲 0)時,此時中繼幫浦的壓力。當消防車加壓送水須大於 6kg/cm^2,所以有押入揚程。實際上押入揚程也不會太多,所以減掉摩擦損失,押入揚程還有 1kg/cm^2(即 10m)是合理。此外,超高層建築物水系統,假使不裝設中繼幫浦,閥門構件能否承受系統高壓且會使低樓層水壓超過法定值,而須加裝減壓閥。所以,超高層建築物裝設中繼幫浦是較爲經濟考量。中繼幫浦放水測試時,應以口徑二十一毫米瞄子在最頂層測試,因第 180 條要求在屋頂上設一測試用出水口,依放水量 Q = 0.653D$^2\sqrt{P}$ = 0.653×21^2× $\sqrt{6}$ = 705 L/min,因此遠大於法定放水量在 600 L/min 以上。

建築物超過 60m 溼式中繼幫浦規定

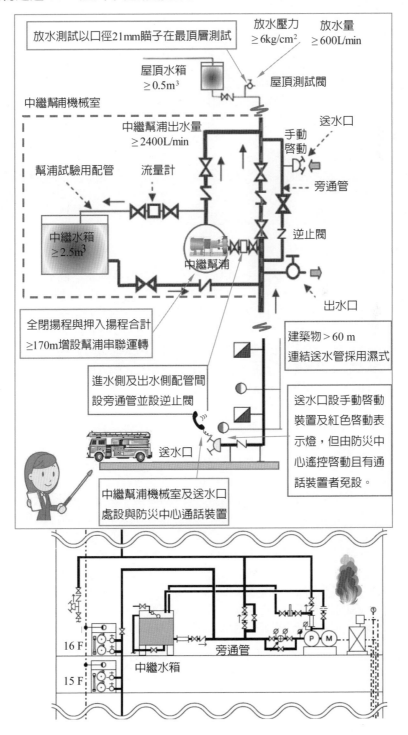

2-45 送水設計壓力

第 184 條
送水設計壓力，依下列規定計算：
一、送水設計壓力在下列計算值以上：
　　送水設計壓力 = 配管摩擦損失水頭 + 消防水帶摩擦損失水頭 + 落差 + 放水壓力
　　$H = h1 + h2 + h3 + 60m$
二、消防水帶摩擦損失水頭為四公尺。
三、立管水量，最上層與其直下層間為每分鐘一千二百公升，其他樓層為每分鐘二千四百公升。
四、每一線瞄子支管之水量為每分鐘六百公升。

【解說】

　　60m 之放水壓力，依 P（壓力）= 0.1h（高度）換算為 $6kg/cm^2$，瞄子出水量為 600 L/min，在幫浦出水量 2400 L/min，可滿足四個出水口流量規定。屋頂水箱有 ≥ $0.5m^3$ 容量，係任何一層出水口或室內消防栓，一打開即出水，且具有某種程度之水壓（重力高度差），即可進行射水滅火，待沒多久幫浦運轉加壓送水即到達，此時水壓就較強。而中繼幫浦出水口徑二十一毫米瞄子、放水壓力在每平方公分六公斤以上，放水量在每分鐘六百公升以上，依 $Q = 0.653d^2\sqrt{P}$ 進行驗算，輸入出水口徑及壓力，則流量為 705 L/min，為法規規定 600 L/min 以上。

　　依內政部消防法令函釋及公告，建築物設有緊急升降機間時，連結送水管出水口及緊急電源插座，應設於消防人員易於施行救火之位置，而含各該處所五公尺以內之場所，仍應以設於樓梯間或緊急升降機間內為宜。而送水設計壓力之計算係針對建築物高度超過六十公尺設有中繼幫浦者，至建築物高度在六十公尺以下時，則無需計算其連結送水管之送水設計壓力。室內消防栓及自動撒水設備，其幫浦（一次幫浦）全閉揚程在一百七十公尺以上時，應設中繼幫浦使串聯運轉，且一次幫浦之全揚程，在中繼幫浦處，應有十公尺以上之揚程。而要求室內消防栓設備及自動撒水設備，其幫浦全閉揚程與押入揚程合計需小於一百七十公尺，旨在適度限制幫浦規格，避免管路壓力過高；並無建築物高度超過六十公尺者，該等設備需設中繼幫浦之限制。建築物高度超過六十公尺者，連結送水管應採用溼式，並依該條檢討設置中繼幫浦。於送水口附近設手動啟動裝置及紅色啟動表示燈。但設有能由防災中心遙控啟動，且送水口與防災中心間設有通話裝置者，得免設。明定中繼幫浦啟動方式，基於連結送水管係供消防搶救使用，消防人員使用連結送水管及啟動其中繼幫浦之時機，仍以手動啟動為之。

送水設計壓力與水帶箱規定

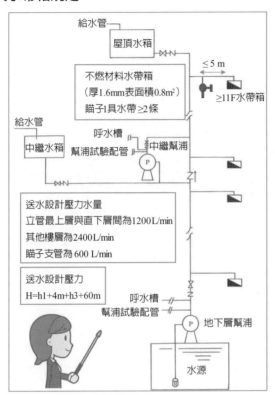

$$Q = 0.653d^2\sqrt{P}\text{公式導出}$$

$$v\left(\frac{m}{s}\right) = \frac{Q\left(\frac{m^3}{s}\right)}{A(m^2)} = \frac{\frac{Q}{60}\left(\frac{m^3}{min}\right)}{\pi r^2(m^2)} = \frac{\frac{Q}{60}\left(\frac{m^3}{min}\right)}{\pi\left(\frac{d}{2}\right)^2(m^2)} = \frac{\frac{Q}{60}\times\frac{1}{1000}\left(\frac{L}{min}\right)}{\frac{\pi}{4}\times d^2(m^2)} = \frac{\frac{Q}{60\times1000}\left(\frac{L}{min}\right)}{\frac{\pi}{4}\times d^2(m^2)} = \frac{\frac{Q}{60\times1000}\left(\frac{L}{min}\right)}{\frac{\pi}{4}\times\left(\frac{d}{1000}\right)^2(mm^2)} =$$

$$\frac{\frac{Q}{60\times1000}}{\frac{\pi}{4}\times\left(\frac{d}{1000}\right)^2} = \frac{Q}{60\times1000}\times\frac{1000^2}{0.785\times d^2} = \frac{21.2Q}{d^2}$$ 〔v流速（m/s）；d管徑（mm）；Q流量

（L/min）〕

$$h = 10\times P，v = \sqrt{2\times g\times h} = \sqrt{2\times9.8\times10\times P} = 14\sqrt{P}$$ 〔P壓力（kgf/cm²）〕

又$$v = \frac{21.2Q}{d^2}$$，所以$$Q = \frac{v\times d^2}{21.2} = \frac{14\sqrt{P}\times d^2}{21.2} = 0.66d^2\sqrt{P}$$ 這是理論流量值，實際值加上流量

係數C，所以$$Q = 0.66Cd^2\sqrt{P}$$，又消防署取C = 0.98，公布$$Q = 0.653d^2\sqrt{P}$$

〔Q出水口流量（L/min）；d出水口管徑（mm）；P壓力（kgf/cm²）〕

2-46 消防專用蓄水池設置

第185條
消防專用蓄水池，依下列規定設置：
一、蓄水池有效水量應符合下列規定設置：
　　(一) 依第二十七條第一款及第三款設置者，其第一層及第二層樓地板面積合計
　　　　後，每七千五百平方公尺（包括未滿）設置二十立方公尺以上。
　　(二) 依第二十七條第二款設置者，其總樓地板面積每一萬二千五百平方公尺
　　　　（包括未滿）設置二十立方公尺以上。
二、任一消防專用蓄水池至建築物各部分之水平距離在一百公尺以下，且其有效水
　　量在二十立方公尺以上。
三、設於消防車能接近至其二公尺範圍內，易於抽取處。
四、有進水管投入後，能有效抽取所需水量之構造。
五、依下列規定設置投入孔或採水口。
　　(一) 投入孔為邊長六十公分以上之正方形或直徑六十公分以上之圓孔，並設鐵
　　　　蓋保護之。水量未滿八十立方公尺者，設一個以上；八十立方公尺以上
　　　　者，設二個以上。
　　(二) 採水口為口徑一百毫米，並接裝陰式螺牙。水量二十立方公尺以上，設
　　　　一個以上；四十立方公尺以上至一百二十立方公尺未滿，設二個以上；
　　　　一百二十立方公尺以上，設三個以上。採水口配管口徑至少一百毫米以
　　　　上，距離基地地面之高度在一公尺以下零點五公尺以上。
前項有效水量，指蓄水池深度在基地地面下四點五公尺範圍內之水量。但採機械方
式引水時，不在此限。

【解說】

　　消防栓水源係以自來水，偏遠地區或特定道路（如高速公路），一般係無自來水
管，亦即無消防栓之設置。而法規應設消防專用蓄水池，係因應大規場所火災需要大
量消防用水，以自設來提供穩定可靠消防水源。而建築物內設置送水口及採水口，依
內政部消防法令函釋及公告，係屬供消防人員進入大樓搶救上使用之必要設備，而公
設消防栓之設置係為確保救災所需之水源持續供應無虞，並能直接提供公設消防單位
於救災時使用，二者雖皆屬法定供消防搶救之設備，然其設置之依據、標準不同，故
消防送水口及消防採水口不得視同為公設消防栓。惟為確保建築物內前揭設備操作
使用空間範圍，建請將消防送水口及消防採水口設置地點五公尺範圍內禁止停車之規
定，由地方政府訂定自治規則。此外，消防專用蓄水池係以大規模建築物或高層建築
物為應設對象，依內政部函釋，有關國民中小學教室與其他各類場所相較並無排除設
置之特殊理由，仍應依規定設置，惟所提易生蚊子等問題，可從設計及管理層面進行
改善；但從場所火災危險度而言，似有法規過苛之虞。

消防專用蓄水池及有效水量

設置 目的	設消防專用蓄水池之場所，一般為大規模基地面積，此等場所當火災發生時，消防活動可能需長時間來進行救災，且需源源不斷水量來達到能有效滅火。此等場所需耗費大量公設消防栓水資源來救災，因而有必要自設水源，一方面是確保有相當水量可使用；另一方面是使用者付費之原則。
組成 構件	由一定水量以上蓄水池、投入孔或採水口、配管、底閥、清潔用鐵鍊或機械方式引水裝置等構成。

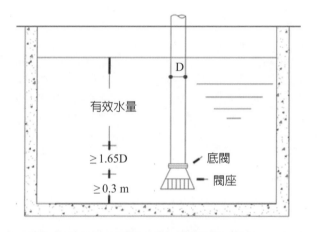

蓄水池有效水量		
場所	條件	有效水量
第 1 款：基地面積≥ 20,000m² 且任何一層≥ 1500m²	1F+2F ≤ 7500m²	設置≥ 20 m³
第 3 款：基地有≥ 2 棟，1F ≤ 3m、2F ≤ 5m，1F+2F ≥ 10,000m²		
第 2 款：高度≥ 31m 且≥ 25,000m²	≤ 12,500m²	設置≥ 20 m³

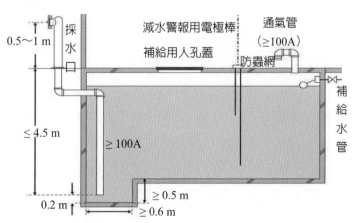

真空幫浦抽水深度僅在4.5m範圍內，超過此深度必須藉由機械引水之方式。

2-47 消防專用蓄水池機械引水

第 186 條
消防專用蓄水池採機械方式引水時，除依前條第一項第一款及第二款後段規定外，任一採水口至建築物各部分之水平距離在一百公尺以下，並依下列規定設置加壓送水裝置及採水口：
一、加壓送水裝置出水量及採水口數，符合右表之規定。
二、加壓送水裝置幫浦全揚程在下列計算方式之計算值以上：
全揚程 = 落差 + 配管摩擦損失水頭 + 15m
H = h1 + h2 + 15m
三、加壓送水裝置應於採水口附近設啟動裝置及紅色啟動表示燈。但設有能由防災中心遙控啟動，且採水口與防災中心間設有通話連絡裝置者，不在此限。
四、採水口接裝六十三毫米陽式快接頭，距離基地地面之高度在一公尺以下零點五公尺以上。

【解說】

消防隊欲取消防專用蓄水池之水源方式，一種是以消防車或移動式幫浦，以消防車上進水管從邊長六十公分以上之正方形或直徑六十公分以上圓孔之投入孔，投入水池後打真空之負壓取水，此有效水量為蓄水池深度在基地地面下四點五公尺範圍內之水量；另一種仍是以採水口接消防隊進水管，以加壓送水裝置直接機械方式引水給消防車。如果當水源深度大於 4.5m 時，則必須採用機械引水方式。

加壓送水裝置幫浦全揚程 = 落差 + 配管摩擦損失水頭 + 15m，即幫浦送水壓力僅 1.5 kg/cm^2，為何加壓之水壓如此少，因這只是引水至消防車，再配合消防車送水至連結送水管或直接出水線，延伸水帶至火場，進行瞄子出水滅火，所以送水至消防車之水箱內，再出水箱至火場射水或連結送水管送出水，只要前者進水略微大於後者出水即可，不然進水大於出水過多，送進消防車水箱內水會自然溢出水箱外部至地面上。再者，是出水口徑達到 63mm，依 $Q = 0.653d^2\sqrt{P}$ 進行驗算，輸入出水口徑（63mm）及壓力（1.5 kg/cm^2），則出水量高達 3174 L/min，接近採水口數三個，出水量 3300 L/min，這時加壓送水裝置再稍微加壓，即可達到法規要求。

事實上，連結送水管是消防車送水給場所內各樓層出水口使用，入內消防人員以此水源延伸水線滅火；而消防專用蓄水池是場所供水給消防車，再給連結送水管，或直接延伸水線進行滅火。因此兩者目的一致，只是前者為消防車送水，而後者為消防車接受供水再送水。

消防專用蓄水池投入口及採水口

水量（m³）	出水量（L/min）	採水口數（個）
四十	一千一百	一
四十以上一百二十未滿	二千二百	二
一百二十以上	三千三百	三

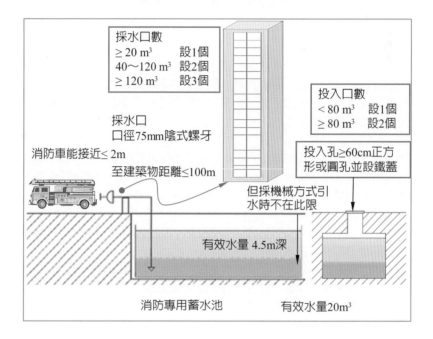

採水口數
≥ 20 m³　　設1個
40～120 m³　設2個
≥ 120 m³　　設3個

投入口數
< 80 m³　　設1個
≥ 80 m³　　設2個

採水口
口徑75mm陰式螺牙

投入孔≥60cm正方
形或圓孔並設鐵蓋

消防車能接近≤ 2m

至建築物距離≤100m

但採機械方式引
水時不在此限

有效水量 4.5m深

消防專用蓄水池　　　　有效水量20m³

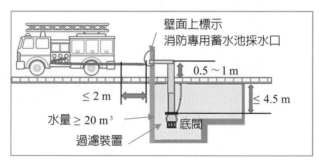

壁面上標示
消防專用蓄水池採水口

0.5～1m

≤ 2 m

≤ 4.5 m

水量 ≥ 20 m³

底閥

過濾裝置

建築基地面上消防專用蓄水池之取水，分為消防車之真空抽水或蓄水池之本身機械採水。而消防車以真空方式進行抽水時，有其距離之限制，當蓄水池深度超過4.5 m時，會使真空抽水產生障礙。另一方面，消防隊之進水管長度有限，當消防車無法接近至抽水孔口2m內，也會形成抽水障礙。

2-48 消防專用蓄水池標示

第 187 條
消防專用蓄水池之標示，依下列規定設置：
一、進水管投入孔標明消防專用蓄水池字樣。
二、採水口標明採水口或消防專用蓄水池採水口字樣。

【解說】

連結送水管中繼幫浦之啓動必需與地面送水口之人員進行送水配合，不能使用水系統壓力開關等自動啓動方式。而消防專用蓄水池與連結送水管均是消防搶救上之必要設備，由於是火災時消防機關之使用操作，因此其啓動裝置不可能爲水系統之自動啓動方式，而必須使用設於送水口、採水口之啓動按鈕裝置、或防災中心之遙控啓動或遠端操作。

消防專用蓄水池係以大規模建築物或高層建築物爲應設對象，依內政部消防法令函釋及公告，有關國民中小學教室與其他各類場所相較並無排除設置之特殊理由，仍應依規定設置，惟所提易生蚊子等問題，可從設計及管理層面進行改善；事實上，如此法規似有過苛之嫌，學校教室大多爲防火構造建築物，且火載量爲 A 類可燃物之課桌椅有限數量，不太可能教室與教室間火勢延燒，且法規已要求室內消防栓，並有設計水源，自然無需再有消防專用蓄水池。

而大型石化工廠等工作場所，如依本標準設有室外消防栓，且能符合消防專用蓄水池有效水量及有關設置規定者，得申請視同設有消防專用蓄水池，係指室外消防栓蓄水池之水源容量亦能符合消防專用蓄水池有效水量時，得兼作消防專用蓄水池使用，惟此時該蓄水池仍應符合消防專用蓄水池之相關規定。

又行政院同意開放設置游泳池即已設置之消防蓄水池申請兼作游泳池使用。至開放民間設置游泳池前即已設置之消防蓄水池，在不妨礙消防專用蓄水池之使用，並能符合設置規定，且經常保持其有效水量之原則下，得適用行政院同意開放民間設置游泳池之條件，申請兼作游泳池作用。

至於「勞工安全衛生設施規則」第二百五十一條第一項第四款對於高、中、低危險工作場所應設置蓄水池（塔）充分供應消防水源之相關規定，並將蓄水池（塔）酌作文字修正爲「消防專用蓄水池」，故前揭二項法規對於蓄水池（塔）之設置規定雖有部分差異，惟皆屬法定之「消防專用蓄水池」，並非不同之消防安全設備。至消防專技人員辦理前揭設備之檢修申報作業時其應檢修之項目，仍應依原核准消防安全設備圖說辦理。

消防專用蓄水池機械引水及標示

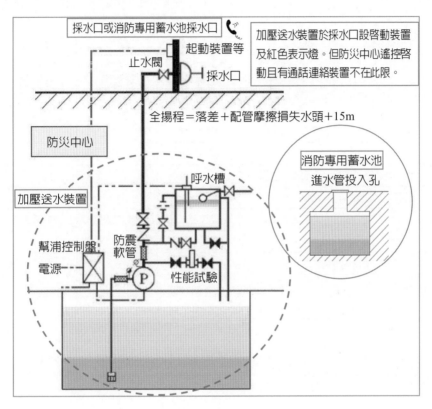

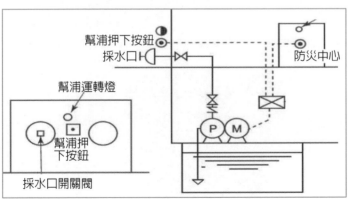

✚ 知識補充站

自動撒水設備之構件

種類	密閉溼式	密閉乾式	預動式	開放式
圖示				
撒水頭型式	密閉向上或向下型	密閉向上型	密閉向上型	開放型
屋頂水箱	✓	✓	✓	✓
送水口	✓	✓	✓	✓
加壓送水裝置	✓	✓	✓	✓
使用區域	非結凍區域	結凍區域	水損敏感	火勢延燒快
自動警報逆止閥	✓	──	──	──
一齊開放閥	──	──	──	✓
空氣壓縮機	──	✓	✓	──
末端查驗管	✓	✓	✓	──
二次側試驗用裝置	──	──	──	✓
竣工試驗	水壓試驗	水壓併行氣壓試驗	水壓試驗	水壓試驗

水壓試驗：自動撒水設備竣工時，應做加壓試驗，試驗壓力不得小於加壓送水裝置全閉揚程一點五倍以上之水壓。試驗壓力以繼續維持二小時無漏水現象為合格。

氣壓試驗：試驗時，應使空氣壓力達到每平方公分二點八公斤或 0.28 MPa 之標準，其壓力持續二十四小時，漏氣減壓量應在每平方公分零點一公斤以下或 0.01MPa 以下為合格。

（採水口標明採水口字樣，攝於日本大阪）

第3章
公共危險物品場所消防設計

3-1 設置防護設備

第 208 條
下列場所應設置防護設備。但已設置水噴霧裝置者，得免設：
一、可燃性高壓氣體製造場所。
二、儲存可燃性高壓氣體或天然氣儲槽在 3000kg 以上者。
三、氣槽車之卸收區。
四、加氣站之加氣車位、儲氣槽人孔、壓縮機、幫浦。

【解說】

　　場所應設置防護設備，但已設置水噴霧裝置者，得免設。因二者是同等性能，所欲達目的是一樣的，皆主要冷卻輻射熱之火勢控制作用，避免波及鄰近儲槽及設備。依內政部消防法令函釋及公告，依設置標準第二百零八條規定設置防護設備者，得依第一百九十七條第二項規定擇一設置。至水噴霧裝置非指第三種滅火設備，而係指符合高壓氣體勞工安全規則第三十五條規定之裝置，此與第三種滅火設備具同等性能者，因此可等價替代之。

　　而「天然氣儲槽」此一詞用語，係為與管理辦法所稱之「可燃性高壓氣體」有所區別，天然氣中央主管機關為經濟部，在用戶端方面非同液化石油氣一樣，採取地面上道路搬運移送方式，而是採取地下輸送方式，二者從供應端到用戶端大有不同，所以本管理辦法主管機關（內政部），將其有所區別。

　　可燃性高壓氣體場所設置防護設備，並非以滅火為目的，因此項以滅火為設計目標將是不切實際。因氣體燃燒不是火焰擴散燃燒，就是混合燃燒之化學性爆炸型態。當本項場所較有洩漏之虞位置如製程區、注入口、洩漏孔附近或防護之重要動力設備如壓縮機或幫浦等，或是儲存量已達一定規模（≧ 3000kg）之場所或位置區，在其可燃性氣體一旦外洩，無論是否起火燃燒，此時，理想應變方式應是起動自衛防編組，避難引導班儘速疏散人員至安全處，滅火班啟動冷卻撒水設備、射水設備（固定式射水槍、移動式射水槍或室外消防栓）等任一種，假使於未起火時進行撒水冷卻，使其惰化起火源或大幅提高起火能量，使之不受任何可能起火源（靜電、火焰、電氣火花等）引火或爆；如果是洩漏已起火，此時開啟防護設備，進行大量冷卻，無論是儲槽或容器，使其不受火焰高溫，致形成高壓之危險狀態；另外考量是此等場所當起火燃燒時，如果冷卻降溫速度低於其蓄溫速度，則最後會演變成儲槽或容器高熱高壓而爆炸，此時無論此狀況是否形成，持續使用該無人操作之冷卻撒水設備、固定式射水槍進行供應水源使其繼續發揮冷卻之效果。

可燃性高壓氣體場所防護設備種類

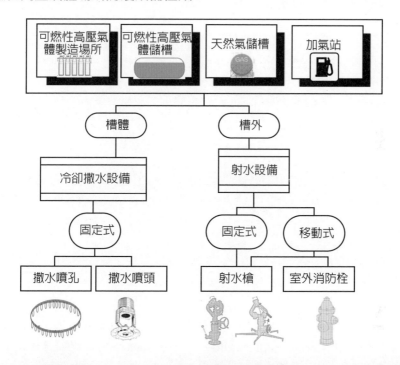

場所種類		位置、規模及危險	防護設備種類
製造	可燃性高壓氣體製造場所	（高壓製程易洩漏，危險度較高）	冷卻撒水設備 射水設備（固定式射水槍、移動式射水槍或室外消防栓）擇一設置，已設置水噴霧裝置者，具同等性能者，得免設
儲存	可燃性高壓氣體儲存場所	≥ 3000kg（儲存量已達一定規模，冷卻降溫避免大規模爆炸）	
	天然氣儲槽		
處理	氣槽車	卸收區（注入口具洩漏危險）	
	加氣站	加氣車位（注入口危險） 儲氣槽人孔（洩漏孔危險） 壓縮機（重要動力設備） 幫浦（重要動力設備）	

3-2 室內消防栓設備規定

> **第 209 條**
> 室內消防栓設備，應符合下列規定：
> 一、設置第 1 種消防栓。
> 二、配管、試壓、室內消防栓箱、有效水量及加壓送水裝置之設置，準用第 32
>   條、第 33 條、第 34 條第 1 項第 1 款第 3 目、第 2 項、第 35 條、第 36 條第 2 項、
>   第 3 項及第 37 條之規定。
> 三、所在建築物其各層任一點至消防栓接頭之水平距離在 25 m 以下，且各層之出
>   入口附近設置一支以上之室內消防栓。
> 四、任一樓層內，全部室內消防栓同時使用時，各消防栓瞄子放水壓力在 3.5kg/
>   cm² 以上或 0.35MPa 以上；放水量在 260L/min 以上。但全部消防栓數量超過
>   5 支時，以同時使用五支計算之。
> 五、水源容量在裝置室內消防栓最多樓層之全部消防栓繼續放水 30 分鐘之水量以
>   上。但該樓層內，全部消防栓數量超過 5 支時，以 5 支計算之。
> 室內消防栓設備之緊急電源除準用第 38 條規定外，其供電容量應供其有效動作 45
> 分鐘以上。

【解說】

在公共危險物品場所之消防安全設備，會比一般場所規定嚴格，主要係其物品理
化性，會形成多樣化起火源（氧化、分解等化學熱及過熱、衝擊、摩擦或火花等物理
熱），且有不同火災猛烈度如禁水性、爆炸性等特性。

依內政部消防法令函釋及公告，公共危險物品及可燃性高壓氣體場所儲槽區，其水
系統消防安全設備之消防幫浦及配管應以專用為原則，於無妨礙各設備之性能時，其
室內消防栓設備與冷卻撒水設備之消防幫浦及配管得併用，此時其揚程應為兩者中之
最大者，出水量應為兩者最大出水量之合計計算。

公共危險物品及可燃性高壓氣體場所儲槽區無法以自來水作消防水源時，在不影響
消防安全設備各項性能及確保有效水源容量下，得採用海水當作消防水源，惟各項設
備、器材應採取有效之防蝕措施。

（日本廣範圍型第二種室內消防栓，攝於大阪）

室內消防栓配管及水源規定

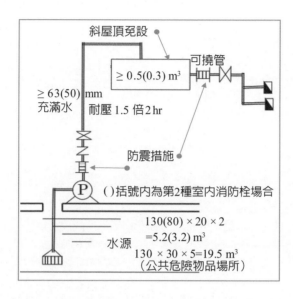

一般與公共危險物品場設置室內消防栓規定比較

項目		第一種室內消防栓	第二種室內消防栓
防護水平距離	一般場所	≤ 25 m	≤ 15 m
	公共危險物品場所	≤ 25 m	——
放水壓力（kgf/cm²）	一般場所	1.7～7 m	1.7～7 m
	公共危險物品場所	3.5～7 m	——
放水量（ℓ/min）	一般場所	1 支消防栓 130×1 ≥ 2 支消防栓 130×2	1 支消防栓 80×1 ≥ 2 支消防栓 80×2
	公共危險物品場所	1 支消防栓 ≥ 5 支消防栓 260×5	——
口徑		38 或 50 mm	25 mm
水帶		15m×2 水帶架	30 m×1 管盤
瞄子		13 mm 直線水霧兩用	直線水霧兩用

3-3 室外消防栓設備規定

第 210 條

室外消防栓設備應符合下列規定：

一、配管、試壓、室外消防栓箱及有效水量之設置，準用第 39 條、第 40 條第 3 款至第 5 款、第 41 條第 2 項、第 3 項之規定。

二、加壓送水裝置，除室外消防栓瞄子放水壓力超過 7kg/cm² 或 0.7MPa 時，應採取有效之減壓措施外，其設置準用第 42 條之規定。

三、口徑在 63mm 以上，與防護對象外圍或外牆各部分之水平距離在 40m 以下，且設置 2 支以上。

四、採用鑄鐵管配管時，使用符合 CNS832 規定之壓力管路鑄鐵管或具同等以上強度者，其標稱壓力在 16kg/cm² 以上或 1.6MPa 以上。

五、配管埋設於地下時，應採取有效防腐蝕措施。但使用鑄鐵管，不在此限。

六、全部室外消防栓同時使用時，各瞄子出水壓力在 3.5kg/cm2 以上或 0.35MPa 以上；放水量在 450 L/min 以上。但全部室外消防栓數量超過 4 支時，以 4 支計算之。

七、水源容量在全部室外消防栓繼續放水 30 分鐘之水量以上。但設置個數超過 4 支時，以 4 支計算之。

室外消防栓設備之緊急電源除準用第 38 條規定外，其供電容量應供其有效動作 45 分鐘以上。

【解說】

室外消防栓擁有大量源源不斷的水可投入火場，進行大量冷卻。在公共危險物品場所因物質理化性，燃燒速度快或可能爆炸，於初期即有顯著火災生成熱量，需以大量水（放水壓力、放水量及水源容量等），比一般場所規定來得大，以便能有效進行壓制火災發展。

在放水壓力方面，一般場所為 2.5～6 kgf/cm²，公共危險物品卻為 3.5～7 kgf/cm²，顯然公共危險物品火勢較猛烈，輻射熱也較大，有較難以靠近射水滅火之問題；所以，法規要求其水量及射程規定，可以用大量水且可射水較遠，快速有效壓制火勢之可能發展。而室外消防栓瞄子超過 7kg/cm²，應採取有效之減壓措施，這是考量其瞄子射水所產生反作用力問題，依 $F = 1.5\ d^2p = 1.5 \times 1.9^2 \times 7 = 37.9$ kg，勢必需二、三個人始得挺住射水力道；有關其正確拿瞄子姿勢，仍需靠平時教育訓練，方能於緊急操作時避免人員受傷情事發生。

室外消防栓設備規定比較

防護距離	一般場所	≤ 40 m
	公共危險物品	≤ 40 m（設 2 支消防栓）
放水壓力	一般場所	2.5～6 kgf/cm^2
	公共危險物品	3.5～7 kgf/cm^2
放水量	一般場所	≥ 350 ℓ/min
	公共危險物品	1 支消防栓 450 ℓ/min ≥ 4 支消防栓 450 ℓ/min ×4
電源容量	一般場所	1 發電機設備或蓄電池 ×30 min
	公共危險物品	1 發電機設備或蓄電池 ×45 min 2 丁類場所得使用引擎動力系統
水源容量（m^3）	一般場所	2 支消防栓 30 min×2
	公共危險物品	1 支消防栓 30 min×1 ≥ 4 支消防栓 30 min×4

一般公共危險物品場所室外消防栓比較

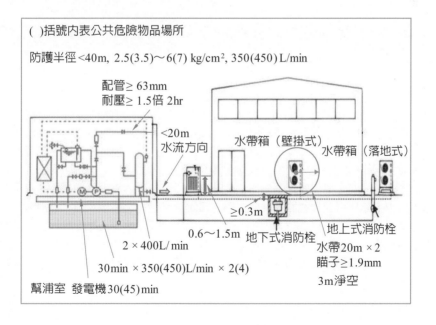

3-4 自動撒水設備規定

第 211 條

自動撒水設備，應符合下列規定：

一、配管、配件、屋頂水箱、試壓、撒水頭、放水量、流水檢知裝置、啓動裝置、一齊開放閥、末端查驗閥、加壓送水裝置及送水口之設置，準用第 43 條至第 45 條、第 48 條至第 53 條、第 55 條、第 56 條、第 58 條及第 59 條規定。

二、防護對象任一點至撒水頭之水平距離在 1.7m 以下。

三、開放式撒水設備，每一放水區域樓地板面積在 150m² 以上。但防護對象樓地板面積未滿 150m² 時，以實際樓地板面積計算。

四、水源容量，依下列規定設置：

(一) 使用密閉式撒水頭時，應在設置 30 個撒水頭繼續放水 30 分鐘之水量以上。但設置撒水頭數在 30 個以下者，以實際撒水頭數計算。

(二) 使用開放式撒水頭時，應在最大放水區域全部撒水頭，繼續放水 30 分鐘之水量以上。

(三) 前二目撒水頭數量，在使用密閉乾式或預動式流水檢知裝置時，應追加 10 個。

五、撒水頭位置之裝置，準用第 47 條規定。但存放易燃性物質處所，撒水頭迴水板下方 90cm 及水平方向 30cm 以內，應保持淨空間，不得有障礙物。

自動撒水設備之緊急電源除準用第 38 條規定外，其供電容量應供其有效動作 45 分鐘以上。

【解說】

如與一般場所自動撒水設備作比較，無論其密閉式撒水防護半徑、無障礙物之淨空間、撒水持續時間，或開放式每一放水區域或是緊急電源供應時間，勢必皆相對較大。這是因爲公共危險物品等場所之火災猛烈度及活性反應大，而不是火載量問題，爲能有效控制或抑制火勢，法規上採取相對較嚴格之考量。

在水源容量方面，使用密閉式撒水頭時，應在設置三十個撒水頭繼續放水三十分鐘之水量以上。如使用開放式撒水頭時，應在最大放水區域全部撒水頭，繼續放水三十分鐘之水量以上。三十分鐘後，則由公設消防部門來接管，以消防栓給水至消防車，後繼續供應撒水設備用水。而使用密閉乾式或預動式流水檢知裝置時，應追加十個撒水頭之水量，這是因火警發生後其啓動較慢，火勢可能相對較大，則需要較多水量來做壓制。

自動警報逆止閥動作原理

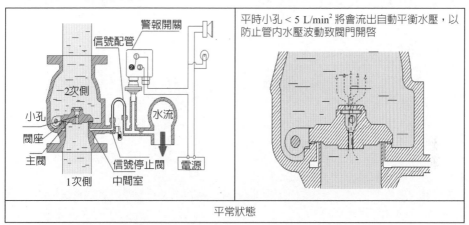

平時小孔 < 5 L/min² 將會流出自動平衡水壓，以防止管內水壓波動致閥門開啓

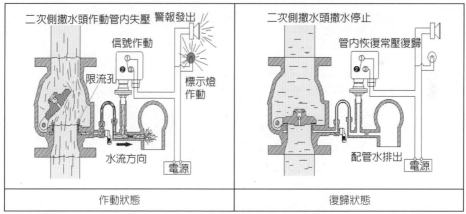

（AIESE SPRINKLER株式會社，平成26年）

項目		一般場所	公共危險物品場所
撒水頭	防護半徑	< 1.7～2.6m	<1.7m
	淨空間	水平 30cm 下方 45cm	水平 30cm 下方 90cm
	放水時間	≥ 20min	≥ 30min
開放式每一放水區域		≥ 100m²	≥ 150m²
緊急電源		≥ 30min	≥ 45min

3-5 水霧滅火設備規定

第 212 條

水霧滅火設備，應符合下列規定：

一、水霧噴頭、配管、試壓、流水檢知裝置、啟動裝置、一齊開放閥及送水口設置規定，準用第 61 條、第 62 條、第 66 條及第 67 條規定。

二、放射區域，每一區域在 150m² 以上，其防護對象之面積未滿 150m² 者，以其實際面積計算之。

三、水源容量在最大放射區域，全部水霧噴頭繼續放水 30 分鐘之水量以上。其放射區域放水量在 20 L/m².min 以上。

四、最大放射區域水霧噴頭同時放水時，各水霧噴頭之放射壓力在 3.5 kg/cm² 以上或 0.35MPa 以上。

水霧滅火設備之緊急電源除準用第 38 條規定外，其供電容量應供其有效動作 45 分鐘以上。

【解說】

如與一般場所水霧滅火設備作比較，無論其放水壓力、放射區域或是緊急電源供應時間，勢必皆相對較大。這是因為公共危險物品等場所之火災猛烈度及活性反應大，而不是火載量問題，為能有效控制或抑制火勢，法規上採取相對較嚴格之考量。

一般場所與公共危險物品場所水霧滅火設備比較

項目	一般場所	公共危險物品場所
放水壓力	≥ 2.7～3.5 kg/m²	≥ 3.5 kg/m²
每一放射區域	≥ 50m²	≥ 150m²
緊急電源	≥ 30min	≥ 45min

水霧滅火設備滅火機制

原理	項目	內容
主要滅火機制	熱移除	水之蒸發潛熱為 539cal/g，能顯著降溫達到冷卻作用。
	稀釋氧氣	蒸發為水蒸氣，大量膨脹氧氣受到排擠作用
	表面溼潤降溫	使表面溼潤吸收熱能，使氣相燃料之生成遭到抑制
次要滅火機制	降低輻射回饋	產生遮蔽及吸收輻射熱，使其難以有熱量反饋
	流場動態效應	水微粒體積小空氣中漂浮及流場動態效應冷卻

水霧自動滅火設備系統

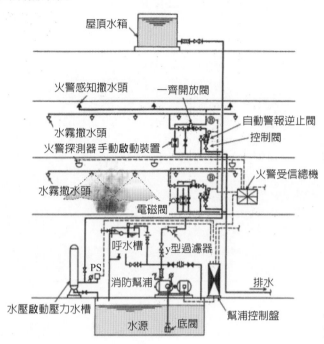

管系水錘效應

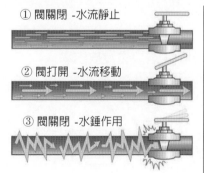

① 閥關閉 - 水流靜止

② 閥打開 - 水流移動

③ 閥關閉 - 水錘作用

水錘作用 （ Water Hammer ）
當管線中任一點總能量，是由動能($V^2/2g$)、壓力能(P/γ)與位能(h)所組成的流體，若流量突然變化（閥關閉或幫浦停止等），依能量不滅定律，流體動能將轉變為壓力能，產生一連串正負壓力波，在管線中來回振動，直到能量因磨擦轉成熱能而停止。

固定式泡沫放出口配置

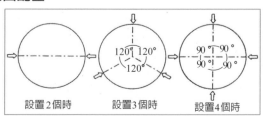

設置2個時　　設置3個時　　設置4個時

3-6 固定式泡沫滅火設備

第 213 條

設於儲槽之固定式泡沫滅火設備，依下列規定設置：

一、泡沫放出口，依表 1 之規定設置，且以等間隔裝設在不因火災或地震可能造成損害之儲槽側板外圍上。

二、儲槽儲存不溶性之第 4 類公共危險物品時，依前款所設之泡沫放出口，並就表 2 所列公共危險物品及泡沫放出口種類，以泡沫水溶液量乘以該儲槽液面積所得之量，能有效放射，且在同表所規定之放出率以上。

三、儲槽儲存非不溶性之第 4 類公共危險物品時，應使用耐酒精型泡沫，其泡沫放出口之泡沫水溶液量及放出率，依表 3 規定。

四、前款並依表 4 公共危險物品種類乘以所規定的係數值。但未表列之物質，依中央主管機關認可之試驗方法求其係數。

前項第 2 款之儲槽如設置特殊型泡沫放出口，其儲槽液面積為浮頂式儲槽環狀部分之表面積。

【解說】

本條規定，設於儲槽之固定式泡沫滅火設備（如 II 型泡沫放出口），其使用泡沫之膨脹比種類係屬設置標準第七十條所列之低發泡者，於竣工查驗時，仍應依消防安全設備審查及查驗作業基準規定，實施泡沫放射試驗。

表 2　儲槽儲存不溶性第四類之泡沫放出口水溶液量及放出率

第四類危險物品	I 型		II 型		特殊型		III 型		IV 型	
	X	Y	X	Y	X	Y	X	Y	X	Y
閃火點 < 21°C	120	4	220	4	240	8	220	4	220	4
閃火點 21°C～70°C	80	4	120	4	160	8	120	4	120	4
閃火點 ≥ 70°C	60	4	100	4	120	8	100	4	100	4

註：
1. X 為泡沫水溶液量，Y 為放出率
2. 泡沫水溶液量單位 L/m^2，放出率單位 $L/min.m^2$。

表 1　泡沫放出口

儲槽直徑（m）	泡沫放出口應設數量			
	固定頂儲槽		內浮頂儲槽	外浮頂儲槽
	I 或 II 型	III 或 IV 型	II 型	特殊型
<13			2	2
13～19	1	1	3	3
19～24			4	4
24～35	2	2	5	5
35～42	3	3	6	6
42～46	4	4	7	7
46～53	5	6	7	7
53～60	6	8	8	8
60～67	8	10		9
67～73	9	12		10
73～79	11	14		11
79～85	13	16		12
85～90	14	18		12
90～95	16	20		13
95～99	17	22		13
≥ 99	19	24		14

註：
1. 特殊型泡沫放出口使用安裝在浮頂上方者，得免附設泡沫反射板。
2. 本表之 III 型泡沫放出口，限於處理或儲存在 20℃時 100g 中水中溶解量 <1g 之危險物品，及儲存溫度 < 15℃或動黏度在 100cst 以下之危險物品儲槽使用。
3. 內浮頂儲槽浮頂採用鋼製雙層甲板或鋼製浮筒式甲板，其泡沫系統之泡沫放出口種類及數量，得比照外浮頂儲槽設置。

表 3　儲槽儲存非不溶性之第四類公共危險物品之泡沫水溶液量及放出率

I 型		II 型		特殊型		III 型		IV 型	
X	Y	X	Y	X	Y	X	Y	X	Y
160	8	240	8	1	1	1	1	240	8

註：
1. X 為泡沫水溶液量，Y 為放出率。
2. 耐酒精型泡沫，泡沫水溶液量及放出率，得依廠商提示值核計。
3. 泡沫水溶液量單位 L/ m^2，放出率單位 L/min.m^2。

表 4　公共危險物品種類乘以所規定的係數值

第四類公共危險物品種類		
類別	詳細分類	係數
醇類	甲醇、3- 甲基 -2- 丁醇、乙醇、烯丙醇、1- 戊醇、2- 戊醇、第三戊醇（2- 甲基 -2- 丁醇）、異戊醇、1- 己醇、環己醇、糠醇、苯甲醇、丙二醇	1.0
	2- 丙醇、1- 丙醇、異丁醇、1- 丁醇、2- 丁醇	1.25
	第三丁醇	2.0
醚類	異丙醚、乙二醇乙醚（2- 羥基乙醚）、乙二醇甲醚、二甘醇乙醚、二甲醇甲醚	1.25
	1,4 二氧雜環己烷	1.5
	乙醚、乙縮醛（1,1- 雙乙氧基乙烷）、乙基丙基醚、四氫喃、異丁基乙烯醚、乙基丁基醚	2.0
酯類	乙酸乙脂、甲酸乙酯、甲酸甲酯、乙酸甲酯、乙酸乙烯酯、甲酸丙酯、丙烯酸甲酯、丙烯酸乙酯、異丁烯酸甲酯、異丁烯酸乙酯、乙酸丙酯	1.0
酮類	丙酮、丁酮、甲基異丁基酮、2,4- 戊雙酮、環己酮	1.0
醛類	丙烯醛、丁烯醛（巴豆醛）、三聚乙醛	1.25
	乙醛	2.0
胺類	乙二胺、環己胺、苯胺、乙醇胺、二乙醇胺、三乙醇胺	1.0
	乙胺、丙胺、烯丙胺、二乙胺、丁胺、異丁胺、三乙胺、戊胺、第三丁胺	1.25
	異丙胺	2.0
腈類	丙烯　、乙　、丁	1.25
有機酸	醋酸、醋酸酐、丙烯酸、丙酸、甲酸	1.25
其他非不溶性者	氧化丙烯	2.0

泡沫滅火設備一齊開放閥裝置

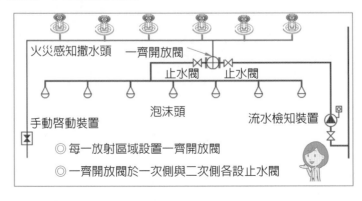

火災感知撒水頭　一齊開放閥
止水閥　　止水閥
泡沫頭　　流水檢知裝置
手動啓動裝置
◎ 每一放射區域設置一齊開放閥
◎ 一齊開放閥於一次側與二次側各設止水閥

固定式泡沫放出口種類

種類	內容	圖示 （日本危險物設施基準指南，平成 7 年）
Ⅰ型	由固定頂儲槽上部注入泡沫之放出口。該泡沫放出口設於儲槽側板上方，具有泡沫導管或滑道等附屬裝置，不使泡沫沉入液面下或攪動液面，而使泡沫在液面展開有效滅火，並且具有可以阻止儲槽內公共危險物品逆流之構造。	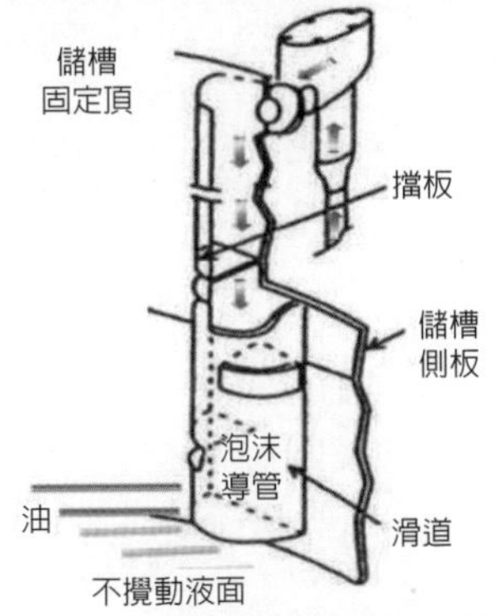
Ⅱ型	由固定頂儲槽之部注入。在泡沫放出口上附設泡沫反射板可以使放出之泡沫能沿著儲槽之側板內面流下，又不使泡沫沉入液面下或攪動液面，可在液面展開有效滅火，並且具有可以阻止槽內公共危險物品逆流之構造。	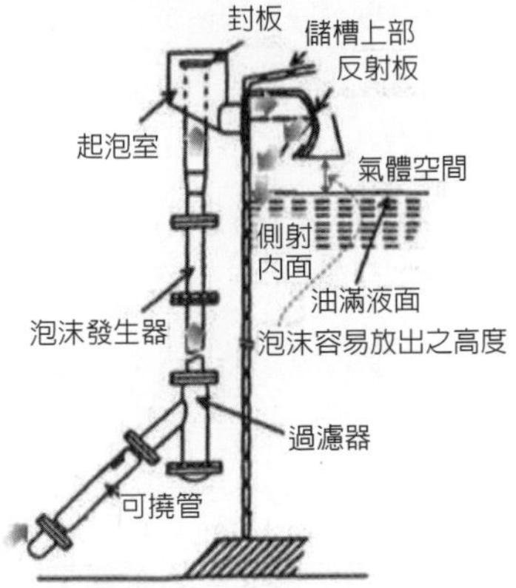
特殊型	供外浮頂儲槽上部注入泡沫，並附設泡沫反射板，注入於側板與隔板所形成之環狀部分。該泡沫隔板係指在浮頂上方設有高度≥ 0.3m，且距離儲槽內側≥ 0.3m 鋼製隔板，可阻止泡沫外流，且該區預期最大降雨量，設有可充分排水之排水口為限。	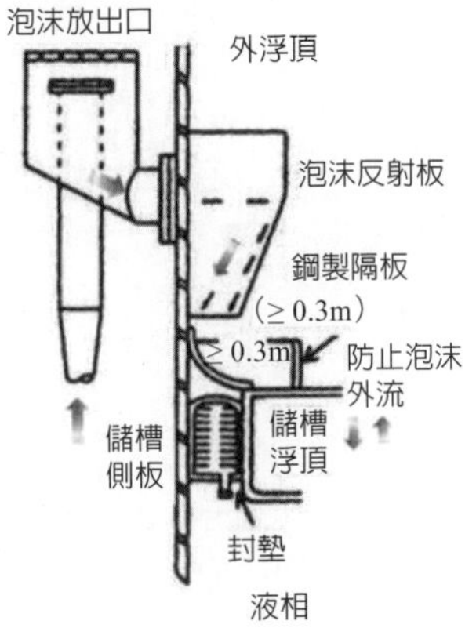

種類	內容	圖示 （日本危險物設施基準指南，平成 7 年）
III型	供固定頂儲槽槽底注入泡沫法之放出口，該泡沫放出口由泡沫輸送管，將發泡器或泡沫發生機所發生之泡沫予以輸送注入儲槽內，並由泡沫放出口放出泡沫。	固定頂油槽／泡沫／油類／泡沫／泡沫放出口／輸送管／泡沫／發泡器／泡水溶液／防止逆流／防液堤
IV型	供固定頂儲槽槽底注入泡沫法之放出口，將泡沫輸送管末端與平時設在儲槽液面下底部之存放筒所存放之特殊軟管等相連接，於送入泡沫時可使特殊軟管等伸直，使特殊軟管等之前端到達液面而放出泡沫。	固定頂油槽／液面泡沫／特殊伸直軟管／油類／存放筒／發泡器／輸送管／泡沫／泡沫溶液／防止逆流／防液堤

公共危險物品場所泡沫系統

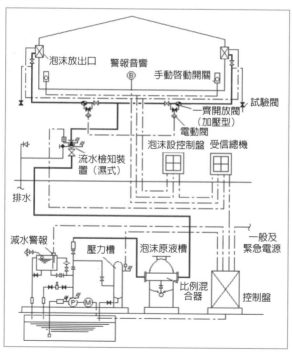

（福岡市消防設備技術基準，平成26年）

配管閥門類型

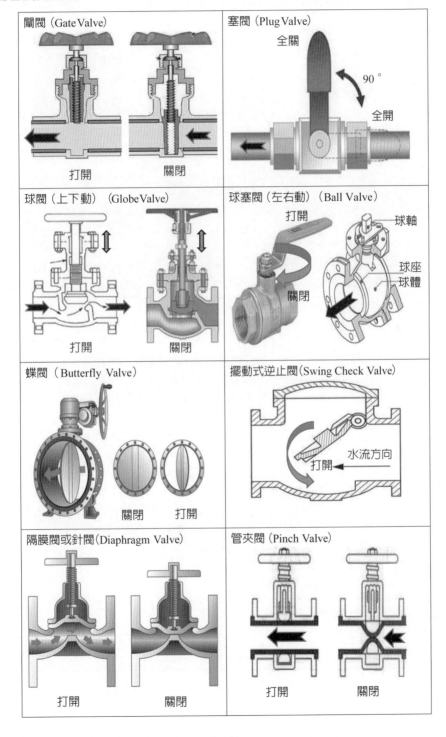

3-7 補助泡沫消防栓及連結送液口

第 214 條
儲槽除依前條設置固定式泡沫放出口外,並依下列規定設置補助泡沫消防栓及連結送液口:
一、補助泡沫消防栓,應符合下列規定:
　　(一) 設在儲槽防液堤外圍,距離槽壁 ≥ 15m,便於消防救災處,且至任一泡沫
　　　　消防栓之步行距離≤ 75m,泡沫瞄子放射量≥ 400L/min,放射壓力≥ 3.5kg/
　　　　cm² 或 0.35 Mpa 以上。但全部泡沫消防栓數量≥ 3 支時,以同時使用 3 支
　　　　計算之。
　　(二) 補助泡沫消防栓之附設水帶箱之設置,準用第 40 條第 4 款規定。
二、連結送液口所需數量,依下列公式計算:

$$N = Aq/C$$

　　N:連結送液口應設數量
　　A:儲槽最大水平斷面積。但浮頂儲槽得以環狀面積核算(m²)。
　　q:固定式泡沫放出口每平方公尺放射量(L/min m²)
　　C:每一個連結送液口之標準送液量(800L/min)

【解說】
　　儲槽基本上,由固定式泡沫滅火設備來作防護,這不需人員待在第一線操作,也無需考慮重油儲槽火災特有沸溢或濃溢現象發生。而補助泡沫消防栓有其機動性與移動性,在儲槽周邊施工不慎起火,即可使用此項設備,予以有效制火勢發展。
　　對付第四類公共危險物品火災,使用泡沫藥劑是一種非常有效之滅火設備,如使用乾粉、二氧化碳等第三種滅火設備,皆有火災撲滅後再復燃之可能,其冷卻效果無法如泡沫之有效。
　　補助泡沫消防栓應設在儲槽防液堤外圍,距離槽壁十五公尺以上,便於消防救災處,且至任一泡沫消防栓之步行距離在七十五公尺以下。亦即泡沫消防栓與最遠處之步行距離如小於七十五公尺時,僅需設置一支補助泡沫消防栓;惟如大於七十五公尺時,應於步行距離七十五公尺範圍內再增設一支補助泡沫消防栓。

固定式泡沫滅火設備目的與構成

設置目的	火災時以泡沫頭、泡沫放出口等放出發泡體(空氣泡),進行易燃液體表面覆蓋行為,達到窒息及水份冷卻之雙重滅火效果。
組成構件	由泡沫頭、泡沫放出口、配管、選擇閥、加壓送水裝置、啟動設備、音響警報、泡沫原液槽、泡沫比例混合器及水源等組成之滅火裝備。

儲槽設泡沫放出口、補助泡沫消防栓及連結送液口

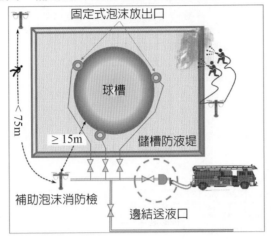

固定式泡沫放出口

球槽

< 75m

≥ 15m

儲槽防液堤

補助泡沫消防栓

邊結送液口

連結送液口構造

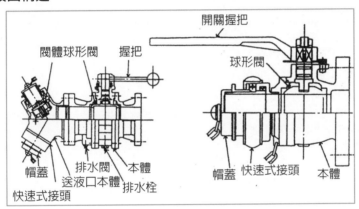

開關握把

閥體球形閥　握把

球形閥

帽蓋　排水閥　本體

送液口本體　排水栓

快速式接頭

帽蓋　快速式接頭　本體

（日本危險物設施基準指南，平成7年）

二個以上放射區域泡沫滅火設備

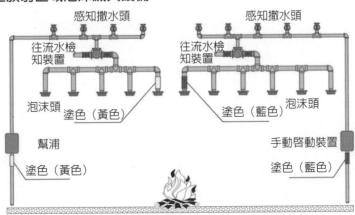

感知撒水頭

感知撒水頭

往流水檢知裝置

往流水檢知裝置

泡沫頭　塗色（黃色）

塗色（藍色）　泡沫頭

幫浦

手動啓動裝置

塗色（黃色）

塗色（藍色）

（埼玉市消防局，平成28年）

例題：由下圖求出所需泡沫水溶液量？放出口數？連結送液口數？

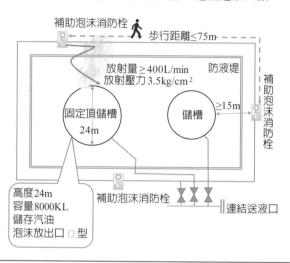

補助泡沫消防栓　步行距離≤75m

放射量≥400L/min　防液堤
放射壓力 3.5kg/cm²

補助泡沫消防栓

固定頂儲槽
24m

儲槽

≥15m

高度24m
容量8000KL
儲存汽油
泡沫放出口 □ 型

補助泡沫消防栓

連結送液口

解

(1) 泡沫水溶液量 M = A×F

M：所需泡沫水溶液量（L）

A：液表面積（m²）圓柱體為 $A = \pi r^2$

F：液表面積每平方公尺所需泡沫水溶液量（L/m²）（第 213 條表 2）

M = (12×12×3.14)×220 = 99476 L

(2) 泡沫放出口設置數

查表（第 213 條表 1）

泡沫放出口設置數為 2 個以上

(3) 連結送液口個數　$N = \dfrac{A \times q}{c}$

N：連結送液口應設數量

A：儲槽最大水平斷面積。但浮頂儲槽得以環狀面積核算（m²）。

q：固定式泡沫放出口每平方公尺放射量（L/min m²）（第 213 條表 2）

C：每一個連結送液口之標準送液量（800L/min）

$N = \dfrac{(12 \times 12 \times 3.14) \times 4}{800} = 2.3$，因此連結送液口個數為 3 個

固定式（自動）	高發泡	局部放出方式	從放出口放出高膨脹泡沫體，覆蓋下方火勢之一種滅火系統。
		全區放出方式	在一封閉之防護區劃空間，從數個放出口均一放出高膨脹泡沫的發泡體，淹沒或覆蓋整個空間火勢之一種滅火系統。
	低發泡		在一定火勢半徑範圍內以泡沫瞄子延伸放射皮管至火勢區域，放出低發泡體覆蓋火勢之一種滅火系統，操作方式類似於室內消防栓。以半徑每 15m 為防護範圍，設置一延伸放射皮管接續口。

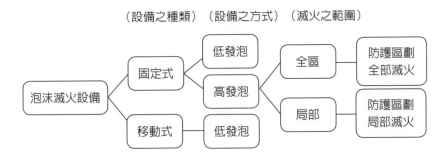

泡沫滅火設備應用型態

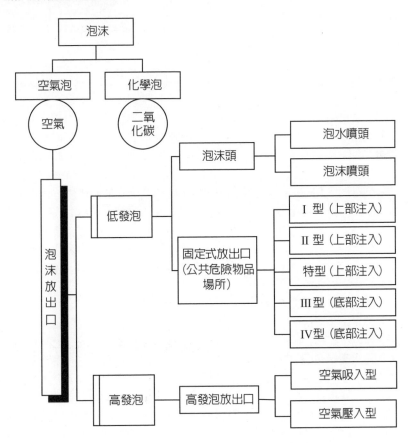

3-8 泡沫射水槍滅火設備

第 215 條

以室外儲槽儲存閃火點在≤ 40℃之第 4 類公共危險物品之顯著滅火困難場所者，且設：

一、室外儲槽之幫浦設備等設於岸壁、碼頭或其他類似之地區時，泡沫射水槍應能防護該場所位於海面上前端之水平距離≤ 15m 之海面，而距離注入口及其附屬之公共危險物品處理設備各部分之水平距離≤ 30m，其設置個數≥ 2 具。

二、泡沫射水槍為固定式，並設於無礙滅火活動及可啓動、操作之位置。

三、泡沫射水槍同時放射時，射水槍泡沫放射量為≥ 1900L/min，且其有效水平放射距離 ≥ 30m。

【解說】

使用空氣泡沫（Air-Foams）進行滅火時，可分固定式（常見於油槽或室內停車場）、移動式（泡沫消防栓、補助泡沫消防栓）及泡沫射水槍（常見於第 4 類公共危險物品之顯著滅火困難場所）。泡沫供應越平穩滅火就越迅速，所需的滅火劑總量就越低。所有泡沫產生裝置超過其壓力限度，泡沫體品質將會降低，且混合泡沫、乾粉等，可能會破壞原有滅火特性。此外，泡沫是黏著的，泡沫噴霧比水沫的導電性更大。

室外儲槽儲存閃火點在≤ 40℃之第四類公共危險物品，在液體燃燒方式為蒸發蒸氣燃燒，本項閃火點低燃燒特性為電不良導體，當靜電放電時，發生的火花即會點燃，形成著火或爆炸之危險、有些蒸氣比重大於 1，將滯留在低窪區易有著火的危險，但大多數液體比重是小於 1，當其流出於水面上，液體表面積增大。因此，當防護幫浦設備等場所時，於海面上前端≤ 15m 內，或距離注入口等水平距離≤ 30m 內皆需泡沫射水防護，且設置 ≥ 2 具，以大量壓制潛在大規模油面上火災。

於岸壁、碼頭或其他類似之地區，並連接輸送設備者，除設置固定式泡沫滅火設備外，並依下列規定設置泡沫射水槍滅火設備，輸送第四類公共危險物品時，由於液體與管壁產生靜電，在接合處或出口處產生起火，這時需趕快進行滅火壓制，不然後果堪慮。又室外儲槽儲存閃火點在≤ 40℃之第四類公共危險物品，在液體燃燒方式為蒸發蒸氣燃燒，本項閃火點低燃燒特性為電不良導體，當靜電放電時，發生的火花即會點燃，形成著火或爆炸之危險、呈現快速火焰傳播之速率、有些蒸氣比重大於 1，將滯留在低窪區易有著火的危險，但大多數液體比重是小於 1，當其流出於水面上，液體表面積增大。因此，當防護幫浦設備等場所時，於海面上前端≤ 15m 內，或距離注入口等水平距離≤ 30m 內皆需防護，且設置 ≥ 2 具，以大量壓制潛在大規模油面上火災。

公共危險物品場所泡沫滅火設備應用

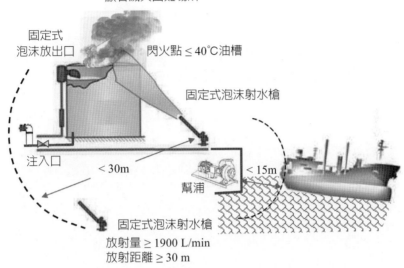

顯著滅火困難場所

固定式泡沫放出口

閃火點 ≤ 40℃油槽

固定式泡沫射水槍

注入口　　　< 30m

幫浦　　< 15m

固定式泡沫射水槍
放射量 ≥ 1900 L/min
放射距離 ≥ 30 m

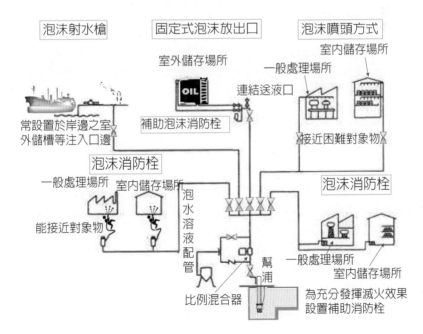

泡沫射水槍　　固定式泡沫放出口　　泡沫噴頭方式

室外儲存場所

室內儲存場所

一般處理場所

連結送液口

常設置於岸邊之室
外儲槽等注入口邊

補助泡沫消防栓

接近困難對象物

泡沫消防栓

一般處理場所　室內儲存場所

泡沫消防栓

能接近對象物

泡
水
溶
液
配
管

一般處理場所

室內儲存場所

幫浦

比例混合器

為充分發揮滅火效果
設置補助消防栓

（危險物設施基準指南，平成7年）

3-9 冷卻撒水設備（一）

第216條

以室內、室外儲槽儲存閃火點在70℃以下之第4類公共危險物品之顯著滅火困難場所，除設置固定式泡沫滅火設備外，並依下列規定設置冷卻撒水設備：

一、撒水噴孔符合CNS12854之規定，孔徑在4 mm以上。

二、撒水管設於槽壁頂部，撒水噴頭之配置數量，依其裝設之放水角度及撒水量核算；儲槽設有風樑或補強環等阻礙水路徑者，於風樑或補強環等下方增設撒水管及撒水噴孔。

三、撒水量按槽壁總防護面積2 L/m².min以上計算之，其管徑依水力計算配置。

四、加壓送水裝置為專用，其幫浦出水量在前款撒水量乘以所防護之面積以上。

五、水源容量在最大一座儲槽連續放水4小時之水量以上。

六、選擇閥（未設選擇閥者為開關閥）設於防液堤外，火災不易殃及且容易接近之處所，其操作位置距離地面之高度在0.8～1.5 m。

七、加壓送水裝置設置符合下列規定之手動啟動裝置及遠隔啟動裝置。但送水區域距加壓送水裝置在300m以內者，得免設遠隔啟動裝置：

(一)手動啟動裝置之操作部設於加壓送水裝置設置之場所。

(二)遠隔啟動裝置由下列方式之一啟動加壓送水裝置：

1. 開啟選擇閥，使啟動用水壓開關裝置或流水檢知裝置連動啟動。

2. 設於監控室等平常有人駐守處所，直接啟動。

八、加壓送水裝置啟動後5分鐘以內，能有效撒水，且加壓送水裝置距撒水區域在500m以下。但設有保壓措施者，不在此限。

九、加壓送水裝置連接緊急電源。

前項緊急電源除準用第38條規定外，其供電容量應在其連續放水時間以上。

【解說】

物品因閃火點低且達顯著滅火困難，所以需加強槽體自我防衛能力，除滅火泡沫外尚需安裝槽體火災撒水冷卻熱傳，及避免鄰近油槽受到輻射熱而起火。本條設置冷卻撒水設備有其相當規範，如孔徑在4 mm以上及2 L/m².min以上相當撒水量，且於風樑或補強環等下方增設撒水管及撒水噴孔，避免有防護上之盲點；水源容量在最大一座儲槽連續放水四小時之水量以上，這是因為第四類儲槽火災在滅火上，常因儲槽本身規模與高度使難以有效滅火，在以往災例上顯示，現場消防活動時間會持續很久。

固定式泡沫滅火設備及冷卻撒水設備

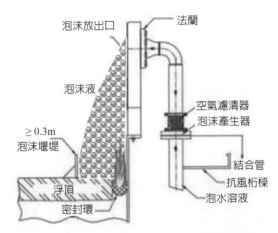

第四類閃火點 ≤ 70℃油槽

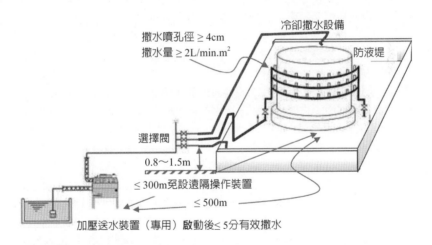

水源容量 ≥ 最大儲槽放水4小時

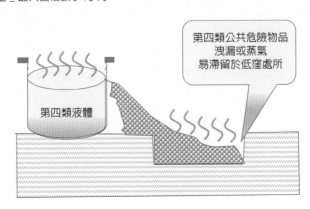

3-10 冷卻撒水設備（二）

【解說】

本條法規是採取雙重消防設備之設計；在設備構造上，固定式泡沫滅火是自動啓動，噴撒僅針對槽頂液面；而冷卻撒水設備噴撒僅針對槽壁（須避開液面，免使泡沫失效），噴頭至選擇閥配管是開放式，平時管內無水，選擇閥至幫浦之配管平時充滿水，因是火災防護用，基本上是人員手動啓動加壓送水裝置進行送水；另一是遠隔啓動，藉由流水檢知裝置，來連動啓動加壓送水裝置直接送水，但現場仍要設手動啓動裝置。

選擇閥（未設選擇閥者爲開關閥）設於防液堤外，火災不易殃及且容易接近之處所，其操作位置距離地面之高度在 0.8～1.5 m，因這是人員需前往操作之問題，所以需設在防液堤外之較易安全接近之位置，且手動高度一樣，原則上以 0.8～1.5 m。

基本上，可燃性高壓氣體等場所之火災防護，主要滅火劑仍以水爲主，其僅作爲火災控制作用，而非以火災滅火作用。氣體容器易受火災高熱而產生高壓狀態，倘若溫度仍續增高終會使氣體容器產生高壓失效，而破裂造成大規模爆炸後火災。所以，控制火災溫度即顯得相當重要。而控制火災高熱最有效滅火劑仍以取得容易且經濟之水爲主，當其從液體受熱變成氣體時，可以自我體積膨脹約一千七百倍之大量空間，有效冷卻降低溫度之效（如右圖所示）。而水具高密度性質，無論是從儲槽體撒水或消防瞄子等，能射出相當長距離；因水最大表面張力值爲 72.8 mN/m，使用上能有不同形態，從水滴到水柱流，也使水滴能保持相對穩定性。

依內政部消防法令函釋及公告（以下同），關於防護設備設置係指冷卻撒水或射水設備擇一設置即可。關於冷卻撒水設備之撒水頭配置數量、間距、撒水頭種類及地下儲氣槽區檢討設置撒水頭部分，依設置標準並無明定冷卻撒水設備之撒水頭配置數量、間距、撒水頭種類等之規定，惟其性能應符合該標準第二百二十九條第三、四款及第二百三十條之撒水量、放水時間及防護面積規定，且能均勻有效涵蓋防護對象。

基本上，儲槽設置固定式泡沫滅火設備外，尚需設置冷卻撒水設備。此二項消防設備皆需用到大量水，但其設計宗旨是不同的，前者是爲達到滅火抑制撲滅（Fire Suppression）之目的，後者是爲達到火災控制作用（Fire Control）之目的，因實際上，儲槽設置往往不是單一，其鄰近周邊也有儲槽，避免其中一座儲槽著火，波及其他儲槽致地區災害失控之場面。

水消防滅火機制

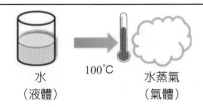

水　　100°C　水蒸氣
（液體）　　　（氣體）

水轉變水蒸氣將大量膨脹，依理想氣體定律計算：
$$PV = nRT$$
P 為一大氣壓 101325Pa（101325J/m³）
V 為體積，水的密度在 20°C（293.15K）為 998kg/m³（998000g/m³）
n 為莫耳，水分子質量為 18g/mol
R 為理想氣體常數 8.3145J/mol.K
T 為溫度（單位 K），水的沸點在大氣壓力為 100°C（373.15K）
在 1 莫耳（n）純蒸氣（100°C）的體積 V（m³）

$$V = \frac{nRT}{P}$$

$$8.3145 \frac{J}{mol \cdot K} (\frac{1 \times 373K}{101325Pa}) = 0.0306m^3 （100°C時）$$

而 1 莫耳水質量為 18 克。密度為質量（g）／體積（m³），所以 100°C蒸氣的密度，可以計算
$$(D = \frac{M}{V})$$ 如下：

$$\frac{18g}{0.0306m^3} = 588.2g/m^3$$

在 100°C蒸氣密度除以水密度，決定水特定質量在此溫度下汽化膨脹比

$$\frac{998000 \, g/m^3 （20°C時）}{588.2 \frac{g}{m^3} （100°C時）} = 1696.7$$

所以，水從 20°C至 100°C蒸氣體積將擴增 1696.7 倍

水分子粒徑	每公升水膨脹表面積	滅火設備	
1mm	2m³	自動撒水	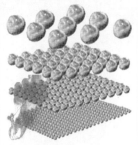
0.1mm	20m³	水霧設備	
0.01mm	200m³	細水霧設備	

3-11 泡沫噴頭規定

> **第 217 條**
> 採泡沫噴頭方式者,應符合下列規定:
> 一、防護對象在其有效防護範圍內。
> 二、防護對象之表面積(為建築物時,為樓地板面積),每 9m² 設置一個泡沫噴頭。
> 三、每一放射區域在 100m² 以上。其防護對象之表面積未滿 100m² 時,依其實際表面積計算。

【解說】

泡水噴頭具有開放式撒水頭與泡沫頭之功能,適用於大規模防護體如飛機庫,法令要求較大放射量如 75 L/min,另使用泡沫原液量 1~6% 之泡沫噴頭,適用於汽車類或公共危險物品場所火災,泡沫噴頭比泡水噴頭有較佳之泡沫窒息效果,但放射量從 3.7~8 L/min。在放射區域法規要求每一放射區域在 100m² 以上,以大面積一齊放射來達有效冷卻覆蓋範圍,因此常應用於室內停車空間,車輛火災具有 A 類與 B 類火災型態,因 B 類燃燒具相當火災猛烈度,滅火方式以一齊開放區域放射。

噴頭適用防護對象與防護表面積(樓地板面積)

噴頭	防護對象	防護對象表面積
泡水噴頭	飛機庫	於 8m² 設 1 個
泡沫噴頭	室內停車空間或汽車修理廠	於 9m² 設 1 個
	公共危險物品場所	於 9m² 設 1 個

不同噴頭之放射區域及放射量

噴頭	放射區域	放射量		
泡水噴頭	放射區域占其樓地板面積 ≥ 1/3 且 ≥ 200m²	75L/min × 20min		
		但樓地板面積 < 200m² 者,放射區域依其實際樓地板面積計		
泡沫噴頭	一般場所每一放射區域 50~100m²	蛋白質	3%~6%	6.5L/min × 20min
		合成界面活性	1%~3%	8L/min × 20min
		水成膜	3%~6%	3.7L/min × 20min
	公共危險物品每一放射區域 ≥ 100m²	以最大泡沫放射區域,繼續射水 ≥ 10min 水量		

固定式低發泡滅火設備

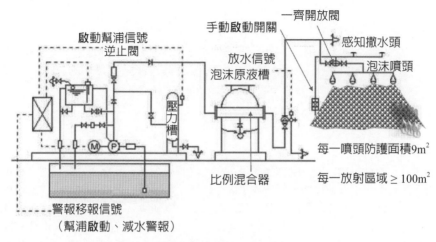

（福岡市消防局，平成26年）

公共危險物品場所泡沫滅火設備

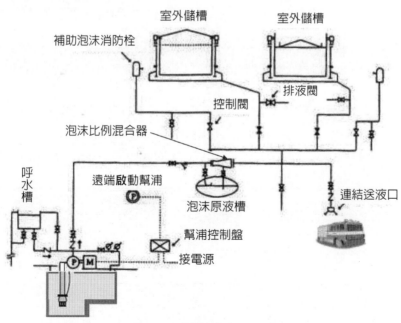

（危險物設施基準指南，平成7年）

3-12 泡沫滅火設備規定

第 218 條
泡沫滅火設備之泡沫放出口、放射量、配管、試壓、流水檢知裝置、啟動裝置、一齊開放閥、泡沫原液儲存量、濃度及泡沫原液槽設置規定，準用第69條、第70條、第72條至第74條、第78條、第79條及第81條之規定。
儲槽用之泡沫放出口，依第213條之規定設置。

【解說】

　泡沫滅火設備對第四類危險物品火災，有良好滅火之窒息及冷卻效果，因具有相當水份，使滅火後不像乾粉滅火設備或二氧化碳滅火設備一樣產生復燃現象。儲槽用泡沫放出口常用於公共危險物品，分上部注入方式與下部注入方式。在高架式危險物品之儲存倉庫，常形成難以滅火之深層火災型態，且高架式火災向上延燒，形成初期火勢成長快速現象。因此，在火災防護上使用高發泡沫，即可採取具黏著性泡沫覆蓋，並限制及冷卻可燃物與空氣中氧接觸面積，如同地下室火災一樣，使用高發泡是一正確滅火之消防戰術。

第 69 條　泡沫滅火設備之放射方式，依實際狀況需要，就下列各款擇一設置：
　　　　　一、固定式：視防護對象之形狀、構造、數量及性質配置泡沫放出口，其設置數量、位置及放射量，應能有效滅火。
　　　　　二、移動式：水帶接頭至防護對象任一點之水平距離≤ 15m。

第 70 條　固定式泡沫滅火設備之泡沫放出口，依泡沫膨脹比，就下表選擇設置之：

膨脹比種類	泡沫放出口種類
膨脹比 ≤20（低發泡）	泡沫噴頭或泡水噴頭
膨脹比 80～1000（高發泡）	高發泡放出口
前項膨脹比，指泡沫發泡體積與發泡所需泡沫水溶液體積之比值。	

第 72 條　泡沫頭之放射量，依下列規定：
　　　　　一、泡水噴頭放射量≥ 75 L/min。
　　　　　二、泡沫噴頭放射量，依下表規定：

泡沫原液種類	樓地板面積每平方公尺之放射量
蛋白質泡沫液	≥ 6.5L/min
合成界面活性泡沫液	≥ 8.0L/min
水成膜泡沫液	≥ 3.7L/min

公共危險物品場所泡沫滅火設備各式應用

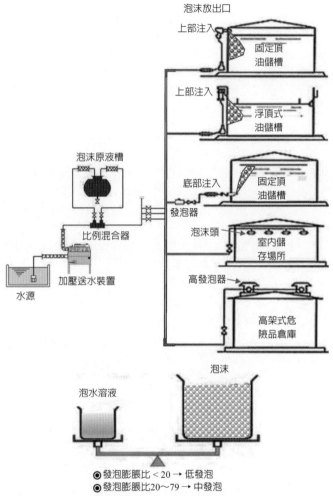

- ◉ 發泡膨脹比 < 20 → 低發泡
- ◉ 發泡膨脹比20～79 → 中發泡
- ◉ 發泡膨脹比80～1000 → 高發泡

公共危險物品混合危險

公共危險物品	第 1 類	第 2 類	第 3 類	第 4 類	第 5 類	第 6 類
第 1 類		×	×	×	×	×
第 2 類	×		●	○	●	×
第 3 類	×	×		●	×	×
第 4 類	×	○	●		●	●
第 5 類	×	●	×	●		×
第 6 類	×	×	×	●	×	

表中×表有混合危險者，●表有潛在危險者，○表無混合危險者。

3-13 移動式泡沫滅火設備

第 219 條

移動式泡沫滅火設備，依下列規定設置：

一、泡沫瞄子放射壓力在 3.5kg/cm² 以上或 0.35MPa 以上。

二、泡沫消防栓設於室內者，準用第 34 條第 1 項第 1 款第 1 目及第 35 條規定；設於室外者，準用第 40 條第 1 款及第 4 款規定。

【解說】

　　移動式泡沫滅火設備常用於室內或室外場所，能接近滅火對象物，且其在一定高度以下物體。為了能有效接近及控制公共危險物品火災，法規要求放射壓力需在 3.5kg/cm² 以上，避免高輻射熱迫使滅火人員無法靠近，且防護對象物不能太高，不然無法有效覆蓋火勢。

第 34 條　除第 12 條第 2 款第 11 目或第 4 款之場所，應設置第一種消防栓外，其他場所應就下列二種消防栓選擇設置之：

　　　　一、第一種消防栓，依下列規定設置：

　　　　　　(一) 各層任一點至消防栓接頭之水平距離≤ 25m。

　　　　　　(二) 任一樓層內，全部消防栓同時使用時，各消防栓瞄子放水壓力≥ 1.7kg/cm²，放水量≥ 130L/min。但全部消防栓數量超過二支時，以同時使用二支計算之。

　　　　　　(三) 消防栓箱內，配置口徑 38mm 或 50mm 之消防栓一個，口徑 38mm 或 50mm、長 15m 並附快式接頭之水帶二條，水帶架一組及口徑≥ 13mm 之直線水霧兩用瞄子一具。但消防栓接頭至建築物任一點之水平距離≤ 15m 時，水帶部分得設 10m 水帶二條。

第 40 條　室外消防栓，依下列規定設置：

　　　　一、口徑≥ 63mm，與建築物一樓外牆各部分之水平距離≤ 40m。

　　　　二、於其 5m 範圍內附設水帶箱，並符合下列規定：

　　　　　　(一) 水帶箱具有足夠裝置水帶及瞄子之深度，箱底二側設排水孔，其箱面表面積≥ 0.8m²。

　　　　　　(二) 箱面有明顯而不易脫落之水帶箱字樣，每字≥ 20cm²。

　　　　　　(三) 箱內配置口徑 63mm 及長 20m 水帶二條、口徑≥ 19mm 直線噴霧兩用型瞄子一具及消防栓閥型開關一把。

移動式泡沫滅火設備設置

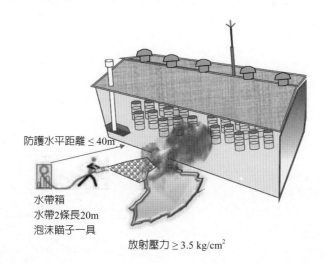

防護水平距離 ≤ 40m

水帶箱
水帶2條長20m
泡沫瞄子一具

放射壓力 ≥ 3.5 kg/cm²

泡沫滅火設備種類

泡沫滅火設備	固定式	泡沫放出口	儲槽使用，自配管送出泡沫混合液於放出口吸入空氣而發泡之方式
		泡沫噴頭	火災時接近困難自配管送出泡沫混合液，於泡沫噴頭吸入空氣而發泡之方式
	移動式	泡沫消防栓	火災時容易接近滅火，自配管送出泡沫混合液於泡沫瞄子吸入空氣而發泡之方式
		補助泡沫消防栓	固定式泡沫之補助性設置，發泡方式與泡沫消防栓同
	泡沫射水槍		設置於閃火點＜40℃之室外儲槽或岸邊之注入口，得遠端操作，發泡方式與泡沫消防栓同

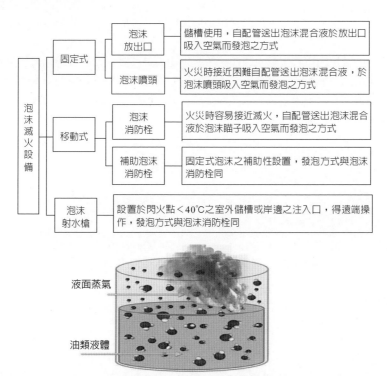

液面蒸氣

油類液體

油類液體火災為蒸發燃燒型態，使用泡沫（比油輕）覆蓋油面，抑制液體蒸發及斷絕空氣中氧接觸之雙重滅火機制（盧守謙，火災學，2019，五南出版）

3-14 泡沫滅火設備水源容量

第 220 條

泡沫滅火設備之水源容量需達下列規定水溶液所需之水量以上，並加計配管內所需之水溶液量：

一、使用泡沫頭放射時，以最大泡沫放射區域，繼續射水 10 分鐘以上之水量。

二、使用移動式泡沫滅火設備時，應在四具瞄子同時放水 30 分鐘之水量以上。但瞄子個數未滿四個時，以實際設置個數計算。設於室內者，放水量在 200 L/min 以上；設於室外者，在 400 L/min 以上。

三、使用泡沫射水槍時，在 2 具射水槍連續放射 30 分鐘之水量以上。

四、設置於儲槽之固定式泡沫滅火設備之水量，為下列之合計：

(一) 固定式泡沫放出口依第 213 條第 2 款、第 3 款表列之泡沫水溶液量，乘以其液體表面積所能放射之量。

(二) 補助泡沫消防栓依第 214 條規定之放射量，放射 20 分鐘之水量。

【解說】

　　泡沫滅火設備之水源容量，依應用防護對象之種類方式不同。使用泡沫頭放射時，只需十分鐘以上水量，這是因為已有相當泡沫覆蓋防護體上面，能維持一段長時間繼續復覆蓋令火勢窒息，覆蓋時間依其消泡率而有不同。使用移動式時需放水三十分鐘之水量以上，這是因為有效射水問題，於室外由人員移動射水，有時輻射熱及風勢問題，造成過遠無效射水，並考量室外人員避難較安全，較不易長時間射水而受困。使用泡沫射水槍時三十分鐘水量，也如同上述。於儲槽使用補助泡沫消防栓二十分鐘水量，這是自衛編組人員初期滅火之時間，之後即由公設消防單位到達接管。

冷卻　覆蓋　窒息

可燃性液體

抑制液體蒸發

泡沫滅火機制示意圖

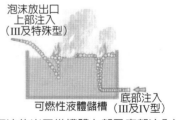

泡沫放出口
上部注入
（III及特殊型）

可燃性液體儲槽

底部注入
（III及IV型）

泡沫放出口從槽體上部及底部注入法

過濾裝置

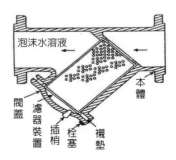

泡沫水溶液

本體

閥蓋

濾器裝置

插梢　栓塞　襯墊

公共危險物品場所泡沫滅火水源容量及過濾系統

室外第四類公共物品儲槽場所

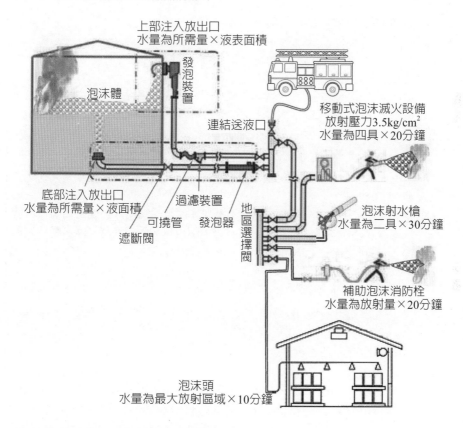

上部注入放出口
水量為所需量×液表面積

發泡裝置

泡沫體

連結送液口

移動式泡沫滅火設備
放射壓力3.5kg/cm²
水量為四具×20分鐘

底部注入放出口
水量為所需量×液面積

過濾裝置

可撓管　發泡器

遮斷閥

地區選擇閥

泡沫射水槍
水量為二具×30分鐘

補助泡沫消防栓
水量為放射量×20分鐘

泡沫頭
水量為最大放射區域×10分鐘

泡沫混合器設置於送水配管中設計例

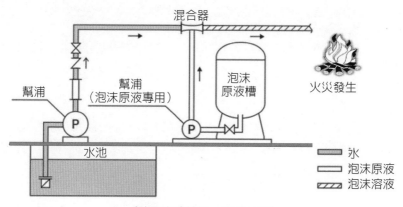

混合器

幫浦

幫浦
（泡沫原液專用）

泡沫原液槽

火災發生

水池

水
泡沫原液
泡沫溶液

（埼玉市消防局，平成28年）

3-15 加壓送水裝置

第 221 條
依前條設置水源應連結加壓送水裝置,並依下列各款擇一設置:
一、重力水箱,應符合下列規定:
  (一) 有水位計、排水管、溢水用排水管、補給水管及人孔之裝置。
  (二) 水箱必要落差在下列計算值以上:
    必要落差 = 移動式泡沫設備水帶摩擦損失水頭 + 配管摩擦損失水頭 + 泡沫
    放出口、泡沫瞄子或泡沫射水槍之放射壓力(計算單位:m)

$$H = h1 + h2 + h3m$$

二、壓力水箱,應符合下列規定:
  (一) 有壓力表、水位計、排水管、補給水管、給氣管、空氣壓縮機及人孔之裝
    置。
  (二) 水箱內空氣占水箱容積 1/3 以上,壓力在使用建築物最高處之消防栓維持
    規定放水水壓所需壓力以上。當水箱內壓力及液面減低時,能自動補充加
    壓。空氣壓縮機及加壓幫浦,與緊急電源相連接。
  (三) 必要壓力在下列計算值以上:
    必要壓力 = 水帶摩擦損失 + 配管摩擦損失 + 落差 + 泡沫放出口、泡沫瞄子
    或泡沫射水槍之放射壓力(計算單位:kg/cm^2,MPa)

$$P = P1 + P2 + P3 + P4$$

三、消防幫浦,應符合下列規定:
  (一) 幫浦全揚程在下列計算值以上:
    幫浦全揚程 = 消防水帶摩擦損失水頭 + 配管摩擦損失水頭 + 落差 + 泡沫放
    出口、泡沫瞄子或射水槍之放射壓力,並換算成水頭(計算單位:m)

$$H = h1 + h2 + h3 + h4$$

  (二) 連結泡沫設備採泡沫噴頭方式者,出水壓力準用第 77 條規定。
  (三) 應為專用。但與其他滅火設備並用,無妨礙各設備性能不在此限。
  (四) 連接緊急電源。
    前項緊急電源除準用第 38 條規定外,其供電容量應在所需放射時間之 1.5
    倍以上。

【解說】
　　加壓送水裝置擇一設置,但重力水箱設於相當高度以上,始有法規所要求水壓,在
實務上有其不切實際之處。壓力水箱空氣占水箱容積 1/3 以上,以壓縮氣體來製造水
壓。

加壓送水裝置之壓力水箱（圖左）及重力水箱（圖右）

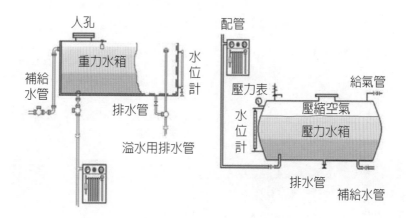

水源之有效水量範圍（圖左）及消防用水與普通用水合併使用之有效水量（圖右）

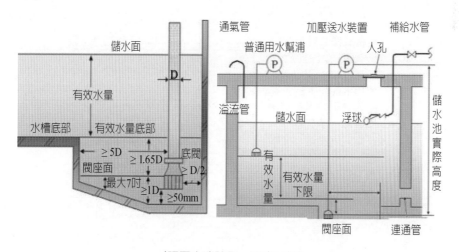

（福岡市消防局，平成26年）

消防幫浦孔蝕現象

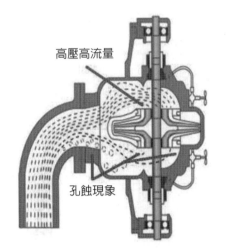

高壓高流量

孔蝕現象

幫浦孔蝕現象（Cavitation）
當彎管不當或吸水管過長，液體形成氣泡，氣泡流到高壓區突然破滅，瞬間產生局部高壓，壓力能衝擊內部金屬表面致孔蝕現象，並形成噪音震動。

複層式停車空間泡沫頭裝置規定

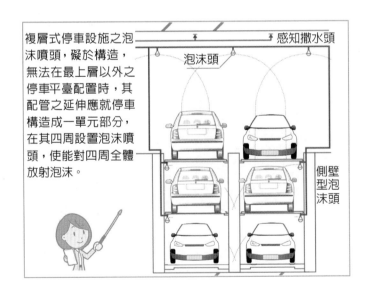

複層式停車設施之泡沫噴頭，礙於構造，無法在最上層以外之停車平臺配置時，其配管之延伸應就停車構造成一單元部分，在其四周設置泡沫噴頭，使能對四周全體放射泡沫。

感知撒水頭

泡沫頭

側壁型泡沫頭

公共危險物品消防安全設備一覽表

消防安全設備			主要規定	條文
第1種	室內消防栓		壓力 3.5～7 放水量 260 防護 25 電源 45	§209
	室外消防栓		壓力 3.5～7 放水量 450 防護 40 電源 45	§210
第2種	自動撒水設備		壓力 1 放水量 80 防護 1.7～2.6 電源 30	§211
第3種	水霧滅火設備		壓力 2.7～3.5 防護 150 電源 45	§212
	泡沫滅火設備	固定式放出口	分固定、外浮與內浮，放出口 I～V型	§213
		補助泡沫栓	壓力 3.5 放射量 400 防護 75 電源 30	§214
		泡沫射水槍	放射量 1900 防護 30 電源 30	§215
		冷卻撒水設備	撒水量 2L/min.m² 電源 240	§216
		泡沫噴頭	每 1 噴頭防護 9 m² 放射區域 100 m²	§217
		放射量原液等	泡水放射量 75L/min 泡沫 3.7～6.5L/min	§218
		移動式泡沫	壓力 3.5 室內防護 25 室外防護 40	§219
		水源容量	依上列計算各有不同	§220
		加壓送水裝置	重力、壓力水箱與幫浦，供電 ×1.5 倍	§221
	二氧化碳滅火設備		高壓 14 低壓 9 移動式防護 15 電源 60	§222
	乾粉滅火設備		壓力 1 全區藥劑 0.6～0.24kg/m³ 電源 60	§223
第4種	防護距離		≤30m	§224
第5種	防護距離		≤20m	§225
警報設備			每一分區≤ 600 m² 邊長≤ 50m 電源 10	§226
標示設備			出口燈 15～60 避難燈 10～20 電源 10～60	§227
可燃性高壓氣體	滅火器		≤15m 場所 2 具儲槽 3 加氣站 1～4 具	§228
	冷卻撒水設備		壓力 3.5 放水量 450 防護 5L/min.m²	§229
	冷卻撒水防護面積		2m²（加氣車位及幫浦）～30m²（卸收區）	§230
	射水設備		壓力 3.5～6 放水量 450 電源 30	§231
	射水位置數量		防護 40 儲槽 50 m² 1 具（隔熱 100m²）	§232
	射水配管電源等		分重力、壓力水箱與幫浦（400 L/min）	§233

3-16 冷卻撒水設備設置

第 229 條
可燃性高壓氣體場所、加氣站、天然氣儲槽及可燃性高壓氣體儲槽之冷卻撒水設備，依下列規定設置：
一、撒水管使用撒水噴頭或配管穿孔方式，對防護對象均勻撒水。
二、使用配管穿孔方式者，符合 CNS 12854 之規定，孔徑在 4mm 以上。
三、撒水量為防護面積 5 L/min.m² 以上。但以厚度 25mm 以上之岩棉或同等以上防火性能之隔熱材被覆，外側以厚度 0.35mm 以上符合 CNS 1244 規定之鋅鐵板或具有同等以上強度及防火性能之材料被覆者，得將其撒水量減半。
四、水源容量在加壓送水裝置連續撒水 30 分鐘之水量以上。
五、構造及手動啟動裝置準用第 216 條之規定。

【解說】

　　可燃性高壓氣體場所、加氣站、天然氣儲槽及可燃性高壓氣體儲槽之冷卻撒水設備，是扮演冷卻，並防護周邊鄰近槽體不會受熱致高壓爆炸；所以其設置非達到火災撲滅之目的。

　　為達有效冷卻目的，撒水量必須達一定程度，法規要求防護面積為 5 L/min.m² 以上，但設置不易傳導熱量之岩棉或同等以上防火性能之隔熱材被覆，得將其撒水量減半。水源容量為加壓送水裝置連續撒水三十分鐘之水量以上，以作為公設消防部門尚未到達前自我防衛之作用，待消防車到達後，繼續送水以其持續撒水冷卻。依內政部消防法令函釋指出：

1. 有關冷卻撒水設備之放水區域之分區、構造及手動啟動裝置、選擇閥部分：其中之構造（指撒水噴頭、管線及管配件等之配置）及手動啟動裝置依設置標準第二百二十九條第五款規定，準用二百一十六條之規定，至放水區域應否分區及選擇閥應否設置一節，應依所防護對象之位置、火災規模大小等危險特性予以規劃考量。

2. 冷卻撒水之撒水頭配置數量、間距、撒水頭種類及地下儲氣槽區設置撒水頭部分：
   (1) 設置標準無明定冷卻撒水設備之撒水頭配置數量、間距、撒水頭種類等之規定，其性能應符合該標準第二百二十九條第三、四款及第二百三十條之撒水量、放水時間及防護面積規定，且能均勻有效涵蓋防護對象。
   (2) 地下儲氣槽區檢討設置撒水頭部分，依設置標準第二百三十條第三款規定，僅針對儲氣槽人孔處以冷卻撒水設備予以防護，儲氣槽區之其餘部分並無明定，但應依該標準第二百二十八條第三款第一目規定設置滅火器四具以上。

冷卻撒水設備以 4 等分割方法配置可燃性氣體儲槽

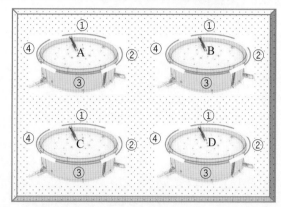

（橫濱市危險物規制事務審查基準，平成26年）

冷卻撒水設備之止水閥、選擇閥、排水閥及過濾器之位置關係

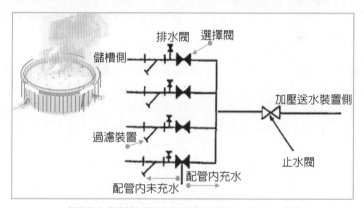

（橫濱市危險物規制事務審查基準，平成26年）

輻射熱與距離之關係

（引用自盧守謙，防火防爆，2017，五南出版）

3-17 防護面積計算

第 230 條

前條防護面積計算方式，依下列規定：

一、儲槽爲儲槽本體之外表面積（圓筒形者含端板部分）及附屬於儲槽之液面計及
閥類之露出表面積。

二、前款以外設備爲露出之表面積。但製造設備離地面高度超過 5 m 者，以 5 m 之
間隔作水平面切割所得之露出表面積作爲應予防護之範圍。

三、加氣站防護面積，依下列規定：

(一) 加氣機每臺 3.5 m²。

(二) 加氣車位每處 2m²。

(三) 儲氣槽人孔每座 3 處共 3m²。

(四) 壓縮機每臺 3m²。

(五) 幫浦每臺 2m²。

(六) 氣槽車卸收區每處 30m²。

【解說】

　　可燃性高壓氣體場所、加氣站、天然氣儲槽及可燃性高壓氣體儲槽之冷卻撒水設備
之撒水量爲防護面積 5 L/min.m² 以上。但以厚度 25mm 以上之岩棉或同等以上防火
性能之隔熱材被覆，外側以厚度 0.35mm 以上符合 CNS 1244 規定之鋅鐵板或具有同
等以上強度及防火性能之材料被覆者，得將其撒水量減半。在此防護面積計算方式在
儲槽爲儲槽本體之外表面積（圓筒形者含端板部分）及附屬於儲槽之液面計及閥類之
露出表面積，法規希望槽體受熱之外表面積及附屬於液面計及閥類露出表面積，皆能
撒水冷卻，避免火災傳導高熱使其裂開致氣體逸出，造成防護失效。

　　而製造設備離地面高度超過 5 m 者，以 5 m 之間隔作水平面切割所得之露出表面
積作爲應予防護之範圍，這是因爲受熱體由上面撒水流下某一長度，水已變成熱水無
具冷卻作用，因此再延伸管路撒冷水。依傳立葉定律（Fourier's Law），單位時間通
過一定截面積，正比於熱傳量；又根據牛頓冷卻定律（Newton law of cooling），溫度
高於周圍環境的物體向周圍介質傳遞熱量逐漸冷卻時所遵循的規律，即流體與固體表
面間的對流熱通量，與流體和固體表面間的溫度差成正比，且截面積越大接觸熱量將
越多，熱傳導越快。因此，露出表面積受到冷卻撒水接觸面越多，冷卻熱傳也愈快。

　　製造設備離地面高度超過 5 m 者，意謂高度越高，越易形成立體火災；因以垂直位
置燃燒，可透過對流、傳導和輻射同時進行多種之熱傳方式，故作相對熱量增加之切
割，以相對增加冷卻撒水防護面積。

冷卻撒水設備防護面積計算

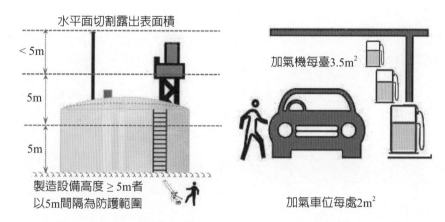

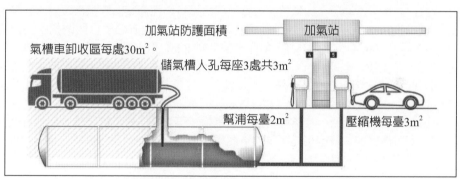

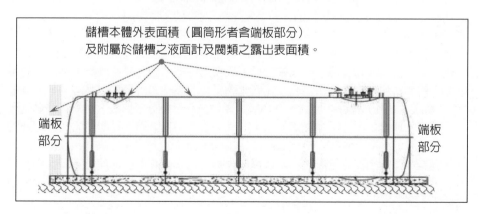

3-18 射水設備

【解說】

可燃性高壓氣體場所、加氣站、天然氣儲槽及可燃性高壓氣體儲槽之射水設備，使用室外消防栓應設置於屋外，且具備消防水帶箱，內置瞄子、開關把手及口徑 63mm、長度 20m 消防水帶二條，如此水帶長度 40m，但火場上水帶長度非直線，必有幅度，因此無法達到 40m，但有瞄子射程至少 6 m 遠。而各射水設備放水壓力在 3.5kg/cm² 以上，放水量在每分鐘 450 L 以上，且在二具射水設備同時放水三十分鐘之水量以上，以作為廠區自我防衛之目的。以下依火災學理作探討：

1. 可燃性高壓氣體場所、加氣站、天然氣儲槽及可燃性高壓氣體儲槽，皆為可燃氣體，與可燃固體、液體相比，可燃氣體組成最為簡單，大多為多種分子碳氫化合物之組合。氣體本身無形狀亦無體積，而液體無形狀但有一定體積，而固體則具有形狀和體積。氣體是由恆定運動（Constant Motion）的極微小粒子所組成的，這種運動影響氣體的性質和行為，如溫度越高分子運動則越迅速。

2. 氣體燃燒能直接與空氣中氧結合，不需像固體、液體類經分解、昇華、液化、蒸發過程；如氫、乙炔或瓦斯等可燃氣體與空氣接觸直接燃燒。以氣體燃燒而言，僅有擴散及預混合（混合）燃燒二種，混合燃燒即所謂化學性爆炸，擴散火焰是起火前燃料和空氣是不相混合，在氣化燃料與空氣相遇時發生，其透過分子擴散（Molecular Diffusion）方式，其燃燒速率由氣化燃料分子擴散，與氧氣接觸至燃燒區之物理作用所控制；火焰較穩定的僅發生於兩種氣體交界處。擴散火焰通常是黃色的，這是燃燒中煤灰（Soot）形成。擴散火焰之燃料分子與層流或紊流之氧氣混合，這分別產生了層流和紊流擴散火焰，而紊流有助於加速氧氣混合過程。於火災期間氣體受熱膨脹，使容器中壓力增加，容器受高溫喪失強度而破裂。因此，本條即以大量水來冷卻降溫，避免形成大規模二次災害（爆炸）。

可燃性高壓氣體儲槽之射水設備（室外消防栓）

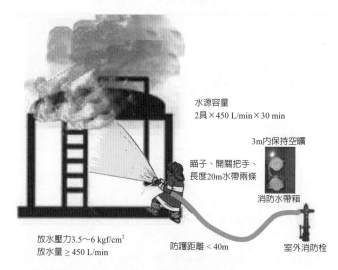

水源容量
2具×450 L/min×30 min

3m內保持空曠

瞄子、開關把手、
長度20m水帶兩條

消防水帶箱

放水壓力3.5〜6 kgf/cm²
放水量 ≧ 450 L/min

防護距離 ＜ 40m

室外消防栓

可燃性高壓氣體儲槽之射水設備（固定式射水槍）

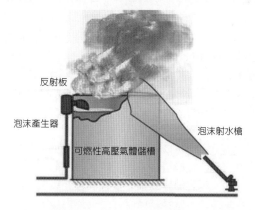

反射板

泡沫產生器

可燃性高壓氣體儲槽

泡沫射水槍

消防安全設備設計目的

火災控制 （Fire Control） 設計目標是將火勢冷卻並控制其成長，如室內停車空間設計撒水頭，殘火則由消防人員撲滅	火災撲滅 （Fire Suppression） 設計目標是將火勢抑制至撲滅為止，如室內停車空間設計泡沫頭，持續泡沫覆蓋至火勢撲滅	火災防護 （Fire Protection） 設計目標是防護目標客體，進行水沫噴灑，達到冷卻避免受火勢高溫輻射之危險情況發生

3-19 射水設備位置數量

第 232 條
射水設備設置之位置及數量應依下列規定：
一、設置個數在 2 支以上，且設於距防護對象外圍 40m 以內，能自任何方向對儲槽放射之位置。
二、依儲槽之表面積，每 50m² （含未滿）設置 1 具射水設備。但依第 229 條第 3 款但書規定設置隔熱措施者，每 100m² （含未滿）設置 1 具。

【解說】

　　射水設備係指固定式射水槍、移動式射水槍或室外消防栓，主要防護於可燃性高壓氣體製造場所、加氣站、天然氣儲槽及可燃性高壓氣體儲槽之火災熱量不致過高，使槽體高熱致高熱膨脹破裂，成 BLEVE 現象。

　　而 BLEVE 為沸騰液體膨脹蒸氣爆炸現象（Bolilng Liquid Expansion Vapor Explosion, BLEVE），因容器無法維持內部壓力，致內部液體外洩，在非常高溫及低壓下整個體積瞬時沸騰，形成快速膨脹擴張狀態，速度如此快能被歸類為一種爆炸現象。

　　為能有效冷卻設置個數在二支以上，能交叉防護設置，其防護表面積效果是最佳的，且設於距防護對象外圍 40m 以內，這是考量其有效射程距離，並能自任何方向對儲槽放射之位置。

　　而每具射水設備依儲槽之表面積，每 50m² （含未滿）設置一具。但依規定設置隔熱措施者，不易熱傳導至內部時，每 100m² （含未滿）設置一具即可；畢竟射水設備僅是達到槽體火災溫度或鄰近槽體溫度不致過高即可。

　　依火災學理而言，溫度差是熱傳之推動力，溫度差與熱傳導量成正比，火災燃燒速度越快，使溫度增加越高；又根據牛頓冷卻定律傳遞熱量與溫度差成正比，意即燃燒越猛烈，溫度成長越快，對流熱傳越大。當儲槽表面設置隔熱措施，結構遭遇高溫時，在表面有耐火隔熱保護者，避免結構直接受火焰灼燒，在一定程度上減緩結構升溫，尤其是鋼或其他金屬結構更是如此。

　　隔熱措施使用熱傳導係數（k）低之無機材質，固定在結構之厚度越厚，保護效果越佳，以隔絕火焰對底材加熱，達到防火之作用。而射水設備中，因無需人員操作，假使射水冷卻仍不使槽體有效冷卻，有潛在爆炸之可能，此時固定式射水槍即可派上用場，其缺點是不能改變位置；而移動式射水槍即可改善固定式之不能移位，其因應火勢方位而擺在最佳戰術位置；此外，室外消防栓必須有二人以上方可使用，第一是其後作用力問題，第二是前進後退充滿水之水帶拖動移位，質量很重之問題，且受槽體高輻射熱，而射程因水帶摩擦損失且水壓不能太高，所以使其射程相對較短。

射水設備設置之位置及數量

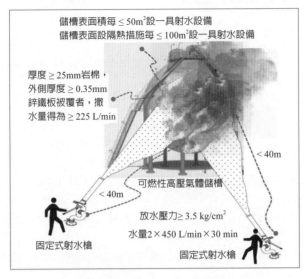

儲槽表面積每 ≤ 50m² 設一具射水設備
儲槽表面設隔熱措施每 ≤ 100m² 設一具射水設備

厚度 ≥ 25mm 岩棉，
外側厚度 ≥ 0.35mm
鋅鐵板被覆者，撒
水量得為 ≥ 225 L/min

可燃性高壓氣體儲槽

< 40m

< 40m

放水壓力 ≥ 3.5 kg/cm²
水量 2×450 L/min×30 min

固定式射水槍

固定式射水槍

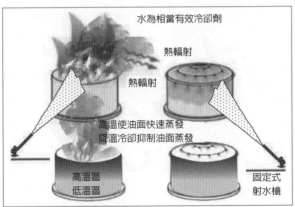

水為相當有效冷卻劑

熱輻射

熱輻射

高溫使油面快速蒸發
降溫冷卻抑制油面蒸發

高溫區
低溫區

固定式
射水槍

公共危險物品之氣體、液體及固體定義

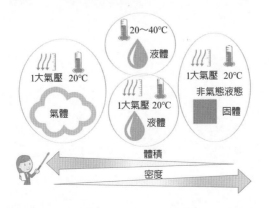

20～40℃
液體

1大氣壓 20℃
氣體

1大氣壓 20℃
液體

1大氣壓 20℃
非氣態液態
固體

體積

密度

3-20 射水設備配管等規定

> **第 233 條**
> 射水設備之配管、試壓、加壓送水裝置及緊急電源準用第 39 條及第 42 條之規定。

【解說】

射水設備應用於公共危險物品與可燃性高壓氣體場所，主要於槽體之間做爲冷卻輻射熱之火災控制之目的，並非爲達到撲滅之火災抑制目的，有效消防射水，防止災害擴大，因此有其配管之耐壓、遠程水壓到達及有效供應電源之相關問題。

第 39 條　室外消防栓設備之配管、試壓及緊急電源，準用第三十二條第一款第一目至第五目、第七目、第二款、第三十三條及第三十八條規定設置。

配管除符合前項規定外，水平主幹管外露部分，應於 ≤ 20m 以明顯方式標示水流方向及配管名稱。

第 42 條　依前條設置之水源，應連結加壓送水裝置，並依下列各款擇一設置：

加壓送水裝置	重力水箱		必要落差 = 消防水帶摩擦損失水頭 + 配管摩擦損失水頭 + 25（公尺） $H = h1 + h2 + 25m$
	壓力水箱		必要壓力 = 消防水帶摩擦損失水頭 + 配管摩擦損失水頭 + 落差 + 2.5（公斤／平方公分） $P = P1 + P2 + P3 + 2.5kgf/cm^2$
	消防幫浦	出水量	一支消防栓 $400\ell/min \times 1$ ≥ 兩支消防栓 $400\ell/min \times 2$
		全揚程	幫浦全揚程 = 消防水帶摩擦損失水頭 + 配管摩擦損失水頭 + 落差 + 25（公尺） $H = h1 + h2 + h3 + 25m$
		專用	
		連接緊急電源	

射水設備配管等規定

構件	項目	第一種	第二種
		射水設備準用第 32 條、第 33 條及第 38 條規定	
配管	材質	1. CNS6445 配管用碳鋼鋼管、4626 壓力配管用碳鋼鋼管、6331 配管用不銹鋼鋼管或具同等以上強度、耐腐蝕性及耐熱性者。 2. 經中央主管機關認可具氣密性、強度、耐腐蝕性、耐候性及耐熱性等性能之合成樹脂管。	
	管徑	≧ 63mm	≧ 50mm
	位置	裝置於不受外來損傷及火災不易殃及之位置。	
	連接	連接屋頂水箱、重力水箱或壓力水箱,配管平時充滿水。	
	防震	採取有效之防震措施。	
	耐壓	加壓試驗壓力不得小於加壓送水裝置全閉揚程 1.5 倍以上,維持 2 小時無漏水現象。	
配件	閥類	1. 止水閥以明顯之方式標示開關之狀態。 2. 逆止閥標示水流之方向,並符合 CNS 規定。 通水時　　　　　　　未通水時	
緊急電源	配線	啟動表示燈 控制盤或受信總機　啟動裝置與消防栓箱 緊急電源 ≧30min　電動機與幫浦 註 ━━━ 耐燃線　━━ 耐熱線　─── 一般配線	

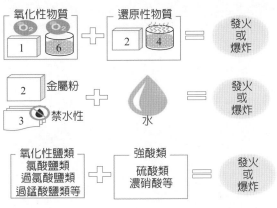

3-21 配線耐燃耐熱

> **第 236 條**
> 消防安全設備緊急供電系統之配線，依下表之區分，施予耐燃保護或耐熱保護。

【解說】

本條消防用配線，係分三個等級：

1. 耐燃保護配線係 CNS 11359 規定於 750℃時耐三小時或 CNS 11174 規定於 840℃時耐 30 分鐘，與緊急電源需保持開啟狀態之供應連接線、非與緊急電源直接連接但為重要組件者。

2. 耐熱保護配線係 CNS 11175 於 310℃時十五分鐘，經由控制盤或受信總機之控制回路、非控制回路但較重要傳送信號或不燃天花板底板者。

3. 一般配線，單純傳送末端信號或火災造成短路也會發出同樣信號者或內置蓄電池者。

在消防工程中一般電線使用上已有愈少傾向，而要求耐熱電線及耐燃電線，來提高火災防護效果。以下依內政部消防法令函釋及公告，火警自動警報設備及瓦斯漏氣火警自動警報設備受信總機至中繼器間之配線，如為緊急電源回路，應施耐燃保護；如為控制回路，得採耐熱保護。其實務執行，應就中繼器緊急供電系統之輸入端型態區分，分別依下列方式辦理：

1. 中繼器由受信總機、檢知器或其他中繼器供應電力者，該輸入端配線認定屬控制回路，得採耐熱保護。

2. 中繼器非由受信總機、檢知器或其他中繼器供應電力者，其電力回路輸入端配線認定屬緊急電源回路，應採耐燃保護。

3. 中繼器內置蓄電池者，該輸入端配線得採一般配線。

有關室內消防栓之緊急供電系統配線施予耐燃保護或耐熱保護，惟配線進入消防栓箱箱體內至結線部分，考量室內消防栓箱箱身為厚度在一點六毫米以上之鋼板或具同等性能以上之不燃材料者，且進入箱體至結線之距離短，尚具保護作用，得免施金屬導線管。另按火警自動警報設備之配線，採用電線配線者，需為耐熱六百伏特塑膠絕緣電線；採用電纜者，需為通信電纜。而耐燃電線係屬內政部消防技術審議委員會決議應經審核認可之消防安全設備品目，需經審核認可始能設置使用。

消防安全設備緊急供電系統配線

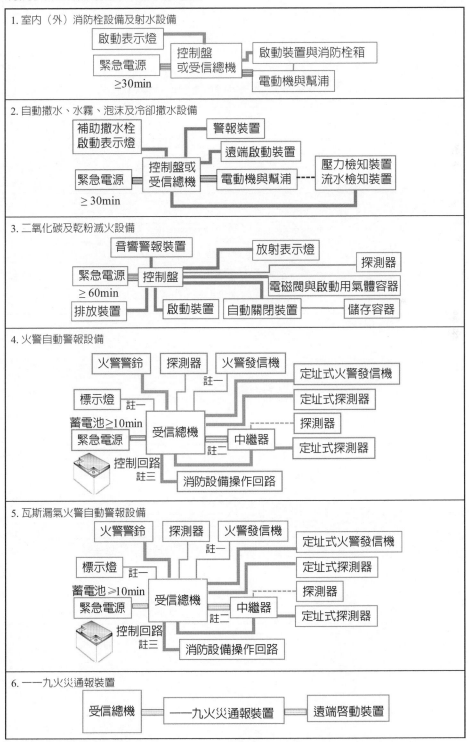

1. 室內（外）消防栓設備及射水設備

2. 自動撒水、水霧、泡沫及冷卻撒水設備

3. 二氧化碳及乾粉滅火設備

4. 火警自動警報設備

5. 瓦斯漏氣火警自動警報設備

6. 一一九火災通報裝置

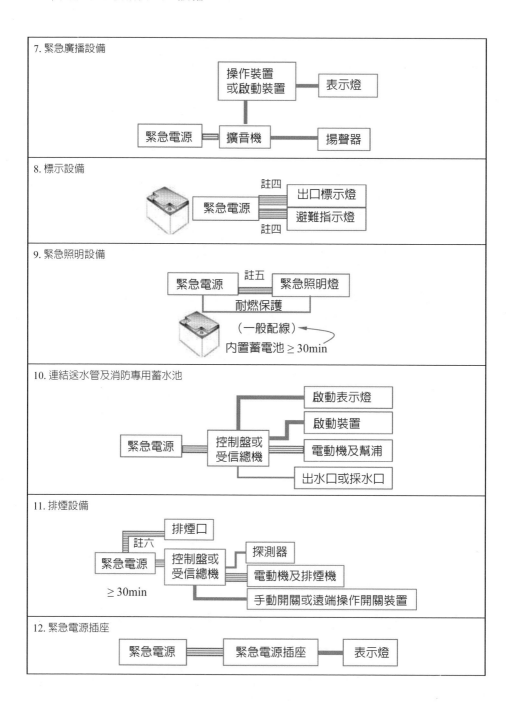

7. 緊急廣播設備

操作裝置
或啟動裝置 ── 表示燈

緊急電源 ═ 擴音機 ── 揚聲器

8. 標示設備

緊急電源 ─ 註四 ─ 出口標示燈
註四 ─ 避難指示燈

9. 緊急照明設備

緊急電源 ─ 註五 ─ 緊急照明燈
耐燃保護
（一般配線）←
內置蓄電池 ≧ 30min

10. 連結送水管及消防專用蓄水池

緊急電源 ═ 控制盤或
受信總機 ── 啟動表示燈
── 啟動裝置
── 電動機及幫浦
── 出水口或採水口

11. 排煙設備

排煙口
註六
緊急電源 ═ 控制盤或
受信總機 ── 探測器
── 電動機及排煙機
≧ 30min ── 手動開關或遠端操作開關裝置

12. 緊急電源插座

緊急電源 ═ 緊急電源插座 ── 表示燈

13. 無線電通信輔助設備

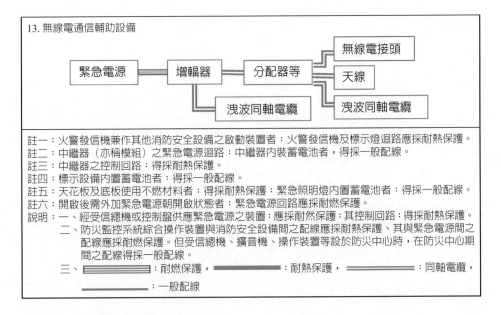

註一：火警發信機兼作其他消防安全設備之啟動裝置者：火警發信機及標示燈迴路應採耐熱保護。
註二：中繼器（亦稱模組）之緊急電源迴路：中繼器內裝蓄電池者，得採一般配線。
註三：中繼器之控制回路：得採耐熱保護。
註四：標示設備內置蓄電池者：得採一般配線。
註五：天花板及底板使用不燃材料者：得採耐熱保護；緊急照明燈內置蓄電池者：得採一般配線。
註六：開啟後需外加緊急電源朝開啟狀態者：緊急電源回路應採耐燃保護。
說明：一、經受信總機或控制盤供應緊急電源之裝置：應採耐燃保護：其控制回路：得採耐熱保護。
　　　二、防災監控系統綜合操作裝置與消防安全設備間之配線應採耐熱保護、其與緊急電源間之配線應採耐燃保護。但受信總機、擴音機、操作裝置等設於防災中心時，在防災中心期間之配線得採一般配線。
　　　三、▭▭▭：耐燃保護，▬▬▬：耐熱保護，══：同軸電纜，
　　　　　　　　──：一般配線

日本消防設備認可緊急電源

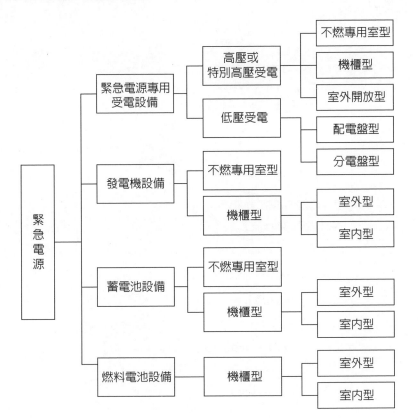

撒水頭流量公式

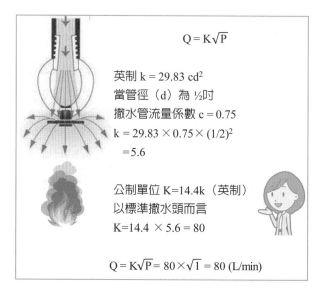

$$Q = K\sqrt{P}$$

英制 k = 29.83 cd²
當管徑（d）為 ½吋
撒水管流量係數 c = 0.75
k = 29.83 × 0.75 × (1/2)²
　 = 5.6

公制單位 K=14.4k（英制）
以標準撒水頭而言
K=14.4 × 5.6 = 80

$Q = K\sqrt{P} = 80 \times \sqrt{1} = 80$ (L/min)

瞄子反動力公式

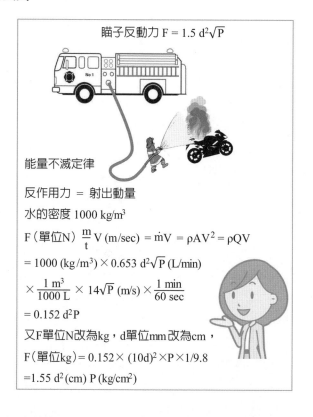

瞄子反動力 $F = 1.5\ d^2\sqrt{P}$

能量不滅定律

反作用力 ＝ 射出動量

水的密度 1000 kg/m³

F（單位N）$\dfrac{m}{t} V$ (m/sec) $= \dot{m}V = \rho A V^2 = \rho QV$

$= 1000$ (kg/m³) $\times 0.653\ d^2\sqrt{P}$ (L/min)

$\times \dfrac{1\ m^3}{1000\ L} \times 14\sqrt{P}$ (m/s) $\times \dfrac{1\ min}{60\ sec}$

$= 0.152\ d^2 P$

又F單位N改為kg，d單位mm改為cm，

F（單位kg）$= 0.152 \times (10d)^2 \times P \times 1/9.8$

$=1.55\ d^2$ (cm) P (kg/cm²)

第4章
檢修申報作業基準

4-1 室內消防栓設備外觀檢查

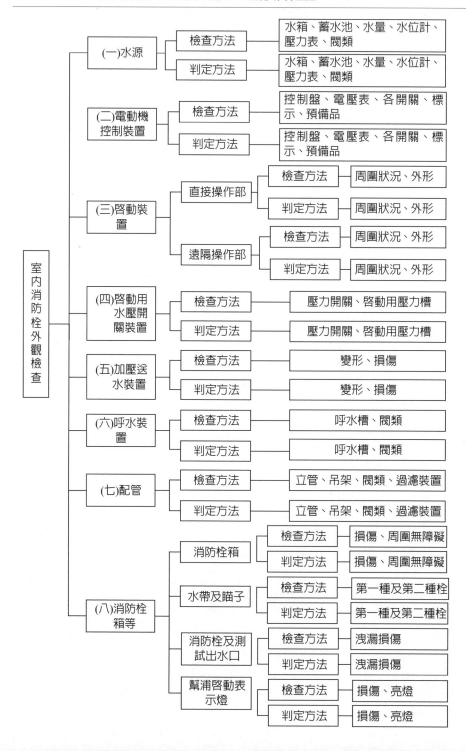

室內消防栓外觀檢查

(一)水源
- 檢查方法 — 水箱、蓄水池、水量、水位計、壓力表、閥類
- 判定方法 — 水箱、蓄水池、水量、水位計、壓力表、閥類

(二)電動機控制裝置
- 檢查方法 — 控制盤、電壓表、各開關、標示、預備品
- 判定方法 — 控制盤、電壓表、各開關、標示、預備品

(三)啓動裝置
- 直接操作部
  - 檢查方法 — 周圍狀況、外形
  - 判定方法 — 周圍狀況、外形
- 遠隔操作部
  - 檢查方法 — 周圍狀況、外形
  - 判定方法 — 周圍狀況、外形

(四)啓動用水壓開關裝置
- 檢查方法 — 壓力開關、啓動用壓力槽
- 判定方法 — 壓力開關、啓動用壓力槽

(五)加壓送水裝置
- 檢查方法 — 變形、損傷
- 判定方法 — 變形、損傷

(六)呼水裝置
- 檢查方法 — 呼水槽、閥類
- 判定方法 — 呼水槽、閥類

(七)配管
- 檢查方法 — 立管、吊架、閥類、過濾裝置
- 判定方法 — 立管、吊架、閥類、過濾裝置

(八)消防栓箱等
- 消防栓箱
  - 檢查方法 — 損傷、周圍無障礙
  - 判定方法 — 損傷、周圍無障礙
- 水帶及瞄子
  - 檢查方法 — 第一種及第二種栓
  - 判定方法 — 第一種及第二種栓
- 消防栓及測試出水口
  - 檢查方法 — 洩漏損傷
  - 判定方法 — 洩漏損傷
- 幫浦啓動表示燈
  - 檢查方法 — 損傷、亮燈
  - 判定方法 — 損傷、亮燈

啓動用水壓開關裝置外觀檢查

壓力開關例

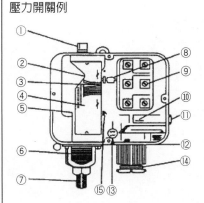

①設定壓力調整用螺栓　　⑨微動開關
②設定壓力調整用彈簧　　⑩壓力差調整彈簧
③指針　　　　　　　　　⑪壓力差調整螺栓
④刻度板　　　　　　　　⑫連結桿（操作開關）
⑤動作用主桿　　　　　　⑬本體推桿
⑥動作接點箱　　　　　　⑭配線接線部
⑦配管用螺絲　　　　　　⑮動作用推桿
⑧調整螺絲

1. 檢查方法
   (1) 壓力開關
       以目視確認如上圖例所示壓力開關，有無變形、損傷等。
   (2) 啓動用壓力槽
       以目視確認如下圖例所示啓動用壓力槽有無變形、漏水、腐蝕等，及壓力表之指
       示值是否適當正常。

啓動用壓力槽例

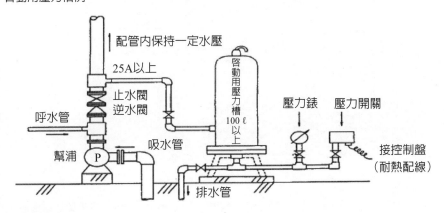

2. 判定方法
   (1) 壓力開關
       應無變形、損傷等。
   (2) 啓動用壓力槽
       應無變形、腐蝕、漏水、漏氣及顯著腐蝕等，且壓力表之指示值應正常。

加壓送水裝置外觀檢查

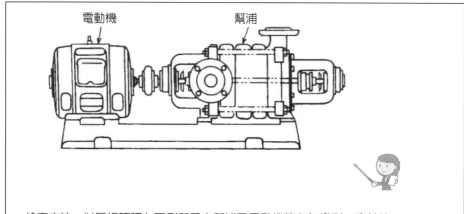

1. 檢查方法：以目視確認上圖例所示之幫浦及電動機等有無變形、腐蝕等。
2. 判定方法：應無變形、損傷、顯著腐蝕及銘板剝落等。

呼水裝置外觀檢查

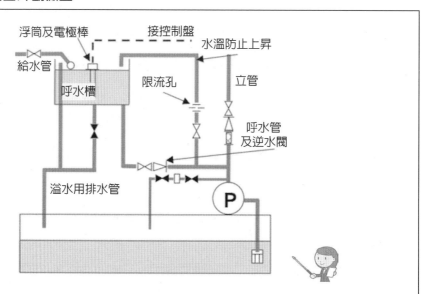

1. 檢查方法
   (1) 呼水槽：以目視確認如上圖呼水槽，有無變形、漏水、腐蝕，及水量是否在規定量以上。
   (2) 閥類：以目視確認給水管之閥類有無洩漏、變形等，及其開關位置是否正常。
2. 判定方法
   (1) 呼水槽：應無變形、損傷、漏水、顯著腐蝕等，及水量應在規定量以上。
   (2) 閥類
      A.應無洩漏、變形、損傷等。
      B.「常時開」或「常時關」之標示及開關位置應正常。

室內消防栓設備 —— 配管外觀檢查

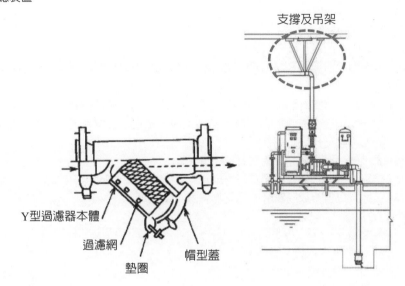

過濾裝置

支撐及吊架

Y型過濾器本體

過濾網

墊圈

帽型蓋

1. 檢查方法
   (1) 立管及接頭
      以目視確認有無洩漏、變形等及被利用做為其他東西之支撐、吊架等。
   (2) 立管固定用之支撐及吊架
      以目視及手觸摸確認有無脫落、彎曲、鬆動等。
   (3) 閥類
      以目視確認有無洩漏、變形等，及開、關位置是否正常。
   (4) 過濾裝置
      以目視確認如圖所示之過濾裝置有無洩漏、變形等。
2. 判定方法
   (1) 立管及接頭
      A. 應無洩漏、變形、損傷等。
      B. 應無被利用做為其他東西之支撐及吊架等。
   (2) 立管固定用之支撐及吊架
      應無脫落、彎曲、鬆動等。
   (3) 閥類
      A. 應無洩漏、變形、損傷等。
      B.「常時開」或「常時關」之表示及開、關位置應正常。
   (4) 過濾裝置
      應無洩漏、變形、損傷等。

4-2 室內消防栓設備性能檢查（一）

(一) 水源（見右圖示解說）

(二) 電動機之控制裝置

　1. 檢查方法

　　(1) 各開關：以螺絲起子及開、關操作，確認端子有無鬆動及開關性能是否正常。

　　(2) 保險絲：確認有無損傷、熔斷及是否爲所規定之種類及容量。

　　(3) 繼電器：確認有無脫落、端子鬆動、接點燒損、灰塵附著，並操作各開關使繼電器動作，確認性能。

　　(4) 表示燈：操作各開關確認有無亮燈。

　　(5) 結線接續：以目視及螺絲起子確認有無斷線、端子鬆動等。

　　(6) 接地：以目視或回路計確認有無腐蝕、斷線等。

　2. 判定方法

　　(1) 各開關

　　　A. 端子應無鬆動、發熱。

　　　B. 開、關性能應正常。

　　(2) 保險絲

　　　A. 應無損傷、熔斷。

　　　B. 應依回路圖所規定種類及容量設置。

　　(3) 繼電器

　　　A. 應無脫落、端子鬆動、接點燒損、灰塵附著等。

　　　B. 動作應正常。

　　(4) 表示燈：應無顯著劣化，且應能正常亮燈。

　　(5) 結線接續：應無斷線、端子鬆動、脫落、損傷等。

　　(6) 接地：應無顯著腐蝕、斷線等。

(三) 啓動裝置

　1. 檢查方法

　　(1) 啓動操作部：操作直接操作部及遠隔操作部之開關，確認加壓送水裝置是否能啓動。

　　(2) 啓動用水壓開關裝置

　　　A. 以目視及螺絲起子，確認壓力開關之端子有無鬆動。

　　　B. 確認設定壓力值是否恰當，且由操作排水閥使加壓送水裝置啓動，確認動作壓力值是否適當。

　2. 判定方法

　　(1) 啓動操作部：加壓送水裝置應能確實啓動。

　　(2) 啓動用水壓開關裝置

　　　A. 壓力開關之端子應無鬆動。

　　　B. 設定壓力值應適當，且加壓送水裝置應依設定壓力正常啓動。

室內消防栓設備 —— 配管水源性能檢查

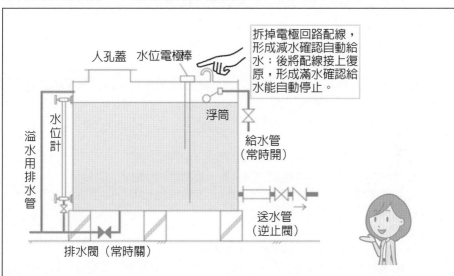

1. 檢查方法
   (1) 水質：打開人孔蓋以目視及水桶採水，確認有無腐敗、浮游物、沉澱物等。
   (2) 給水裝置
   　　A. 確認有無變形、腐蝕等，及操作排水閥確認給水功能是否正常。
   　　B. 如不使用操作排水閥檢查給水功能時，可使用下列方法：
   　　　(A) 使用水位電極控制給水者，拆掉其電極回路之配線，形成減水狀態，確認
   　　　　　其是否能自動給水；其後再將拆掉之電極回路配線接上復原，形成滿水狀
   　　　　　態，確認其給水能否自動停止。
   　　　(B) 使用浮球水栓控制給水者，以手動操作將浮球沒入水中，形成減水狀態，
   　　　　　使其自動給水；其後使浮球復原，形成滿水狀態，使給水自動停止。
   (3) 水位計及壓力表
   　　A. 水位計之量測係打開人孔蓋，用檢尺測量水位，並確認水位計之指示值。
   　　B. 壓力表之量測係關閉壓力表開關及閥類，並放出壓力表之水，使指針歸零後，
   　　　再打開壓力表開關及閥類，並確認指針之指示值。
   (4) 閥類：以手操作確認開、關動作是否容易進行。
2. 判定方法
   (1) 水質：應無顯著腐蝕、浮游物、沉澱物等。
   (2) 給水裝置
   　　A. 應無變形、損傷、顯著腐蝕。
   　　B. 於減水狀態能自動給水，於滿水狀態能自動停止供水。
   (3) 水位計及壓力表
   　　A. 水位計之指示值應正常。
   　　B. 在壓力表歸零的位置、指針的動作狀況及指示值應正常。
   (4) 閥類：開、關操作應能容易進行。

4-3 室內消防栓設備性能檢查（二）

(四) 加壓送水裝置

1. 幫浦方式（見圖示解說）

2. 重力水箱方式

(1) 檢查方法：以壓力表測試重力水箱最近及最遠的消防栓開關閥之靜水壓力，確認是否為所定之壓力。

(2) 判定方法：應為設計上之壓力值。

3. 壓力水箱方式

(1) 檢查方法：打開排氣閥，確認是否能自動啟動加壓。

(2) 判定方法：壓力降低應自動啟動，壓力達到時應能自動停止。

(3) 注意事項：在打開排氣閥時，為防止高壓所造成的危害，閥類應慢慢開啟。

4. 減壓措施

(1) 檢查方法

A. 以目視確認減壓閥等有無洩漏、變形。

B. 打開距加壓送水裝置最近及最遠的消防栓開關閥，確認壓力是否在規定之範圍。

(2) 判定方法

A. 應無洩漏、變形、損傷等。

B. 放水壓力第一種消防栓應在 1.7kgf/cm² 以上 7kgf/cm² 以下，第二種消防栓應在 1.7kgf/cm² 以上 7kgf/cm² 以下。但公共危險物品等場所達顯著滅火困難者設置之第一種滅火設備之消防栓，其放水壓力應在 3.5kgf/cm² 以上 7kgf/cm² 以下。

(五) 呼水裝置

1. 檢查方法

(1) 閥類：用手操作確認開、關動作是否容易進行。

(2) 自動給水裝置

A. 確認有無變形、腐蝕等。

B. 打開排水閥，確認自動給水性能是否正常。

(3) 減水警報裝置

A. 確認有無變形、腐蝕等

B. 關閉補給水閥，再打開排水閥，確認減水警報功能是否正常。

(4) 底閥

A. 拉上吸水管或檢查用鍊條，確認有無異物附著或阻塞。

B. 打開幫浦本體上呼水漏斗之制水閥，確認有無從漏斗連續溢水出來。

C. 打開幫浦本體上呼水漏斗之制水閥，然後關閉呼水管之制水閥，確認底閥之逆止效果是否正常。

2. 判定方法

(1) 閥類：開、關動作應能容易進行。

室內消防栓設備 —— 消防幫浦性能檢查

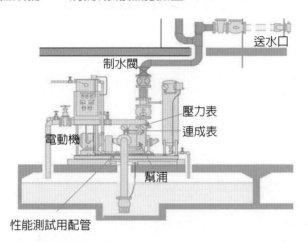

送水口
制水閥
壓力表
連成表
電動機
幫浦
性能測試用配管

電動機

檢查方法	判定方法
1. 回轉軸：手轉動，確認是否能圓滑地回轉。 2. 軸承部：確認潤滑油有無污損、變質及是否達必要量。 3. 軸接頭：以板手確認有無鬆動及性能是否正常。 4. 本體：操作啓動裝置使其啓動，確認性能是否正常。	1. 回轉軸：應能圓滑地回轉。 2. 軸承部：潤滑油應無污損、變質，且達必要量。 3. 軸接頭：應無脫落、鬆動，且接合狀態牢固。 4. 本體：應無顯著發熱、異常振動、不規則或不連續之雜音，且回轉方向正確。
注意事項：除需操作啓動檢查性能外，其餘均需先切斷電源。	

幫浦

檢查方法	判定方法
1. 回轉軸：用手轉動確認是否能圓滑地轉動。 2. 軸承部：確認潤滑油有無污損、變質及是否達必要量。 3. 底部：確認有無顯著的漏水。 4. 連成表及壓力表：關掉表計之控制水閥將水排出，確認指針是否指在 0 之位置，再打開表計之控制水閥，操作啓動裝置確認指針是否正常動作。 5. 性能：先將幫浦吐出側之制水閥關閉之後，使幫浦啓動，然後緩緩的打開性能測試用配管之制水閥，由流量計及壓力表確認額定負荷運轉及全開點時之性能。	1. 回轉軸：應能圓滑地轉動。 2. 軸承部：潤滑油應無污損、變質、混入異物等，且達必要量。 3. 底座：應無顯著漏水。 4. 連成表及壓力表：位置及指針之動作應正常。 5. 性能：應無異常振動、不規則或不連續的雜音，且於額定負荷運轉及全開點時之吐出壓力及吐出水量均達規定值以上。
注意事項：除需操作啓動檢查性能外，其餘均需先切斷電源。	

4-4 室內消防栓設備性能檢查（三）

      (2) 自動給水裝置

         A. 應無變形、損傷、顯著腐蝕等。

         B. 當呼水槽之水量減少時，應能自動給水。

      (3) 減水警報裝置

         A. 應無變形、損傷、顯著腐蝕等。

         B. 當水量減少至一半前應發出警報。

      (4) 底閥

         A. 應無異物附著、阻塞等吸水障礙。

         B. 呼水漏斗應能連續溢水出來。

         C. 呼水漏斗的水應無減少。

(六) 配管（見右圖示解說）

(七) 消防栓箱等

  1. 水帶及瞄子

    (1) 檢查方法

      A. 第一種消防栓檢查方法

        (A) 以目視確認有無腐蝕、損傷及用手操作確認是否容易拆接。

        (B) 製造年份超過 10 年或無法辨識製造年份之水帶，應將消防水帶兩端之快速接頭連接於耐水壓試驗機，並利用相關器具夾住消防水帶兩末端處，經確認快速接頭已確實連接及水帶內（快速接頭至被器具夾住處之部分水帶）無殘留之空氣後，施以 $7\mathrm{kgf/cm^2}$ 以上水壓試驗 5 分鐘合格，始得繼續使用。但已經水壓試驗合格未達 3 年者，不在此限。

      B. 第二種消防栓檢查方法

        以目視確認有無腐蝕、損傷及瞄子開閉裝置操作是否容易。

    (2) 判定方法

      A. 應無損傷及腐蝕。

      B. 第一種消防栓應能容易拆接，水帶應無破裂、漏水或與消防水帶用接頭脫落之情形。

      C. 第二種消防栓開關裝置應能容易操作。

  2. 消防栓及測試出水口

    (1) 檢查方法：用手操作確認是否容易開、關。

    (2) 判定方法：開、關操作應能容易進行。

(八) 耐震措施

  1. 檢查方法

    (1) 牆壁或地板上貫通部分有無變形、損傷等，並確認防震軟管接頭有無變形、損傷、顯著腐蝕等。

    (2) 以目視及板手確認加壓送水裝置等之裝配固定是否有異常。

  2. 判定方法（同室外消防栓設備）

室內消防栓設備——配管性能檢查

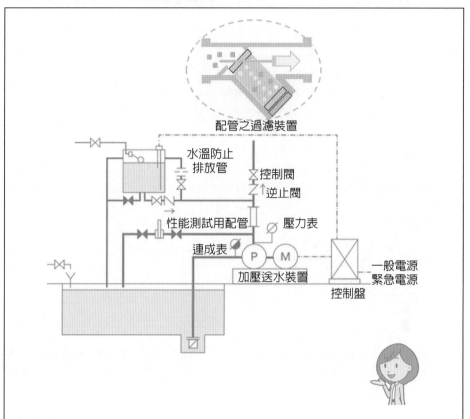

配管之過濾裝置

1. 檢查方法
   (1) 閥類：用手操作確認開、關動作是否容易進行。
   (2) 過濾裝置：分解打開確認過濾網有無變形、異物堆積。
   (3) 排放管（防止水溫上升裝置）：使加壓送水裝置啟動呈關閉運轉狀態，確認排放管排水是否正常。
2. 判定方法
   (1) 閥類：開、關操作應能容易進行。
   (2) 過濾裝置：過濾網應無變形、損傷、異物堆積等。
   (3) 排放管：排放水量應在下列公式求出量以上。

$$q = \frac{Ls \times C}{60 \times \Delta t}$$

   q：排放水量（l/min）
   Ls：幫浦關閉運轉時之出力（kw）
   C：860 Kcal（1kw-hr時水之發熱量）
   Δt：30℃（幫浦內部之水溫上升限度）
   (4) 注意事項：排放管之排放水量與設置時之排水量比較應無太大之差異。

4-5 室內消防栓設備綜合檢查

(一) 檢查方法

切換成緊急電源供電之狀態，操作直接操作部或遠隔操作啓動裝置，確認各項性能。而有關放水壓力及放水量之檢查方法如下：

1. 於裝置消防栓最多之最高樓層做放水試驗，以該樓層全部消防栓放水為準，但消防栓超過二支時，以二支同時放水。另公共危險物品等場所達顯著滅火困難者設置消防栓之數量超過五支時，以五支同時放水。

2. 測量瞄子直線放水之壓力時，如右上圖所示將壓力表之進水口，放置於瞄子前端瞄子口徑的二分之一距離處，或採右下圖所示方式讀取壓力表的指示值。

3. 放水量依計算式計算（見右圖示解說）。

(二) 判定方法

1. 啓動性能

   (1) 加壓送水裝置應確實啓動。

   (2) 表示、警報等動作應正常。

   (3) 電動機之運轉電流值應在容許範圍內。

   (4) 運轉中應無不規則、不連續之雜音或異常之振動、發熱等。

2. 放水壓力

   第一種消防栓放水壓力應在 1.7kgf/cm² 以上 7kgf/cm² 以下，第二種消防栓放水壓力應在 1.7kgf/cm² 以上 7kgf/cm² 以下。但公共危險物品等場所達顯著滅火困難者設置之第一種滅火設備之消防栓，其放水壓力應在 3.5kgf/cm² 以上 7kgf/cm² 以下。

3. 放水量

   第一種消防栓放水量應在 130 l/min 以上，第二種消防栓放水量應在 80 l/min 以上。但公共危險物品等場所達顯著滅火困難者設置之第一種滅火設備之消防栓，其放水量應在 260 l/min 以上。

(三) 注意事項

於檢查類似醫院之場所，因切換成緊急電源可能會產生困擾時，得使用常用電源檢查。

項目	室內消防栓		室外消防栓
	第一種	第二種	
防護半徑（m）	25	25	40
放水壓力（kg/cm²）	1.7～7	1.7～7	2.5～6
放水量 (L/min)	130	80	350
放水時間（min）	20	20	30
放水（瞄子）口徑（mm）	13	10	19
開關高度（m）	0.3～1.5	0.3～1.5	0.3～1.5 或地下式
水源容量（m³）	130×20×2=5.2	80×20×2=3.2	350×30×2=21.0

室內消防栓設備綜合檢查

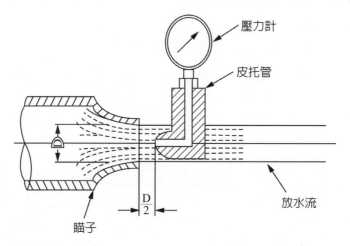

$$Q = 0.653D^2\sqrt{P}$$

Q：瞄子放水量（L/min）
D：瞄子口徑（mm）
P：瞄子壓力（kgf/cm²）

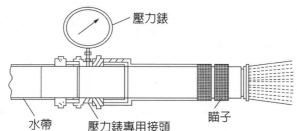

檢查方法	判定方法
切換成緊急供電，啟動各項性能。 1. 於裝置消防栓最多最高樓層做放水試驗，消防栓超過二支以二支同時放水。公共危險物品顯著滅火困難超過五支以五支同時放水。 2. 測量放水壓力時，如圖上所示將壓力表進水口置於瞄子口徑二分之一處，或採圖下所示讀取壓力表。 3. 放水量（Q）依圖上計算式計算。	1. 啟動性能 　(1) 加壓送水裝置啟動。 　(2) 表示、警報正常。 　(3) 電動機電流值在容許範圍。 　(4) 運轉無不規則、不連續之雜音或振動發熱等。 2. 放水壓力：第一種壓力在 1.7～7kgf/cm²，第二種壓力在1.7～7kgf/cm²。但顯著滅火困難第一種在3.5～7kgf/cm²。 3. 放水量：第一種放水量≥ 130l/min，第二種≥ 80l/min。但顯著滅火困難第一種≥ 260l/min。
注意事項：醫院等得使用常用電源檢查。	

4-6 室内消防栓檢查表

室内消防栓檢查表							
檢修設備名稱	幫浦	製造廠： 型號：			電動機	製造廠： 型號：	
檢修項目			檢修結果				處置措施
			種別、容量等内容	判定	不良狀況		
外觀檢查							
水源	蓄水池		類別				
	水量		m³				
	水位計、壓力計						
	閥類						
電動機	控制盤	周圍狀況					
		外形					
	電壓表						
	各開關						
	標示						
	預備品等						
啓動裝置	直接操作部	周圍狀況					
		外形					
	遠隔操作部	周圍狀況					
		外形					
啓動用水壓開關裝置	壓力開關		kgf/cm²				
	壓力槽		L kgf/cm²				
加壓送水裝置							
呼水裝置	呼水槽						
	閥類						
配管							
消防栓箱等	消防栓箱	周圍狀況					
		外形					
	水帶瞄子	第一種消防栓					
		第二種消防栓					

室內消防栓檢查表					
	消防栓開關閥				
	啓動表示燈	□專用　　　□兼用			
	屋頂測試出水口				
性能檢查					
水源	水質				
	給水裝置				
	閥類				
	水位計、壓力表				
電動機控制裝置	各開關				
	保險絲	A			
	繼電器				
	表示燈				
	結線接續				
	接地				
啓動裝置	啓動操作部				
	水壓開關裝置	設定壓力　　kgf/cm^2 動作壓力　　kgf/cm^2			
加壓送水裝置	幫浦方式	電動機	回轉軸			
			軸承部			
			軸接頭			
			本體			
		幫浦	回轉軸			
			軸承部			
			底部			
			連成表、壓力表			
			性能	kgf/cm^2　l/min		
	重力水箱方式		kgf/cm^2		
	壓力水箱方式		kgf/cm^2		
	減壓措施				

室內消防栓檢查表					
呼水裝置	閥類				
	自動給水裝置				
	減水警報裝置				
	底閥				
配管	閥類				
	過濾裝置				
	排放管				
消防栓箱等	水帶瞄子	第一種消防栓				
		水帶水壓試驗（限第一種）				
		第二種消防栓				
	消防栓開關閥				
	屋頂測試出水口				
	耐震措施				
綜合檢查					
幫浦方式	啟動性能	加壓送水裝置				
		表示、警報等				
		運轉電流	A			
		運轉狀況				
	放水壓力		kgf/cm^2			
	放水量		l/min			
重力水箱方式	放水壓力		kgf/cm^2	/		
	放水量		l/min	/		
備註					

室內消防栓檢查表									
檢查器材	機器名稱	型式	校正年月日	製造廠商	機器名稱	型式	校正年月日	製造廠商	
檢查日期		自民國　　年　　月			日至民國　　年			月	日
檢修人員	姓名		消防設備師（士）	證書字號			簽章		（簽章）
	姓名		消防設備師（士）	證書字號			簽章		

1. 應於「種別‧容量等情形」欄內填入適當之項目。
2. 檢查合格者於判定欄內打「○」；有不良情形時於判定欄內打「×」，並將不良狀況填載於「不良狀況」欄。
3. 對不良狀況所採取之處置情形應填載於「處置措施」欄。
4. 欄內有選擇項目時應以「○」圈選之。

消防栓水力學公式

流量$Q = 0.653 \; d^2\sqrt{P}$

$Q(m^3/sec) = V(m/sec) \times A(m^2)$

$V = \sqrt{2gh} = \sqrt{2 \times 9.8 \times 10P} = 14\sqrt{P}$

$Q(L/min) = V(m/sec) \times \dfrac{\pi}{4}\left(\dfrac{d(mm)}{1000}\right)^2 (m^2) \times 10^3 (L/m^3) \times 60(sec/min)$

$\qquad = \dfrac{Vd^2}{21.2}$

$\qquad = \dfrac{(14\sqrt{P})d^2}{21.2}$

$\qquad = 0.667d^2\sqrt{P} \qquad$ （理論值）

但流量會受到出口影響，此為流量係數（c）

$0.667cd^2\sqrt{P}(L/min) \qquad$ （實際值）

c值介於0.54～0.98

消防署採上限0.98

$Q(L/min) = 0.653d^2(mm)\sqrt{P}(kgf/cm^2)$

4-7 室外消防栓設備外觀檢查

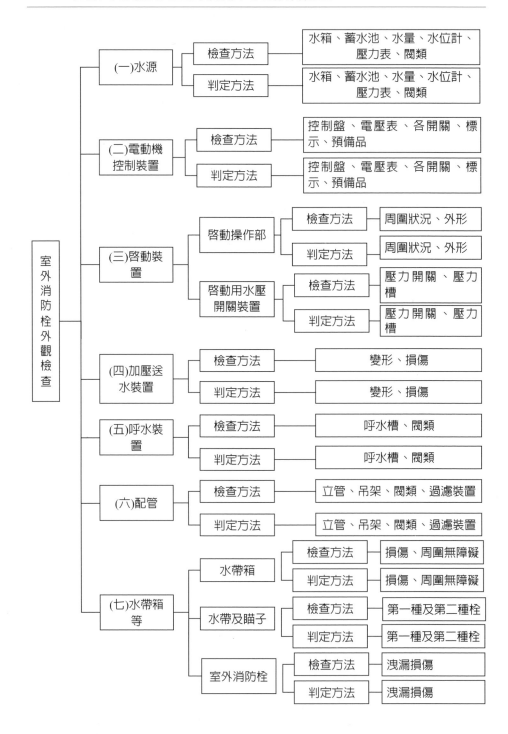

室外消防栓設備——水帶箱外觀檢查

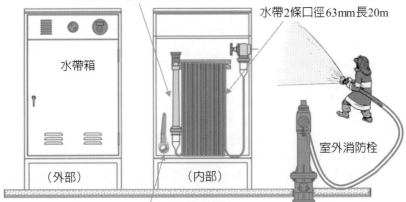

瞄子口徑≥19mm直線水霧一具

水帶2條口徑63mm長20m

水帶箱

室外消防栓

（外部）　　　　（內部）

消防栓閥型開關1把

項目	檢查方法	判定方法
水帶箱	1. 周圍狀況：以目視確認周圍有無檢查及使用之障礙，及「水帶箱」之標示字樣是否適當正常。 2. 外形：以目視及開、關操作，確認有無變形、損傷等，及箱門是否能確實開、關。	1. 周圍狀況 　(1) 應無檢查及使用上之障礙。 　(2) 標示字樣應無污損及不明顯部分。 2. 外形 　(1) 應無變形、損傷等。 　(2) 箱門之開、關狀況應良好。
水帶及瞄子	以目視確認置於箱內之瞄子及水帶有無變形、損傷及水帶數量是否足夠。	1. 應無變形、損傷。 2. 應配置口徑六十三公厘及長二十公尺水帶二條、口徑十九公厘以上直線噴霧兩用型瞄子一具及消防栓閥型開關一把。
室外消防栓	1. 周圍的狀況：以目視確認周圍有無檢查及使用上之障礙，及消防栓之標示是否正常。 2. 外形：以目視及開、關操作，確認有無變形、損傷等，及地下式箱蓋是否能確實開、關。	1. 周圍狀況 　(1) 應無檢查及使用上之障礙。 　(2) 標示字樣應無污損及不明顯部分。 2. 外形 　(1) 應無變形、洩漏、損傷等。 　(2) 地下式之箱蓋應能確實開關

4-8 室外消防栓設備性能檢查（一）

(一) 水源

  1. 檢查方法

    (1) 水質：打開人孔蓋以目視及水桶採水，確認有無腐敗、浮游物、沉澱物等。

    (2) 給水裝置

      A. 確認有無變形、腐蝕等，及操作排水閥確認給水功能是否正常。

      B. 如不便用操作排水閥檢查給水功能時，可使用下列方法：

        (A) 使用水位電極控制給水者，拆除其電極回路之配線，形成減水狀態，確認其是否能自動給水；其後再將拆掉之電極回路線接上復原，形成滿水狀態，確認其給水能否自動停止。

        (B) 使用浮球水栓控制給水者，以手動操作將浮球沒入水中，形成減水狀態，使其自動給水；其後使浮球復原，形成滿水狀態，使給水自動停止。

    (3) 水位計及壓力表

      A. 水位計之量測係打開人孔蓋，用檢尺測量水位，並確認水位計之指示值。

      B. 壓力表之量測係關閉壓力表開關及閥類，並放出壓力表之水，使指針歸零後，再打開壓力表開關及閥類，並確認指針之指示值。

    (4) 閥類：用手操作確認開、關動作是否能容易進行。

  2. 判定方法

    (1) 水質：應無腐臭、浮游物、沉澱物之堆積等。

    (2) 給水裝置

      A. 應無變形、損傷、顯著腐蝕。

      B. 於減水狀態能自動給水，於滿水狀態能自動停止供水。

    (3) 水位計及壓力表

      A. 水位計之指示值應正常。

      B. 在壓力表歸零的位置、指針的動作狀況及指示值應正常。

    (4) 閥類：開、關操作應能容易地進行。

(二) 電動機之控制裝置

  1. 檢查方法

    (1) 各開關：以螺絲起子及開、關操作，確認端子有無鬆動及開關性能是否正常。

    (2) 保險絲：確認有無損傷、熔斷及是否為所規定之種類及容量。

    (3) 繼電器：確認有無脫落、端子鬆動、接點燒損、灰塵附著，並操作各開關使繼電器動作，確認機能。

    (4) 表示燈：操作各開關確認有無亮燈。

    (5) 結線接續：以目視及螺絲起子確認有無斷線、端子鬆動等。

    (6) 接地：以目視或回路計確認有無腐蝕、斷線等。

  2. 判定方法

    (1) 各開關

      A. 端子應無鬆動、發熱。

      B. 開、關性能應正常。

室外消防栓設備性能檢查（一）

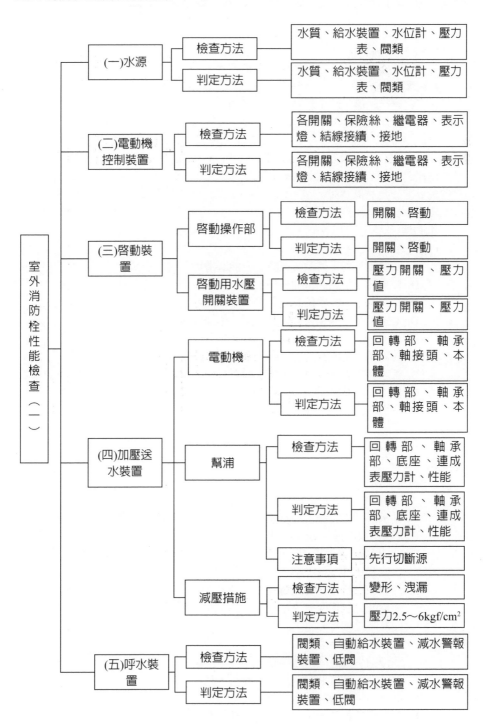

室外消防栓性能檢查（一）

（一）水源
- 檢查方法 → 水質、給水裝置、水位計、壓力表、閥類
- 判定方法 → 水質、給水裝置、水位計、壓力表、閥類

（二）電動機控制裝置
- 檢查方法 → 各開關、保險絲、繼電器、表示燈、結線接續、接地
- 判定方法 → 各開關、保險絲、繼電器、表示燈、結線接續、接地

（三）啟動裝置
- 啟動操作部
  - 檢查方法 → 開關、啟動
  - 判定方法 → 開關、啟動
- 啟動用水壓開關裝置
  - 檢查方法 → 壓力開關、壓力值
  - 判定方法 → 壓力開關、壓力值

（四）加壓送水裝置
- 電動機
  - 檢查方法 → 回轉部、軸承部、軸接頭、本體
  - 判定方法 → 回轉部、軸承部、軸接頭、本體
- 幫浦
  - 檢查方法 → 回轉部、軸承部、底座、連成表壓力計、性能
  - 判定方法 → 回轉部、軸承部、底座、連成表壓力計、性能
  - 注意事項 → 先行切斷源
- 減壓措施
  - 檢查方法 → 變形、洩漏
  - 判定方法 → 壓力2.5～6kgf/cm^2

（五）呼水裝置
- 檢查方法 → 閥類、自動給水裝置、減水警報裝置、低閥
- 判定方法 → 閥類、自動給水裝置、減水警報裝置、低閥

4-9 室外消防栓設備性能檢查（二）

  (2) 保險絲
    A. 應無損傷、熔斷。
    B. 應依回路圖所規定種類及容量設置。
  (3) 繼電器
    A. 應無脫落、端子鬆動、接點燒損、灰塵附著等。
    B. 動作應正常。
  (4) 表示燈：應無顯著劣化，且能正常點燈。
  (5) 結線接續：應無斷線、端子鬆動、脫落、損傷等。
  (6) 接地：應無顯著腐蝕、斷線等。
(三) 啓動裝置（見右圖解說）
(四) 加壓送水裝置（限幫浦方式）
 1. 電動機
  (1) 檢查方法
    A. 回轉軸：用手轉動，確認是否能圓滑地回轉。
    B. 軸承部：確認潤滑油有無污損、變質及是否達必要量。
    C. 軸接頭：以扳手確認有無鬆動、性能是否正常。
    D. 本體：操作啓動裝置使其啓動，確認性能是否正常。
  (2) 判定方法
    A. 回轉軸：應能圓滑的回轉。
    B. 軸承部：潤滑油應無污損、變質且達必要量。
    C. 軸接頭：應無脫落、鬆動，且接合狀態牢固。
    D. 本體：應無顯著發熱、異常振動、不規則或不連續之雜音，且回轉方向正確。
  (3) 注意事項：除需操作啓動檢查性能外，其餘均需先切斷電源。
 2. 幫浦
  (1) 檢查方法
    A. 回轉軸：用手轉動確認是否能圓滑地回轉。
    B. 軸承部：確認潤滑油有無污損、變質及是否達必要量。
    C. 底座：確認有無顯著漏水。
    D. 連成表及壓力表：關掉表計之控制水閥將水排出，確認指針是否指在 0 之位置，再打開表計之控制水閥，操作啓動裝置確認指針是否正常動作。
    E. 性能：先將幫浦吐出側之制水閥關閉之後，使幫浦啓動，然後緩緩的打開性能測試用配管之制水閥，由流量計及壓力表確認額定負荷運轉及全開點時之性能。
  (2) 判定方法
    A. 回轉軸：應能圓滑地轉動。
    B. 軸承部：潤滑油應無污損、變質，且達必要量。
    C. 底座：應無顯著漏水。
    D. 連成表及壓力表：位置及指針動作應正常。

室外消防栓設備性能檢查（二）

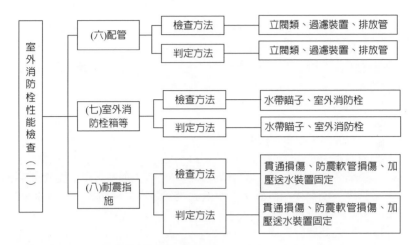

室外消防栓設備─啓動裝置性能檢查

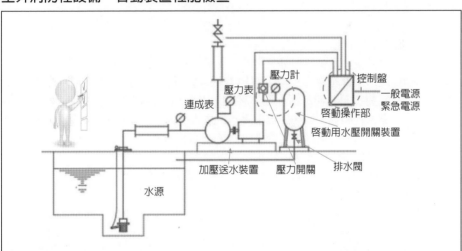

1. 檢查方法
   (1) 啓動操作部：操作直接操作部及遠隔操作部之開關，確認加壓送水裝置能否啓動。
   (2) 啓動用水壓開關裝置
      A. 以目視及螺絲起子，確認壓力開關之端子有無鬆動。
      B. 確認設定壓力值是否恰當，且由操作排水閥使加壓送水裝置啓動，確認動作壓力值是否適當。
2. 判定方法
   (1) 啓動操作部：加壓送水裝置應能確實啓動。
   (2) 啓動用水壓開關裝置
      A. 壓力開關之端子應無鬆動。
      B. 設定壓力值適當，且加壓送水裝置依設定壓力正常啓動。

4-10 室外消防栓設備性能檢查（三）

  E. 性能：應無異常振動、不規則或不連續之雜音，且於額定負荷運轉及全開點時之吐出壓力及吐出水量均達規定值以上。

(3) 注意事項：除需操作啓動檢查性能外，其餘均需先行切斷電源。

3. 減壓措施

(1) 檢查方法：以目視確認減壓閥等有無變形、洩漏等。

(2) 判定方法

  A. 應無洩漏、變形、損傷等。

  B. 放水壓力應在 2.5kgf/cm² 以上 6kgf/cm² 以下。但公共危險物品等場所達顯著滅火困難者、爆竹煙火製造場所有火藥區之作業區或庫存區及爆竹煙火儲存場所設置第一種滅火設備之室外消防栓，其放水壓力應在 3.5kgf/cm² 以上。

(五) 呼水裝置（見右圖解說）

(六) 配管（同室內消防栓設備性能檢查）

(七) 室外消防栓箱等

 1. 檢查方法

  (1) 水帶及瞄子：

   A. 以目視確認有無損傷、腐蝕，及用手操作確認是否容易拆接。

   B. 製造年份超過 10 年或無法辨識製造年份之水帶，應將消防水帶兩端之快速接頭連接於耐水壓試驗機，並利用相關器具夾住消防水帶兩末端處，經確認快速接頭已確實連接及水帶內（快速接頭至被器具夾住處之部分水帶）無殘留之空氣後，施以 6kgf/cm² 以上水壓試驗五分鐘合格，始得繼續使用。但已經水壓試驗合格未達三年者，不在此限。

  (2) 室外消防栓：用手操作確認開、關操作是否容易。

 2. 判定方法

  (1) 水帶及瞄子

   A. 應無損傷、腐蝕。

   B. 應能容易拆、接，水帶應無破裂、漏水或與消防水帶用接頭脫落之情形。

  (2) 室外消防栓：開、關操作應能容易進行。

(八) 耐震措施（見右圖解說）

室外消防栓射水壓力2.5 kg/cm²以下，因此幫浦全揚程（H）＝ h1 + h2 + h3 + 25m
因水1cm³之重量為1g，即水之單位重為1g/1cm³
水柱落差25 m = 2500 cm = 1 g/cm³×2500 cm = 2500 g/cm² = 2.5 kg/cm²

室外消防栓設備——呼水裝置性能檢查與耐震措施性能檢查

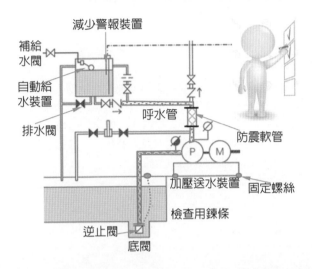

項目	檢查方法	判定方法
呼水裝置	1. 閥類：用手操作確認開關動作是否容易進行。 2. 自動給水裝置 　(1) 確認有無變形、腐蝕等。 　(2) 打開排水閥，檢查自動給水功能是否正常。 3. 減水警報裝置 　(1) 確認有無變形、腐蝕等。 　(2) 關閉補給水閥，再打開排水閥，確認減水警報功能是否正常。 4. 底閥 　(1) 拉上吸水管或檢查用鍊條，確認有無異物附著或阻塞。 　(2) 打開幫浦本體上呼水漏斗之制水閥，確認有無從漏斗連續溢水出來。 　(3) 打開幫浦本體上呼水漏斗之制水閥，然後關閉呼水管之制水閥，確認底閥之逆止效果是否正常。	1. 閥類：開、關動作應能容易地進行。 2. 自動給水裝置 　(1) 應無變形損傷、顯著腐蝕等。 　(2) 當呼水槽之水量減少時，應能自動給水。 3. 減水警報裝置 　(1) 應無變形損傷、顯著腐蝕等。 　(2) 當水量減少到二分之一時應發出警報。 4. 底閥 　(1) 應無異物附著、阻塞等吸水障礙。 　(2) 呼水漏斗應連續溢水出來。 　(3) 呼水漏斗的水應無減少。
耐震措施	1. 牆壁或地板上貫通部分有無變形、損傷等，並確認防震軟管接頭有無變形、損傷、顯著腐蝕等。 2. 以目視及扳手確認加壓送水裝置等裝配固定是否有異常。	1. 防震軟管應無變形、損傷、顯著腐蝕等，且牆壁或地板上貫通部分的間隙、充填部分均保持原來施工時之狀態。 2. 加壓送水裝置的安裝部分所使用之基礎螺絲、螺絲帽，應無變形、損傷、鬆動、顯著腐蝕等，且安裝固定部分應無損傷。

4-11 室外消防栓設備綜合檢查

(一) 檢查方法

切換成緊急電源供電狀態,操作直接操作部及遠隔操作部啓動裝置,確認各項性能。其放水壓力及放水量之檢查方法如下:

1. 選擇配管上最遠最高處之二具室外消防栓做放水試驗。但公共危險物品等場所達顯著滅火困難者、爆竹煙火製造場所有火藥區之作業區或庫存區及爆竹煙火儲存場所超過四具時,選擇配管上最遠最高處之四具室外消防栓做放水試驗。

2. 測量瞄子直線放水之壓力時,將壓力表之進水口,放置於瞄子前端瞄子口徑的二分之一距離處,讀取壓力表的指示值。

3. 放水量依下列計算式計算

$$Q = 0.653D^2 \sqrt{P}$$

Q:瞄子放水量(l/min)
D:瞄子口徑(mm)
P:瞄子壓力(kgf/cm²)

(二) 判定方法

1. 啓動性能

(1) 加壓送水裝置應確實啓動。

(2) 表示、警報等應正常。

(3) 電動機之運轉電流值應在容許範圍內。

(4) 運轉中應無不規則、不連續之雜音或異常之振動、發熱等。

2. 放水壓力

應在 2.5kgf/cm² 以上 6kgf/cm² 以下。但公共危險物品等場所達顯著滅火困難者、爆竹煙火製造場所有火藥區之作業區或庫存區及爆竹煙火儲存場所,其放水壓力應在 3.5kgf/cm² 以上。

3. 放水量

應在 350 l/min 以上。但公共危險物品等場所達顯著滅火困難者、爆竹煙火製造場所有火藥區之作業區或庫存區及爆竹煙火儲存場所,應在 450 l/min 以上。

(三) 注意事項

於檢查類似醫院之場所,因切換成緊急電源可能會產生困擾時,得使用常用電源檢查。

室外消防栓設備綜合檢查

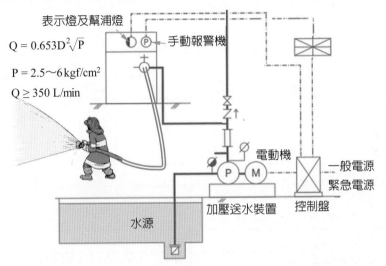

表示燈及幫浦燈

$Q = 0.653D^2\sqrt{P}$

手動報警機

$P = 2.5\sim6\,kgf/cm^2$

$Q \geq 350\,L/min$

電動機

一般電源

緊急電源

加壓送水裝置　控制盤

水源

檢查方法	判定方法
切成緊急電源，操作啓動裝置： 1. 選擇最遠最高處之二具室外消防栓。但顯著滅火困難者、爆竹煙火場所≥ 四具，以四具做放水試驗。 2. 測量瞄子直線放水，將壓力表置於瞄子口徑1/2 處，讀取壓力值。 3. 放水量計算式 　$Q = 0.653D^2\sqrt{P}$ 　Q：瞄子放水量（L/min） 　D：瞄子口徑（mm） 　P：瞄子壓力（kgf/cm²）	1. 啓動性能 　(1) 加壓送水裝置啓動。 　(2) 表示、警報正常。 　(3) 電動機之運轉電流值在容許範圍。 　(4) 運轉無不規則雜音或振動發熱等。 2. 放水壓力 　在 2.5～6kgf/cm²。顯著滅火困難者、爆竹煙火場所 ≥ 3.5kgf/cm²。 3. 放水量 　≥ 350L/min。但顯著滅火困難者、爆竹煙火場所≥ 450L/min。
注意事項：醫院等場所得使用常用電源檢查。	

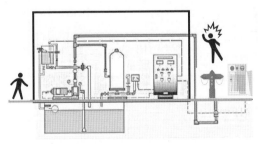

■ 加壓送水裝置啓動。

■ 表示、警報正常。

■ 電動機運轉電流值在容許範圍。

■ 運轉無不規則雜音或振動發熱等。

4-12 室外消防栓檢查表

室外消防栓檢查表							
檢修設備名稱	幫浦	製造廠：			電動機	製造廠：	
		型號：				型號：	
檢修項目		檢修結果					處置措施
		種別、容量等內容	判定	不良狀況			
外觀檢查							
水源	蓄水池	類別					
	水量	m³					
	水位計、壓力計						
	閥類						
電動機	控制盤	周圍狀況					
		外形					
	電壓表	V					
	各開關						
	標示						
	預備品等						
啟動裝置	直接操作部	周圍狀況					
		外形					
	水壓開關裝置	周圍狀況					
		壓力槽	L kgf/cm²				
	加壓送水裝置						
呼水裝置	呼水槽	L					
	閥類						
配管							
水帶箱等	水帶箱	周圍狀況					
		外形					
	水帶						
	瞄子						
	室外消防栓	周圍狀況					
		外形					

室外消防栓檢查表					
性能檢查					
水源	水質				
	給水裝置				
	閥類				
	水位計、壓力表				
電動機控制裝置	各開關				
	保險絲	A			
	繼電器				
	表示燈				
	接線接續				
	接地				
啟動裝置	啟動操作部	□專用　　□兼用			
	水壓開關裝置	設定壓力　　kgf/cm² 動作壓力　　kgf/cm²			
加壓送水裝置	幫浦方式	電動機	回轉軸		
			軸承部		
			軸接頭		
			本體		
		幫浦	回轉軸		
			軸承部		
			底部		
			連成表、壓力表		
			性能	kgf/cm²　l/min	
	重力水箱方式	kgf/cm²			
	壓力水箱方式	kgf/cm²			
	減壓措施				
呼水裝置	閥類				
	自動給水裝置				
	減水警報裝置				
	底閥				

室外消防栓檢查表						
配管	閥類					
	過濾裝置					
	排放管					
室外消防栓箱等	水帶、瞄子					
	水帶水壓試驗					
	室外消防栓					
耐震措施						
綜合檢查						
幫浦方式	啟動性能	加壓送水裝置				
		表示、警報等				
		運轉電流	A			
		運轉狀況				
	放水壓力		kgf/cm^2			
	放水量		l/min			
重力水箱方式	放水壓力		kgf/cm^2			
	放水量		l/min			
備註						

檢查器材	機器名稱	型式	校正年月日	製造廠商	機器名稱	型式	校正年月日	製造廠商

檢查日期	自民國　　年　　月　　日至民國　　年　　月　　日				
檢修人員	姓名		消防設備師（士）	證書字號		簽章	（簽章）
	姓名		消防設備師（士）	證書字號		簽章	
	姓名		消防設備師（士）	證書字號		簽章	
	姓名		消防設備師（士）	證書字號		簽章	

1. 應於「種別‧容量等情形」欄內填入適當之項目。
2. 檢查合格者於判定欄內打「○」；有不良情形時於判定欄內打「×」，並將不良情形填載於「不良狀況」欄。
3. 對不良狀況所採取之處置情形應填載於「處置措施」欄。
4. 欄內有選擇項目時應以「○」圈選之。

消防水帶摩擦損失

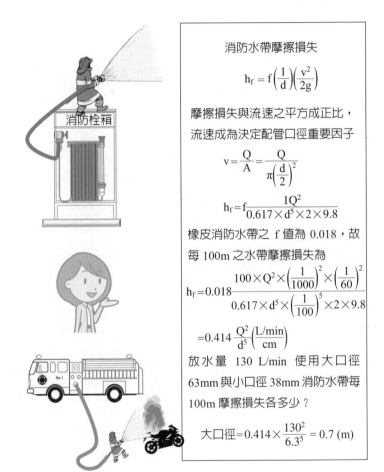

消防栓箱

消防水帶摩擦損失

$$h_f = f\left(\frac{1}{d}\right)\left(\frac{v^2}{2g}\right)$$

摩擦損失與流速之平方成正比，
流速成為決定配管口徑重要因子

$$v = \frac{Q}{A} = \frac{Q}{\pi\left(\frac{d}{2}\right)^2}$$

$$h_f = f\frac{1Q^2}{0.617 \times d^5 \times 2 \times 9.8}$$

橡皮消防水帶之 f 值為 0.018，故
每 100m 之水帶摩擦損失為

$$h_f = 0.018\frac{100 \times Q^2 \times \left(\frac{1}{1000}\right)^2 \times \left(\frac{1}{60}\right)^2}{0.617 \times d^5 \times \left(\frac{1}{100}\right)^5 \times 2 \times 9.8}$$

$$= 0.414\frac{Q^2}{d^5}\left(\frac{L/min}{cm}\right)$$

放水量 130 L/min 使用大口徑
63mm 與小口徑 38mm 消防水帶每
100m 摩擦損失各多少？

$$大口徑 = 0.414 \times \frac{130^2}{6.3^5} = 0.7 \text{ (m)}$$

裝飾天花板與撒水頭設計

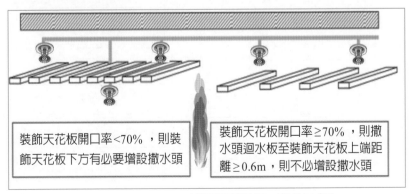

裝飾天花板開口率<70%，則裝
飾天花板下方有必要增設撒水頭

裝飾天花板開口率≥70%，則撒
水頭迴水板至裝飾天花板上端距
離≥0.6m，則不必增設撒水頭

（埼玉市消防局，平成 28 年）

4-13 自動撒水設備外觀檢查（一）

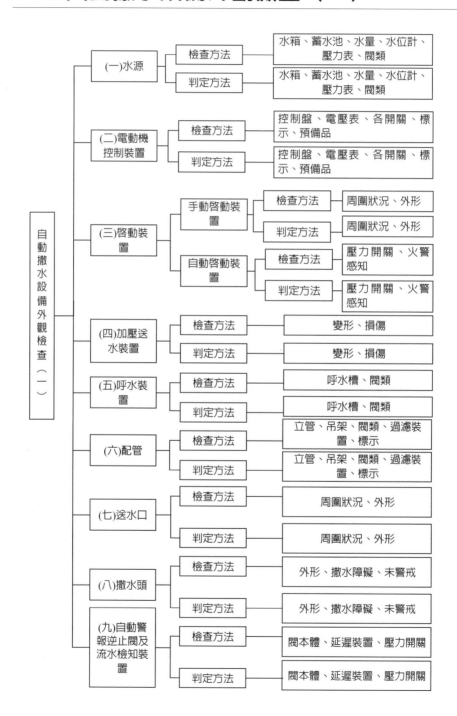

自動撒水設備外觀檢查

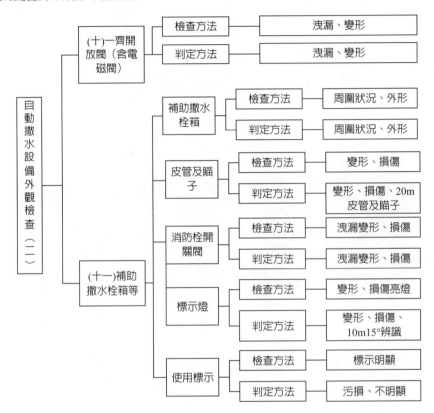

撒水頭外觀檢查（一）

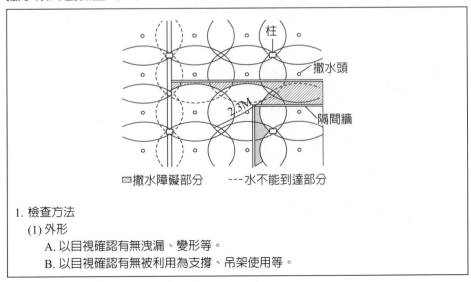

1. 檢查方法
   (1) 外形
      A. 以目視確認有無洩漏、變形等。
      B. 以目視確認有無被利用為支撐、吊架使用等。

撒水頭外觀檢查（二）

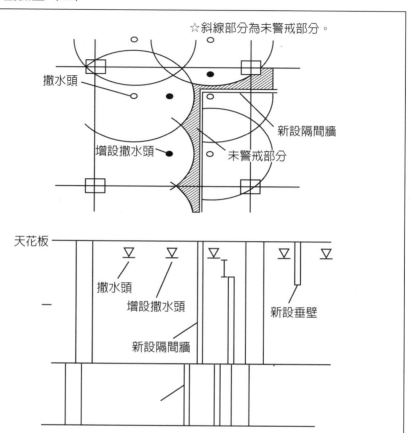

☆斜線部分為未警戒部分。

撒水頭

增設撒水頭

新設隔間牆

未警戒部分

天花板

撒水頭

增設撒水頭

新設隔間牆

新設垂壁

(2) 感熱及撒水分布障礙：以目視確認周圍有無感熱及撒水分布之障礙。

(3) 未警戒部分：確認有無如圖所示，因隔間變更應無設置撒水頭，而造成未警戒之部分。

2. 判定方法

  (1) 外形

    A. 應無洩漏、變形等。

    B. 應無被利用為支撐、吊架使用。

  (2) 感熱及撒水分布障礙

    A. 撒水頭周圍應無感熱、撒水分布之障礙。

    B. 撒水頭應無被油漆、異物附著等。

    C. 於設有撒水頭防護蓋之場所，其防護蓋應無損傷、脫落等。

  (3) 未警戒部分

    應無因隔間、垂壁、風管管道等之變更、增設、新設等，而造成未警戒部分。

自動警報逆止閥及流水檢知裝置外觀檢查

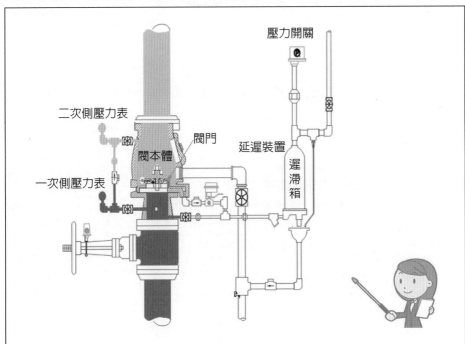

1. 檢查方法
   (1) 閥本體
      A. 以目視確認本體、附屬閥類、配管及壓力表等有無漏水、變形等。
      B. 確認壓力表指示值是否正常。
      C. 以目視確認附屬閥類之開關位置是否正常。
   (2) 延遲裝置
      以目視確認有無變形、腐蝕等。
   (3) 壓力開關
      以目視確認有無變形、損傷等。
2. 判定方法
   (1) 閥本體
      A. 本體、附屬閥類、壓力表及配管應無漏水、變形、損傷等。
      B. 壓力表指示值正常。
      C. 「常時開」或「常時關」之標示及開、關位置應正常。
   (2) 延遲裝置
      應無變形、損傷、顯著腐蝕等。
   (3) 壓力開關
      應無變形、損傷等。

4-14 自動撒水設備性能檢查（一）

(一) 水源（見右圖解說）
(二) 電動機之控制裝置
  1. 檢查方法
    (1) 各開關：以螺絲起子及開、關操作，確認端子有無鬆動及開、關性能是否正常。
    (2) 保險絲：確認有無損傷、熔斷及是否為所規定之種類及容量。
    (3) 繼電器：確認有無脫落、端子鬆動、接點燒損、灰塵附著，並操作各開關使繼電器動作，確認其性能。
    (4) 表示燈：操作各開關確認有無亮燈。
    (5) 結線接續：以目視及螺絲起子確認有無斷線、端子鬆動等。
    (6) 接地：以目視或回路計確認有無腐蝕、斷線等。
  2. 判定方法
    (1) 各開關
      A. 端子應無鬆動、發熱。
      B. 開、關性能應正常。
    (2) 保險絲
      A. 應無損傷、熔斷。
      B. 應依回路圖所規定種類及容量設置。
    (3) 繼電器
      A. 應無脫落、端子鬆動、接點燒損、灰塵附著等。
      B. 動作應正常。
    (4) 標示燈： 應無顯著劣化，且應能正常亮燈。
    (5) 結線接續：應無斷線、端子鬆動、脫落、損傷等。
    (6) 接地：應無顯著腐蝕、斷線等。
(三) 啟動裝置
  1. 手動啟動裝置
    (1) 檢查方法
      A. 使用開放式撒水頭者。
        將一齊開放閥二次側之止水閥關閉，再打開測試用排水閥，然後操作手動啟動開關，確認加壓送水裝置是否啟動。
      B. 使用密閉式撒水頭者
        直接操作控制盤上啟動按鈕，確認加壓送水裝置是否啟動。
    (2) 判定方法
      閥的操作應容易進行，且加壓送水裝置應能確實啟動。

自動撒水設備 —— 水源性能檢查

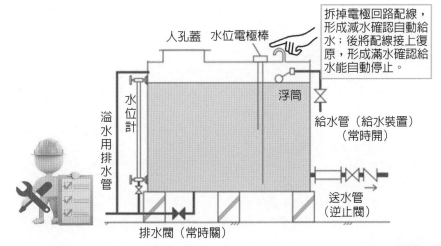

人孔蓋　水位電極棒

拆掉電極回路配線，形成減水確認自動給水；後將配線接上復原，形成滿水確認給水能自動停止。

水位計

溢水用排水管

浮筒

給水管（給水裝置）（常時開）

送水管（逆止閥）

排水閥（常時關）

檢查方法	判定方法
1. 水質：打開人孔蓋以目視及水桶採水，確認有無腐敗、浮游物、沉澱物等。 2. 給水裝置 　(1) 確認有無變形、腐蝕等，及操作排水閥確認給水功能是否正常。 　(2) 如不使用操作排水閥檢查給水功能時，可使用下列方法： 　　A. 使用水位電極控制給水者，拆除其電極回路之配線，形成減水狀態，確認其是否能自動給水；其後再將拆掉之電極回路配線接上復原，形成滿水狀態，確認其給水能否自動停止。 　　B. 使用浮球水栓控制給水者，以手動操作將浮球沒入水中，形成減水狀態，使其自動給水；其後使浮球復原，形成滿水狀態，使給水自動停止。 3. 水位計及壓力表 　(1) 水位計之量測係打開人孔蓋，用檢尺測量水位，並確認水位計之指示值。 　(2) 壓力表之量測係關閉壓力表開關及閥類，並放出壓力表之水，使指針歸零後，再打開壓力表開關及閥類，並確認指針之指示值。 4. 閥類：用手操作確認開、關動作是否容易進行。	1. 水質：應無顯著腐蝕、浮游物、沉澱物等。 2. 給水裝置 　(1) 應無變形、損傷、顯著腐蝕。 　(2) 於減水狀態應能自動給水，於滿水狀態應能自動停止供水。 3. 水位計及壓力表 　(1) 水位計之指示值應正常。 　(2) 在壓力表歸零的位置、指針的動作狀況及指示值應正常。 4. 閥類：開、關操作應能容易進行。

4-15 自動撒水設備性能檢查（二）

2. 自動啟動裝置
  (1) 檢查方法
    A. 啟動用水壓開關裝置
      (A) 以目視及螺絲起子，確認壓力開關之端子有無鬆動。
      (B) 確認設定壓力值是否恰當，且由操作排水閥使加壓送水裝置啟動，確認動作壓力值是否適當。
    B. 火警感知裝置：使用加熱試驗器把探測器加熱，使探測器動作，確認加壓送水裝置是否啟動。
  (2) 判定方法
    A. 啟動用水壓開關裝置
      (A) 壓力開關之端子應無鬆動。
      (B) 設定壓力值應適當，且加壓送水裝置應能依設定壓力正常啟動。
    B. 火警探測器
      (A) 依火警自動警報設備之檢查要領判定。
      (B) 加壓送水裝置應能確實啟動。
(四) 加壓送水裝置
  1. 幫浦方式（見右圖解說）
  2. 重力水箱方式
    (1) 檢查方法：打開末端查驗閥測定最高點及最低點的壓力，確認其壓力值。
    (2) 判定方法：應為設計上之壓力值。
  3. 壓力水箱方式
    (1) 檢查方法：在打開排氣閥的狀況下，確認能否自動啟動加壓。
    (2) 判定方法：壓力降低自動啟動裝置應能自動啟動及停止。
    (3) 注意事項：排氣閥打開的狀況下，為防止高壓造成危害，閥類需慢慢開啟。
  4. 減壓措施
    (1) 檢查方法
      A. 以目視確認減壓閥有無洩漏、變形。
      B. 使用密閉式撒水頭者，應打開距加壓送水裝置最近及最遠端的末端查驗閥，確認壓力是否在規定之範圍內。
      C. 使用補助撒水栓，打開加壓送水裝置最近及最遠開關閥，確認是否在規定之範圍內。

自動撒水設備 —— 消防幫浦性能檢查

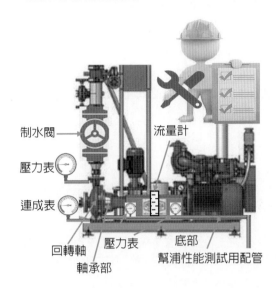

制水閥

壓力表

連成表

流量計

回轉軸

壓力表

軸承部

底部

幫浦性能測試用配管

項目	檢查方法	判定方法
電動機	1. 回轉軸：用手轉動，確認是否能圓滑地回轉。 2. 軸承部：確認潤滑油有無污損、變質及是否達必要量。 3. 軸接頭：以扳手確認有無鬆動及性能是否正常。 4. 本體：操作啓動裝置使其啓動，確認性能是否正常。	1. 回轉軸：應能圓滑地回轉。 2. 軸承部：潤滑油應無污損、變質等，且達必要量。 3. 軸接頭：應無脫落、鬆動，且接合狀態牢固。 4. 本體：應無顯著發熱、異常振動、不規則或不連續之雜音，且回轉方向正確。
幫浦	1. 回轉軸：用手轉動確認是否能圓滑的轉動。 2. 軸承部：確認潤滑油有無污損、變質及是否達必要量。 3. 底部：確認有無顯著的漏水。 4. 連成表及壓力表：關掉表計之控制水閥將水排出，確認指針是否指在 0 之位置，再打開表計之控制水閥，操作啓動裝置確認指針是否正常動作。 5. 性能：先將幫浦吐出側之制水閥關閉之後，使幫浦啓動，然後緩緩的打開性能測試用配管之制水閥，由流量計及壓力表確認額定負荷運轉及全開點時之性能。	1. 回轉軸：應能圓滑轉動。 2. 軸承部：潤滑油應無污損、變質、混入異物等，且達必要量。 3. 底座：應無顯著的漏水。 4. 連成表及壓力表：位置及指針之動作應正常。 5. 性能：應無異常振動、不規則或不連續的雜音，且於額定負荷運轉及全開點時之吐出壓力及吐出水量均達規定值以上。
注意事項：除需操作啓動檢查性能外，其餘均需先行切斷電源。		

4-16 自動撒水設備性能檢查（三）

(2) 判定方法

　　A. 應無洩漏、變形、損傷等。

　　B. 撒水頭放水壓力應在 1kgf/cm² 以上 10kgf/cm² 以下。

　　C. 補助撒水栓放水壓力應在 2.5kgf/cm² 以上 10kgf/cm² 以下。

(五) 呼水裝置（見右圖解說）

(六) 配管

　1. 檢查方法

　(1) 閥類：用手操作確認開、關動作是否容易進行。

　(2) 過濾裝置：分解打開確認過濾網有無變形、異物堆積。

　(3) 排放管（防止水溫上升裝置）：使加壓送水裝置啟動呈關閉運轉狀態，確認排放管排水是否正常。

　(4) 流水檢知裝置之二次側配管：關閉乾式或預動式一次側之制水閥後，打開二次側配管之排水閥，確認是否能適當之排水。

　2. 判定方法

　(1) 閥類：開、關操作能容易進行。

　(2) 過濾裝置：過濾網應無變形、損傷、異物堆積等。

　(3) 排放管：排放水量應在下列公式求得量以上

$$q = \frac{Ls \times C}{60 \times \Delta t}$$

　　q：排放水量

　　Ls：幫浦關閉運轉時之出力（kw）

　　C：860 cal（1kw 時水之發熱量）

　　Δt：30℃（幫浦內部之水溫上升限度）

　(4) 流水檢知裝置之二次側配管：配管之二次側應無積水。

(七) 送水口

　1. 檢查方法

　(1) 檢查襯墊有無老化等。

　(2) 確認快速接頭及水帶是否容易接上及分開。

　2. 判定方法

　(1) 襯墊應無老化、損傷等。

　(2) 與水帶之接合及分開應容易進行。

自動撒水設備——呼水裝置性能檢查

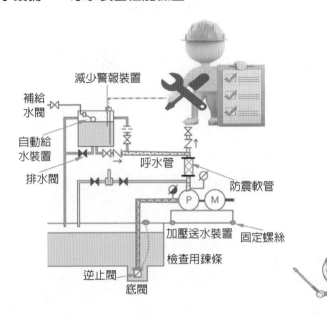

檢查方法	判定方法
1. 閥類：用手操作確認開、關動作是否容易進行。 2. 自動給水裝置 　(1) 確認有無變形、腐蝕等。 　(2) 打開排水閥，確認其性能是否正常。 3. 減水警報裝置 　(1) 確認有無變形、腐蝕等。 　(2) 關閉補給水閥，再打開排水閥，確認減水警報功能是否正常。 4. 底閥 　(1) 拉上吸水管或檢查用鍊條，確認有異物附著或阻塞。 　(2) 打開幫浦本體上呼水漏斗之制水閥，確認有無從漏斗連續溢水出來。 　(3) 打開幫浦本體上呼水漏斗之制水閥，然後關閉呼水管之制水閥，確認底閥之閥止效果是否正常。	1. 閥類：開、關動作應容易進行。 2. 自動給水裝置 　(1) 應無變形、損傷、顯著腐蝕等。 　(2) 當呼水槽之水量減少到一半時，應能自動給水。 3. 減水警報裝置 　(1) 應無變形、損傷、顯著腐蝕等。 　(2) 當水量減少到一半時應發出警報。 4. 底閥 　(1) 應無異物附著、阻塞等吸水障礙。 　(2) 呼水漏斗應能連續溢水出來。 　(3) 呼水漏斗的水應無減少。

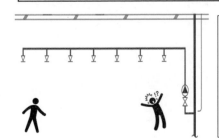

NFPA 13根據撒水頭「標準型、牆壁型(Sidewall)、大範圍型(Extended Coverage)、大水滴型(Large Drop)、貨架型(In-Rack)、快速動作型(Early Suppression Fast-Response)」，以場所4種等級及建築構造防火時效，來決定每一撒水頭防護面積與間距。

4-17 自動撒水設備性能檢查（四）

(八) 自動警報逆止閥（或流水檢知裝置）（見右圖解說）

(九) 一齊開放閥
  1. 檢查方法
    (1) 以螺絲起子確認電磁閥之端子是否鬆動。
    (2) 關閉一齊閥放閥二次側之止水閥，再打開測試用排水閥，然後操作手動啟動開關，檢查其性能是否正常。
  2. 判定方法
    (1) 端子應無鬆動脫落。
    (2) 一齊開放閥應能確實開啟放水。

(十) 補助撒水栓箱
  1. 檢查方法
    (1) 皮管及瞄子：以目視及手操作確認有無損傷、腐蝕，及瞄子的手動開關裝置是否能容易操作。
    (2) 消防栓開關閥：用手操作確認消防栓開關閥是否容易進行。
  2. 判定方法
    (1) 皮管及瞄子
      A. 應無損傷及顯著腐蝕等。
      B. 開、關操作應能容易進行。
    (2) 消防栓開關閥：開、關操作應能容易進行。
  3. 注意事項：檢查後，關閉消防栓開關閥，並排出皮管內之水，關閉瞄子開關，並將水帶及瞄子收置於補助撒水栓箱內。

(十一) 耐震措施
  1. 檢查方法
    (1) 牆壁或地板上貫通部分有無變形、損傷等，並確認防震軟管接頭有無變形、損傷、顯著腐蝕等。
    (2) 以目視及扳手確認儲水槽及加壓送水裝置等之裝配固定有無異常。
  2. 判定方法
    (1) 防震軟管應無變形、損傷、顯著腐蝕等，且牆壁或地板上貫通部分的間隙、充填部分均保持原來施工時之狀態。
    (2) 儲水槽及加壓送水裝置安裝部分所使用之基礎螺絲、螺絲帽，應無變形、損傷、鬆動、顯著腐蝕等，且安裝固定部分應無損傷。

自動撒水設備──自動警報逆止閥（或流水檢知裝置）性能檢查

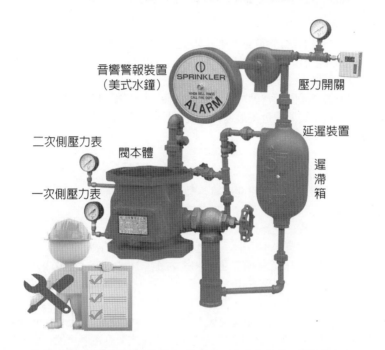

音響警報裝置
（美式水鐘）

壓力開關

二次側壓力表

閥本體

延遲裝置

遲滯箱

一次側壓力表

檢查方法	判定方法
1. 閥本體：操作警報逆止閥（或檢知裝置）之試驗閥或末端查驗閥，確認閥本體、附屬閥類及壓力表等之性能是否正常。 對於二次側需要預備水者，需確認預備水之補給水源需達到必要之水位。 2. 延遲裝置確認延遲作用及自動排水裝置是否能有效排水。 3. 壓力開關 (1) 以螺絲起子確認端子有無鬆動。 (2) 確認壓力值是否適當及動作壓力是否適當正常。 4. 音響警報裝置及表示裝置 (1) 操作排水閥確認警報裝置之警鈴、蜂鳴器或水鐘等是否確實鳴動。 (2) 檢查表示裝置之表示燈等有無損傷，並確認標示是否確實。 5. 減壓警報裝置：關閉制水閥及加壓閥後，打開排氣閥減壓，確認達到設定壓力後能否發出警報。	1. 閥本體：性能應保持正常。 2. 延遲裝置 (1) 延遲作用應正常。 (2) 自動排水裝置應能有效排水。 3. 壓力開關 (1) 端子應無鬆動。 (2) 設定壓力值應適當。 (3) 應依設定壓力值正常動作。 4. 音響警報裝置及表示裝置應能確實鳴動及正常表示。 5. 減壓警報裝置 (1) 動作壓力應正常。 (2) 應能確實發出警報。

4-18 自動撒水設備綜合檢查

(一) 密閉式撒水設備

    1. 檢查方法：切換成緊急電源供電狀態，然後於最遠支管末端，打開查驗閥，確認系統性能是否正常。並由下列步驟確認放水壓力。

    (1) 應設有與撒水頭同等放水性能之限流孔。

    (2) 打開末端查驗閥，啟動加壓送水裝置後，確認壓力表之指示值。

    (3) 對加壓送水裝置最近及最遠的末端查驗閥進行放水試驗。

    2. 判定方法

    (1) 幫浦方式

      A. 啟動性能

        (A) 加壓送水裝置應能確實啟動。

        (B) 表示、警報等正常。

        (C) 電動機之運轉電流值應在容許範圍內。

        (D) 運轉中應無不規則、不連續及異常發熱及振動。

      B. 放水壓力：末端查驗管之放水壓力應在 1kgf/cm^2 以上 $10\ \text{kgf/cm}^2$ 以下。

    (2) 重力水箱及壓力水箱方式

      A. 表示、警報等：表示、警報等應正常。

      B. 放水壓力：末端查驗管之放水壓力應在 1kgf/cm^2 以上 $10\ \text{kgf/cm}^2$ 以下。

    3. 注意事項：於檢查類似醫院之場所時，因切換成緊急電源可能會造成困擾時，得使用常用電源檢查。

(二) 開放式撒水設備

    1. 檢查方法：切換成緊急電源供電狀態，然後於最遠一區，依下列步驟確認性能是否正常。

    (1) 關閉一齊開放閥二次側之止水閥。

    (2) 由操作手動啟動裝置或自動啟動裝置，使加壓送水裝置啟動。

    2. 判定方法

    (1) 幫浦方式

      A. 啟動性能等

        (A) 加壓送水裝置應確實啟動。

        (B) 表示、警報等應正常。

        (C) 電動機之運轉電流應在容許範圍內。

        (D) 運轉中應無不規則、不連續之雜音或異常之振動、發熱等。

      B. 一齊開放閥：一齊開放閥動作應正常。

    (2) 重力水箱及壓力水箱方式

      A. 表示、警報等：表示及警報等應正常。

      B. 一齊開放閥：一齊開放閥應正常動作。

      C. 注意事項：於檢查類似醫院之場所，因切換成緊急電源可能會造成困擾時，得使用常用電源檢查。

(三) 補助撒水栓（見右圖解說）

末端查驗閥

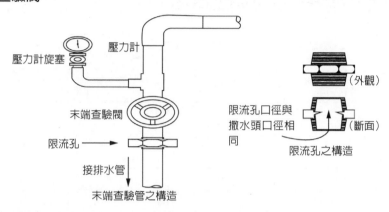

壓力計旋塞

壓力計

末端查驗閥

限流孔 →

接排水管

末端查驗管之構造

（外觀）

限流孔口徑與撒水頭口徑相同

（斷面）

限流孔之構造

補助撒水栓綜合檢查

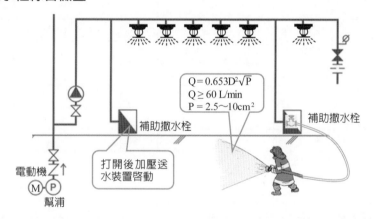

$Q = 0.653D^2\sqrt{P}$
$Q \geq 60$ L/min
$P = 2.5 \sim 10$ cm²

補助撒水栓

補助撒水栓

打開後加壓送水裝置啟動

電動機

M P

幫浦

檢查方法	判定方法
1. 切換成緊急電源狀況，用任一補助撒水栓確認其操作性能是否正常。 2. 放水試驗依下列程序確認 　(1) 打開補助撒水栓，確認加壓送水裝置是否能啟動。 　(2) 放水壓力用下列方法測試； 　　A. 測量瞄子直線放水壓力時，將壓力表之進水口，放置於瞄子前端瞄子口徑的二分之一距離處，讀取壓力表的指示值。 　　B. 放水量依下列計算式計算： 　　　$Q = 0.653D^2\sqrt{P}$ 　　　$Q = $ 瞄子放水量（l/min） 　　　$D = $ 瞄子口徑（mm） 　　　$P = $ 瞄子壓力（kgf/cm²） 3. 操作性：確認皮管之延長及收納是否能容易進行。	1. 幫浦方式 　(1) 啟動性能 　　A. 加壓送水裝置應能確實啟動。 　　B. 表示、警報等應正常。 　　C. 電動機之運轉電流值應在容許的範圍內。 　　D. 運轉中應無不連續、不規則之雜音及異常之振動、發熱現象。 　(2) 放水壓力：應在 2.5kgf/cm² 以上 10kgf/cm² 以下。 　(3) 放水量：應在 60 l/min 以上。 2. 重力水箱方式及壓力水箱方式 　(1) 表示、警報等：表示、警報應正常。 　(2) 放水壓力：應在 2.5 kgf/cm² 以上 10kgf/cm² 以下。 　(3) 放水量：應在 60 l/min 以上。 3. 操作性：應能容易延長及收納。

4-19 自動撒水設備檢查表

自動撒水設備檢查表						
檢修設備名稱	幫浦	製造廠： 型號：		電動機	製造廠： 型號：	
檢修項目			檢修結果			處置措施
			種別、容量等內容	判定	不良狀況	
外觀檢查						
水源	蓄水池		類別			
	水量		m³			
	水位計、壓力計					
	閥類					
電動機	控制盤	周圍狀況				
		外形				
	電壓表		V			
	各開關					
	標示					
	預備品等					
啟動裝置	手動啟動	周圍狀況				
		外形				
	自動啟動	水壓開關裝置	壓力開關	設定壓力 kgf/cm²		
			壓力水槽	L kgf/cm²		
		火警感知裝置	探測器			
			密閉式撒水頭			
加壓送水裝置						
呼水裝置	呼水槽		L			
	閥類					
配管	外形					
	標示					
送水口	周圍狀況					
	外形					

自動撒水設備檢查表					
撒水頭	外形				
	感熱及撒水分佈障礙				
	未警戒部份				
自動警報逆止閥	閥本體	個　kgf/cm^2			
	延遲裝置				
	壓力開關				
一齊開放閥（含電磁閥）					
輔助撒水栓箱等	輔助撒水栓箱	周圍狀況			
		外形			
	皮管、瞄子				
	消防栓開關閥				
	標示燈				
	使用標示				
性能檢查					
水源	水質				
	給水裝置				
	閥類				
	水位計、壓力計				
電動機控制裝置	各開關				
	保險絲	A			
	繼電器				
	表示燈				
	結線接續				
	接地				
啓動裝置	手動啓動裝置				
	自動啓動裝置	水壓開關裝置	設定壓力　　kgf/cm^2 動作壓力　　kgf/cm^2		
		火警感知裝置	□專用　　　□兼用		

自動撒水設備檢查表						
加壓送水裝置	幫浦方式	電動機	回轉軸			
			軸承部			
			軸接頭			
			本體			
		幫浦	回轉軸			
			軸承部			
			底部			
			連成表、壓力表			
			性能	kgf/cm² L/min		
	重力水箱方式			kgf/cm²		
	壓力水箱方式			kgf/cm²		
	減壓措施					
呼水裝置	閥類					
	自動給水裝置					
	減水警報裝置					
	底閥					
配管	閥類					
	過濾裝置					
	排放管					
	流水檢知裝置二次側配管					
	送水口					
自動警報逆止閥等	閥本體					
	延遲裝置					
	壓力開關			設定壓力　　kgf/cm² 動作壓力　　kgf/cm²		
	音響警報裝置					
	減壓警報裝置					
一齊開放閥（含電磁閥）						

自動撒水設備檢查表						
輔助撒水栓箱等		皮管及瞄子				
		消防栓開關閥				
耐震措施						
綜合檢查						
密閉式撒水設備	幫浦方式	啓動性能	加壓送水裝置			
			表示、警報等			
			運轉電流	A		
			運轉狀況			
		放水壓力		kgf/cm^2		
	重力水箱方式	表示警報等				
		放水壓力		kgf/cm^2		
開放式撒水設備	幫浦方式	啓動性能	加壓送水裝置			
			表示、警報等			
			運轉電流	A		
			運轉狀況			
		一齊開放閥				
	重力水箱方式	表示警報等				
		一齊開放閥				
輔助撒水栓	幫浦方式	啓動性能	加壓送水裝置			
			表示、警報等			
			運轉電流	A		
			運轉狀況			
		放水壓力		kgf/cm^2		
		放水量		l/min		
	重力水箱方式	表示警報等				
		放水壓力		kgf/cm^2		
		放水量		l/min		

（略）

4-20 水霧滅火設備外觀檢查

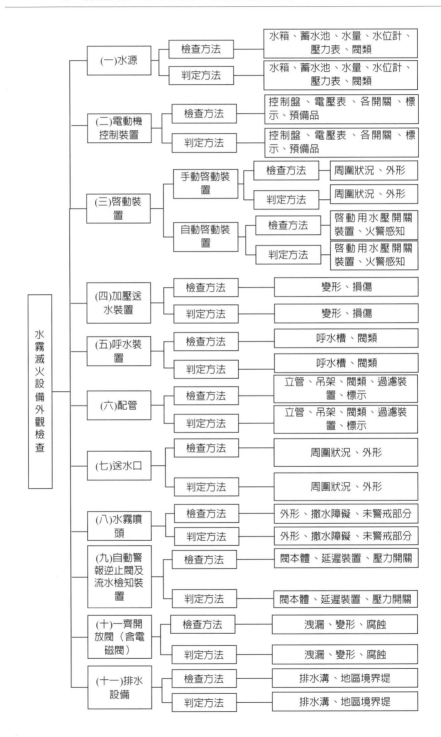

水霧滅火設備外觀檢查

- (一)水源
  - 檢查方法 — 水箱、蓄水池、水量、水位計、壓力表、閥類
  - 判定方法 — 水箱、蓄水池、水量、水位計、壓力表、閥類
- (二)電動機控制裝置
  - 檢查方法 — 控制盤、電壓表、各開關、標示、預備品
  - 判定方法 — 控制盤、電壓表、各開關、標示、預備品
- (三)啓動裝置
  - 手動啓動裝置
    - 檢查方法 — 周圍狀況、外形
    - 判定方法 — 周圍狀況、外形
  - 自動啓動裝置
    - 檢查方法 — 啓動用水壓開關裝置、火警感知
    - 判定方法 — 啓動用水壓開關裝置、火警感知
- (四)加壓送水裝置
  - 檢查方法 — 變形、損傷
  - 判定方法 — 變形、損傷
- (五)呼水裝置
  - 檢查方法 — 呼水槽、閥類
  - 判定方法 — 呼水槽、閥類
- (六)配管
  - 檢查方法 — 立管、吊架、閥類、過濾裝置、標示
  - 判定方法 — 立管、吊架、閥類、過濾裝置、標示
- (七)送水口
  - 檢查方法 — 周圍狀況、外形
  - 判定方法 — 周圍狀況、外形
- (八)水霧噴頭
  - 檢查方法 — 外形、撒水障礙、未警戒部分
  - 判定方法 — 外形、撒水障礙、未警戒部分
- (九)自動警報逆止閥及流水檢知裝置
  - 檢查方法 — 閥本體、延遲裝置、壓力開關
  - 判定方法 — 閥本體、延遲裝置、壓力開關
- (十)一齊開放閥（含電磁閥）
  - 檢查方法 — 洩漏、變形、腐蝕
  - 判定方法 — 洩漏、變形、腐蝕
- (十一)排水設備
  - 檢查方法 — 排水溝、地區境界堤
  - 判定方法 — 排水溝、地區境界堤

排水設備外觀檢查

檢查方法	判定方法
1. 排水溝：以目視確認有無損傷、阻塞等。 2. 地區境界堤：以目視確認停車區劃之境界堤有無損傷。	1. 排水溝：應無損傷、阻塞等。 2. 地區境界堤：應無損傷。

自動警報逆止閥外觀檢查

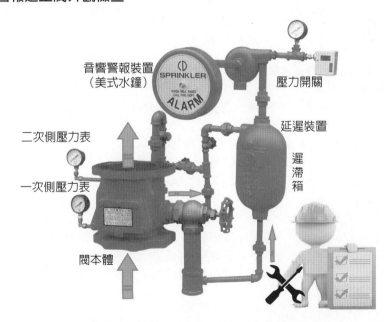

檢查方法	判定方法
1. 閥本體 　(1) 以目視確認本體、附屬閥類、配管及壓力表等有無漏水、變形等。 　(2) 確認閥本體壓力表指示值是否正常。 2. 延遲裝置：確認有無變形、腐蝕等。 3. 壓力開關：確認有無變形、損傷等。	1. 閥本體 　(1) 本體、附屬閥類、配管及壓力表等應無漏水、變形、損傷等。 　(2) 自動警報逆止閥壓力表指示值應正常。 2. 延遲裝置：應無變形、損傷、顯著腐蝕等。 3. 壓力開關：應無變形、損傷等。

4-21 水霧滅火設備性能檢查（一）

(一) 水源（如右圖解說）

(二) 電動機之控制裝置

  1. 檢查方法

    (1) 各開關：以螺絲起子及開、關操作，確認端子有無鬆動及開、關性能是否正常。

    (2) 保險絲：確認有無損傷、熔斷及是否為所規定之種類及容量。

    (3) 繼電器：確認有無脫落、端子鬆動、接點燒損、灰塵附著，並操作各開關使繼電器動作，確認其性能。

    (4) 表示燈：操作各開關確認有無亮燈。

    (5) 結線接續：以目視及螺絲起子確認有無斷線、端子鬆動等。

    (6) 接地：以目視或三用電表確認有無腐蝕、斷線等。

  2. 判定方法

    (1) 各開關

      A. 應無端子鬆動及發熱之情形。

      B. 開、關性能應正常。

    (2) 保險絲

      A. 應無損傷、熔斷。

      B. 應依回路圖所規定之種類及容量設置。

    (3) 繼電器

      A. 應無脫落、端子鬆動、接點燒損、灰塵附著等。

      B. 動作應正常。

    (4) 表示燈：應無顯著劣化，且能正常點燈。

    (5) 結線接續：應無斷線、端子鬆動、脫落、損傷等。

    (6) 接地：應無顯著腐蝕、斷線等之損傷。

(三) 啟動裝置

  1. 手動啟動裝置

    (1) 檢查方法：將一齊開放閥二次側之止水閥關閉，再打開測試用排水閥，然後操作手動啟動開關，確認加壓送水裝置是否啟動。

    (2) 判定方法：閥之操作應容易進行，且加壓送水裝置應能確實啟動。

  2. 自動啟動裝置

    (1) 檢查方法

      A. 啟動用水壓開關裝置

        (A) 以目視及螺絲起子確認壓力開關之端子有無鬆動。

        (B) 確認設定壓力值是否恰當，且由操作排水閥使加壓送水裝置啟動，確認動作壓力值是否適當正常。

水霧滅火設備 —— 水源性能檢查

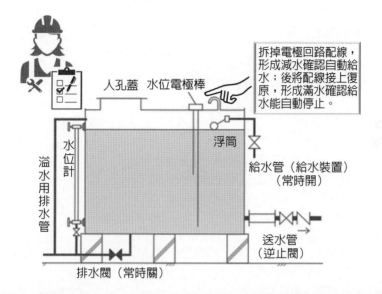

拆掉電極回路配線，形成減水確認自動給水；後將配線接上復原，形成滿水確認給水能自動停止。

人孔蓋　水位電極棒

浮筒

給水管（給水裝置）（常時開）

水位計

溢水用排水管

送水管（逆止閥）

排水閥（常時關）

檢查方法	判定方法
1. 水質：打開人孔蓋以目視及水桶採水，確認有無腐敗、浮游物、沉澱物等。 2. 給水裝置 　(1) 確認有無變形、腐蝕等，及操作排水閥確認給水功能是否正常。 　(2) 如不使用操作排水閥檢查給水功能時，可使用下列方法： 　　A.使用水位電極控制給水者，拆除其電極回路之配線，形成減水狀態，確認其是否能自動給水；其後再將拆掉之電極回路配線接上復原，形成滿水狀態，確認其給水能否自動停止。 　　B.使用浮球水栓控制給水者，由手動操作將浮球沒入水中，形成減水狀態，確認能否自動給水；其後使浮球復原，形成滿水狀態，確認給水能否自動停止。 3. 水位計及壓力表 　(1) 水位計之量測係打開人孔蓋，用檢尺測量水位，並確認水位計之指示值。 　(2) 壓力表之量測係關閉壓力表開關及閥類，並放出壓力表之水，使指針歸零後，再打開壓力表開關及閥類，並確認指針之指示值。 4. 閥類：用手操作確認開、關動作能否容易進行。	1. 水質：應無顯著腐蝕、浮游物、沉澱物等。 2. 給水裝置 　(1) 應無變形、損傷、顯著腐蝕等。 　(2) 於減水狀態應能自動給水，於滿水狀態應能自動停止供水。 3. 水位計及壓力表 　(1) 水位計之指示值應正常。 　(2) 壓力表歸零之位置、指針之動作狀況及指示值應正常。 4. 閥類：開、關操作應能容易地進行。

4-22 水霧滅火設備性能檢查（二）

　　　　B. 火警感知裝置：探測器之性能依據火警自動警報設備之檢修基準進行確認，再使探測器動作，確認加壓送水裝置是否啟動。

　　(2) 判定方法

　　　　A. 啟動用水壓開關裝置

　　　　　(A) 壓力開關之端子應無鬆動。

　　　　　(B) 設定壓力值適當，且加壓送水裝置應能依設定之壓力正常啟動。

　　　　B. 火警感知裝置

　　　　　(A) 依火警自動警報設備之檢修基準判定。

　　　　　(B) 加壓送水裝置應能確實啟動。

(四) 加壓送水裝置

　1. 幫浦方式（如右圖解說）

　2. 重力水箱方式

　　(1) 檢查方法：由最近及最遠之試驗閥，以壓力表測定其靜水壓力，確認是否為所定之壓力。

　　(2) 判定方法：應為設計上之壓力值。

　3. 壓力水箱方式

　　(1) 檢查方法：打開排氣閥確認能否自動啟動加壓。

　　(2) 判定方法：壓力降低自動啟動裝置應能自動啟動及停止。

　　(3) 注意事項：打開排氣閥時，為防止高壓造成之危害，閥類應慢慢地開啟。

　4. 減壓措施

　　(1) 檢查方法：以目視確認減壓閥等有無洩漏、變形等。

　　(2) 判定方法：應無洩漏、變形、損傷等。

(五) 呼水裝置

　1. 檢查方法

　　(1) 閥類：用手實地操作確認開、關動作是否容易進行。

　　(2) 自動給水裝置

　　　　A. 確認有無變形、腐蝕等。

　　　　B. 打開排水閥，確認其性能是否正常。

　　(3) 減水警報裝置

　　　　A. 確認有無變形、腐蝕等。

　　　　B. 關閉補給水閥，再打開排水閥，確認減水警報功能是否正常。

　　(4) 底閥

　　　　A. 拉上吸水管或檢查用鍊條，確認有無異物附著或阻塞等。

　　　　B. 打開幫浦本體上呼水漏斗之制水閥，確認有無從漏斗連續溢水出來。

水霧滅火設備——消防幫浦性能檢查

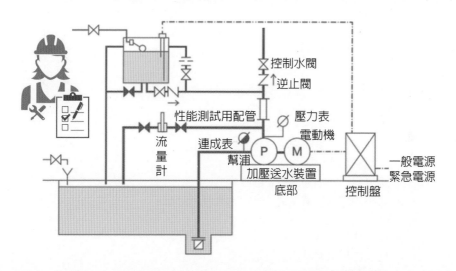

控制水閥
逆止閥
壓力表
性能測試用配管
電動機
流量計
連成表
幫浦
P　M
加壓送水裝置
底部
控制盤
一般電源
緊急電源

項目	檢查方法	判定方法
電動機	1. 回轉軸：用手轉動，確認是否能圓滑地回轉。 2. 軸承部：確認潤滑油有無污損、變質及是否達必要量。 3. 軸接頭：以扳手確認有無鬆動及性能是否正常。 4. 本體：操作啓動裝置使其啓動，確認性能是否正常。	1. 回轉軸：用手轉動，確認是否能圓滑地回轉。 2. 軸承部：確認潤滑油有無污損、變質及是否達必要量。 3. 軸接頭：以扳手確認有無鬆動及性能是否正常。 4. 本體：操作啓動裝置使其啓動，確認性能是否正常。
幫浦	1. 回轉軸：用手轉動確認是否能圓滑地轉動。 2. 軸承部：確認潤滑油有無污損、變質及是否達必要量。 3. 底部：確認有無顯著漏水。 4. 連成表及壓力表：關掉表計之控制水閥將水排出，檢視指針是否指在 0 之位置，再打開表計之控制水閥，操作啓動裝置確認指針是否正常地動作。 5. 性能：先將幫浦吐出側之制水閥關閉之後，使幫浦啓動，然後緩緩地打開性能測試用配管之制水閥，由流量計及壓力表確認額定負荷運轉及全開點時之性能。	1. 回轉軸：應能圓滑地轉動。 2. 軸承部：潤滑油應無污損、變質、混入異物等，且達必要量。 3. 底座：應無顯著之漏水。 4. 連成表及壓力表：位置及指針之動作應正常。 5. 性能：應無異常振動、不規則或不連續之雜音，且於額定負荷運轉及全開點時之吐出壓力及吐出水量均達規定值以上。
共同注意事項：除需操作啓動檢查性能外，其餘均需先切斷電源。		

4-23 水霧滅火設備性能檢查（三）

C. 打開幫浦本體上呼水漏斗之制水閥，然後關閉呼水管之制水閥，確認底閥之逆止效果是否正常。

2. 判定方法

(1) 閥類：開、關操作應容易進行。

(2) 自動給水裝置

A. 應無變形、損傷、顯著腐蝕等。

B. 當呼水槽水量減少時，應能自動給水。

(3) 減水警報裝置

A. 應無變形、損傷、顯著腐蝕等。

B. 當呼水槽水量減少到一半時，應發出警報。

(4) 底閥

A. 應無異物附著、阻塞等吸水障礙。

B. 應能由呼水漏斗連續溢水出來。

C. 呼水漏斗的水應無減少。

(六) 配管

1. 檢查方法

(1) 閥類：用手操作確認開、關動作是否容易。

(2) 過濾裝置：分解打開過濾網確認有無變形、異物堆積等。

(3) 排放管（防止水溫上升裝置）：使加壓送水裝置啓動呈關閉運轉狀態，確認排放管排水是否正常。

2. 判定方法

(1) 閥類：開、關操作應能容易進行。

(2) 過濾裝置：過濾網應無變形、損傷、異物堆積等。

(3) 排放管（防止水溫上升裝置）：排放水量應在下列公式求得量以上。

$$q = \frac{Ls \times C}{60 \times \Delta t}$$

q = 排放水量（l/min）

Ls = 幫浦關閉運轉時之出力（kw）

C = 860 cal（1kw 時水之發熱量）

Δt = 30℃（幫浦內部之水溫上升限度）

(七) 送水口（如右圖解說）

水霧滅火設備──送水口性能檢查

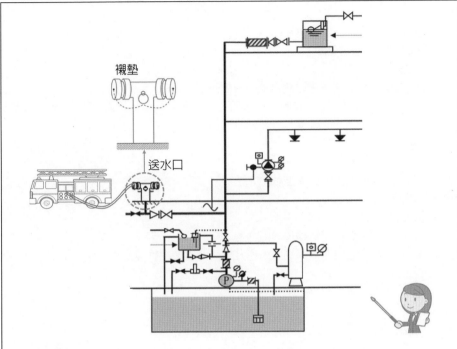

襯墊

送水口

1. 檢查方法
   (1) 確認襯墊有無老化等。
   (2) 確認水帶是否容易接上及分開。
2. 判定方法
   (1) 襯墊應無老化、損傷等。
   (2) 與水帶之接合及分開應容易進行。

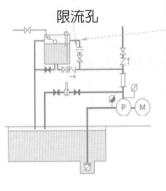

限流孔

水溫上升防止裝置

當幫浦全閉運轉（機械能轉成熱能）不得使內部水溫上升≥30℃

$$Q（流量）=\frac{L（幫浦馬力）\times C（發熱量\ 860kcal/\,kW.h）}{60\times \Delta t(30kcal/\,l)}$$

例題：幫浦流量 2 m³/min，揚程50 m，效率55%

$$則\ L=\frac{0.163\times\gamma（比重）'Q（流量）\times H（揚程）}{E（效率）}$$

$$=\frac{0.163\times1\times2\times50}{0.55}=29.6\ kW$$

$$Q=\frac{29.6\times860}{60\times30}=14.1\ L/min$$

4-24 水霧滅火設備性能檢查（四）

(八) 自動警報逆止閥（如右圖解說）

(九) 一齊開放閥（含電磁閥）

  1. 檢查方法

    (1) 以螺絲起子確認電磁閥之端子有無鬆動。

    (2) 關閉一齊閥放閥二次側的止水閥，再打開測試用排水閥，然後操作手動啓動開關，確認其性能是否正常。

  2. 判定方法

    (1) 端子應無鬆動脫落等。

    (2) 一齊開放閥應能確實開放放水。

(十) 排水設備

  1. 檢查方法

    (1) 集水管：確認有無損傷、阻塞等。

    (2) 滅火坑：確認有無損傷、阻塞及油水分離裝置性能是否正常。

  2. 判定方法

    (1) 集水管：應無損傷、阻塞等。

    (2) 滅火坑

      A. 應無損傷、阻塞等。

      B. 油水分離裝置之性能應正常。

(十一) 耐震措施

  1. 檢查方法

    (1) 牆壁或地板上貫通部分有無變形、損傷等，並確認防震軟管接頭有無變形、損傷、顯著腐蝕等

    (2) 以目視及扳手確認蓄水池及加壓送水裝置等之裝配固定是否有異常。

  2. 判定方法

    (1) 防震軟管應無變形、損傷、顯著腐蝕等，且牆壁或地板上貫通部分的間隙、充填部分均保持原來施工時之狀態。

    (2) 蓄水池及加壓送水裝置的安裝部分所使用之基礎螺絲、螺絲帽，應無變形、損傷、鬆動、顯著腐蝕等，且安裝固定部分應無損傷。

水霧滅火設備—— 自動警報逆止閥性能檢查

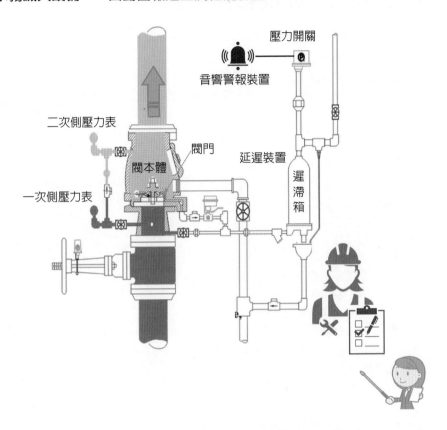

檢查方法	判定方法
1. 閥本體：操作本體之試驗閥，確認閥本體、附屬閥類及壓力表等之性能是否正常。 2. 延遲裝置：確認延遲作用及自動排水裝置之排水能否有效地進行。 3. 壓力開關 　(1) 以螺絲起子確認端子有無鬆動。 　(2) 確認壓力值是否適當，及動作壓力值是否適當正常。 4. 音響警報裝置及表示裝置 　(1) 操作排水閥確認警報裝置之警鈴、蜂鳴器或水鐘等是否確實鳴動。 　(2) 確認表示裝置之標示燈等有無損傷，及是否能確實表示。	1. 閥本體：性能應正常。 2. 延遲裝置 　(1) 延遲作用應正常。 　(2) 自動排水裝置應能有效排水。 3. 壓力開關 　(1) 端子應無鬆動。 　(2) 設定壓力值應適當正常。 　(3) 於設定壓力值應能動作。 4. 音響警報裝置及標示裝置：應能確實鳴動及正常表示。

4-25 水霧滅火設備綜合檢查

(一) 檢查方法：切換成緊急電源供電狀態，依下列步驟確認系統性能是否正常。

　　1. 選擇任一區作放水試驗。

　　2. 由操作手動啓動裝置或自動啓動裝置，啓動加壓送水裝置。

　　3. 在一齊開放閥最遠處之水霧噴頭附近裝上測試用壓力表。

　　4. 放射量依下式計算

$$Q = K\sqrt{P}$$

　　　　Q = 放射量（l/min）

　　　　K = 常數

　　　　P = 放射壓力（kgf/cm²）

(二) 判定方法

　　1. 幫浦方式

　　　(1) 啓動性能

　　　　A. 加壓送水裝置應能確實啓動。

　　　　B. 表示、警報等應正常。

　　　　C. 電動機之運轉電流值應在容許範圍內。

　　　　D. 運轉中應無不規則、不連續之雜音或異常之發熱、振動。

　　　(2) 一齊開放閥：一齊開放閥應正常動作。

　　　(3) 放射壓力等

　　　　A. 放射壓力：應可得到在設計上之壓力。

　　　　B. 放射量：水霧噴頭之放射量應符合放射壓力之放射曲線上之值。

　　　　C. 放射狀態：放射狀態應正常。

　　2. 重力水箱及壓力水箱方式

　　　(1) 表示、警報等：表示、警報等應正常。

　　　(2) 一齊開放閥：一齊開放閥應正常動作。

　　　(3) 放射量等

　　　　A. 放射壓力：應可得到設計上之壓力。

　　　　B. 放射量：水霧噴頭之放射量應符合放射壓力之放射曲線上之值。

　　　　C. 放射狀態：放射狀態應正常。

　　3. 注意事項

　　　於檢查類似醫院之場所時，因切換成緊急電源可能會造成困擾時，得使用常用電源檢查。

水霧滅火設備綜合檢查

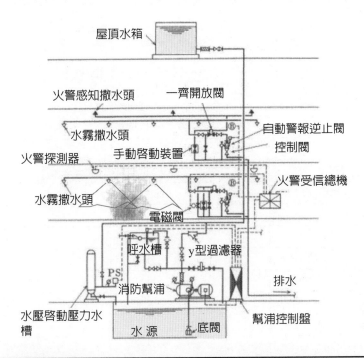

檢查方法	判定方法
切換成緊急電源供電狀態，依下列步驟確認系統性能是否正常。 1. 選擇任一區作放水試驗。 2. 由手動啓動裝置或自動啓動裝置，啓動加壓送水裝置。 3. 在一齊開放閥最遠處水霧噴頭裝上測試用壓力表。 4. 放射量依下式計算 $$Q = K\sqrt{P}$$ Q = 放射量（l/min） K = 常數 P = 放射壓力（kgf/cm²）	1. 幫浦方式 　(1) 啓動性能 　　A. 加壓送水裝置應能確實啓動。 　　B. 表示、警報等應正常。 　　C. 電動機之運轉電流值應在容許範圍內。 　　D. 運轉中應無不規則、雜音或異常發熱振動。 　(2) 一齊開放閥：一齊開放閥應正常動作。 　(3) 放射壓力等 　　A. 放射壓力：應可得到在設計上之壓力。 　　B. 放射量：噴頭放射量應符合放射壓力曲線上之值。 　　C. 放射狀態：放射狀態應正常。 2. 重力水箱及壓力水箱方式 　(1) 表示、警報等：表示、警報等應正常。 　(2) 一齊開放閥：一齊開放閥應正常動作。 　(3) 放射量等 　　A. 放射壓力：應可得到設計上之壓力。 　　B. 放射量：噴頭之放射量應符合放射壓力曲線上之值。 　　C. 放射狀態：放射狀態應正常。
注意事項：於檢查類似醫院之場所時，因切換成緊急電源可能會造成困擾時，得使用常用電源檢查。	

4-26 水霧滅火設備檢查表

水霧滅火設備檢查表						
檢修設備名稱	幫浦	製造廠： 型號：		電動機	製造廠： 型號：	
檢修項目		檢修結果				處置措施
檢修項目		種別、容量等內容	判定	不良狀況		處置措施
外觀檢查						
水源	蓄水池	類別				
水源	水量	m³				
水源	水位計、壓力計					
水源	閥類					
電動機	控制盤	周圍狀況				
電動機	控制盤	外形				
電動機	電壓表	V				
電動機	各開關					
電動機	標示					
電動機	預備品等					
啓動裝置	手動啓動	周圍狀況				
啓動裝置	手動啓動	外形				
啓動裝置	自動啓動	水壓開關裝置	壓力開關	設定壓力 kgf/cm²		
啓動裝置	自動啓動	水壓開關裝置	壓力水槽	L kgf/cm²		
啓動裝置	自動啓動	火警感知裝置	探測器			
啓動裝置	自動啓動	火警感知裝置	密閉式撒水頭			
加壓送水裝置						
呼水裝置	呼水槽	L				
呼水裝置	閥類					
配管	外形					
配管	標示					
送水口	周圍狀況					
送水口	外形					

水霧滅火設備檢查表					
水霧噴頭	外形				
	撒水分布障礙				
	未警戒部份				
自動警報逆止閥	閥本體	kgf/cm^2			
	延遲裝置				
	壓力開關	kgf/cm^2			
一齊開放閥（含電磁閥）		kgf/cm^2			
排水設備	排水溝				
	地區境界堤				
性能檢查					
水源	水質				
	給水裝置				
	閥類				
	水位計、壓力表				
電動機控制裝置	各開關				
	保險絲	A			
	繼電器				
	表示燈				
	結線接續				
	接地				
啓動裝置	手動啓動裝置				
	自動啓動裝置	水壓開關裝置	設定壓力　　kgf/cm^2 動作壓力　　kgf/cm^2		
		火警感知裝置	□專用　　　□兼用		
加壓送水裝置	幫浦方式	電動機	回轉軸		
			軸承部		
			軸接頭		
			本體		

水霧滅火設備檢查表						
幫浦		回轉軸				
		軸承部				
		底部				
		連成表壓力表				
		性能	kgf/cm^2　L/min			
	重力水箱方式		kgf/cm^2			
	壓力水箱方式		kgf/cm^2			
呼水裝置		閥類				
		自動給水裝置				
		減水警報裝置				
		底閥				
配管		閥類				
		過濾裝置				
		排放管				
送水口						
自動警報逆止閥等		閥本體				
		延遲裝置				
		壓力開關	設定壓力　kgf/cm^2 動作壓力　kgf/cm^2			
		音響警報裝置	蜂鳴器			
一齊開放閥（含電磁閥）						
排水設備		集水管				
		滅火坑				
耐震措施						
綜合檢查						
幫浦方式	啟動性能	加壓送水裝置				
		表示、警報等				
		運轉電流				
		運轉狀況				
	一齊開放閥					
	放水壓力					

（略）

位能轉動能

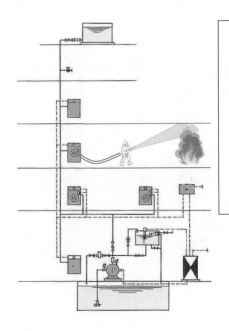

位能轉化動能

$$P = \frac{1}{10}\, h$$

$$P\,(kg/cm^2) = \gamma(水比重) \times h$$
$$= 1000kg/m^3 \times h\,(m)$$
$$= 1000kg/m^2 \times h$$
$$= 1000kg / (100cm^2) \times h$$
$$= 0.1 \times h\,(kg/cm^2)$$

水發熱量

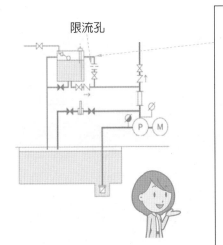

限流孔

水發熱量 860 kcal / kw.h

$$Q\,(流量\,L/min) =$$

$$\frac{L\,(幫浦馬力) \times C\,(發熱量\,860\,kal/kW.h)}{60 \times \Delta t\,(30\,kal/l)}$$

$$1 卡\,(cal) = 4.19\,焦耳\,(J)$$

$$1 瓦特\,(w) = \frac{焦耳\,(J)}{秒\,(sec)}$$

$$1kw.h = \frac{60 \times 60}{4.19} = 860\,kcal$$

4-27 泡沫滅火設備外觀檢查

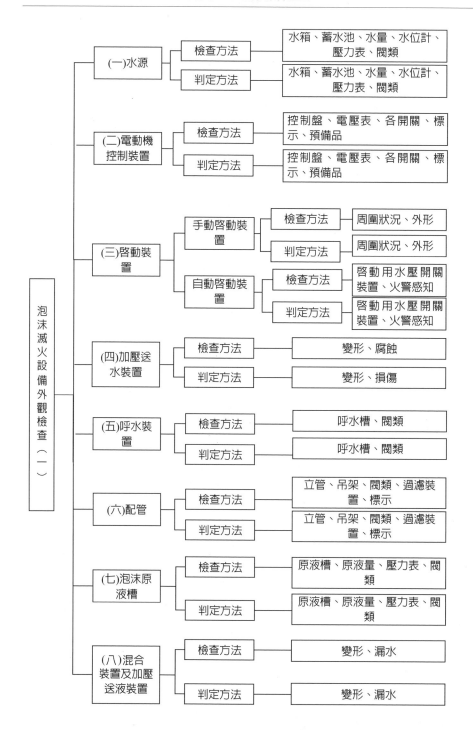

泡沫滅火設備外觀檢查（一）

(一)水源
- 檢查方法 → 水箱、蓄水池、水量、水位計、壓力表、閥類
- 判定方法 → 水箱、蓄水池、水量、水位計、壓力表、閥類

(二)電動機控制裝置
- 檢查方法 → 控制盤、電壓表、各開關、標示、預備品
- 判定方法 → 控制盤、電壓表、各開關、標示、預備品

(三)啓動裝置
- 手動啓動裝置
  - 檢查方法 → 周圍狀況、外形
  - 判定方法 → 周圍狀況、外形
- 自動啓動裝置
  - 檢查方法 → 啓動用水壓開關裝置、火警感知
  - 判定方法 → 啓動用水壓開關裝置、火警感知

(四)加壓送水裝置
- 檢查方法 → 變形、腐蝕
- 判定方法 → 變形、損傷

(五)呼水裝置
- 檢查方法 → 呼水槽、閥類
- 判定方法 → 呼水槽、閥類

(六)配管
- 檢查方法 → 立管、吊架、閥類、過濾裝置、標示
- 判定方法 → 立管、吊架、閥類、過濾裝置、標示

(七)泡沫原液槽
- 檢查方法 → 原液槽、原液量、壓力表、閥類
- 判定方法 → 原液槽、原液量、壓力表、閥類

(八)混合裝置及加壓送液裝置
- 檢查方法 → 變形、漏水
- 判定方法 → 變形、漏水

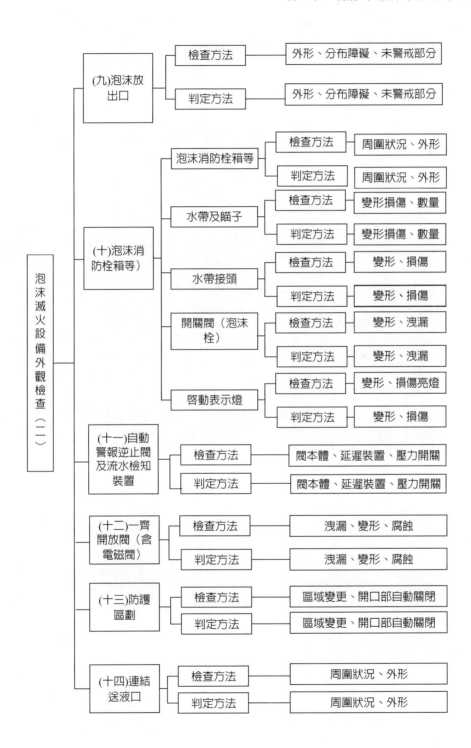

泡沫滅火設備外觀檢查（二）

(九)泡沫放出口
- 檢查方法 —— 外形、分布障礙、未警戒部分
- 判定方法 —— 外形、分布障礙、未警戒部分

(十)泡沫消防栓箱等）
- 泡沫消防栓箱等
  - 檢查方法 —— 周圍狀況、外形
  - 判定方法 —— 周圍狀況、外形
- 水帶及瞄子
  - 檢查方法 —— 變形損傷、數量
  - 判定方法 —— 變形損傷、數量
- 水帶接頭
  - 檢查方法 —— 變形、損傷
  - 判定方法 —— 變形、損傷
- 開關閥（泡沫栓）
  - 檢查方法 —— 變形、洩漏
  - 判定方法 —— 變形、洩漏
- 啟動表示燈
  - 檢查方法 —— 變形、損傷亮燈
  - 判定方法 —— 變形、損傷

(十一)自動警報逆止閥及流水檢知裝置
- 檢查方法 —— 閥本體、延遲裝置、壓力開關
- 判定方法 —— 閥本體、延遲裝置、壓力開關

(十二)一齊開放閥（含電磁閥）
- 檢查方法 —— 洩漏、變形、腐蝕
- 判定方法 —— 洩漏、變形、腐蝕

(十三)防護區劃
- 檢查方法 —— 區域變更、開口部自動關閉
- 判定方法 —— 區域變更、開口部自動關閉

(十四)連結送液口
- 檢查方法 —— 周圍狀況、外形
- 判定方法 —— 周圍狀況、外形

4-28 泡沫滅火設備性能檢查

泡沫滅火設備——泡沫消防栓箱性能檢查

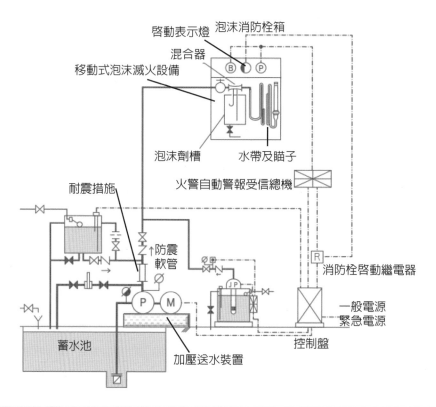

檢查方法	判定方法
1. 水帶、瞄子及水帶接頭 　(1) 以手操作及目視確認有無損傷、腐蝕及是否容易拆接。 　(2) 製造年份超過 10 年或無法辨識製造年份之水帶，應將消防水帶兩端之快速接頭連接於耐水壓試驗機，並利用相關器具夾住消防水帶兩末端處，經確認快速接頭已確實連接及水帶內（快速接頭至被器具夾住處之部分水帶）無殘留之空氣後，施以 7kgf/cm² 以上水壓試驗 5 分鐘合格，始得繼續使用。但已經水壓試驗合格未達 3 年者，不在此限。 2. 開關閥 　確認開關是否容易操作。	1. 水帶、瞄子及水帶接頭 　(1) 應無損傷、腐蝕等。 　(2) 應能容易拆接，水帶應無破裂、漏水或與消防水帶用接頭脫落之情形。 2. 開關閥 　開關應能容易操作。

泡沫滅火設備──混合裝置及加壓送液裝置性能檢查

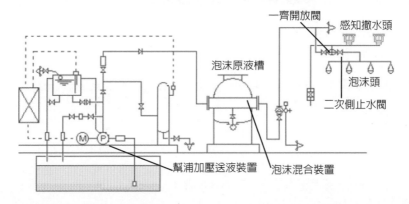

檢查方法	判定方法
1. 泡沫混合裝置 　因有數種混合方式，且各廠牌性能不一，所以應參照原廠所附之相關資料，確認其性能是否正常。 2. 加壓送液裝置 　(1) 確認有無漏液。 　(2) 使用幫浦加壓者，依加壓送水裝置檢查方法確認。	1. 泡沫混合裝置 　性能應與設置時相同。 2. 加壓送液裝置 　(1) 運轉中應無明顯漏液。 　(2) 使用幫浦加壓者，依加壓送水裝置之判定方法判定之。
注意事項： 1. 要操作設於混合配管之閥類時，應依相關資料熟知其各裝置後再動手。 2. 由加壓送液裝置運轉，造成原液還流原液槽時應注意在原液槽之起泡及溢出現象。	

泡沫滅火設備──一齊開放閥（含電磁閥）性能檢查

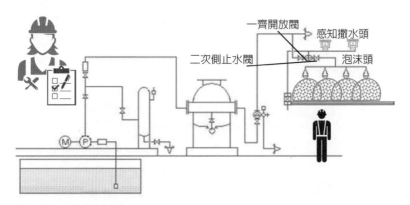

檢查方法	判定方法
1. 以螺絲起子確認電磁閥之端子有無鬆動。 2. 關閉一齊開放閥二次側的止水閥，再打開測試用排水閥，然後操作手動啟動開關，確認其性能是否正常。	1. 端子應無鬆動、脫落等。 2. 一齊開放閥應能確實開放放水。

4-29 泡沫滅火設備綜合檢查

(一) 固定式泡沫滅火設備（低發泡）（如右圖解說）
(二) 移動式泡沫滅火設備
　　1. 檢查方法
　　　　切換成緊急電源供電狀態，藉由直接操作啟動裝置或遠隔啟動裝置使幫浦啟動，確認系統之性能是否正常。另外，發泡倍率、放射壓力及混合比率依下列方法確認。
　　　(1) 由任一泡沫消防栓進行放射試驗。
　　　(2) 依附表之發泡倍率及 25% 還原時間測定方法，測其發泡倍率及 25% 還原時間。並在測定發泡倍率時，使用其所採取之泡水溶液，利用糖度計法或比色計法，測其混合比率（稀釋容量濃度）。
　　2. 判定方法
　　　(1) 幫浦方式
　　　　　A. 啟動性能
　　　　　　(A) 加壓送水裝置能確實啟動。
　　　　　　(B) 表示、警報等性能應正常。
　　　　　　(C) 電動機之運轉電流應在容許範圍內。
　　　　　　(D) 運轉中應無不規則、不連續之雜音或異常之震動、發熱等。
　　　　　B. 發泡倍率等
　　　　　　放射壓力應符合設計圖說；發泡倍率應在 5 倍以上，其混合比率應為設計時之稀釋容量濃度。
　　　(2) 重力水箱及壓力水箱
　　　　　A. 表示、警報等
　　　　　　表示、警報應正常。
　　　　　B. 發泡率等
　　　　　　放射壓力應符合設計圖說；發泡倍率應在 5 倍以上，其混合比率應為設計時之稀釋容量濃度。
　　3. 注意事項
　　　　於檢查類似醫院之場所，因切換緊急電源可能造成困擾時，得使用常用電源檢查。

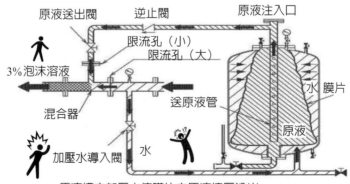

原液槽內加壓水使膜片內原液擠壓送出

泡沫滅火設備──固定式泡沫滅火設備（低發泡）綜合檢查

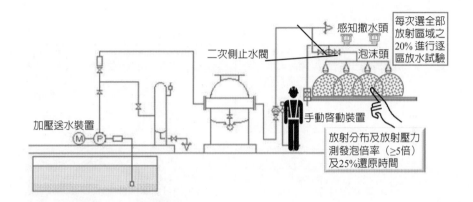

檢查方法	判定方法
切換成緊急電源供電狀態，藉由手動啓動裝置之操作或自動啓動裝置之動作，確認系統之性能是否正常。另外，放射分布、發泡倍率、放射壓力及混合比率依下列方法確認。 1. 設置泡沫頭者，每次選擇全部放射區域數之 20% 以上的放射區域，進行逐區放水試驗，測其放射分布及放射壓力。 2. 在上述之放射區域中，於距加壓送水裝置最遠之放射區域進行泡沫放射，再依附表之發泡倍率及 25% 還原時間測定方法，測其發泡倍率及 25% 還原時間。並在測定發泡倍率時，使用其所採取之泡水溶液，利用糖度計法或比色計法，測其混合比率。	1. 幫浦方式 　(1) 啓動性能 　　A.加壓送水裝置應能確實啓動。 　　B.表示、警報等性能應正常。 　　C.電動機之運轉電流應在容許範圍內。 　　D.運轉中應無不規則、不連續之雜音或異常之震動、發熱等。 　(2) 一齊開放閥 　　一齊開放閥應正常動作。 　(3) 放射分布等 　　A.在進行泡沫頭放水試驗時，其放射分布及放射壓力應符合設計圖說。 　　B.在進行泡沫放射檢查時，其發泡倍率應在 5 倍以上，其混合比率應為設計時之稀釋容量濃度。 2. 重力水箱及壓力水箱 　(1) 表示、警報等 　　表示、警報等應正常。 　(2) 一齊開放閥 　　一齊開放閥應正常動作。 　(3) 分布 　　A.在進行泡沫頭放水試驗時，其放射分布及放射壓力應符合設計圖說。 　　B.在進行泡沫放射檢查時，其發泡倍率應在 5 倍以上，其混合比率應為設計時之稀釋容量濃度。
注意事項：於檢查類似醫院之場所，因切換緊急電源可能造成困擾時，得使用常用電源檢查。	

4-30 泡沫滅火設備發泡倍率及25%還原時間測定方法

項目		測定基準	備註
適用範圍		本測定方法適用於使用蛋白泡沫滅火藥劑或合成界面活性劑中之低發泡者。	 收集器之材質應為鋁板或具同等以上之耐蝕性材質 泡沫試料採集器
必要器具	發泡倍率測定器具	1. 1400ml 容量之泡沫試料容器（container）……2 個（如備註欄） 2. 泡沫試料採集器（collector）1 個（參照備註欄） 3. 量秤……1 個	
	25% 還原時間測定器具	1. 碼錶（stop watch）……2 個 2. 泡沫試料容器臺……1 個（如備註欄） 3. 100ml 容量之透明容器……4 個。	
泡沫試料採取方法	泡沫噴頭之場合	在發泡面積內之指定位置，將二個內容積 1400mL 之泡沫試料容器置於泡沫試料採集器之位置，在該容器未盛滿泡沫前持續置於收集器上，泡沫盛滿後即按下碼錶讀秒，同時將採集自泡沫頭撒下之泡沫試料移至外部，以直棒將容器表面推平，清除過多泡沫及附著在容器外側與底部之泡沫，對該試料進行分析。	 泡沫試料容器（尺寸表示內徑） 註：接近內壁之底部設置 6.4mm 徑之排液口，安裝橡皮管及閉止閥。
	泡沫瞄子之場合	於發泡落下地點之大約中央處放置配有 1400mL 泡沫試料容器 2 個之泡沫試料採集器，直至於該容器泡沫完全被試料採集器，直到於該容器完全被充滿為止，而將容器置於採集器上，如充滿時按下碼錶開始讀秒，並將由泡沫瞄子發泡落下中之泡沫所採取之試料移至外部，以直尺劃平容器上面，除去多餘泡沫以及附著容器外側或底面之泡沫而分析該試料。	

項目		測定基準	備註
	發泡倍率	發泡倍率係測量在未混入空氣前之泡沫水溶液量與最終發泡量之比率。故應預先測出泡沫試料容器重量，並將泡沫試料測量至公克單位，再以下列公式計算之： 1400mL÷扣除容器得量後之淨量（g）＝發泡倍率	 泡沫試料容器臺 容器臺應把傾斜角度作為重點，其他尺寸可改為能易於正確檢查之形狀。
測定方法	25% 還原時間	泡沫之 25% 還原時間，係指自所採集之泡沫消泡為泡水溶液量，還原至全部泡沫溶液量之 25% 止所需之時間。因其特別著重水之保持能力及泡沫之流性，故以下列方法測定。 測定還原時間係以測量發泡倍率時所用之試料進行，如將泡沫試料之淨重分為四等分，即可得所含泡水溶液量之 25%（單位 mL），為測得還原至此量所需時間，應先將試料容器置於容器臺上，在一定時間內以100mL 透明容器承接還原於容器底部之水溶液。 茲舉一例如下： 假設泡沫試料之淨重為 180g，25% 容量值為 180÷4＝45（mL）而其排液量之數值如下記錄： 　時間（分）　　還原量（mL） 　　0　　　　　　　0 　　0.5　　　　　　10 　　1.0　　　　　　20 　　1.5　　　　　　30 　　2.0　　　　　　40 　　2.5　　　　　　50 　　3.0　　　　　　60 由此記錄可知 25% 容量之 45mL位於 2 至 2.5 分鐘之間，即由（45mL（25% 容量值）－40mL	

項目	測定基準	備註
	（經過 2 分鐘還原量值）） ÷（50mL（經過 2.5 分鐘時之排液還原量值）－ 40mL（經過 2 分鐘排液量值））＝ $\frac{1}{2}$ 可得 2.25 分鐘之時間，由此判定性能。	

項目		測定基準	備註
適用範圍		本測定方法適用於使用水成膜泡沫滅火藥劑發泡者。	
必要器具	發泡倍率測定器具	1. 內容積 1000mL 具刻度之量筒 –2 個。 2. 泡沫試料採集器 –1 個（如備註欄） 3. 1000g 計量器（或與此接近者）–1 個。	
	25% 還原時間測定器具	1. 碼錶（stop watch）–1 個 2. 內容積 1000mL 具刻度之量筒 –2 個。	○量筒上方應距地板 50cm 以下。 ○採集器之材質應為鋁板或具同等以上耐腐蝕性能者。 註：尺寸之（）係為參考尺寸。
泡沫試料採集方法	泡沫噴頭之場合	將 1000mL 附刻度之量筒 2 個之泡沫試料採集器置於發泡面積指定位置，至量筒充滿泡沫為止。採集試料，如泡沫盛滿後即按下碼錶讀秒，同時將採集自泡沫撤下之泡沫義烏料移至外部，清除多餘之泡沫及附著在量筒外側與底部之泡沫，對該試料進行分析。	
	泡沫瞄子之場合	於發泡落下點之大約中央處放置刻有 1000mL 之量筒 2 個泡沫試料採集器，使量筒充滿泡沫為止。採集試料，如充滿時按下碼錶開始讀秒，並將採集之試料移至外部，除去多餘泡沫以及附著量筒外側或底面之泡沫，而分析該試料。	

項目	測定基準	備註
測定方法 發泡倍率	發泡倍率係測量在未混入空氣前之泡沫水溶液量與最終發泡量之比率，故應預先測出刻度1000mL量筒之容器重量，次將泡沫試料測量至公克（g）單位，再利用下列公式計算之。1000mL÷減掉量筒重量之泡沫重量（g）＝發泡倍率	
25%還原時間	泡沫之25%還原時間，係指自所採集之泡沫消泡為泡水溶液量，還原至全部泡沫水溶液量之25%所需時間。因其特別著重水之保持能力及泡沫之流動性，故以下列方法測定。 測定還原時間係以測量發泡倍率時所用之試料進行，如將泡沫試料淨重分為四等份，即可得所含泡水溶液量之25%（單位mL），為側得還原至此量所需時間，應先將量筒置於平面上，利用量筒上之刻度觀察泡水溶液還原至25%之所需時間。 茲舉一例如下： 假設泡沫試料之淨重為200g，1g換算為1mL，25%容量值為200mL÷4=50（mL）。故測定還原至50ml所需時間，以判定其性能。 茲舉測定之實例如下： 還原之數值記錄如下： 　時間（分）　　還原量（mL） 　　　0　　　　　　　0 　　　1.0　　　　　　20 　　　2.0　　　　　　40 　　　3.0　　　　　　60 由此記錄可知25%容量（50mL）位於2至3分鐘之間。即由 （50mL（25%容量值）－40mL（經過2分鐘還原量值））÷（60mL（經過3分鐘時之還原量值）－40mL（經過2分鐘時還原量值））＝0.5 可得2.5分鐘之時間，由此判定性能。	

4-31 泡沫滅火設備檢查表

泡沫滅火設備檢查表（設備方式：□固定式、□移動式）						
檢修設備名稱	幫浦	製造商： 型號：		電動機	製造商： 型號：	
檢修項目			檢修結果			處置措施
			種別、容量等內容	判定	不良狀況	
外觀檢查						
水源	蓄水池		類別			
	水量		m³			
	水位計、壓力計					
	閥類					
電動機	控制盤	周圍狀況				
		外形				
	電壓表		V			
	各開關					
	標示					
	預備品等					
啟動裝置	手動啟動	周圍狀況				
		外形				
	自動啟動	水壓開關裝置	壓力開關	設定壓力　kgf/cm²			
			壓力槽	L　　kgf/cm²			
		火警感知裝置	探測器				
			密閉式撒水頭				
加壓送水裝置						
呼水裝置	呼水槽		L			
	閥類					
配管						
泡沫原液槽	原液槽		L			
	原液量		L			
	壓力表		kgf/cm²			
	閥類					
混合裝置及加壓送液裝置						
泡沫放出口	外形					
	分布障礙					
	未警戒部份					

泡沫滅火設備檢查表（設備方式：□固定式、□移動式）						
泡沫消防栓箱等	泡沫消防栓箱	周圍狀況				
		外形				
	水帶、瞄子					
	水帶接頭					
	開關閥					
	啓動表示燈					
自動警報逆止閥		閥本體	kgf/cm²			
		延遲裝置				
		壓力開關	kgf/cm²			
一齊開放閥（含電磁閥）			kgf/cm²			
防護區劃（高發泡）		區域變更				
		開口部自動關閉裝置				
連結送液口		周圍狀況				
		外形				
泡沫射水槍		周圍狀況				
		外形				
性能檢查						
水源		水質				
		給水裝置				
		閥類				
	水位計、壓力表					
電動機控制裝置		各開關				
		保險絲	A			
		繼電器				
		表示燈				
		結線接續				
		接地				
啓動裝置		手動啓動裝置				
	自動啓動裝置	水壓開關裝置	設定壓力　kgf/cm²　動作壓力　kgf/cm²			
		火警探測器	□專用　　□兼用			

泡沫滅火設備檢查表（設備方式：□固定式、□移動式）						
加壓送水	幫浦方式	電動機	回轉軸				
			軸承部				
			軸接頭				
			本體				
裝置		幫浦	回轉軸				
			軸承部				
			底部				
			連成表、壓力表				
			性能	kgf/cm² L/min			
	重力水箱方式			kgf/cm²			
	壓力水箱方式			kgf/cm²			
呼水裝置	閥類						
	自動給水裝置						
	減水警報裝置						
	底閥						
配管	閥類						
	過濾裝置						
	排放管						
泡沫原液體		泡沫原液					
		壓力計					
		閥類					
混合裝置及加壓送液裝置		泡沫混合裝置					
		加壓送水裝置					
泡沫消防栓箱		水帶瞄子					
		開關閥					
自動警報逆止閥等		閥本體					
		延遲裝置					
		壓力開關	設定壓力 kgf/cm² 動作壓力 kgf/cm²				
		音響警報裝置					
一齊開放閥（含電磁閥）							
緊急停止裝置（高發泡）							
防護區劃法高泡							
耐震措施							

泡沫滅火設備檢查表（設備方式：□固定式、□移動式）					
連結送液口					
泡沫射水槍					
綜合檢查					

固定式	幫浦方式	啓動性能	加壓送水裝置			
			表示、警報等			
			運轉電流	A		
			運轉狀況			
		一齊開放閥				
		放射分佈	倍　　kgf/cm² 　%			
	重力水箱方式	表示警報等				
		一齊開放閥				
		放射分布等	倍　　kgf/cm² 　%			
移動式	幫浦方式	啓動性能	加壓送水裝置			
			表示、警報等			
			運轉電流			
			運轉狀況			
		發泡倍率等				
	重力水箱方式	表示警報等				
		發泡倍率等	倍　　kgf/cm² 　%			

備註	

檢查器材	機器名稱	型式	校正年月日	製造廠商	機器名稱	型式	校正年月日	製造廠商

檢查日期	自民國　　年　　　月　　　日　至民國　　年　　　月　　　日		
檢修人員	姓名		消防設備師（士）證書字號	簽章	（簽章）
	姓名		消防設備師（士）證書字號	簽章	
	姓名		消防設備師（士）證書字號	簽章	
	姓名		消防設備師（士）證書字號	簽章	

1. 應於「種別‧容量等情形」欄內填入適當之項目。
2. 檢查合格者於判定欄內打「○」；有不良情形時於判定欄內打「×」，並將不良情形填載於「不良狀況」欄。
3. 對不良狀況所採取之處置情形應填載於「處置措施」欄。
4. 欄內有選擇項目時應以「○」圈選之。

4-32 連結送水管外觀檢查

連結送水管──送水口外觀檢查

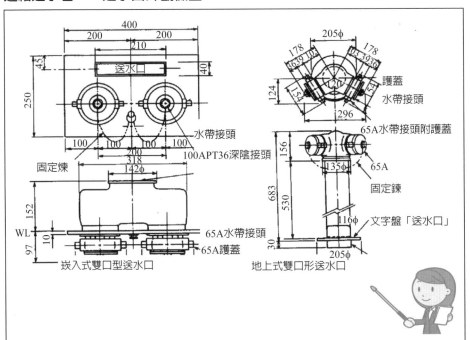

崁入式雙口型送水口

地上式雙口形送水口

1. 檢查方法
   (1) 周圍狀況
      A. 確認周圍有無使用上及消防車接近之障礙。
      B. 確認連結送水管送水口之標示是否適當。
   (2) 外形
      以目視確認如上圖所示之送水口有無漏水、變形、異物阻塞等。
2. 判定方法
   (1) 周圍狀況
      A. 應無消防車接近及送水作業上之障礙。
      B. 標示應無損傷、脫落、污損等。
   (2) 外形
      A. 快速接頭應無生鏽之情形。
      B. 應無漏水及砂、小石等異物阻塞現象。
      C. 設有保護裝置者，該保護裝置應無變形、損傷。

連結送水管──出水口外觀檢查

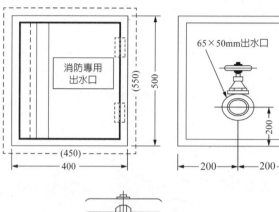

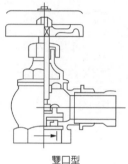

雙口型

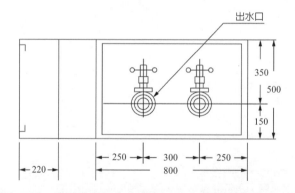

檢查方法	判定方法
1. 周圍狀況 (1)確認周圍有無檢查上及使用上之障礙。 (2)確認「出水口」之標示是否正常。 2. 外形 以目視確認圖所示之出水口有無漏水、變形等情形，及無異物阻塞。	1. 周圍狀況 (1)周圍應無造成檢查上及使用上之障礙。 (2)標示應無損傷、脫落及污損等情形。 2. 外形 (1)出水口保護箱應無變形、損傷及顯著腐蝕等，且箱門之開關應無異常現象。 (2)出水口應無導致漏水及水帶連接障礙之變形、損傷及顯著腐蝕等情形。 (3)應無砂或小石塊等異物阻塞。 (4)回轉把手應確實固定於主軸，應無鬆動、脫落等情形。

4-33 連結送水管性能檢查

連結送水管 —— 呼水裝置性能檢查

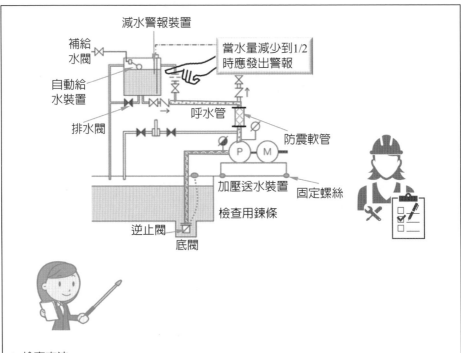

1. 檢查方法
   (1) 閥類
      以手操作確認開、關動作是否能容易進行。
   (2) 自動給水裝置
      A. 確認有無變形、腐蝕等。
      B. 打開排水閥，確認自動給水功能是否正常。
   (3) 減水警報裝置
      A. 確認有無變形、腐蝕等。
      B. 關閉補給水閥，再打開排水閥，確認其功能是否正常。
2. 判定方法
   (1) 閥類
      開、關動作應能容易進行。
   (2) 自動給水裝置
      A. 應無變形、損傷、顯著腐蝕等。
      B. 當呼水槽之水量減少時，應能自動給水。
   (3) 減水警報裝置
      A. 應無變形、損傷、顯著腐蝕等。
      B. 當水量減少到二分之一時應發出警報。

連結送水管——中繼水箱等性能檢查

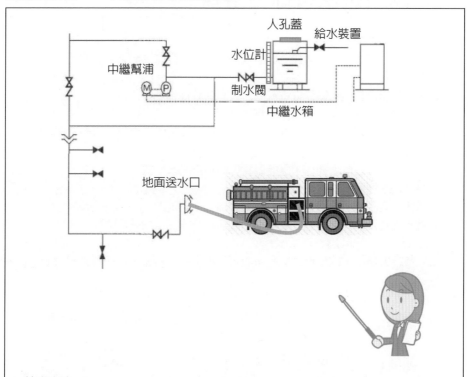

1. 檢查方法
   (1) 水質
      打開人孔蓋，以目視及水桶採水，確認有無腐敗、浮游物、沉澱物等。
   (2) 給水裝置
      以目視確認有無變形、腐蝕等，並操作排水閥，確認其功能是否正常。
   (3) 水位計
      打開人孔蓋，用檢尺測量水位，確認水位計之指示值。
   (4) 閥類
      以手操作確認開、關操作是否容易進行。
2. 判定方法
   (1) 水質
      應無腐敗、浮游物、沉澱物等。
   (2) 給水裝置
      A. 應無變形、損傷、顯著腐蝕等。
      B. 在減水狀態時應能供水，在滿水狀態下即停止供水。
   (3) 水位計
      指示值應正常。
   (4) 閥類
      開、關操作應能容易進行。

4-34 連結送水管綜合檢查

(一) 檢查方法
1. 有中繼幫浦者，將其切換至緊急電源狀態下，操作遠隔啓動裝置，確認該幫浦有無啓動。
2. 由該幫浦電動機控制盤之電流表，確認運轉電流是否正常。
3. 由該幫浦之壓力表，確認全閉壓力是否正常。
4. 於幫浦及電動機運轉中，確認有無不規則之間斷聲音或異常振動之情形。

(二) 判定方法
1. 由遠隔啓動裝置之操作，應能確實啓動加壓送水裝置。
2. 電動機之運轉電流值應在容許範圍內。
3. 幫浦之全閉壓力應滿足該幫浦性能曲線之全閉壓力。
4. 電動機及幫浦運轉中應無不規則之間斷聲音或異常振動之情形。

(三) 注意事項
檢查醫院等場所，因切換成緊急電源可能會造成困擾時，得使用常用電源進行檢查。

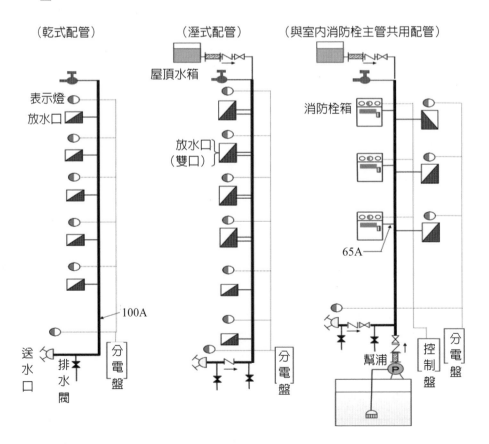

連結送水管綜合檢查

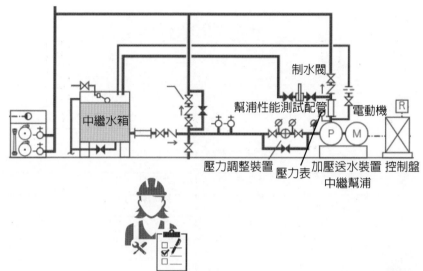

檢查方法	判定方法
1. 有中繼幫浦者，將其切換至緊急電源狀態下，操作遠隔啓動裝置，確認該幫浦有無啓動。 2. 由該幫浦電動機控制盤之電流表，確認運轉電流是否正常。 3. 由該幫浦之壓力表，確認全閉壓力是否正常。 4. 於幫浦及電動機運轉中，確認有無不規則之間斷聲音或異常振動之情形。	1. 由遠隔啓動裝置之操作，應能確實啓動加壓送水裝置。 2. 電動機之運轉電流值應在容許範圍內。 3. 幫浦之全閉壓力應滿足該幫浦性能曲線之全閉壓力。 4. 電動機及幫浦運轉中應無不規則之間斷聲音或異常振動之情形。
注意事項：檢查醫院等場所，因切換成緊急電源可能會造成困擾時，得使用常用電源進行檢查。	

送水管之管徑 (d) 依水力計算

流量（Q）＝截面積（A）×流速（V），其中 $A = \dfrac{d^2}{4}\pi$，因此 $Q = \dfrac{d^2}{4}\pi V$，$d^2 = \dfrac{Q}{\pi V}$，

$d = 2\sqrt{\dfrac{Q}{\pi V}}$

例如：流量（Q）為 2.4 m^3/min，流速（V）為 150 m/min 時，請問應採用多大之立管管徑（d）？

解

$d = 2\sqrt{\dfrac{Q}{\pi V}} = 2\sqrt{\dfrac{2.4}{3.14 \times 150}} = 0.1427m = 143mm$，所以應採用口徑6吋（150mm）立管。

4-35 連結送水管檢查表

連結送水管檢查表						
檢查設備名稱	電動機	製造廠： 型式：			幫浦	製造廠： 型式：
檢修項目		檢修結果				處置措施
		種別、容量等內容	判定	不良狀況		
外觀檢查						
送水口	周圍狀況					
	外形					
水帶箱等	水帶箱	周圍狀況				
		外形				
	水帶及瞄子					
	出水口	周圍狀況				
		外形				
電動機之控制裝置	控制盤	周圍狀況				
		外形				
	電壓表		V			
	各開關					
	標示					
	備用品等					
啟動裝置						
加壓送水裝置						
呼水裝置	呼水槽					
	閥類					
中繼水箱等	中繼水箱					
	水位計					
	閥類					
配管						
性能檢查						
送水口						

連結送水管檢查表					
水帶箱等	水帶瞄子				
	開關閥				
電動機之控制裝置	各開關				
	保險絲	A			
	繼電器				
	表示燈				
	結線接續				
	接地				
啓動裝置					
加壓送水裝置	電動機	回轉軸				
		軸承部				
		軸接頭				
		本體				
	幫浦	回轉軸				
		軸承部				
		底部				
		速成表及壓力表				
		性能	kgf/cm^2　L/min			
呼水裝置	閥類				
	自動給水裝置				
	減水警報裝置				
中繼水箱	水質				
	給水裝置				
	水位計				
	閥類				
配管					
綜合檢查					
加壓送水裝置					
運轉電流		A			
全閉壓力		kgf/cm^2			

連結送水管檢查表								
運轉狀況								
備註								
檢查器材	機器名稱	型式	校正年月日	製造廠商	機器名稱	型式	校正年月日	製造廠商
檢查日期	自民國　　年　　月　　日　至民國　　年　　月　　日							
檢修人員	姓名		消防設備師（士）	證書字號		簽章		（簽章）
	姓名		消防設備師（士）	證書字號		簽章		
	姓名		消防設備師（士）	證書字號		簽章		
	姓名		消防設備師（士）	證書字號		簽章		

1. 應於「種別・容量等情形」欄內填入適當之項目。
2. 檢查合格者於判定欄內打「○」；有不良情形時於判定欄內打「×」，並將不良情形填載於「不良狀況」欄。
3. 對不良狀況所採取之處置情形應填載於「處置措施」欄。
4. 欄內有選擇項目時應以「○」圈選之。

日本新式泡沫射水設備

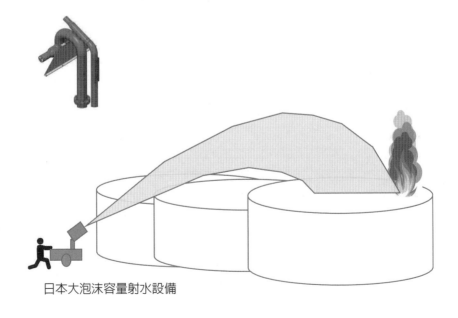

日本大泡沫容量射水設備

配管口徑與流速關係

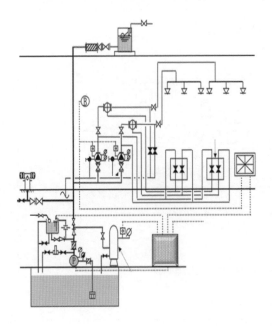

配管口徑與流速

$Q = AV$

$$V(m/sec) = \frac{Q}{A} = \frac{Q}{\pi\left(\frac{d}{2}\right)^2} = \frac{4Q}{\pi d^2}$$

$$= \frac{4Q(L/min)'(1min/60sec)'1000(cm^3/L)'(1m/100cm)}{\pi\, d^2(cm^2)}$$

$$= 0.212\,\frac{Q}{d^2}\left(\frac{L/min}{cm}\right)$$

當流量130 L/min如使用配管口徑100A（內徑10.53 cm）與50A（內徑5.29 cm）各得流速各為多少？

$$100A配管 \quad V = 0.212 \times \frac{130}{10.53^2} = 0.25(m/sec)$$

$$50A配管 \quad V = 0.212 \times \frac{130}{5.29^2} = 0.98(m/sec)$$

4-36 消防專用蓄水池外觀檢查

消防專用蓄水池──加壓送水裝置外觀檢查

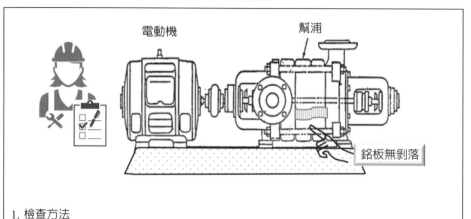

1. 檢查方法
   以目視確認上圖所示之幫浦及電動機等有無變形、腐蝕等。
2. 判定方法
   應無變形、損傷、顯著腐蝕及銘板剝落等。

消防專用蓄水池──水源外觀檢查

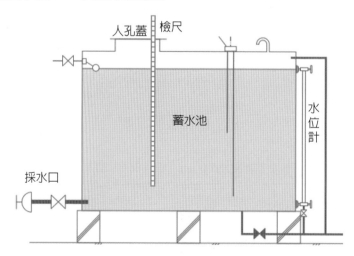

檢查方法	判定方法
1. 蓄水池：由外部以目視確認有無變形、漏水、腐蝕等。 2. 水量：以水位計確認。無水位計者，應打開人孔蓋，以檢尺測定之。	1. 蓄水池：應無變形、損傷、漏水、顯著腐蝕。 2. 水量：應維持規定水量以上。

消防專用蓄水池──呼水裝置外觀檢查

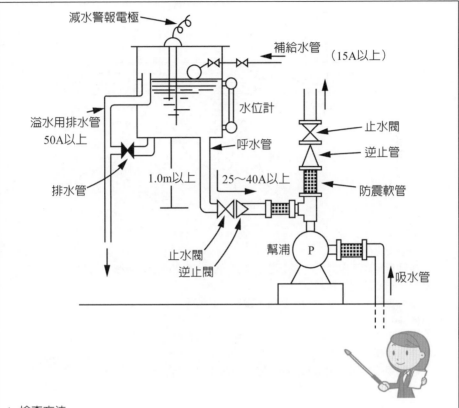

1. 檢查方法
   (1) 呼水槽
       以目視確認如上圖呼水槽，有無變形、漏水、腐蝕，及水量是否在規定量以上。
   (2) 閥類
       以目視確認給水管之閥類有無洩漏、變形等，及其開關位置是否正常。
2. 判定方法
   (1) 呼水槽
       應無變形、損傷、漏水、顯著腐蝕等，及水量應在規定量以上。
   (2) 閥類
       A. 應無洩漏、變形、損傷等。
       B. 「常時開」或「常時關」之標示及開關位置應正常。

消防專用蓄水池——配管外觀檢查

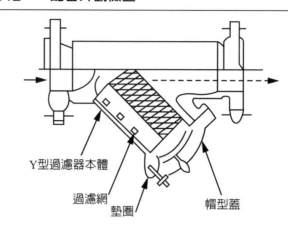

Y型過濾器本體

過濾網
墊圈
帽型蓋

1. 檢查方法
  (1) 立管及接頭
    以目視確認有無洩漏、變形等及被利用做為其他東西之支撐、吊架等。
  (2) 立管固定用之支撐及吊架
    以目視及手觸摸確認有無脫落、彎曲、鬆動等。
  (3) 閥類
    以目視確認有無洩漏、變形等，及開、關位置是否正常。
  (4) 過濾裝置
    以目視確認如上圖所示之過濾裝置有無洩漏、變形等。
2. 判定方法
  (1) 立管及接頭
    A. 應無洩漏、變形、損傷等。
    B. 應無被利用做為其他東西之支撐及吊架等。
  (2) 立管固定用之支撐及吊架
    應無脫落、彎曲、鬆動等。
  (3) 閥類
    A. 應無洩漏、變形、損傷等。
    B. 「常時開」或「常時關」之表示及開、關位置應正常。
  (4) 過濾裝置
    應無洩漏、變形、損傷等。

等價管長之摩擦壓力損失值

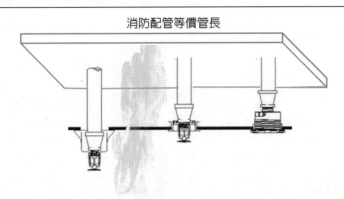

消防配管等價管長

$$L = 0.115 \times \frac{D^{4.87}}{Q^{1.85}} \times \Delta P$$

L：等價管長（m）
ΔP：壓力損失值（MPa）
D：碳鋼管內徑（mm）
Q：流量（L/min）

依『消防幫浦加壓送水裝置等及配管摩擦損失計算基準』指出

$$Hn = 1.2 \times \frac{Q_K^{1.85}}{Q_K^{4.87}} \times \left[\frac{I'_K + I''_K}{100} \right]$$

I'_K：直管長之合計（m）
I''_K：接頭、閥等之等價管長之合計（m）
D：碳鋼管內徑（cm）
Q：流量（L/min）

$I'_K + I''_K$之等價管長以L來做表示

$$L = \frac{1}{0.012} \times \frac{D^{4.87}}{Q^{1.85}} \times Hn$$

單位換算，D由cm換算mm，Hn由m換算成MPa

$$L = \frac{1}{0.012} \times \frac{D^{4.87} \times 0.1^{4.87}}{Q^{1.85}} \times \Delta P \times 100 = 0.115 \times \frac{D^{4.87}}{Q^{1.85}} \times \Delta P$$

（陳火炎，2014）

4-37 消防專用蓄水池性能檢查

消防專用蓄水池 —— 幫浦性能檢查

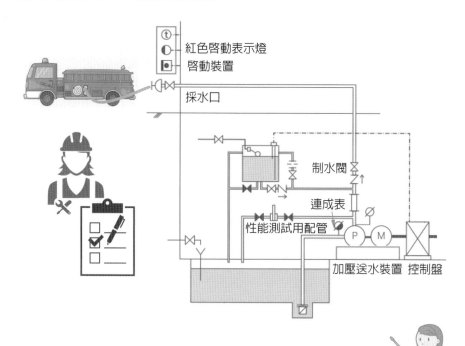

紅色啓動表示燈
啓動裝置
採水口
制水閥
連成表
性能測試用配管
加壓送水裝置 控制盤

檢查方法	判定方法
1. 回轉軸：用手轉動確認是否能圓滑地轉動。 2. 軸承部：確認潤滑油有無污損、變質及是否達必要量。 3. 底部：確認有無顯著的漏水。 4. 連成表及壓力表：關掉表計之控制水閥將水排出，確認指針是否指在 0 之位置，再打開表計之控制水閥，操作啓動裝置確認指針是否正常動作。 5. 性能：先將幫浦吐出側之制水閥關閉之後，使幫浦啓動，然後緩緩的打開性能測試用配管之制水閥，由流量計及壓力表確認額定負荷運轉及全開點時之性能。	1. 回轉軸：應能圓滑地轉動。 2. 軸承部：潤滑油應無污損、變質、混入異物等，且達必要量。 3. 底座：應無顯著漏水。 4. 連成表及壓力表：位置及指針之動作應正常。 5. 性能：應無異常振動、不規則或不連續的雜音，且於額定負荷運轉及全開點時之吐出壓力及吐出水量均達規定值以上。
注意事項：除需操作啓動檢查性能外，其餘均需先行切斷電源。	

消防專用蓄水池——呼水裝置性能檢查

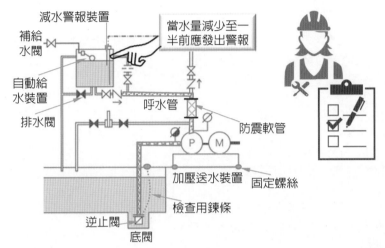

減水警報裝置
補給水閥
自動給水裝置
排水閥
呼水管

當水量減少至一半前應發出警報

防震軟管
加壓送水裝置
固定螺絲
檢查用鍊條
逆止閥
底閥

檢查方法	判定方法
1. 閥類 　　用手操作確認開、關動作是否容易進行。 2. 自動給水裝置 　　(1) 確認有無變形、腐蝕等。 　　(2) 打開排水閥，確認自動給水性能是否正常。 3. 減水警報裝置 　　(1) 確認有無變形、腐蝕等 　　(2) 關閉補給水閥，再打開排水閥，確認減水警報功能是否正常。 4. 底閥 　　(1) 拉上吸水管或檢查用鍊條，確認有無異物附著或阻塞。 　　(2) 打開幫浦本體上呼水漏斗之制水閥，確認有無從漏斗連續溢水出來。 　　(3) 打開幫浦本體上呼水漏斗之制水閥，然後關閉呼水管之制水閥，確認底閥之逆止效果是否正常。	1. 閥類 　　開、關動作應能容易進行。 2. 自動給水裝置 　　(1) 應無變形、損傷、顯著腐蝕等。 　　(2) 當呼水槽之水量減少時，應能自動給水。 3. 減水警報裝置 　　(1) 應無變形、損傷、顯著腐蝕等。 　　(2) 當水量減少至一半前應發出警報。 4. 底閥 　　(1) 應無異物附著、阻塞等吸水障礙。 　　(2) 呼水漏斗應能連續溢水出來。 　　(3) 呼水漏斗的水應無減少。

4-38 消防專用蓄水池綜合檢查

(一) 檢查方法

操作直接操作部或遠隔操作啓動裝置，再切換成緊急電源供電之狀態，確認各項性能，於該建築物全部採水口實施放水試驗。

(二) 判定方法

1. 啓動性能

(1) 加壓送水裝置應確實啓動。

(2) 表示、警報等動作應正常。

(3) 電動機之運轉電流值應在容許範圍內。

(4) 運轉中應無不規則、不連續之雜音或異常之振動、發熱等。

2. 出水量

由採水口數及採水幫浦組運轉時之流量計及壓力表確認額定負荷運轉及全開點時之性能是否符合建築物設計採水出水量。

例題：80A 配管（查表摩擦損失水頭 0.1631），落差 3m，直管長 4.5m，90 彎頭（查表摩擦損失水頭 2.4）有 2 個，有底閥（查表摩擦損失水頭 6.7）。求配管的摩擦損失計算爲何（如下圖）？（福岡市消防局，平成 26 年）

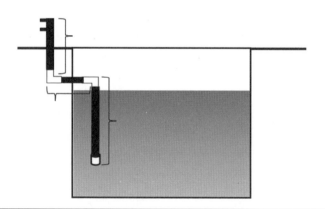

解

1. 使用 2 個彎頭及底閥之等價管長爲 2.4×2 + 6.7 = 11.5m

2. 配管的摩擦損失水頭爲 (4.5m + 11.5m)×0.1631 = 2.6096m

3. 合計損失水頭 2.6096 + 3.0m = 5.6096m

消防專用蓄水池綜合檢查

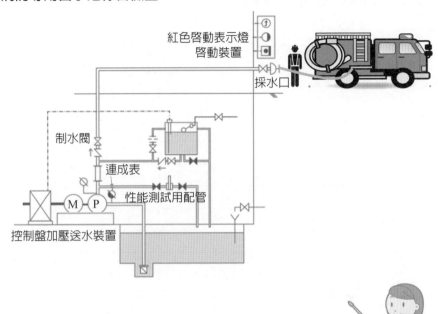

檢查方法	判定方法
操作直接操作部或遠隔操作啓動裝置，再切換成緊急電源供電之狀態，確認各項性能，於該建築物全部採水口實施放水試驗。	1. 啓動性能 (1) 加壓送水裝置應確實啓動。 (2) 表示、警報等動作應正常。 (3) 電動機之運轉電流值應在容許範圍內。 (4) 運轉中應無不規則、不連續之雜音或異常之振動、發熱等。 2. 出水量 由採水口數及採水幫浦組運轉時之流量計及壓力表確認額定負荷運轉及全開點時之性能是否符合建築物設計採水出水量。

（公設消防蓄水池標示—地下式防火水槽，攝於日本大阪）

4-39 消防專用蓄水池檢查表

消防專用蓄水池檢查表							
檢修設備名稱	幫浦	製造廠：			電動機	製造廠：	
		型號：				型號：	
檢修項目		檢修結果					處置措施
		種別、容量等內容	判定	不良狀況			
外觀檢查							
水源	蓄水池	類別					
	水量	m³					
投入孔採水口	周圍狀況						
	外形						
	標示						
	啓動表示燈						
電動機	控制盤	周圍狀況					
		外形					
	電壓表	V					
	各開關						
	標示						
	預備品等						
啓動裝置	直接操作部	周圍狀況					
		外形					
	遠隔操作部	周圍狀況					
		外形					
	加壓送水裝置						
呼水裝置	呼水槽	L					
	閥類						
	配管						
性能檢查							
水源	水質						
	給水裝置						
採水口	本體						
	開關閥						

消防專用蓄水池檢查表						
電動機控制裝置		各開關				
		保險絲	A			
		繼電器				
		表示燈				
		結線接續				
		接地				
啓動裝置		啓動操作部				
		啓動表示燈				
加壓送水裝置	幫浦方式	電動機	回轉軸				
			軸承部				
			軸接頭				
			本體				
		幫浦	回轉軸				
			軸承部				
			底部				
			連成表壓力表				
			性能	kgf/cm^2　　L/min			
	減壓措施					
呼水裝置		閥類				
		自動給水裝置				
		減水警報裝置				
		底閥				
配管		開關閥				
		過濾裝置				
		排放管				
耐震措施						
綜合檢查						
幫浦	啓動性能	加壓送水裝置				
		表示、警報等				
		運轉電流	A			
		運轉狀況				
		出水量	L/min			

消防專用蓄水池檢查表									
備註									
檢查器材	機器名稱	型式	校正年月日	製造廠商	機器名稱	型式	校正年月日	製造廠商	
檢查日期	自民國　　年　　月　　日　至民國　　年　　月　　日								
檢修人員	姓名		消防設備師（士）	證書字號			簽章	（簽章）	
	姓名		消防設備師（士）	證書字號			簽章		
	姓名		消防設備師（士）	證書字號			簽章		
	姓名		消防設備師（士）	證書字號			簽章		

1. 應於「種別‧容量等情形」欄內填入適當之項目。
2. 檢查合格者於判定欄內打「○」；有不良情形時於判定欄內打「×」，並將不良情形填載於「不良狀況」欄。
3. 對不良狀況所採取之處置情形應填載於「處置措施」欄。
4. 欄內有選擇項目時應以「○」圈選之。

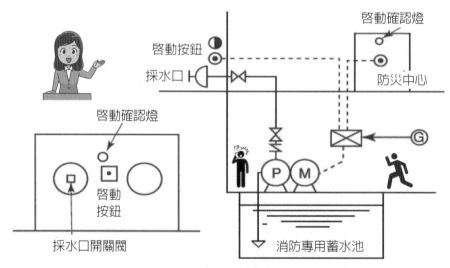

（福岡市消防局，平成 26 年）

╋ 知識補充站

CPVC（氯化聚氯乙烯）

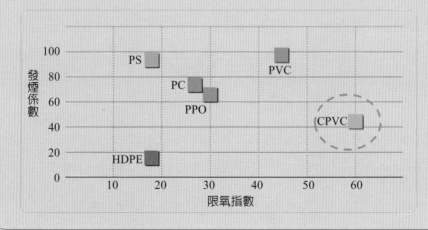

在美國一些水系統消防安全設備已大量使用 CPVC（Chlorinated Polyvinyl Chloride）管如住宅撒水頭等，但在倉庫或工廠之火載量大場所，則較少應用 CPVC。

CPVC 是由 PVC 單聚合體經過氯化作用形成的，CPVC 會因不同氯化方式、狀況及氯的反應量有很大的差異性，高效能的 CPVC 將基礎 PVC 氯含量由 56.7% 提升至 67～74% 之高，而一般 CPVC 僅止於 63～69% 氯含量而已。

因 CPVC 管是非金屬材質，而具有優越的抗腐蝕性，且 CPVC 管內壁平滑光亮可以減低壓力損失、增加流動率，並減少細菌生長的機會。同時由於 CPVC 耐化性良好，在具有侵蝕性的水中不會被腐蝕，所以不用擔心水質會因目前國內使用金屬管或焊接結合處的腐蝕，而產生雜質及金屬污染。CPVC 管路的特殊分子結構比金屬管更能減少震動和水鎚效應，CPVC 管路具優越的不燃特性，限氧指數高達 60，不自燃、不助燃、低發煙。CPVC 管路系統不會因生鏽而產生坑洞或剝落。它可以承受低 pH 值 的水質、海邊含鹽分的空氣以及具腐蝕性的土壤。CPVC 管為非導電性不會受到電解腐蝕，且材質堅韌，是所有工程塑膠中最堅硬的材料之一，所以掩埋在地下或固封於壁中對其性能一點都沒有影響。下圖顯示各種管路材質限氧指數與發煙係數之日本實驗比較，限氧指數愈高愈具耐燃性，圖中 CPVC 具較耐燃性且發煙修數亦低之特性。

4-40 冷卻撒水設備外觀檢查

冷卻撒水設備──啟動裝置外觀檢查

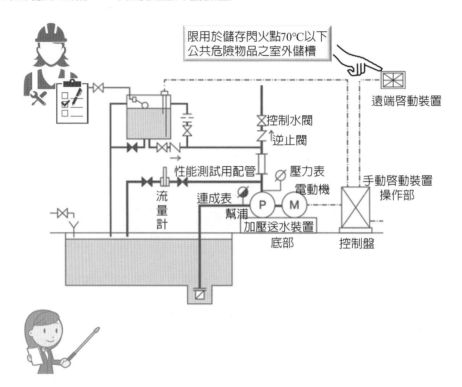

限用於儲存閃火點70℃以下公共危險物品之室外儲槽

遠端啟動裝置

控制水閥
逆止閥

性能測試用配管
壓力表
電動機

流量計
連成表
幫浦

手動啟動裝置操作部

加壓送水裝置
底部
控制盤

項目	檢查方法	判定方法
手動啟動裝置	1.周圍狀況 　手動啟動裝置之操作部應設於加壓送水裝置設置之場所,以目視確認周圍有無檢查上及使用上之障礙。 2.外形 　以目視確認操作部有無變形、損傷等。	1.周圍狀況 　手動啟動裝置之操作部設於加壓送水裝置設置之場所,其位置應無檢查上及使用上之障礙。 2.外形 　按鈕、開關應無損傷、變形等。
遠隔啟動裝置(限用於儲存閃火點70℃以下公共危險物品之室外儲槽)	1.周圍狀況 　以目視確認周圍有無檢查上及使用上之障礙。 2.外形 　以目視確認操作部、選擇閥或開關閥有無變形或損傷等。	1.周圍狀況 　應無檢查上及使用上之障礙。 2.外形 　操作部、選擇閥或開關閥應無損傷、變形等。

冷卻撒水設備——呼水裝置外觀檢查

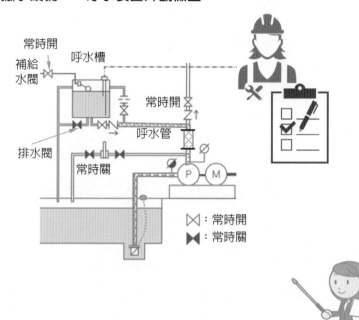

檢查方法	判定方法
1. 呼水槽 　以目視確認如圖之呼水槽，有無變形、漏水、腐蝕等，及水量是否在規定量以上。 2. 閥類 　以目視確認給水管之閥類有無洩漏、變形等，及其開、關位置是否正常。	1. 呼水槽 　應無變形、損傷、漏水、顯著腐蝕等，及水量應在規定量以上。 2. 閥類 　(1) 應無洩漏、變形、損傷等。 　(2)「常時開」或「常時關」之標示及開、關位置應正常。

4-41 冷卻撒水設備性能檢查

冷卻撒水設備──配管性能檢查

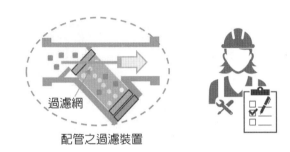

過濾網

配管之過濾裝置

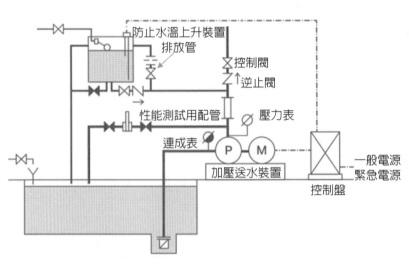

防止水溫上升裝置
排放管
控制閥
逆止閥
性能測試用配管
壓力表
連成表
P　M
加壓送水裝置
一般電源
緊急電源
控制盤

檢查方法	判定方法
1. 閥類 　用手操作確認開、關動作是否容易。 2. 過濾裝置 　分解打開過濾網確認有無變形、異物堆積等。 3. 排放管（防止水溫上升裝置） 　使加壓送水裝置啟動呈關閉運轉狀態，確認排放管排水是否正常。	1. 閥類 　開、關操作應能容易進行。 2. 過濾裝置 　過濾網應無變形、損傷、異物堆積等。 3. 排放管（防止水溫上升裝置） 　排放水量應在下列公式求得量以上。 $$q = \frac{Ls \cdot C}{60 \cdot \Delta t}$$ q＝排放水量（l/min） Ls＝幫浦關閉運轉時之出力（kw） C＝860 Kcal（1kw-hr 時水之發熱量） Δt＝30℃（幫浦內部之水溫上升限度）

冷卻撒水設備 —— 流水檢知裝置性能檢查

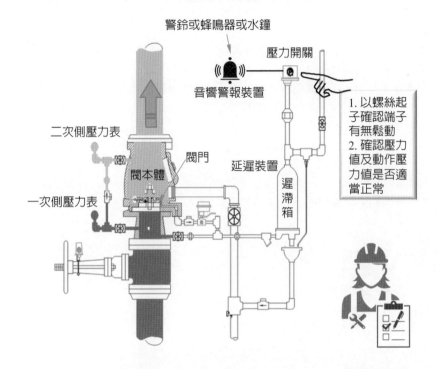

檢查方法	判定方法
1. 閥本體 　操作本體之試驗閥，確認閥本體、附屬閥類及壓力表等之性能是否正常。 2. 延遲裝置 　確認延遲作用及自動排水裝置之排水能否有效地進行。 3. 壓力開關 　(1) 以螺絲起子確認端子有無鬆動。 　(2) 確認壓力值是否適當，及動作壓力值是否適當正常。 4. 音響警報裝置及表示裝置 　(1) 操作排水閥確認警報裝置之警鈴、蜂鳴器或水鐘等是否確實鳴動。 　(2) 確認表示裝置之標示燈等有無損傷，及是否能確實表示。	1. 閥本體 　性能應正常。 2. 延遲裝置 　(1) 延遲作用應正常。 　(2) 自動排水裝置應能有效排水。 3. 壓力開關 　(1) 端子應無鬆動。 　(2) 設定壓力值應適當正常。 　(3) 於設定壓力值應能動作。 4. 音響警報裝置及標示裝置 　應能確實鳴動及正常表示。

4-42 冷卻撒水設備綜合檢查

(一) 檢查方法

切換成緊急電源供電狀態，依下列步驟確認系統性能是否正常。

1. 選擇配管上最遠最高之一區作放水試驗。

2. 由操作手動啓動裝置或遠隔啓動裝置，啓動加壓送水裝置。

3. 在一齊開放閥最遠處之冷卻撒水噴頭（噴孔）附近裝上測試用壓力表。

4. 放射量依下式計算

$$Q = K\sqrt{P}$$

Q = 放射量（l/min）

K = 常數

P = 放射壓力（kgf/cm^2）

(二) 判定方法

1. 幫浦方式（如右圖解說）

2. 重力水箱及壓力水箱方式

  (1) 表示、警報等

    表示、警報等應正常。

  (2) 一齊開放閥

    一齊開放閥應正常動作。

  (3) 放射量等

    A. 放射壓力

      應可得到設計上之壓力。

    B. 放射量

      冷卻撒水噴頭（噴孔）之放射量應符合放射壓力之放射曲線上之值，公共危險物品室外儲槽場所實際測得之放射量除以該冷卻撒水噴頭（噴孔）所防護儲槽側壁面積應在 2 l/min m^2 以上；可燃性高壓氣體場所、加氣站、天然氣儲槽及可燃性高壓氣體儲槽場所實際測得之放射量除以該冷卻撒水噴頭（噴孔）之防護面積應在 5 l/min m^2 以上，但以厚度 25mm 以上之岩棉或同等以上防火性能之隔熱材被覆，外側以厚度 0.35mm 以上符合 CNS 1244 規定之鋅鐵板或具有同等以上強度及防火性能之材料被覆者，應在 2.5 l/min m^2 以上。

    C. 放射狀態

      放射狀態應正常。

  3. 注意事項

    供第四類公共危險物品之顯著滅火困難場所之加壓送水裝置，啓動後五分鐘內應能有效撒水，且加壓送水裝置距撒水區域在五百公尺以下，但設有保壓措施者不在此限。

冷卻撒水設備綜合檢查──幫浦方式判定方法

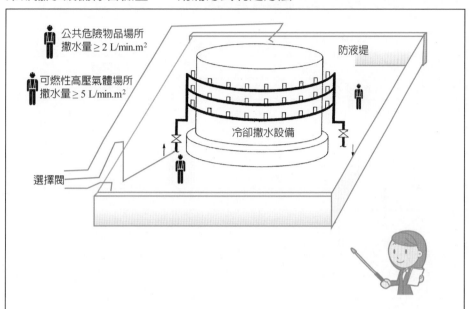

公共危險物品場所
撒水量 ≥ 2 L/min.m^2

可燃性高壓氣體場所
撒水量 ≥ 5 L/min.m^2

防液堤

冷卻撒水設備

選擇閥

1. 啓動性能
   (1) 加壓送水裝置應能確實啓動。
   (2) 表示、警報等應正常。
   (3) 電動機之運轉電流值應在容許範圍內。
   (4) 運轉中應無不規則、不連續之雜音或異常之發熱、振動。
2. 一齊開放閥
   一齊開放閥應正常動作。
3. 撒水量等
   (1) 放射壓力
       應可得到設計上之壓力。
   (2) 放射量
       冷卻撒水噴頭（噴孔）之放射量應符合放射壓力之放射曲線上之值，公共危險物品室外儲槽場所實際測得之放射量除以該冷卻撒水噴頭（噴孔）所防護儲槽側壁面積應在2 l/min m^{2}以上；可燃性高壓氣體場所、加氣站、天然氣儲槽及可燃性高壓氣體儲槽場所實際測得之放射量除以該冷卻撒水噴頭（噴孔）之防護面積應在5 l/min m^{2}以上，但以厚度25mm以上之岩棉或同等以上防火性能之隔熱材被覆，外側以厚度0.35mm以上符合CNS 1244規定之鋅鐵板或具有同等以上強度及防火性能之材料被覆者，應在2.5 l/min m^{2}以上。
   (3) 放射狀態
       放射狀態應正常。

4-43 冷卻撒水設備檢查表

冷卻撒水設備檢查表					
檢修設備名稱	幫浦	製造商： 型號：		電動機	製造商： 型號：
檢修項目		檢修結果			處置措施
		種別、容量等內容	判定	不良狀況	
外觀檢查					
水源	蓄水池	類別			
	水量	m³			
	水位計、壓力計				
	閥類				
電動機	控制盤 周圍狀況				
	控制盤 外形				
	電壓表	V			
	各開關				
	標示				
	預備品等				
啟動裝置	手動啟動 周圍狀況				
	手動啟動 外形				
	遠隔啟動 周圍狀況				
	遠隔啟動 外形				
	加壓送水裝置				
呼水裝置	呼水槽	L			
	閥類				
配管	外形				
	標示				
冷卻撒水噴頭	外形				
	撒水分布障礙				
	未警戒部分				

冷卻撒水設備檢查表					
自動警報逆止閥	閥本體	kgf/cm^2			
	延遲裝置				
	壓力裝置	kgf/cm^2			
一齊開放閥（含電磁閥）		kgf/cm^2			
性能檢查					
水源	水質				
	給水裝置				
	閥類				
	水位計、壓力表				
電動機控制裝置	各開關				
	保險絲	A			
	繼電器				
	表示燈				
	結線接續				
	接地				
啓動裝置	手動啓動裝置				
	遠隔啓動裝置				
加壓送水裝置	幫浦方式 電動機	回轉軸				
		軸承部			
		軸接頭			
		本體			
	幫浦方式 幫浦	回轉軸				
		軸承部			
		底部			
		連成表壓力表			
		性能	kgf/cm^2　　L/min		
	重力水箱方式		kgf/cm^2		
	壓力水箱方式		kgf/cm^2		

冷卻撒水設備檢查表					
呼水裝置	閥類				
	自動給水裝置				
	減水警報裝置				
	底閥				
配管	閥類				
	過濾裝置				
	排放管				
自動警報逆止閥等	閥本體				
	延遲裝置				
	壓力開關	設定壓力　　　kgf/cm² 動作壓力　　　kgf/cm²			
	音響警報裝置	蜂鳴器			
一齊開放閥（含電磁閥）					
耐震措施					
綜合檢查					
幫浦方式	啓動性能	加壓送水裝置			
		表示、警報等			
		運轉電流			
		運轉狀況			
	一齊開放閥				
	放水量				
重力水箱等	表示、警報等				
	一齊開放閥				
	放水量				
備註					

檢查器材	機器名稱	型式	校正年月日	製造廠商	機器名稱	型式	校正年月日	製造廠商

冷卻撒水設備檢查表									
檢查日期		自民國		年	月	日 至民國	年	月	日

檢修人員	姓名		消防設備師（士）	證書字號			簽章	（簽章）
	姓名		消防設備師（士）	證書字號			簽章	
	姓名		消防設備師（士）	證書字號			簽章	
	姓名		消防設備師（士）	證書字號			簽章	

1. 應於「種別‧容量等情形」欄內填入適當之項目。
2. 檢查合格者於判定欄內打「○」；有不良情形時於判定欄內打「×」，並將不良情形填載於「不良狀況」欄。
3. 對不良狀況所採取之處置情形應填載於「處置措施」欄。
4. 欄內有選擇項目時應以「○」圈選之。

＋ 知識補充站

日本消防用設備C路徑（鼓勵民間自由研發並送中央消防認可）

特殊消防用設備等	替代消防設備項目	中央消防認可件數（件）
加壓防煙系統	排煙設備	25
FK-5-1-12 海龍替代滅火設備	海龍替代滅火設備	3
複數綜合操作盤之整合消防 / 防災系統	綜合操作盤	7
附加監視火災溫度上升速度機能之防災系統	火警自動警報設備	4
密閉式噴頭停車場滅火設備	泡沫滅火設備	10
使用變頻幫浦自動撒水設備	自動撒水設備	1
與空調設備配管兼用自動撒水設備	自動撒水設備	1
密閉式水霧噴頭滅火設備	水霧滅火設備	5
大空間自然排煙設備	排煙設備	3
延長放射時間氮氣滅火設備	不活性氣體滅火設備	5
合計（平成 29 年 3 月）		64

4-44 射水設備外觀檢查

射水設備——啟動裝置外觀檢查

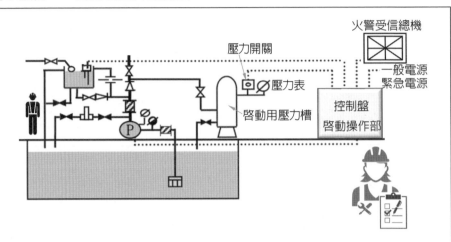

1. 啟動操作部
   (1) 檢查方法
      A. 周圍狀況
         以目視確認周圍有無檢查及使用上之障礙及標示是否適當。
      B. 外形
         以目視確認直接操作部及遠隔操作部,有無變形、損傷等。
   (2) 判定方法
      A. 周圍狀況
         (A) 應無檢查及使用上之障礙。
         (B) 標示應無污損及不明顯部分。
      B. 外形
         閥類各開關應無損傷、變形等。
2. 啟動用水壓開關裝置
   (1) 檢查方法
      A. 壓力開關
         以目視確認有無變形、損傷等。
      B. 啟動用壓力槽
         以目視確認有無變形、漏水、腐蝕等,及壓力表之指示值是否適當正常。
   (2) 判定方法
      A. 壓力開關
         應無變形、損傷等。
      B. 啟動用壓力水槽
         應無變形、腐蝕、漏水、漏氣、顯著腐蝕等,且壓力表之指示值應正常。

射水設備——水帶箱等外觀檢查

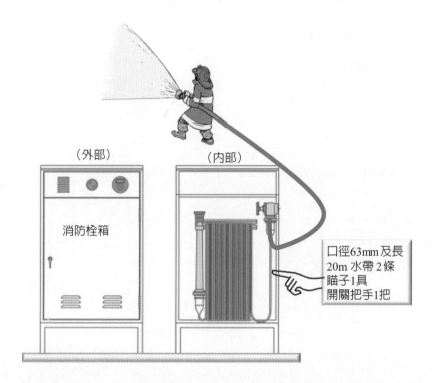

（外部）　　　　　　（內部）

消防栓箱

口徑63mm及長
20m 水帶 2 條
瞄子1具
開關把手1把

項目	檢查方法	判定方法
水帶箱	1. 周圍狀況：以目視確認周圍有無檢查及使用上之障礙，及「水帶箱」之標示字樣是否適當正常。 2. 外形：以目視及開、關操作，確認有無變形、損傷等，及箱門是否能確實開、關。	1. 周圍狀況 　(1) 應無檢查及使用上之障礙。 　(2) 標示字樣應無污損及不明顯部分。 2. 外形 　(1) 應無變形、損傷等。 　(2) 箱門之開、關狀況應良好。
水帶及瞄子	以目視確認置於箱內之瞄子、水帶有無變形、損傷及數量是否足夠。	1. 應無變形、損傷。 2. 設置室外消防栓者應配置口徑六十三公厘及長二十公尺水帶二條、瞄子一具及開關把手一把。
室外消防栓	1. 周圍的狀況：以目視確認周圍有無檢查及使用上之障礙，及消防栓之標示是否正常。 2. 外形：以目視及開、關操作，確認有無變形、損傷等，及地下式箱蓋是否能確實開、關。	1. 周圍狀況 　(1) 應無檢查及使用上之障礙。 　(2) 標示字樣應無污損及不明顯部分。 2. 外形 　(1) 應無變形、洩漏、損傷等。 　(2) 地下式之箱蓋應能確實開關。

4-45 射水設備性能檢查

射水設備——呼水裝置性能檢查

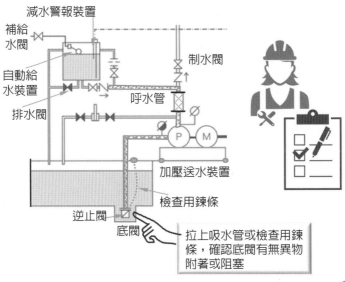

減水警報裝置
補給水閥
自動給水裝置
排水閥
制水閥
呼水管
加壓送水裝置
檢查用鍊條
逆止閥
底閥

拉上吸水管或檢查用鍊條，確認底閥有無異物附著或阻塞

檢查方法	判定方法
1. 閥類 　用手操作確認開關動作是否容易進行。 2. 自動給水裝置 　(1) 確認有無變形、腐蝕等。 　(2) 打開排水閥，檢查自動給水功能是否正常。 3. 減水警報裝置 　(1) 確認有無變形、腐蝕等。 　(2) 關閉補給水閥，再打開排水閥，確認減水警報功能是否正常。 4. 底閥 　(1) 拉上吸水管或檢查用鍊條，確認有無異物附著或阻塞。 　(2) 打開幫浦本體上呼水漏斗之制水閥，確認有無從漏斗連續溢水出來。 　(3) 打開幫浦本體上呼水漏斗之制水閥，然後關閉呼水管之制水閥，確認底閥之逆止效果是否正常。	1. 閥類 　開、關動作應能容易地進行。 2. 自動給水裝置 　(1) 應無變形、損傷、顯著腐蝕等。 　(2) 當呼水槽之水量減少時，應能自動給水。 3. 減水警報裝置 　(1) 應無變形、損傷、顯著腐蝕等。 　(2) 當水量減少到二分之一時應發出警報。 4. 底閥 　(1) 應無異物附著、阻塞等吸水障礙。 　(2) 呼水漏斗應能連續溢水出來。 　(3) 呼水漏斗的水應無減少。

射水設備──耐震措施性能檢查

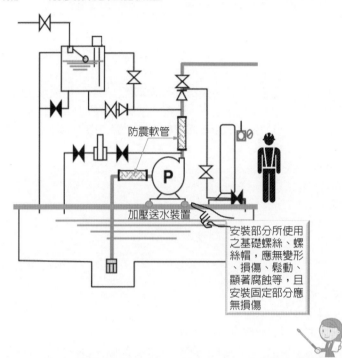

防震軟管

加壓送水裝置

安裝部分所使用
之基礎螺絲、螺
絲帽，應無變形
、損傷、鬆動、
顯著腐蝕等，且
安裝固定部分應
無損傷

檢查方法	判定方法
1.牆壁或地板上貫通部分有無變形、損傷等，並確認防震軟管接頭有無變形、損傷、顯著腐蝕等。 2.以目視及扳手確認加壓送水裝置等之裝配固定是否有異常。	1.防震軟管應無變形、損傷、顯著腐蝕等，且牆壁或地板上貫通部分的間隙、充填部分均保持原來施工時之狀態。 2.加壓送水裝置的安裝部分所使用之基礎螺絲、螺絲帽，應無變形、損傷、鬆動、顯著腐蝕等，且安裝固定部分應無損傷。

射水設備──射水槍性能檢查

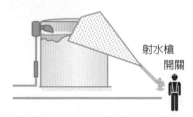

射水槍
開關

檢查方法	判定方法
用手操作確認開、關操作是否容易。	開、關操作應能容易進行。

4-46 射水設備綜合檢查

(一) 檢查方法

切換成緊急電源供電狀態，操作直接操作部及遠隔操作部啟動裝置，確認各項性能。其放水壓力及放水量之檢查方法如下：

1. 以全部射水設備（超過二具時，選擇最遠最高處之二具）做放水試驗。

2. 測量室外消防栓瞄子直線放水之壓力或射水槍時，將壓力表之進水口，放置於瞄子前端瞄子口徑的二分之一距離處或射水槍前端口徑的二分之一距離處，讀取壓力表的指示值。

3. 放水量依下列計算式計算

$Q = 0.653D^2\sqrt{P}$

Q：放水量（l/min）

D：口徑（mm）

P：放水壓力（kgf/cm²）

(二) 判定方法

1. 啟動性能

(1) 加壓送水裝置應確實啟動。

(2) 表示、警報等應正常。

(3) 電動機之運轉電流值應在容許範圍內。

(4) 運轉中應無不規則、不連續之雜音或異常之振動、發熱等。

2. 放水壓力

應在 3.5kgf/cm² 以上。

3. 放水量

每具應在 450 l/min 以上。

射水設備綜合檢查

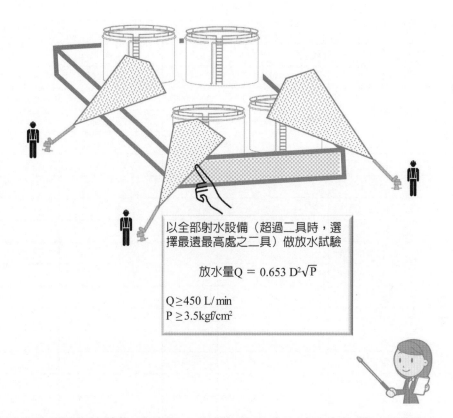

以全部射水設備（超過二具時，選擇最遠最高處之二具）做放水試驗

$$放水量Q = 0.653\ D^2\sqrt{P}$$

$Q \geq 450\ L/min$
$P \geq 3.5kgf/cm^2$

檢查方法	判定方法
切成緊急電源，操作直接及遠隔操作啟動裝置，確認各項性能： 1. 以全部射水設備（≥ 2具時，選最遠最高處之2具）做放水試驗。 2. 測量室外消防栓瞄子直線放水或射水槍時，將壓力表之進水口，置於瞄子或射水槍前端口徑的1/2處，讀取壓力表指示值。 3. 放水量依下列計算式計算 　$Q = 0.653D^2\sqrt{P}$ 　Q：放水量（l/min） 　D：口徑（mm） 　P：放水壓力（kgf/cm²）	1. 啟動性能 　(1) 加壓送水裝置確實啟動。 　(2) 表示、警報等正常。 　(3) 電動機運轉電流值在容許範圍。 　(4) 運轉中無不規則雜音或異常振動發熱等。 2. 放水壓力 　應在 3.5kgf/cm² 以上。 3. 放水量 　每具應在 450 L/min 以上。

4-47 射水設備檢查表

射水設備檢查表							
檢修設備名稱	幫浦	製造商： 型號：			電動機	製造商： 型號：	
檢修項目			檢修結果				處置措施
		種別、容量等內容	判定	不良狀況			
外觀檢查							
水源	蓄水池	類別					
	水量	m³					
	水位計、壓力計						
	閥類						
電動機	控制盤	周圍狀況					
		外形					
	電壓表	V					
	各開關						
	標示						
	預備品等						
啟動裝置	直接操作部	周圍狀況					
		外形					
	水壓開關裝置	周圍狀況					
		壓力槽	L	kgf/cm²			
	加壓送水裝置						
呼水裝置	呼水槽	L					
	閥類						
	配管						
水帶箱等	水帶箱	周圍狀況					
		外形					
	水帶						
	瞄子						
	室外消防栓	周圍狀況					
		外形					

射水設備檢查表					
射水槍	周圍狀況	L			
	外形				
性能檢查					
水源	水質				
	給水裝置				
	閥類				
	水位計、壓力表				
電動機控制裝置	各開關				
	保險絲	A			
	繼電器				
	表示燈				
	結線接續				
	接地				
啓動裝置	啓動操作部	□專用　□兼用			
	水壓開關裝置	設定壓力　　kgf/cm^2 動作壓力　　kgf/cm^2			
加壓送水裝置	幫浦方式	電動機	回轉軸		
			軸承部		
			軸接頭		
			本體		
		幫浦	回轉軸		
			軸承部		
			底部		
			連成表壓力表		
			性能	kgf/cm^2　　L/min	
	重力水箱方式	kgf/cm^2			
	壓力水箱方式	kgf/cm^2			
	減壓裝置				
呼水裝置	閥類				
	自動給水裝置				
	減水警報裝置				
	底閥				

射水設備檢查表					
配管	閥類				
	過濾裝置				
	排放管				
室外消防栓箱等	水帶、瞄子				
	水帶水壓試驗				
	室外消防栓				
射水槍					
耐震措施					
綜合檢查					
幫浦方式	啓動性能	加壓送水裝置			
		表示、警報等			
		運轉電流	A		
		運轉狀況			
	放大壓力		kgf/cm^2		
	放水量		L/min		
重力水箱等	放大壓力		kgf/cm^2		
	放水量		L/min		
備註					

檢查器材	機器名稱	型式	校正年月日	製造廠商	機器名稱	型式	校正年月日	製造廠商

檢查日期	自民國　　　年　　　月　　　日　至民國　　　年　　　月　　　日

檢修人員	姓名		消防設備師（士）	證書字號		簽章		（簽章）
	姓名		消防設備師（士）	證書字號		簽章		
	姓名		消防設備師（士）	證書字號		簽章		
	姓名		消防設備師（士）	證書字號		簽章		

1. 應於「種別・容量等情形」欄內填入適當之項目。
2. 檢查合格者於判定欄內打「○」；有不良情形時於判定欄內打「×」，並將不良情形填載於「不良狀況」欄。
3. 對不良狀況所採取之處置情形應填載於「處置措施」欄。
4. 欄內有選擇項目時應以「○」圈選之。

Note

4-48 水道連結型自動撒水設備外觀檢查（一）

(一) 水源
    1. 檢查方法
        (1) 水箱、蓄水池檢查方法
            由外部以目視確認有無變形、漏水、腐蝕等。
        (2) 水量
            由水位計確認或打開人孔蓋用檢尺測量。
        (3) 水位計
            以目視確認有無變形、損傷、指示值是否正常。
        (4) 閥類
            以目視確認排水管、補給水管等之閥類，有無漏水、變形、損傷等，及其
            開、關位置是否正常。
    2. 判定方法
        (1) 水箱、蓄水池
            應無變形、損傷、漏水及顯著腐蝕等痕跡。
        (2) 水量
            應確保在規定量以上。
        (3) 水位計
            應無變形、損傷，且指示值應正常。
        (4) 閥類
            A. 應無漏水、變形、損傷等。應無造成通行或避難上之障礙。
            B.「常時開」或「常時關」之標示及開、關位置應保持正常。
(二) 增壓供水裝置（限有裝設者）
    1. 檢查方法
        以目視確認有無變形、腐蝕等，及是否為取得經濟部標準檢驗局商品檢驗標識
        之產品。
    2. 判定方法
        應無變形、腐蝕等，且貼有商品檢驗合格標識。
(三) 配管、配件及閥類
    1. 檢查方法
        (1) 立管及接頭
            以目視確認有無洩漏、變形等及被利用作為其他東西之支撐、吊架等。
        (2) 立管固定用之支撐及吊架
            以目視及手觸摸確認有無脫落、彎曲、鬆動等。
        (3) 閥類
            以目視確認有無洩漏、變形等，及開、關位置是否正常。
        (4) 過濾裝置
            以目視確認有無洩漏、變形等。

水道連結型自動撒水設備分類

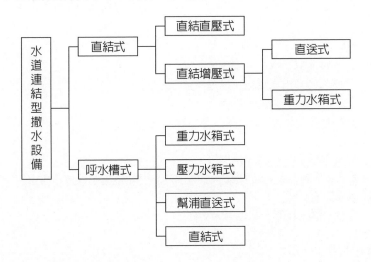

水道連結型自動撒水設備昇位圖

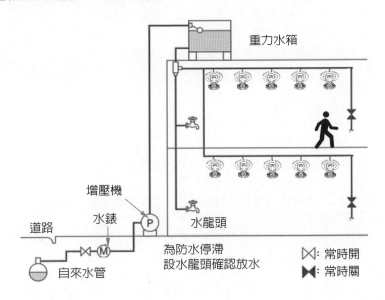

4-49 水道連結型自動撒水設備外觀檢查（二）

  2. 判定方法
    (1) 立管及接頭
       A. 應無洩漏、變形、損傷等。
       B. 應無被利用為支撐、吊架等。
    (2) 立管固定用之支撐及吊架
       應無脫落、彎曲、鬆動等。
    (3) 閥類
       A. 應無洩漏、變形、損傷等。
       B.「常時開」或「常時關」之標示及開、關位置應保持正常。
    (4) 過濾裝置
       應無洩漏、變形、損傷等。
(四) 撒水頭
  1. 檢查方法
    (1) 外形
       A. 以目視確認有無洩漏、變形等。
       B. 以目視確認有無被利用作為支撐、吊架使用等。
    (2) 感熱及撒水分布障礙
       以目視確認周圍有無感熱及撒水分布之障礙。
  2. 判定方法
    (1) 外形
       A. 應無洩漏、變形等。
       B. 應無被利用作為支撐、吊架使用。
    (2) 感熱及撒水分布障礙
       A. 撒水頭周圍應無感熱、撒水分布之障礙。
       B. 撒水頭應無被油漆、異物附著等。
       C. 於設有撒水頭防護蓋之場所，其防護蓋應無損傷、脫落等。
    (3) 未警戒部分
       應無因隔間、垂壁、風管管道等之變更、增設、新設等，而造成未警戒部分。
(五) 末端查驗閥（限有裝設者）
  1. 檢查方法
    以目視確認有無洩漏、變形等，及開、關位置與「末端查驗閥」標示是否適當
    正常。
  2. 判定方法
    (1) 應無洩漏、變形、損傷等。
    (2) 開、關位置應正常，且標示應無損傷、脫落、污損等。

(六) 使用標示
    1. 檢查方法
      確認標示是否適當及明顯。
    2. 判定方法
      應無污損、不明顯部分。

水道連結型自動撒水設備消防工程

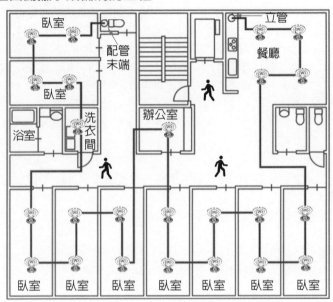

放水壓力

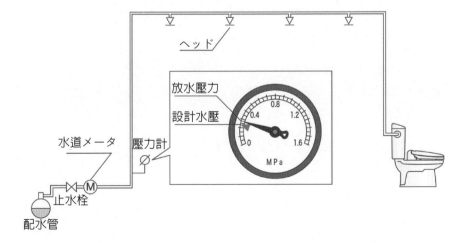

4-50 水道連結型自動撒水設備性能檢查

(一) 水源
  1. 檢查方法
    (1) 水質
      打開人孔蓋以目視及水桶採水，確認有無腐敗、浮游物、沉澱物等。
    (2) 給水裝置
      A. 確認有無變形、腐蝕等，及操作排水閥確認給水功能是否正常。
      B. 如不使用操作排水閥檢查給水功能時，可使用下列方法：
        (A) 使用水位電極控制給水者，拆除其電極回路之配線，形成減水狀態，確認其是否能自動給水；其後再將拆掉之電極回路配線接上復原，形成滿水狀態，確認其給水能否自動停止。
        (B) 使用浮球水栓控制給水者，以手動操作將浮球沒入水中，形成減水狀態，使其自動給水；其後使浮球復原，形成滿水狀態，使給水自動停止。
    (3) 水位計
      水位計之量測係打開人孔蓋，用檢尺測量水位，並確認水位計之指示值。
    (4) 閥類
      用手操作確認開、關動作是否容易進行。
  2. 判定方法
    (1) 水質
      應無顯著腐敗、浮游物、沉澱物等。
    (2) 給水裝置
      A. 應無變形、損傷、顯著腐蝕。
      B. 於減水狀態應能自動給水，於滿水狀態應能自動停止供水。
    (3) 水位計
      水位計之指示值應正常。
    (4) 閥類
      開、關操作應能容易進行。
(二) 配管、配件及閥類
  1. 檢查方法
    (1) 閥類
      用手操作確認開、關動作是否容易進行。
    (2) 過濾裝置
      分解打開確認過濾網有無變形、異物堆積。
  2. 判定方法
    (1) 閥類
      開、關操作能容易進行。
    (2) 過濾裝置
      過濾網應無變形、損傷、異物堆積等。

水道連結型自動撒水設備消防工程例

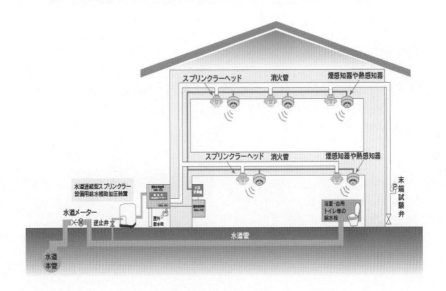

水道連結型自動撒水與一一九直接通報

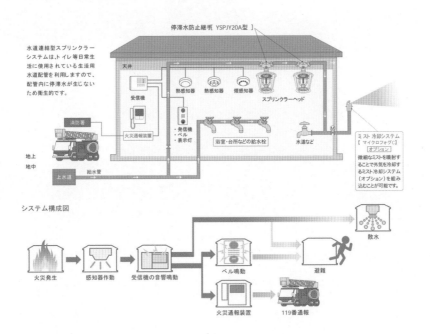

4-51 水道連結型自動撒水設備綜合檢查

(一) 檢查方法

　　於建築物各層放水壓力最低之最遠支管末端，打開末端查驗閥或連結之水龍頭等日常生活用水設施，確認系統性能是否正常及壓力表之指示值。另設置末端查驗閥者，應設有與撒水頭同等放水性能之限流孔；設有增壓供水裝置者，於打開末端查驗閥或連結之水龍頭等日常生活用水設施降低配管內的壓力後，該增壓供水裝置應開始動作。

(二) 判定方法

　　1. 放水壓力

　　　末端查驗閥或連結之水龍頭等日常生活用水設施配置的壓力表，其放水壓力應在 0.5kgf/cm^2 以上 10 kgf/cm^2 以下。

　　2. 增壓供水裝置（限有裝設者）

　　　增壓供水裝置應能確實啟動，且運轉中應無不規則、不連續之雜音或異常之振動、發熱等。

停滯水造成污濁水

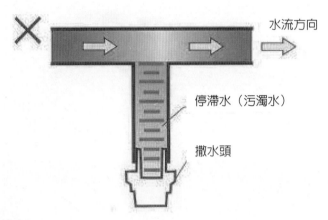

水流方向

停滯水（污濁水）

撒水頭

防止水滯留構件

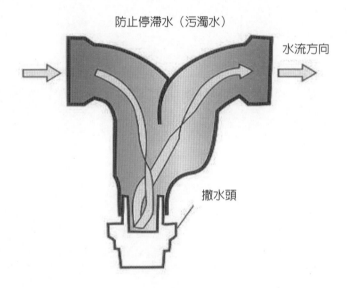

防止停滯水（污濁水）

水流方向

撒水頭

Note

第5章
認可基準

5-1 密閉式撒水頭認可基準（106年7月修正）

最高周圍溫度

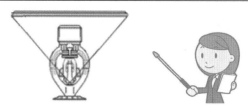

$$Ta = 0.9Tm - 27.3$$

Ta：最高環境溫度（℃）

Tm：撒水頭標示溫度（℃）

（當撒水頭標示溫度未滿75℃者，最高環境溫度視為39℃）

定壓下空氣膨脹體積與絕對溫度（K）成正比

溫度升高1℃，其體積會增加為0℃時（等於273K）體積的1/273

最高環境溫度應為撒水頭標示溫度之90%

$$°C = 273 + K$$
$$Ta + 273 = 0.9(Tm + 273)$$
$$Ta = 0.9Tm - 27.3$$

動作溫度試驗

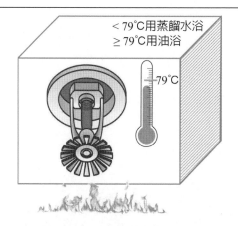

< 79℃用蒸餾水浴
≥ 79℃用油浴

79℃

將撒水頭置入溫度分布均勻之液槽內，標示溫度未滿79℃者採用水浴（蒸餾水），79℃以上者採用油浴。由低於標示溫度10℃之溫度開始以不超過0.5℃/min之加熱速度升溫直至撒水頭動作為止，實測其動作溫度。玻璃球型動作溫度值應在其標示溫度之95%至115%之間。

撒水頭標示溫度及顏色標示

玻璃球型撒水頭		易熔元件型撒水頭	
		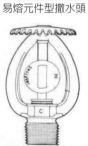	
標示溫度區分	**工作液色標**	**標示溫度區分**	**支撐臂色標**
57℃	橙	未滿 60℃	黑
68℃	紅	60℃以上 未滿 75℃	無
79℃	黃		
93℃	綠	75℃以上 未滿 121℃	白
100℃	綠		
121℃	藍	121℃以上 未滿 162℃	藍
141℃	藍		
163℃	紫	162℃以上 未滿 200℃	紅
182℃	紫		
204℃	黑	200℃以上 未滿 260℃	綠
227℃	黑		
260℃	黑	260℃以上	黃

撒水頭放水量試驗

在放水壓力 1 kgf/cm² 之狀態下測定撒水頭之放水量，並依下列公式算出流量特性係數（K值），其值應在下表所列之許可範圍內。

$$Q = K\sqrt{P}$$

Q：放水量（L/ min）
P：放水壓力（kgf /cm²）。

標稱口徑	10A	15A	20A
K 值之許可範圍	50(1 ± 5 / 100)	80 (1 ± 5 / 100)	114 (1 ± 5 / 100)

用語定義

標準型撒水頭		將加壓水均勻撒出，形成以撒水頭軸心為中心之圓形分布者。
小區劃型撒水頭		與標準型撒水頭有別，係將加壓水分撒於地面及壁面。
側壁型撒水頭		將加壓水均勻撒出，形成以撒水頭軸心為中心之半圓形分布者。
感熱元件		加熱至某一定溫度時，會破壞或變形引發撒水頭動作之元件，包括： 1. 易熔元件：易熔性金屬或易熔性物質構成之感熱元件。 2. 玻璃球：將工作液密封於玻璃球體內之感熱元件。

沉積

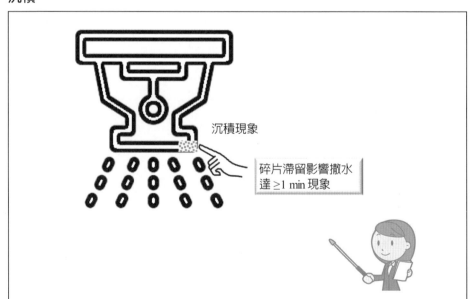

沉積現象

碎片滯留影響撒水達 ≥1 min 現象

撒水頭受熱動作後，釋放機構中之感熱元件或零件之碎片滯留於撒水頭框架或迴水板等部位，明顯影響撒水頭之設計形狀撒水達 1 分鐘以上之現象，即稱之。

密閉式撒水頭材質

墊片如非金屬材料測試

將撒水頭置於 140°C恆溫槽（標示溫度 ≥75°C）經 45 天常溫 24 小時進行耐洩漏試驗

1. 撒水頭之裝置部位及框架之材質，應符合 CNS 4125（銅及銅合金鑄件）、CNS 10442（銅及銅合金棒），或具同等以上強度、耐蝕性、耐熱性。
2. 迴水板之材質應符合 CNS 4125（銅及銅合金鑄件）、CNS 11073（銅及銅合金板及捲片），或具同等以上強度、耐蝕性、耐熱性者。
3. 撒水頭使用本基準規定以外之材質時，應提出其強度、耐蝕性及耐熱性之證明文件。
4. 墊片等如使用非金屬材料，應依下列規定進行測試：
    (1) 將撒水頭放置於140±2°C恆溫槽中（標示溫度在75°C以上，採最高周圍溫度+100°C），經過 45 天後，置於常溫24 小時，復進行耐洩漏試驗。
    (2) 依環境溫度試驗後，進行功能動作試驗，檢視是否正常。

玻璃球動作試驗

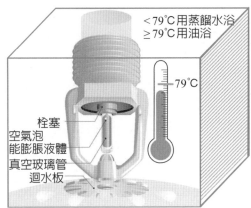

<79°C用蒸餾水浴
≥79°C用油浴

79°C

栓塞
空氣泡
能膨脹液體
真空玻璃管
迴水板

≤0.5°C/min 加熱速度昇溫直至玻璃球內之氣泡消失

1. 動作溫度試驗

   將撒水頭置入溫度分布均勻之液槽內，標示溫度未滿79°C者採用水浴（蒸餾水），79°C以上者採用油浴（閃火點超過試驗溫度之適當油類）。由低於標示溫度10°C之溫度開始以不超過0.5°C/min 之加熱速度升溫直至撒水頭動作（釋放機構應能完全分解，如屬玻璃球型，其玻璃球應破損）為止，實測其動作溫度。實測值α0（°C）以無條件捨去法取至小數第一位。此動作溫度實測值如屬易熔元件型應在其標示溫度之97%至103%之間；如屬玻璃球型應在其標示溫度之 95%至 115%之間。

2. 玻璃球氣泡消失溫度試驗

   將撒水頭置入溫度分布均勻之液槽內，標示溫度未滿 79°C者採用水浴（蒸餾水），79°C以上者採用油浴（閃火點超過試驗溫度之適當油類）。由低於標示溫度 20°C之溫度開始以不超過0.5°C/min 之加熱速度升溫至玻璃球內氣泡消失之溫度或達標示溫度之93%，反覆試驗 6 次，求其氣泡消失溫度實測平均值β0（°C），此值用無條件捨去法取至小數第一位。玻璃球之氣泡消失溫度實測平均值，應在氣泡消失溫度申請值之97%至103%之間。

撒水頭感度熱氣流試驗

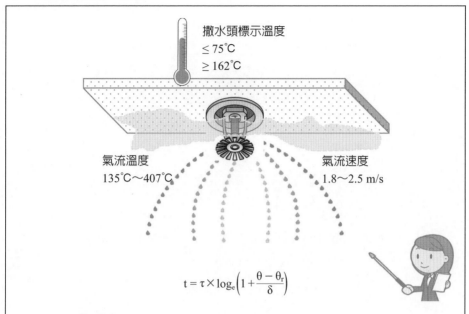

撒水頭標示溫度
$\leq 75°C$
$\geq 162°C$

氣流溫度
$135°C\sim407°C$

氣流速度
$1.8\sim2.5$ m/s

$$t = \tau \times \log_e\left(1 + \frac{\theta - \theta_r}{\delta}\right)$$

式中，t：動作時間（s）

　　　 τ：時間常數（s），第一種為50秒，第二種為250秒，有效撒水半徑為2.8 m者，
　　　　　僅適用第一種感度種類，時間常數為40秒

　　　 θ：撒水頭之標示動作溫度（°C）

　　　 θ_r：撒水頭投入前之溫度（°C）

　　　 δ：氣流溫度與標示動作溫度之差（°C）

標示溫度區分	感度種類	試驗條件	
		氣流溫度°C	氣流速度（m/s）
未滿 75°C	第一種	135	1.8
	第二種	197	2.5
75°C以上未滿 121°C	第一種	197	1.8
	第二種	291	2.5
121°C以上未滿 162°C	第一種	291	1.8
	第二種	407	2.5
162°C以上	第一種	407	1.8
	第二種	407	2.5

（註：第一種感度種類係指快速反應型撒水頭；第二種感度種類係指一般反應型撒水頭）

放水量試驗

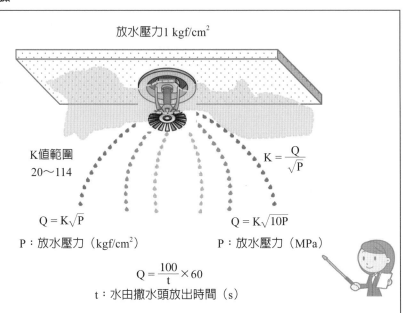

放水壓力1 kgf/cm²

K值範圍
20～114

$$K = \frac{Q}{\sqrt{P}}$$

$$Q = K\sqrt{P}$$

P：放水壓力（kgf/cm²）

$$Q = K\sqrt{10P}$$

P：放水壓力（MPa）

$$Q = \frac{100}{t} \times 60$$

t：水由撒水頭放出時間（s）

在放水壓力 1 kgf/cm²（0.1 MPa）（水道連結型撒水頭為最低放水壓力）之狀態下測定撒水頭之放水量，並依下列公式計算流量特性係數（K值，20【1.4】～114【8.0】），其值應在下表所列之許可範圍內。

標稱流量特性係數（標稱 K 值）LPM/(kgf/cm²)^(1/2)（GPM/(psi)^(1/2)）	流量特性係數 K（±5%）		螺紋標稱（參考）
	LPM/(kgf/cm²)^(1/2)	GPM/(psi)^(1/2)	PT(R)
20（1.4）	19～21	1.3～1.5	1/2（1/2）
27（1.9）	25.7～28.4	1.8～2.0	1/2（1/2）
30（2.1）	28.5～31.5	2.0～2.2	1/2（1/2）
40（2.8）	38～42	2.6～2.9	1/2（1/2）
43（3.0）	40.8～45.2	2.8～3.2	1/2（1/2）
50（3.5）	47.5～52.5	3.3～3.7	1/2（1/2）
60（4.2）	57～63	4.0～4.4	1/2（1/2）
80（5.6）	76～84	5.3～5.8	1/2（1/2）
114（8.0）	108.3～119.7	7.6～8.4	1/2（1/2）或3/4（3/4）

1. 將配管內空氣抽空，然後進行水壓調整，使壓力計與放水之接頭水壓相同。
2. 水流經過放水量試驗裝置（整流筒）且以放水壓力1 kgf/cm²（0.1 MPa）測量100L之水由撒水頭放出之時間t（s），取至0.1秒。並依下列公式計算放水量Q（L/min）及流量特性係數K值，各數值以無條件捨去法取至小數第二位。流量特性係數K值應符合上表規定。

撒水頭分布試驗（r = 2.3m）

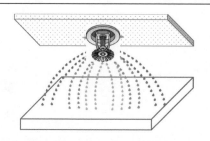

使用撒水分布試驗裝置，測量各水盤之撒水量，以撒水頭軸心為中心，在每一同心圓上各水盤撒水量之平均值分布曲線應如下圖（對有效撒水半徑（r）為 2.3m 者而言）所示之撒水分布曲線。全撒水量之 60% 以上應撒在撒水頭軸心為中心之半徑 300 cm（對 r 為 2.3 m 者而言）。在一個同心圓上之各水盤撒水量不得有顯著差異，且撒水量之最小值應在規定曲線所示值之 70 %以上。

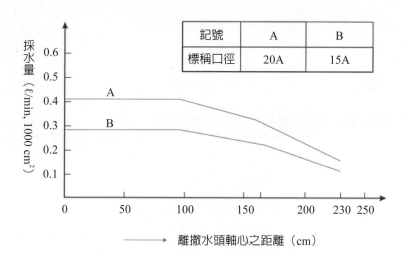

記號	A	B
標稱口徑	20A	15A

離撒水頭軸心之距離（cm）

1. 將一個撒水頭裝在撒水分布試驗裝置上，分別以 1.0、4.0 及 7.0 kgf/cm²之放水壓力各做 2 次試驗，測量各水盤每分鐘之平均撒水量（mL/min）。
2. 計算以撒水頭為軸心之同心圓上各水盤之全撒水量。
3. 撒水頭為軸心，半徑300 cm範圍內之全撒水量Q式計算之。
4. 測定放水壓力 1.0、4.0 及 7.0 kgf/cm²每分鐘之撒水量 Q（L/min）。並依下列公式計算出各種放水壓力下之全撒水量 Q'對撒水量Q之比值。

$$\frac{Q'}{Q} \times 100 = 比值\%$$

5. 同心圓上各水盤之撒水量不應有顯著差異，且撒水量應在規定曲線所示值之 70 %以上。如某一水盤之撒水量未達 70 %時，得將該水盤之排列旋轉 22.5 度以內，重做試驗，所量得之撒水量與原撒水量之平均值可視為該水盤之撒水量；亦得以該水盤周圍1 m×1 m 範圍內水盤撒水量之平均值，視為其撒水量。

5-2 一齊開放閥認可基準（101年11月發布）

一齊開放閥控制類型

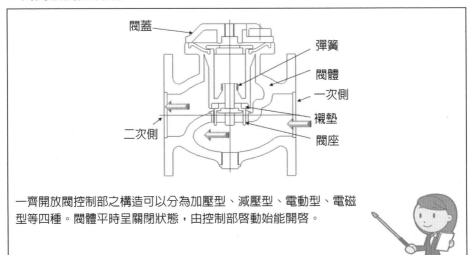

一齊開放閥控制部之構造可以分為加壓型、減壓型、電動型、電磁型等四種。閥體平時呈關閉狀態，由控制部啟動始能開啟。

相當於直管長度（等價管長）之壓力損失計算

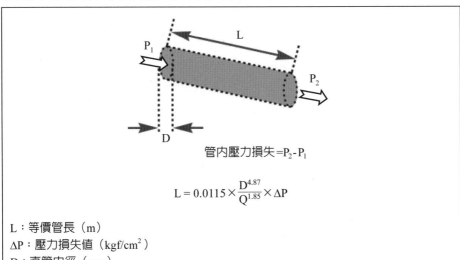

管內壓力損失$=P_2-P_1$

$$L = 0.0115 \times \frac{D^{4.87}}{Q^{1.85}} \times \Delta P$$

L：等價管長（m）
ΔP：壓力損失值（kgf/cm^2）
D：直管內徑（mm）
Q：流量（l/min）

一齊開放閥個別認可試驗記錄表

申請者		試驗員	
產品種類名稱		產品型號	
試驗日期		試驗個數	

試驗項目		結果			判定	
		最高	最低	平均	合格	不合格
外觀	鑄造物的狀態				☐	☐
	機械加工完成狀態				☐	☐
構造材質形狀尺寸	構造、材質以及形狀				☐	☐
	兩面之間尺寸（mm）				☐	☐
	凸緣外徑（mm）				☐	☐
	螺栓孔直徑（mm）				☐	☐
	凸緣厚度（mm）				☐	☐
	螺栓孔徑與個數（mm × 個）				☐	☐
	配管連接部口徑				☐	☐
	閥體連接部螺絲				☐	☐
耐壓	閥體	水壓　　　kgf/cm^2　　加壓　　　分鐘			☐	☐
	閥開放用控制部	水壓　　　kgf/cm^2　　加壓　　　分鐘			☐	☐
	閥座	水壓　　　kgf/cm^2　　加壓　　　分鐘			☐	☐
	閥座洩漏	水壓　　　kgf/cm^2　　加壓　　　分鐘			☐	☐
動作	一次側壓力　kgf/cm^2	s	s	s	☐	☐
	二次側壓力　kgf/cm^2	s	s	s	☐	☐
標示		☐產品種類名稱及型號　☐型式認可號碼 ☐製造廠家或商標　☐製造年份 ☐製造批號　☐內徑 ☐標稱壓力　☐使用壓力範圍 ☐壓力損失值　☐安裝方向 ☐標示水流方向之箭頭			☐	☐

5-3 流水檢知裝置認可基準（101年11月發布）

流水檢知裝置類型

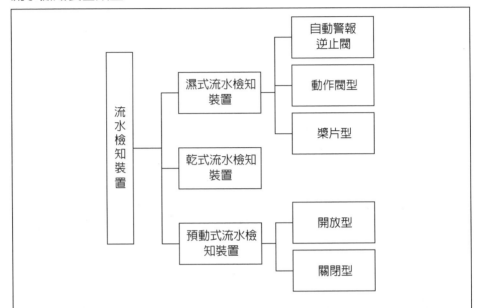

1. 濕式流水檢知裝置：在一次側（流入側）和二次側（流出側）充滿加壓水狀態下，當密閉式撒水頭、一齊開放閥或其他閥件開啓時，因二次側壓力下降而開啓閥門，加壓水由二次側流出，並發出信號裝置，種類如下：
   (1) 自動警報逆止閥型：以逆止閥一次側與二次側之壓力差及加壓水於該裝置本體內流通之動作，發出信號並啓動加壓送水裝置。
   (2) 動作閥型：以逆止閥一次側與二次側之壓力差，檢測出閥門動作，發出信號。
   (3) 槳片型：以加壓水流經槳片之動作，檢測出加壓水流通之現象，發出信號。
2. 乾式流水檢知裝置：一次側加壓水，二次側加壓空氣，當動作使壓力下降時，產生壓力差，閥門即開啓，一次側加壓水即由二次側流出。
3. 預動式流水檢知裝置：一次側加壓水，二次側加壓空氣，當探測器及感知撒水頭均動作時，閥門即開啓，一次側加壓水即由二次側流出。依動作方式分為：
   (1) 開放型：依感知裝置之動作，而使閥門開啓。
   (2) 開閉型：依感知裝置之動作或停止，而使閥門開啓或關閉。

流水檢知裝置系統型式

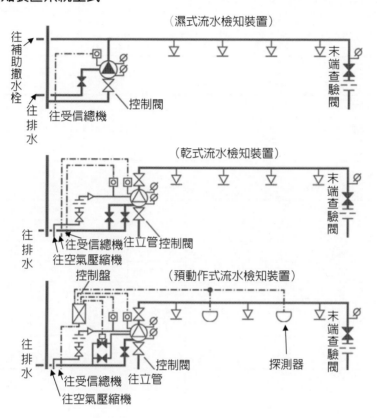

溼式流水檢知裝置性能試驗

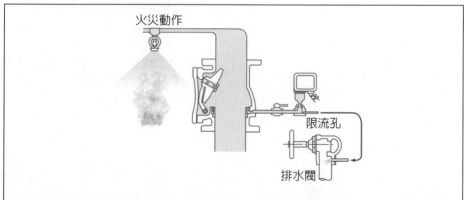

閥門開啟後一分鐘內能發出信號或警報，且停止時信號或警報亦應停止。壓力在0.5 MPa以下，檢知流量係數80時，流量為80 L/min；檢知流量係數50時，流量為50 L/min。

$$Q = 0.75 \times K\sqrt{P}$$

Q：流量 ℓ/min，P：壓力 MPa，K：流量檢知係數

流水檢知裝置個別認可試驗紀錄表

□溼式　□乾式　□預動式　□亂數表（亂數骰）　氣溫　℃、溼度　%、水溫　℃
（□ K = 80　□ K = 50　□ K = 60　□ K = 50 ,60）

一般試驗

構造	□合格　□不合格	尺度	□合格　□不合格
外觀	□合格　□不合格	材質	□合格　□不合格
標示	□合格　□不合格		

分項試驗

試驗號碼			1	2	3	4	5
型式號碼			∼∼	∼∼	∼∼	∼∼	∼∼
製造號碼							
壓力開關							
耐壓（MPa）							
閥體			□合格 □不合格	□合格 □不合格	□合格 □不合格	□合格 □不合格	□合格 □不合格
構件			□合格 □不合格	□合格 □不合格	□合格 □不合格	□合格 □不合格	□合格 □不合格
閥座洩漏	溼式						
	乾式及預動式	一次側　二次側					
	最低使用壓力		□合格 □不合格	□合格 □不合格	□合格 □不合格	□合格 □不合格	□合格 □不合格
			□合格 □不合格	□合格 □不合格	□合格 □不合格	□合格 □不合格	□合格 □不合格
	最高使用壓力		□合格 □不合格	□合格 □不合格	□合格 □不合格	□合格 □不合格	□合格 □不合格
			□合格 □不合格	□合格 □不合格	□合格 □不合格	□合格 □不合格	□合格 □不合格

性能〔時間測定到 0.1 秒為止〕

安裝方向				□垂直 □水平	□垂直 □水平	□垂直 □水平	□垂直 □水平	□垂直 □水平
動作點	壓力	次		動作　停止	動作　停止	動作　停止	動作　停止	動作　停止
第 1 動作點	$P_1 =$ $P_3 =$ $P_2 =$	1	壓力開關					
			□水鐘□閥門開啓					
最低使用壓力		2	壓力開關					
			□水鐘□閥門開啓					

		1	壓力開關						
第2動作點（溼式）	$P_1 =$ 0.5 $P_3 =$		水鐘						
		2	壓力開關						
			水鐘						
第3動作點 最高使用壓力	$P_1 =$ 0.8 $P_3 =$ $P_2 =$	1	壓力開關						
			□水鐘□閥門開啓						
		2	壓力開關						
			□水鐘□閥門開啓						
發出連續信號或警報			□合格 □不合格	□合格 □不合格	□合格 □不合格	□合格 □不合格	□合格 □不合格	□合格 □不合格
不動作（2分鐘） $P_1 =$ $P_3 =$			□合格 □不合格	□合格 □不合格	□合格 □不合格	□合格 □不合格	□合格 □不合格	□合格 □不合格
備考									

＋ 知識補充站

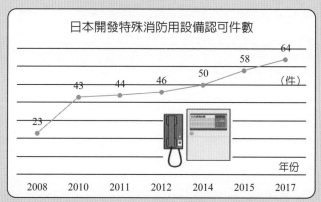

日本開發特殊消防用設備認可件數

註：由內政部長根據消防法第17條第3款的規定，認證的特殊消防用設備等，其性能等於或高於一般消防設備等。

項目	A路徑規格式規定	B路徑客觀驗證法	C路徑部長認定
設備等種類	消防用設備		特殊消防用設備
	一般消防設備	具有一定防火安全性能供消防用設備	
技術基準	消防法施行令消防法施行細則省令等	個案檢定認可制度＋省令／告示等	性能式評估等（依設置設備維護計畫）
維護管理	檢修作業基準等	省令／告示等	依設置設備維護計畫

5-4 泡沫噴頭認可基準（101年11月發布）

泡沫放射密度

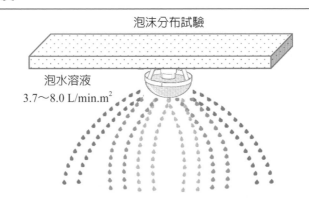

泡沫分布試驗

泡水溶液
$3.7\sim8.0$ L/min.m^2

與泡沫分布試驗同時進行，其單位面積之泡水溶液放射密度應符合下表之規定。

泡沫藥劑種類	單位面積之泡水溶液放射密度
蛋白泡沫滅火藥劑	$6.5\ell/min \cdot m^2$
合成界面活性劑泡沫滅火藥劑	$8.0\ell/min \cdot m^2$
水成膜泡沫滅火藥劑	$3.7\ell/min \cdot m^2$

泡沫放射密度

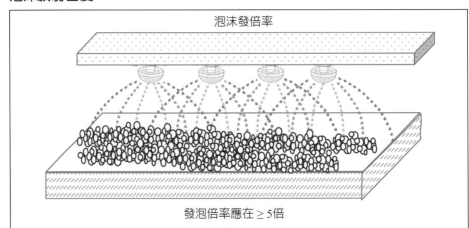

泡沫發倍率

發泡倍率應在 ≥ 5 倍

發泡倍率試驗，配置四個噴頭，在所使用藥劑之濃度上限值及下限值，以使用壓力之上限值及下限值進行放射，測量其發泡倍率需在五倍以上。

泡沫 25% 還原時間試驗

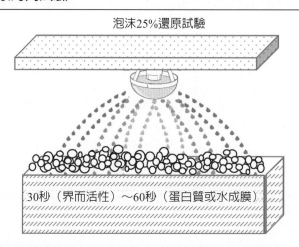

泡沫25%還原試驗

30秒（界面活性）～60秒（蛋白質或水成膜）

25%還原時間試驗：與發泡倍率試驗同時進行。發泡後，其25%還原時間應在下表所列之規定值以上。

泡沫藥劑種類	25% 還原時間（秒）
蛋白泡沫滅火藥劑	60
合成界面活性劑泡沫滅火藥劑	30
水成膜泡沫滅火藥劑	60

泡沫滅火試驗

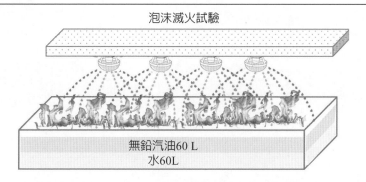

泡沫滅火試驗

無鉛汽油60 L
水60L

配置四個泡沫噴頭，下方置一鐵製燃燒盤（長200cm×寬100cm×高20cm），燃燒盤內注入水60L、汽車用無鉛汽油60L。於點火1分鐘後，以泡沫噴頭使用壓力下限值放射1分鐘。需能於1分鐘內有效滅火，且放射停止後，1分鐘內不得復燃。

5-5 消防幫浦認可基準（101年11月發布）

加壓送水裝置——組成：

設置目的

加壓送水裝置係供水系統之加壓使用，為水系統所屬室內消防栓、室外消防栓、自動撒水、水霧滅火、泡沫滅火及連結送水管等共同設備，以進行水源加壓使用，達到有效射水之作用。

組成

加壓送水及其附屬裝置，依消防幫浦加壓送水裝置等及配管摩擦損失計算基準第2條規定，其構件組成如下：

項目	構件	圖示	構件	圖示
加壓送水裝置	消防幫浦	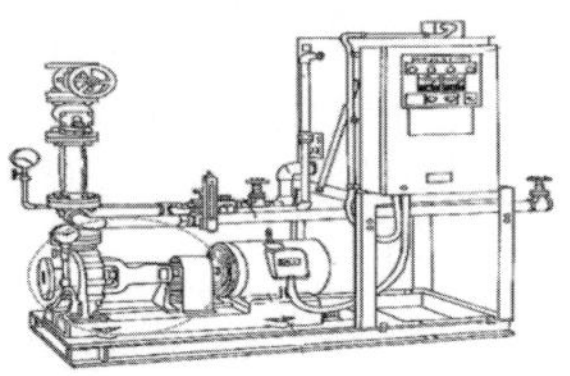	電動機（馬達）	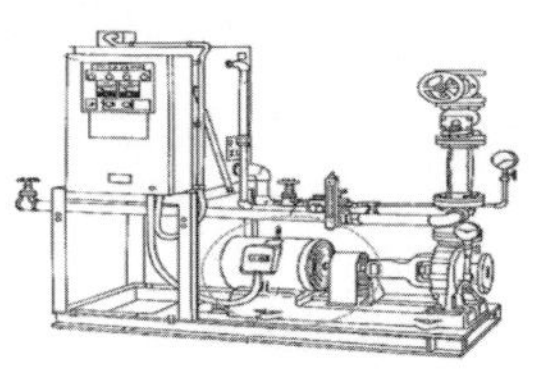
附屬裝置	控制盤	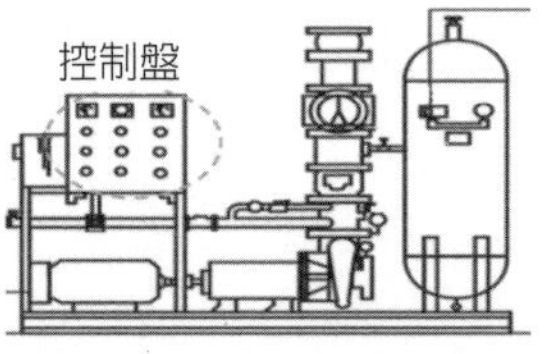 控制盤	呼水裝置	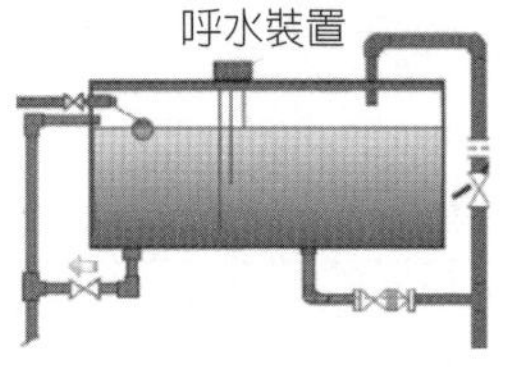 呼水裝置
	防止水溫上升用排放裝置	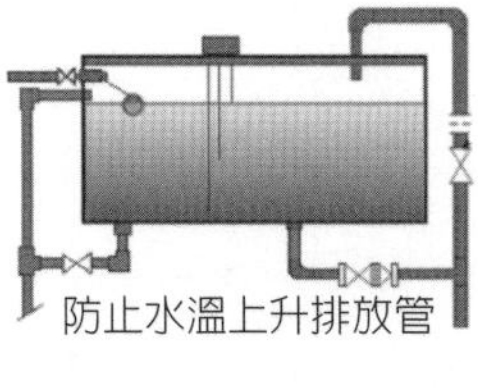 防止水溫上升排放管	幫浦性能試驗裝置	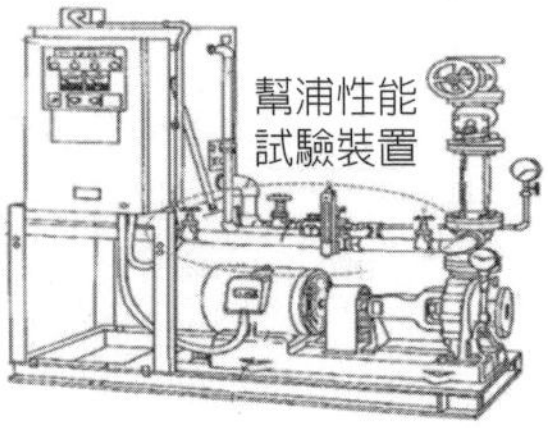 幫浦性能試驗裝置
	啓動用水壓開關裝置	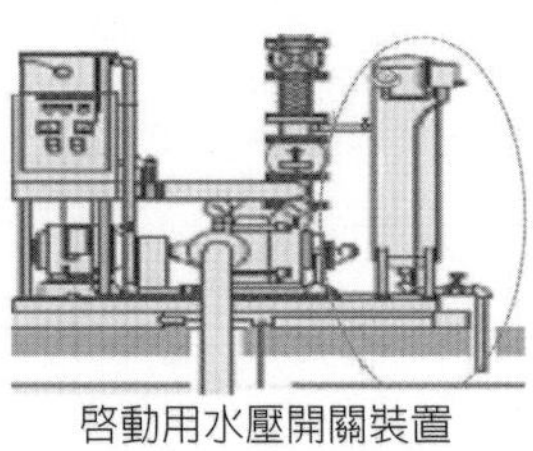 啓動用水壓開關裝置	底閥	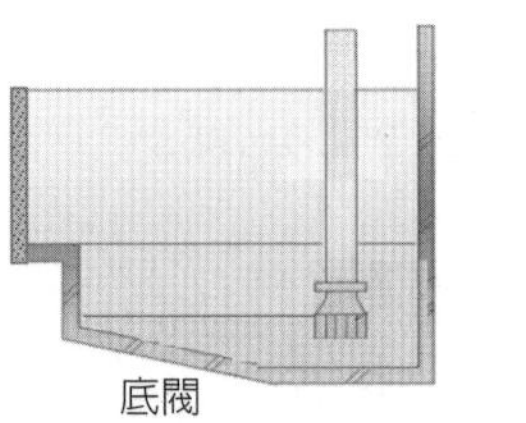 底閥

加壓送水裝置全組成

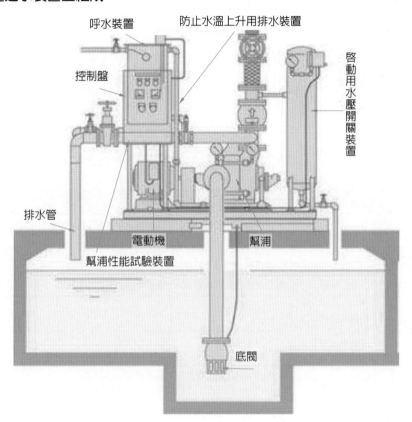

加壓送水裝置全組成照片

消防幫浦

定義

消防幫浦係由幫浦、電動機,及控制盤、呼水裝置、防止水溫上升用排放裝置、幫浦性能試驗裝置、啟動用水壓開關裝置與底閥等,以全部或部分附屬裝置所構成之系統。

設置規定

消防幫浦性能規定(依消防幫浦加壓送水裝置等及配管摩擦損失計算基準)

項目		內容			
出水量及全揚程	額定出水量	1. 在其性能曲線上之全揚程必須達到所標示全揚程 100%~110% 之間。 2. 在額定出水量 150% 時,全揚程應達到額定出水量;性能曲線上全揚程≥ 65%。			
	在全閉揚程	應為性能曲線上全揚程 <140%。			
吸水性能	具有最大吸水全揚程以上,且不得有異常現象	額定出水量(L/min)	<900	900~2700	2700~5000	5000~8500
		最大吸水全揚程(m)	6.0	5.5	4.5	4.0
消耗動力	在額定出水量	100% 時軸動力≦馬達額定輸出馬力 150% 時軸動力≦馬達額定輸出馬力 110%			
效率		應依額定出水量,在曲線規定值以上。			
耐壓		1. 耐最高水壓 ≥ 1.5 倍。 2. 加壓 3min 後無洩漏現象。 (最高揚水壓力 = 全閉揚程 + 最高押入壓力)			

註:符號 ≥ 為以上(含本數);符號 < 為小於(不含本數);符號 ≦ 為以下或以內(含本數)。

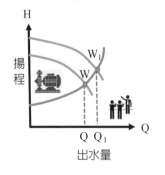

改變泵的轉速或泵的直徑

改變泵的轉速或泵的直徑,實質是改變泵性能曲線,泵轉速增加,泵性能曲線上移,由W上移至W_1,出水量由Q增大至Q_1。
因此,較經濟而無額外能量損失。

消防幫浦種類

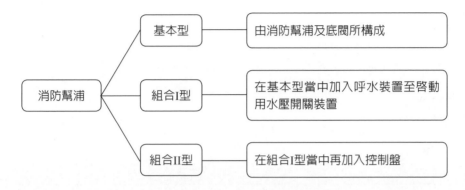

	基本型	組合Ⅰ型	組合Ⅱ型
幫浦	○	○	○
電動機	○	○	○
底閥	○	○	○
壓力表及連成表	○	○	○
呼水槽		○	○
控制盤			○
幫浦性能試驗裝置		○	○
閥類		○	○
水溫防止上升裝置		○	○

（福岡市消防局，平成 26 年）

消防幫浦暨加壓送水裝置例

消防幫浦　　　　電動機

電動機

定義

電動機係將電流進入線圈產生磁場，使電磁鐵在固定的磁鐵內連續轉動的裝置。即將電能轉成機械能，並可機械能再產生動能，來驅動其他裝置的電氣設備。

設置規定

電動機規定（依消防幫浦加壓送水裝置等及配管摩擦損失計算基準）

項目		內容		
機型		1. 單向誘導式		
		2. 3 相誘導鼠籠式	1. 低壓型 2. ≥ 3KV 型	
構造		電動機對機械強度具充分耐久性，且操作維修、更換零件、修理需簡便。 電動機各部分之零件應確實固定。		
機能		電動機在額定輸出連續運轉 8hr 後，不得發生異狀，且在超過額定輸出之 10% 輸出力運轉 1hr，仍不致發生障礙，引起過熱現象。		
啓動方式	交流電動機	<11kW	1. 直接啓動。 2. 星角啓動。 3. 閉路式星角啓動。 4. 電抗器啓動。 5. 補償器啓動。 6. 二次電阻啓動。 7. 其他特殊啓動方式。	≥ 11kW	1. 星角啓動。 2. 閉路式星角啓動。 3. 電抗器啓動。 4. 補償器啓動。 5. 二次電阻啓動。 6. 其他特殊啓動方式。
	直流電動機	應使用具有與交流發電機同等以上，能降低啓動電流者。		
		1. 電源切換緊急電源，啓動裝置應具不必再操作能繼續運轉之構造。 2. 使用電磁式星角啓動方式，加壓送水裝置在停止時應不使電壓增加於電動機線圈之措施。		
標示	以不易磨滅方式標示	1. 造廠商或商標。 2. 品名及型式號碼。 3. 出廠年、月。 4. 額定輸出或額定容量。 5. 出廠編號。 6. 額定電壓。	7. 額定電流（額定輸出時近似電流值）。 8. 額定轉速。 9. 額定種類（如係連續型可省略）。 10. 相數及頻率數。 11. 規格符號。	
電動機與幫浦連接		為同軸式或聯軸式（但電動機額定輸出在 11 kW 以上者，限用聯軸式），並屬單段或多段之離心幫浦。		

電動機啓動方式例

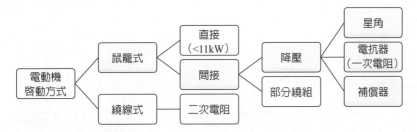

電動機室消防工程設計例

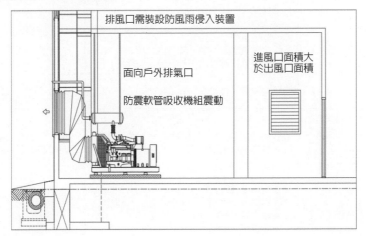

電動機馬力計算式

$$L = \frac{0.163 \times Q \times H \times 1}{E \times K}$$

L：額定馬力（kw）
Q：額定出水量（m³/min）
H：額定全揚程（m）
E：效率（%）
K：傳動係數

幫浦口徑（mm）	E 值
40	0.4～0.45
50～65	0.45～0.55
80	0.55～0.6
100	0.6～0.65
125～150	0.65～0.7
電動機型式	K 值
直結電動機	1.1
直結電動機以外之原動機	1.15～1.2

（陳火炎，2014）

控制盤

設置目的

對加壓送水裝置之監視或操作按鈕使用。

設置規定

構件		內容	但書規定
操作開關		應有啟動用開關及停止用開關。	
表示燈		易於辨認，並區分為： 1. 電源表示燈（白色）。 2. 啟動表示燈（紅色）。 3. 呼水槽減水表示燈（橘黃色）。 4. 電動機電流超過負載表示燈（橘黃色）。	——
儀表		包括電流表、電壓表。	在該控制盤以外處可辨認電壓者，得免裝設。
警報裝置	超過額定馬達電流警報	以警鈴、蜂鳴器等或其他發出警告音響裝置，其停鳴、復原需由人直接操作。	不得有因警報鳴動而使馬達自動停止之構造。
	呼水槽減水警報		
控制盤	裝設下列端子	1. 啟動用信號輸入端子。 2. 呼水槽減水用輸入端子。 3. 警報信號用輸出端子。 4. 幫浦運轉信號輸出端子。 5. 接地用端子。 6. 其他必須用端子。	
配線	低壓	使用 600V 耐熱絕緣電線或同等耐熱效果以上之電線	
預備品		1. 備用保險絲。 2. 線路圖。 3. 操作說明書。	——
標示	不易磨滅方式	1. 製造廠商或廠牌標誌。 2. 品名及型式號碼。 3. 製造出廠年月。 4. 出廠貨品編號。 5. 額定電壓。 6. 馬達容量。	

控制盤圖示例

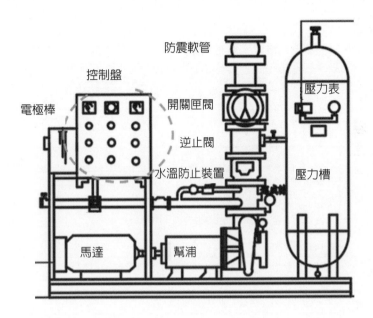

控制盤配線回路圖示例

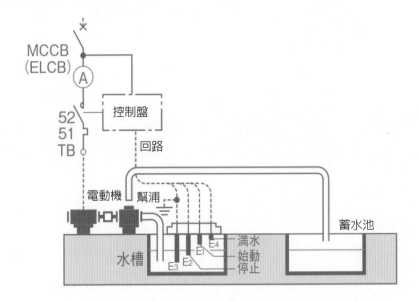

呼水裝置

設置目地

水源之水位低於幫浦位置時，幫浦內會存有空氣，致使幫浦形成空轉現象，而加水使幫浦能正常吸水，稱為呼水，由槽底下方配管（呼水管）給水，此種能充滿水於幫浦及配管之裝置謂之呼水裝置。

設置規定

項目	內容				但書規定
機件	1. 呼水槽。 2. 溢水用排水管。 3. 補給水管（含止水閥）。 4. 呼水管（含逆止閥及止水閥）。 5. 減水警報裝置。 6. 自動給水裝置。				──
材質	容器使用鋼板，並予有效防銹處理，或使用具有防火能力之塑膠槽。				
儲存量	具≥ 100L 有效儲存量。				
配管	配管	溢水用排水管	補給水管	呼水管	呼水槽底與呼水管逆止閥中心線距離在 <1m 時，呼水管需為≥ 40A
	管徑	≥ 50A	≥ 15A	≥25A（40A）	
減水警報發訊裝置	採用浮筒開關或電極方式，當呼水槽水位降至容量 1/2 前，應能發出警報音響至平時有人駐在處。				
自動給水裝置	使用自來水管或屋頂水箱，經由球塞自動給水。				

註：管徑對照表

A	10A	15A	20A	25A	40A	50A	65A	100A
B（吋）	3/8	1/2	3/4	1	1.1/2	2	2.1/2	4

呼水裝置全組成

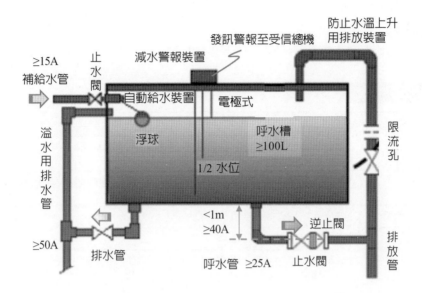

呼水裝置之減水警報裝置

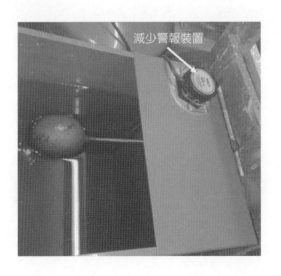

防止水溫上升用排放裝置

設置目的

加壓送水裝置關閉運轉，爲防止幫浦水溫上升之裝置。

設置規定（§17）

項目		內容
呼水槽	有設	防止水溫上升用排放管應從呼水管逆止閥之靠幫浦側連結，中途應設限流孔，使幫浦在運轉中能排水至呼水槽。
	未設	防止水溫上升之排放管應從幫浦出水側逆止閥之一次側連接，中途應設限流孔，使幫浦在運轉中排水至水槽內。
控制閥		排放管中途需裝設控制閥。
口徑		排放管使用口徑 15A 以上。
排放水量		當幫浦在全閉狀態下連續運轉時，不使幫浦內部水溫升高≥ 30℃ $$q = \frac{Ls \times C}{60 \times \Delta t}$$ q：排放水量（L/min） Ls：幫浦關閉運轉時之出力（kW） C：幫浦運轉時 860（Kcal/hr.kW） Δt：幫浦的水溫上升限度為 30Kcal/L

註：管徑對照表

A	10A	15A	20A	25A	40A	50A	65A	100A
B（吋）	3/8	1/2	3/4	1	1.1/2	2	2.1/2	4

防止水溫上升用排放裝置全組成

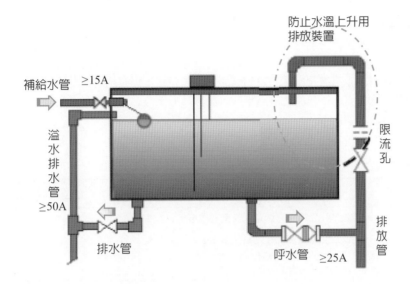

防止水溫上升用排放裝置照片

幫浦性能試驗裝置（一）

設置目的

　　確認加壓送水裝置之全揚程及出水量之試驗裝置，使水系統所需必要之水壓。於幫浦出水側配管中間設有限流孔，以測量前（測試閥）與後（流量調整閥）之壓力。測試時將關閉幫浦上方之止水閥，啓動幫浦成關閉運轉，將測試閥慢慢打開（避免動水壓太大損及壓力表），再開流量調整閥，記錄其流量與壓力，以確認能符合幫浦性能曲線。

設置規定

項目	內容	但書規定
配管	1. 從幫浦出口側逆止閥之一次側分歧接出，中途應裝設流量調整閥及流量計。 2. 為整流在流量計前後留設之直管部分，應有適合該流量計性能之直管長度。 3. 應能適應額定出水量之管徑。	
流量計	使用差壓式，並能直接測定至額定出水量。	流量計貼附有流量換算表時，得免使用直接讀示者。

試驗項目	幫浦性能試驗內容
全揚程及出水量	全揚程及出水量之試驗，於幫浦各種性能之測定點如右圖所示： 1. 全閉運轉點。 2. 額定出水量點。 3. 額定出水量之 150% 出水量點。
	注意事項： 1. 試驗時防止水溫上升用排放配管應為開放狀態。 2. 額定出水量以範圍表示者，測定其最小額定出水量點與最大額定出水量點。 3. 額定出水量以範圍表示者，以其最大額定出水量之 150% 為測定點。
	全揚程及出水量在右圖所示性能曲線上，應符合下列規定。 1. 幫浦在額定出水量時，全揚程應為額定全揚程之 100%～110%。 2. 幫浦之出水量在額定出水量之 150% 時，其全揚程應為額定出水量在性能曲線上全揚程之 ≥65%。 3. 全閉揚程應為額定出水量在性能曲線上全揚程之 <140%。 4. 額定出水量時之全揚程應在設計值之 0%～10%。 5. 額定出水量 150% 時之全揚程應在設計值之－8% 內。 6. 全閉揚程應在設計值之 ±10% 內。
	註：防止水溫上升用排放之水量，不包括在額定出水量內。

幫浦性能曲線圖

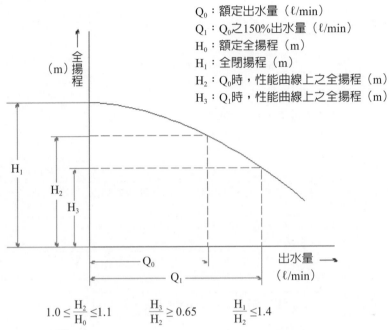

Q_0：額定出水量（ℓ/min）
Q_1：Q_0之150%出水量（ℓ/min）
H_0：額定全揚程（m）
H_1：全閉揚程（m）
H_2：Q_0時，性能曲線上之全揚程（m）
H_3：Q_1時，性能曲線上之全揚程（m）

$$1.0 \leq \frac{H_2}{H_0} \leq 1.1 \qquad \frac{H_3}{H_2} \geq 0.65 \qquad \frac{H_1}{H_2} \leq 1.4$$

（於性能曲線或其上方為合格，假使性能曲線位於此線條下方則為不合格）

幫浦性能試驗裝置例

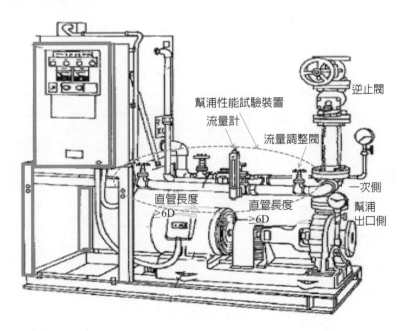

幫浦性能試驗裝置（二）

試驗項目		幫浦性能試驗內容	注意事項
軸動力	額定出水量	100% 時軸動力 ≦ 電動機之額定輸出。 150% 時軸動力 ≦ 電動機額定輸出之 110%。	以動力計測定已知性能電動機之輸出功率，單位取 kW。
幫浦效率		以試驗轉速在額定出水量之測定點，依下列公式計算。$$\eta = \frac{0.0163\gamma QH}{L}$$	η：幫浦效率（%） γ：揚液每單位體積之質量（kg/L） Q：出水量（L/min） H：全揚程（m） L：幫浦軸動力（kW）（實測值）
		幫浦之效率應依額定出水量，達到圖 1-24 效率曲線圖所示效率值以上。	額定出水量時效率應在設計值 − 3% 以內。
		幫浦應順暢運轉，且應避免軸承部之過熱、異常聲音、異常震動之情形發生。	
吸入性能		在額定出水量點，依下表所列額定出水量之區分在所對應之吸入全揚程運轉，測試當時之狀態。 | 額定出水量（L/min）	吸入全揚程（m） | |---|---|
<900	6.0
900～2700	5.5
2700～5000	4.5
5000～8500	4.0
≥ 8500	依使用目的設計之吸入全揚程		但額定出水量超過 8500L/min 者，依申請之吸入條件值運轉，測試當時之狀態。
		設置於水中之幫浦，即使該幫浦在最低運轉水位的情形下運轉，亦應無異常情況發生。	

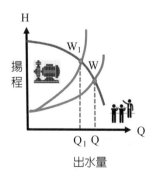

H
揚程
W₁
W
Q₁ Q
出水量

改變泵的閥門大小

改變泵的閥門開啟大小，將改變管路局部阻力，從而改變泵性能曲線，如閥門關小時，管路局部阻力加大，泵性能曲線變陡，由W上移至W₁，出水量由Q降低至Q₁。

因此，關小閥門增大阻力額外消耗能量。

幫浦效率曲線

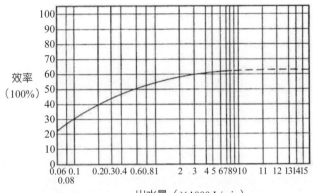

幫浦試驗裝置示意圖

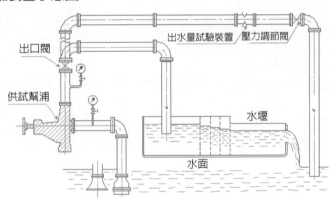

幫浦消防工程設計例

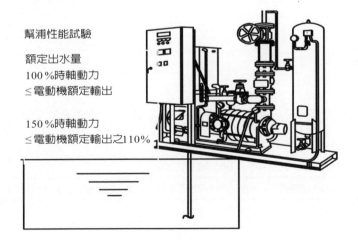

幫浦性能試驗

額定出水量

100％時軸動力

≦電動機額定輸出

150％時軸動力

≦電動機額定輸出之110％

啓動用水壓開關與底閥裝置

1. 啓動用水壓開關

設置目的

消防栓開關開啓，配管內水壓降低，或撒水頭動作，自動啓動加壓送水設備之裝置。

設置規定

啓動用水壓開關規定

項目		內容
壓力槽	容量	≥ 100L。
	構造	符合危險性機械及設備安全檢查規則。
	配管	口徑≥ 25A，與幫浦出水側逆止閥之二次側配管連接，同時在中途應裝置止水閥。
	相關裝置	上方或近傍應裝設壓力表、啓動用水壓開關及試驗幫浦啓動用之排水閥。
水壓開關裝置		設定壓力不得有顯著之變動。

2. 底閥裝置

設置目的

水源之水位低於幫浦的位置時，設於吸水管前端之逆止閥有過濾裝置，避免吸水口堵塞，並持續往上供應水源。

設置規定

底閥規定

項目	內容
位置	蓄水池低於幫浦吸水口時，需裝設底閥。
過濾裝置	繫以鍊條、鋼索等用人工可以操作之構造。
主要零件	閥箱、過濾裝置、閥蓋、閥座等應使用國家標準，或同等以上強度且耐蝕性之材料。

啓動用水壓關裝置全組成例

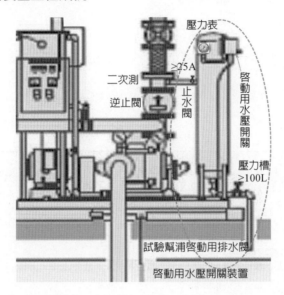

底閥裝置消防工程設計例

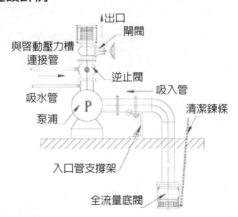

幫浦運作底閥開與關示意圖

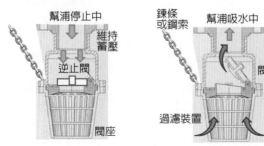

加壓送水裝置 —— 配管例

設置目的

利用主管與支管輸送水源至各樓層之減火設備使用。

設置規定

配管之摩擦損失規定

項目	內容		
摩擦損失	自動警報逆止閥或流水檢知裝置	有使用自動警報逆止閥或流水檢知裝置	$H = \sum\limits_{n=1}^{N} Hn + 5$
		未使用自動警報逆止閥或流水檢知裝置	$H = \sum\limits_{n=1}^{N} Hn$
	H：配管摩擦損失水頭（m） N：Hn 數 Hn：依下列各公式計算各配管管徑之摩擦損失水頭		
摩擦損失水頭	$$Hn = 1.2\frac{Qk^{1.85}}{Dk^{4.87}}\left(\frac{I'k + I''k}{100}\right)$$ Q：標稱管徑 K 配管之流量（l/min） D：標稱管徑 K 管之內徑絕對值（cm） I'k：標稱管徑 K 直管長之合計（m） I''k：標稱管徑 K 接頭、閥等之等價管長之合計（m）		

加壓送水置及附屬裝置系統例

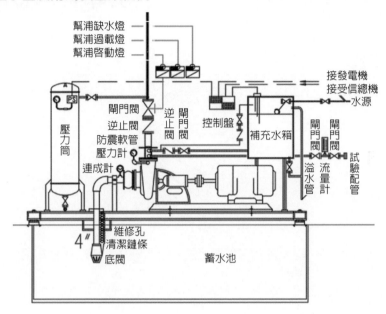

自動警報逆止閥動作原理

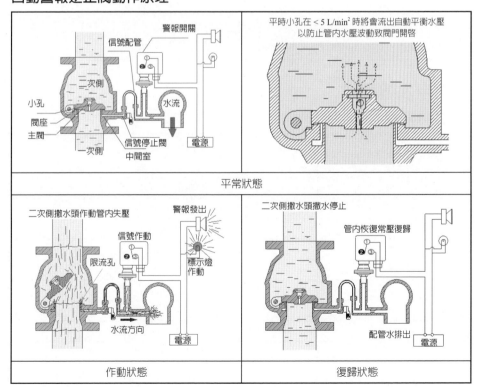

5-6 消防用水帶認可基準（101年11月發布）

用語定義

1. 消防用水帶：係指消防用橡膠裡襯水帶、消防用麻織水帶、消防用沾溼水帶及消防用保形水帶之總稱。
2. 消防用橡膠裡襯水帶：織物之裡襯使用橡膠或合成樹脂的消防水帶（消防用沾溼水帶及消防用保形水帶除外）。
3. 消防用麻織水帶：用麻線織成之消防水帶。
4. 消防用沾溼水帶：因水流通使水帶內外能均勻沾溼之水帶。
5. 消防用保形水帶：水帶斷面一直保持圓形之水帶。
6. 雙層水帶：消防用橡膠裡襯水帶外有一層外套作被覆之水帶。

消防用水帶標稱

消防用水帶標稱及內徑

標稱	內徑（mm）
150	152 以上 156 以下
125	127 以上 131 以下
100	102 以上 105 以下
90	89 以上 92 以下
75	76 以上 79 以下
65	63.5 以上 66.5 以下
50	51 以上 54 以下
40	38 以上 41 以下
30	30.5 以上 33.5 以下
25	26 以上 28 以下
20	18 以上 20 以下

最小彎曲半徑

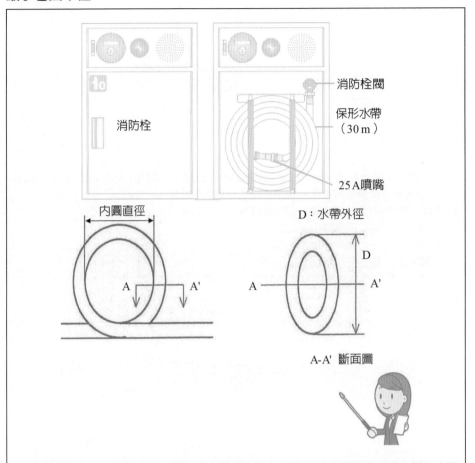

消防栓閥

保形水帶
（30 m）

消防栓

25 A噴嘴

內圓直徑

D：水帶外徑

A ← → A'

A —— A'

D

A-A' 斷面圖

最小彎曲半徑：消防用保形水帶之最小彎曲半徑，是將保形水帶彎曲成如上圖左之圓形時，於水帶外徑（彎曲方向與直角方向的徑）如上圖右增加5%時，求得內圓半徑之最小值，以cm為單位，小數點以後四捨五入。

消防用麻織水帶漏水量試驗

1. 消防用麻織水帶之漏水量，以水壓1Mpa保持3分鐘後，調至0.8Mpa，將水帶表面擦乾1分鐘後，以計量器量測水帶每公尺每分鐘之漏水量。
2. 一條水帶量測4處之漏水量，依其標稱應符合下列規定：
   (1) 標稱65：每公尺水帶150cm3以下。
   (2) 標稱50：每公尺水帶120cm3以下。
   (3) 標稱40：每公尺水帶100cm3以下。

裡襯

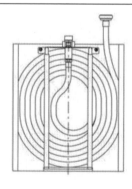

消防用保形水帶裡襯，應符合下列規定：
1. 橡膠或合成樹脂裡襯厚度應有0.2mm以上，較薄部分以垂直影像量測儀量測，精度至0.01mm。
2. 套管剝離強度，依CNS3557「硫化橡膠接著試驗法」實施剝離試驗，試片尺寸為寬度25±0.5mm、長度100mm（標稱20者，長度為56mm；標稱25者，長度為81mm；標稱30者，長度為95mm），其剝離強度應有30N以上。
3. 表面上不得有皺紋等不均勻部分，水流之摩擦損失小。

消防用沾溼水帶漏水量試驗

1. 將消防用沾溼水帶施加水壓0.5Mpa保持35分鐘，計算出最後5分鐘內之平均漏水量，依標稱應符合下表所列數值以下，且水帶表面應為均勻沾溼。
2. 如有漏水量時多、時少之情形，以接水容器採集每公尺水帶之漏水量5分鐘，依下列公式計算（小數點以下四捨五入）。

$$漏水量（cm^3/min）＝ 採集漏水量/5$$

3. 每條水帶量取4處之漏水量。

消防用沾溼水帶漏水量

標稱	每公尺水帶漏水量（cm/min）
90	350
75	300
65	250
50	200
40	150
25	100

消防用保形水帶分類

種類（使用壓力 Mpa）	標稱			
2.0	40	30	25	20
1.6				
1.0				
0.7				

耐閉塞性試驗

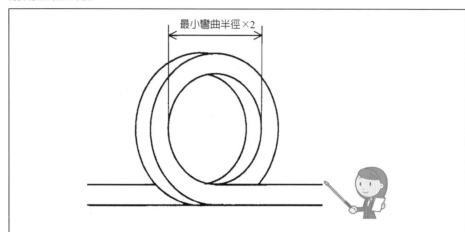

最小彎曲半徑×2

1. 取長度15m以上之消防用保形水帶，將其一端固定，依下圖所示，彎曲至最小彎曲半徑2倍的圓繞2圈的狀態，固定端與反方向之另一端，以最大100N施力使其延長，應不可有明顯破壞或彎曲等情形（判斷方法為水帶施加使用壓力，以直徑8mm瞄子放水，如未達流量60l/min，即為明顯破壞或彎曲情形）。
2. 延長操作需在平滑的地面或磁磚地面進行。
3. 延長速度為5km/h。

消防用保形水帶

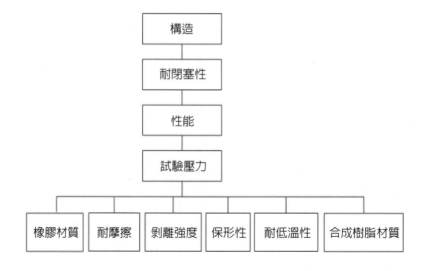

第6章
消防設備師水系統歷屆考題詳解

6-1 110年消防設備師考題詳解

一、110年水系統消防安全設備

1. 一 5 樓防火建築，舞台長寬高分別為 40m、15m、6m。自動撒水系統採正方形配置，均分左右兩放水區域。試說明：
1) 自動啓動裝置及其探測器設置規定數量。（10 分）
2) 撒水頭總數。（5 分）
3) 水源容量。（5 分）
4) 幫浦出水量。（5 分）

解：

舞台應使用開放式自動撒水系統。

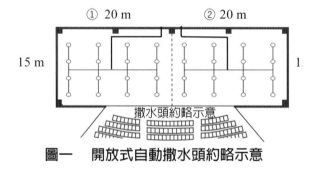

圖一　開放式自動撒水頭約略示意

一) 自動啓動裝置及其探測器設置規定數量

第 52 條　開放式自動撒水設備之自動啓動裝置，應符合下列規定：

(一) 感知撒水頭或探測器動作後，能啓動一齊開放閥及加壓送水裝置。

(二) 感知撒水頭使用標示溫度在七十九度以下者，且每二十平方公尺設置一個；探測器使用定溫式一種或二種，並依第一百二十條規定設置，每一放水區域至少一個。

(三) 感知撒水頭設在裝置面距樓地板面高度五公尺以下，且能有效探測火災處。

各探測區域應設探測器數，依下表之探測器種類及裝置面高度，在每一有效探測範圍，至少設置一個。

裝置面高度			未滿四公尺		四公尺以上未滿八公尺	
建築物構造			防火構造建築物	其他建築物	防火構造建築物	其他建築物
探測器種類及有效探測範圍（平方公尺）	差動式局限型	一種	90	50	45	30
		二種	70	40	35	25
	補償式局限型	一種	90	50	45	30
		二種	70	40	35	25
	定溫式局限型	特種	70	40	35	25
		一種	60	30	30	15
		二種	20	15	-	-

因此，使用定溫式局限型一種探測器，依上表設置規定數量為每 $30m^2$ 設置一個，本案 $40m \times 15m = 600m^2$，$600/30 = 20$ 個。

二) 撒水頭總數

戲院、舞廳、夜總會、歌廳、集會堂等表演場所之舞臺及道具室、電影院之放映室或儲存易燃物品之倉庫，任一點至撒水頭之水平距離，在一點七公尺以下。

依題意採正方形配置，撒水頭間距為 $1.7 \times \sqrt{2} = 2.4 \rightarrow$ 因此，間距至牆面為 1.2，依題意均分左右兩放水區域設計，放水區域在二個以上時，每一放水區域樓地板面積在一百平方公尺以上，且鄰接之放水區域相互重疊，使有效滅火。

長邊 40m，分二區 $\frac{(20-1.2)}{2.4} = 7.83$ 取 8 個，$8 + 1 = 9$（頭尾都有相互重疊）

寬邊 15m，$\frac{(15-1.2)}{2.4} = 5.75$ 取 6 個，$6 + 1 = 7$（頭尾都有相互重疊）

因此，得 $9 \times 7 = 63$ 個（一放水區域），$63 \times 2 = 126$ 個（二放水區域）

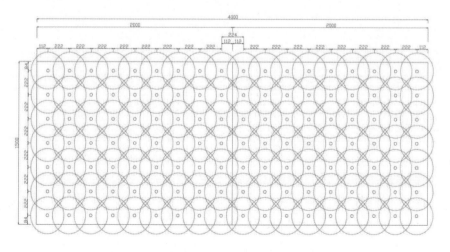

另解：

撒水頭間距求出 2.4m

分二區，長邊 $\frac{20m}{2.4m} = 8.3 \rightarrow$ 取 9 個；寬邊 $\frac{15m}{2.4m} = 6.25 \rightarrow$ 取 7 個

一區 $9 \times 7 = 63$；二區 $63 \times 2 = 126$（個）

反推撒水頭裝置間距

長邊 $\frac{20m}{9 \text{個}} = 2.22m$；寬邊 $\frac{15m}{9 \text{個}} = 2.14m = 2.14m$

一區 $9 \times 7 = 63$；二區 $63 \times 2 = 2.14$（個）

實際上撒水頭裝置間距，設計為 2.22m（正方形配置施工）

三) 水源容量

使用開放式撒水頭時，在十層以下建築物之樓層時，應在最大放水區域全部撒水頭，繼續放水二十分鐘之水量以上。

因此，$63 \times 20min \times 80 \text{ L/min} = 100800 \text{ L}$

四) 幫浦出水量，依前條規定核算之撒水頭數量，乘以每分鐘九十公升

因此，$63 \times 90 \text{ L/min} = 5670 \text{ L/min}$

✚ 知識補充站

撒水頭配置

正方形配置			交錯形配置			
水平距離 R	間距 $\sqrt{2}R$	防護面積 $2R^2$	水平距離 R	間距（A）$\sqrt{3}R$	間距（B）$\frac{3}{2}R$	防護面積 $\frac{3\sqrt{3}}{2}R^2$
1.7	2.40	5.76	1.7	2.94	2.55	7.51
2.1	2.97	8.82	2.1	3.64	3.15	11.46
2.3	3.25	10.56	2.3	3.98	3.45	13.74
2.6	3.68	13.52	2.6	4.50	3.90	17.56

2.
1) 說明連結送水管有關中繼幫浦的規定。（10分）
2) 繪出中繼幫浦管路配置。（10分）
3) 說明配置中元件的功能。（5分）

解：

一) 說明連結送水管有關中繼幫浦的規定

第183條　建築物高度超過六十公尺者，連結送水管應採用溼式，其中繼幫

浦，依下列規定設置：
一、中繼幫浦全揚程在下列計算值以上：
　　全揚程 = 消防水帶摩擦損失水頭 + 配管摩擦損失水頭 + 落差
　　+ 放水壓力　　$H = h_1 + h_2 + h_3 + 60m$
二、中繼幫浦出水量在每分鐘二千四百公升以上。
三、於送水口附近設手動啟動裝置及紅色啟動表示燈。但設有能由
　　防災中心遙控啟動，且送水口與防災中心間設有通話裝置者，
　　得免設。
四、中繼幫浦一次側設出水口、止水閥及壓力調整閥，並附設旁通
　　管，二次側設逆止閥、止水閥及送水口。
五、屋頂水箱有零點五立方公尺以上容量，中繼水箱有二點五立方
　　公尺以上。
六、進水側配管及出水側配管間設旁通管，並於旁通管設逆止閥。
七、全閉揚程與押入揚程合計在一百七十公尺以上時，增設幫浦使
　　串聯運轉。
八、設置中繼幫浦之機械室及連結送水管送水口處，設有能與防災
　　中心通話之裝置。
九、中繼幫浦放水測試時，應從送水口以送水設計壓力送水，並
　　以口徑二十一毫米瞄子在最頂層測試，其放水壓力在每平方公
　　分六公斤以上，且放水量在每分鐘六百公升以上，送水設計壓
　　力，依下圖標明於送水口附近明顯易見處。

二) 繪出中繼幫浦管路配置

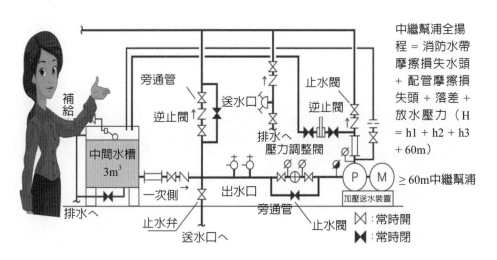

三) 說明配置中元件的功能

    A.中繼幫浦一次側設出水口、止水閥及壓力調整閥，並附設旁通管，二次側設逆止閥、止水閥及送水口。

    B.屋頂水箱有零點五立方公尺以上容量，中繼水箱有二點五立方公尺以上。

    C.進水側配管及出水側配管間設旁通管，並於旁通管設逆止閥。

    D.全閉揚程與押入揚程合計在一百七十公尺以上時，增設幫浦使串聯運轉。

    E.設置中繼幫浦之機械室及連結送水管送水口處，設有能與防災中心通話之裝置。

3. 請說明細水霧滅火系統與水霧滅火系統、自動撒水系統有何不同？（25分）

解：

項目	細水霧滅火系統	水霧滅火系統	自動撒水系統
適用火災類型	A 類、B 類、C 類 適用最廣（含鍋爐等大量使用火源處所）	A 類、B 類、C 類	A 類
水粒徑	≤ 1000 μm	≤ 0.5mm	≤ 1.2mm
水量需求	用水量相對最少	用水量相對居中	用水量相對最多
工作壓力	高壓 ^{3}500 psi 中壓 175~500 psi 低壓 >175 psi	一般場所≥ 2.7kg/cm^2 電氣場所≥ 3.5kg/cm^2	1 ～ 10 kg/cm^2
吸熱效率	相對最高	相對居中	相對最低
噴撒粒子	噴撒隨氣流移動即時充滿整個防護區域	噴撒能隨氣流移動於整個防護區域	噴撒多集中於撒水頭附近區域防護範圍內
消防設計	採個案審核認可	依設置標準設計	依設置標準設計
送水口	×	✓	✓

4. 飛機庫尺寸長寬高分別為 30m、20m、12m，設計 3% 水成膜泡沫滅火系統，使放射區最多。試求：（每小題 5 分，共 25 分）

    1) 放射區域數目。

    2) 總噴頭數目。

    3) 水源容量。

    4) 幫浦出水量。

    5) 泡沫原液量。

解：

一) 飛機庫樓地板面積 30m×20m = 600m²

　　600m²/100m² = 6 個放射區域

　　第 71 條泡沫頭，依下列規定配置：飛機庫等場所，使用泡水噴頭，並樓地板面積每八平方公尺設置一個，使防護對象在其有效防護範圍內。

　　飛機庫樓地板面積 30m×20m = 600m²

二) 噴頭數量：600m²/8m² = 75 個

　　第 72 條　泡沫噴頭放射量，依下表規定：

泡沫原液種類	樓地板面積每平方公尺之放射量（公升／分鐘）
蛋白質泡沫液	六點五以上
合成界面活性泡沫液	八以上
水成膜泡沫液	三點七以上

　　第 75 條　泡沫滅火設備之放射區域，依下列規定：用泡沫噴頭時，每一放射區域在樓地板面積五十平方公尺以上一百平方公尺以下。

　　第 76 條　泡沫滅火設備之水源，依下列規定：使用泡沫頭時，依第七十二條核算之最低放射量在最大一個泡沫放射區域，能繼續放射二十分鐘以上。

　　　　　　前項各款計算之水溶液量，應加算充滿配管所需之泡沫水溶液量，且應加算總泡沫水溶液量之百分之二十。

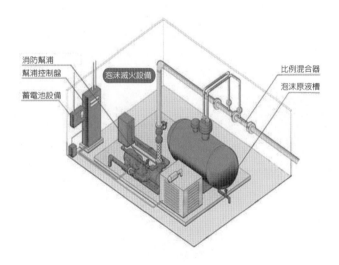

第 77 條　依前條設置之水源，應連結加壓送水裝置。前條第一項第一款及第二款之加壓送水裝置使用消防幫浦時，其出水量及出水壓力，依下列規定：出水量：泡沫放射區域有二區域以上時，以最大一個泡沫放射區域之最低出水量加倍計算。

三) 水源容量 $= \dfrac{3.7L}{\min \times m^2} \times 100m^2 \times 20\min \times (1 + 20\%) = 8880L$

四) 水成膜泡沫幫浦出水量 $= \dfrac{3.7L}{\min \times m^2} \times 100m^2 \times 2 = 740L/\min$

五) 泡沫原液量 $= 8880 \times 3\% = 266.4\ L$

Note

6-2 109年消防設備師考題詳解

一、109年水系統消防安全設備

---

1. 某建築，各層設置 3 支第 2 種室內消防栓，若配管摩擦損失 10m，落差 21m，皮管每 100m 摩擦損失 25m。幫浦效率 65%，幫浦全閉出力為額定出力 1.2 倍。試計算：（每小題 5 分，共 25 分）
   A. 幫浦全揚程
   B. 幫浦出水量
   C. 水源容量
   D. 幫浦設計出力
   E. 防止水溫上升用排放裝置之流量

解：

一) 幫浦全揚程 = 消防水帶摩擦損失水頭 + 配管摩擦損失水頭 + 落差 + 17

$H = (\dfrac{25m}{100m} \times$ 第 2 種室內消防栓皮管 30m$) + 10m + 21m + 17m = 55.5$ m

二) 幫浦出水量，第二種消防栓每支每分鐘之水量在九十公升以上。但全部消防栓數量超過二支時，以二支計算之。

Q= 90 L/min×2 = 180 L/min

三) 水源容量

室內消防栓設備之水源容量，應在裝置室內消防栓最多樓層之全部消防栓繼續放水二十分鐘之水量以上。但該樓層內，全部消防栓數量超過二支時，以二支計算之。放水量在每分鐘八十公升以上。但全部消防栓數量超過二支時，以同時使用二支計算之。

80 L/min×2×20 min = 3200 L

四) 幫浦設計出力

$L = \dfrac{0.163 \times Q（流量）\times H（揚程）}{E（效率）} = \dfrac{0.163 \times 0.18 \times 55.5}{0.65} = 2.51$kW，若電動機之

額定出力即為幫浦關閉運轉之出力，依題意 1.2 倍，2.51×1.2 = 3.01 kW

五) 防止水溫上升用排放裝置之排放水量

$Q（流量）= \dfrac{L（幫浦馬力）\times C（發熱量 860kcal/kW \cdot h）}{60 \times \Delta t（30kcal/l）}$

$= \dfrac{3.01 \times 860}{60 \times 30} = 1.44$ L/min

2. 請繪出末端查驗閥的位置，並說明其設置規定、用途、測試項目、判定要領。

解：

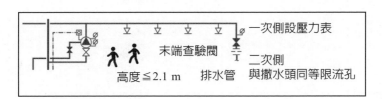

第 56 條　使用密閉式撒水頭之自動撒水設備末端之查驗閥，依下列規定配置：
一、管徑在二十五毫米以上。
二、查驗閥依各流水檢知裝置配管系統配置，並接裝在建築物各層放水
　　壓力最低之最遠支管末端。
三、查驗閥之一次側設壓力表，二次側設有與撒水頭同等放水性能之限
　　流孔。
四、距離地板面之高度在二點一公尺以下，並附有排水管裝置，並標明
　　末端查驗閥字樣。

用途：

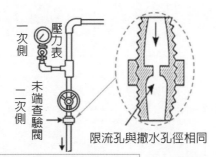

限流孔與撒水孔徑相同

1) 測試流水檢知裝置之警報
2) 測試幫浦之啟動
3) 測試出水量
4) 管內滯留水更新
5) 管內雜質排出

		測試項目			測試方法	判定要領
性能試驗	加壓送水裝置	重力水箱	靜水壓測定		從重力水箱測定在最高位及最低位末端查驗閥、一齊開放閥或手動開放閥二次側配管止水閥位置靜水壓。	應在設計之壓力值範圍以上。
		消防幫浦	啟動裝置試驗	幫浦啟動表示亮燈狀況	從控制盤直接啟動或遠隔操作、行控制盤之直接操作或遠隔操作、末端查驗閥之開放、補助撒水栓之瞄子開放、火警探測器之動作等使幫浦啟動。	幫浦啟動、停止及啟動表示燈之亮燈或閃爍應確實。

			測試項目		測試方法	判定要領
綜合試驗	放水試驗	使用密閉式撒水頭者	啟動性能		開放末端查驗閥。	a. 如使用重力水箱及壓力水箱者，應由流水檢知裝置或壓力檢知裝置動作，發出警報。 b. 如使用消防幫浦，由流水檢知裝置或啟動用水壓開關裝置動作，啟動加壓送水裝置。 c. 應適當發出所規定之警報。 d. 如為乾式或預動式者應一分鐘以內放水。 e. 應能在防災中心等經常有人駐守之場所，標示放水樓層及放水區域。
			放水壓力（kgf/cm²）		在末端查驗閥測定放水壓力及放水量	a. 放水壓力應在 1 kgf/cm² 以上 10kgf/cm² 以下，放水量應在 80 L/min 以上。 b. 放水量依下列公式而算出： $$Q = K\sqrt{P}$$ Q：放水量（1/min） P：放水壓力（kgf/cm²） K：係數

3. 水成膜還原時間測定結果如下，泡沫試樣淨重 200g。試計算泡沫發泡倍率（膨脹比）、25% 還原時間。（25 分）（109 年消防設備師）

時間（分）	還原量（ml）
0	0
1	19
2	38
3	57

解：

　㈠ 發泡倍率

　　係測量在未混入空氣前之泡沫水溶液量與最終發泡量之比率，故應預先測出刻度 1000ml 量筒（水成膜，其他為 1400ml 量筒）之容器重量，次將泡沫試料測

量至公克（g）單位。

1000 ml ÷ 減掉量筒重量之泡沫重量（g）＝發泡倍率

1000 ml ÷ 泡沫試樣淨重 200g ＝ 5（倍）

二) 泡沫還原時間

係指自所採集之泡沫消泡為泡水溶液量，還原至全部泡沫水溶液量之 25% 所需時間。測定還原時間係以測量發泡倍率時所用之試料進行，將泡沫試料淨重分四等份，即含泡水溶液量之 25%（單位 ml），為測得還原至此量所需時間，應先將量筒置於平面上，利用量筒上之刻度觀察泡水溶液還原至 25% 之所需時間。

泡沫試料之淨重為 200g，1g 換算為 1 ml，25% 容量值為 200 ml ÷ 4 ＝ 50（ml）。故測定還原至 50 ml 所需時間，以判定其性能。

由此記錄可知 25% 容量（50 ml）

位於 2 至 3 分鐘之間。即由（50ml（25% 容量值）－ 38 ml（經過 2 分鐘還原量值））57 ml（經過 3 分鐘時之還原量值）－ 38 ml（經過 2 分鐘時之還原量值））＝ 0.63

可得 2.63 分鐘之時間，由此判定性能。

---

4. 請繪出泡沫滅火設備的系統昇位圖，並說明泡沫的滅火作用為何？

解：

空氣泡沫為一物理性滅火藥劑

項	目		內容
泡沫滅火原理	溫度	冷卻性	當泡沫受熱破裂（Breaking Down），將水轉化為水蒸氣。
		滲透性	沒有轉化為水蒸氣的泡沫溶液，可滲入 A 類可燃物質
	可燃物	隔絕	物體表面形成覆著層持續一段時間，形成一道隔離層。
		抑制蒸發	於油表面形成乳化層抑制油蒸發為可燃氣體。
	氧氣	窒息	油表面形成乳化層阻隔氧氣供應，產生窒息效果。
		稀釋	泡沫中水受熱轉化為水蒸氣稀釋空氣，降低氧氣濃度。

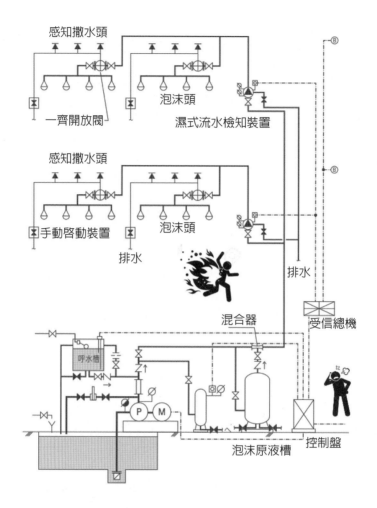

感知撒水頭

泡沫頭

一齊開放閥

濕式流水檢知裝置

感知撒水頭

手動啟動裝置　泡沫頭

排水

排水

混合器

受信總機

呼水槽

泡沫原液槽

控制盤

二、109年化學系統消防安全設備

1. 滅火器依據 CNS 1387 規定，請說明加壓用氣體容器之內容積超過 100 cm³ 時，應符合的規定為何？

解：

加壓用氣體容器內容積超過 100 cm³ 加壓用氣體容器，應符合下列規定：

1) 充填氣體後，將容器置 40 ℃溫水中，施以 2 小時浸水試驗時，不得發生洩漏現象。

2) 裝置於本體容器內部之加壓用高壓氣體容器之外面，不得被充填於本體容器之滅火劑所腐蝕，而且標示塗料等不得剝落。

3) 裝於本體容器外部之加壓用高壓氣體容器，對來自外部之衝擊有保護措施。

4) 使用二氧化碳之加壓用氣體容器所灌裝之二氧化碳，每 1g 有 1.5 cm³ 以上之內容

積。

5) 作動封板，於 180 kgf/cm² 以上鋼瓶設計破壞壓力之 3/4 以下之壓力，施以水壓試驗時，應能破裂。

---

2. 某空間長 12 m、寬 10 m、高 4 m，針對表面火災，採二氧化碳設備全區放射，其無法自動關閉之開口面積為 6 m²，噴頭數量為 4 顆，請求此二氧化碳滅火設備之設定濃度為多少 %？所需的滅火藥劑量為多少公斤？每一個噴頭的放射率為多少公斤/分鐘？

解：

這是設備師的題目，這種題目以後還會考，於藥劑釋放時的動作溫度依 NFPA 指定為 60℃，有依設置標準之藥劑就不要刻意再加安全係數。首先求解動作溫度時藥劑蒸汽之比容（vapor specific volume）

$$PV = nRT \rightarrow 1 \times V = \frac{1000g}{44g} \times 0.082 \times 333K（註 1kg，60℃）$$

$$V = 620.6L = 0.6206m^3（1kg，60℃）$$

CO_2 動作溫度時藥劑比容為 $0.6206 \dfrac{m^3}{kg}$（60℃）

防護體積 $V = 12 \times 10 \times 4 = 480 \ m^3$，依設置標準每立方公尺防護區域所需藥劑量 $0.8kg/m^3 \times 0.6206m^3/kg = 0.496$

CO_2 設定濃度 $\dfrac{x}{V+x} = \dfrac{0.496}{1+0.496} = 33.16\ \%$

第 83 條　二氧化碳滅火藥劑量，依下列規定設置：
　　　　　全區放射方式所需滅火藥劑量依下表計算：

設置場所	電信機械室、總機室	其他			
		五十立方公尺未滿	五十立方公尺以上一百五十立方公尺未滿	一百五十立方公尺以上一千五百立方公尺未滿	一千五百立方公尺以上
每立方公尺防護區域所需藥劑量（kg/m³）	1.2	1.0	0.9	0.8	0.75
每平方公尺開口部所需追加藥劑量（kg/m³）	10	5	5	5	5
滅火藥劑之基本需要量（kg）			50	135	1200

藥劑量計算 $W = G \times V + g \times A$

$W = 0.8 \times 480 + 5 \times 6 = 414$ kg

每一個噴頭的放射率為 414 kg ÷ 1min ÷ 4 個 = 103.5 kg/min

防護體積 $V = 12 \times 10 \times 4 = 480$ m³

第 83 條　藥劑量計算 $W = G \times V + g \times A$

$W = 0.8 \times 480 + 5 \times 6 = 414$ kg

每一個噴頭的放射率為 414 kg ÷ 1min ÷ 4 個 = 103.5 kg/min

3. 針對乾粉滅火器採全區放射、局部放射及移動放射方式時，請比較說明其使用對象、防護範圍、噴頭放射壓力、噴頭放射時間及配管之規定為何？

解：

乾粉滅火	全區放射	局部放射	移動放射
使用對象	易形成深層火災之密閉空間	表面非深層火災之非密閉空間	非深層火災之非密閉空間
防護範圍	區畫間隔之整體範圍	防護對象之局部範圍	某一物體範圍
噴頭放射壓力	1（kg/cm²）	1（kg/cm²）	-
噴頭放射時間	< 30（秒）	< 30（秒）	1.1（分）
配管	鍍鋅鋼管 / 銅管	鍍鋅鋼管 / 銅管	15m 皮管（軟管）

　備【解說】使用銅管易於彎曲施工；移動式並未明文寫出放射時間，能從所需藥劑量 50kg 於 45kg/min 噴完，得知 50/45 = 1.1 分

4. 請比較說明機械泡沫滅火器採用蛋白質泡沫和氟蛋白泡沫之優劣點，並說明他們所使用之對象為何？

解：

	蛋白泡沫	氟蛋白泡沫
優點	1) 便宜 2) 泡沫具有彈性 / 機械強度 3) 可溶解多價金屬鹽 4) 抗復燃 5) 適合於用淡水或海水 6) 穩定性優良 7) 無毒生物降解 8) 液面上放出口結構簡單 / 檢修便利	1) 迅速覆蓋擴散展開性佳 2) 滅火劑相容性佳 3) 抗消泡佳 4) 抗復燃 5) 適合於用淡水或海水 6) 無毒生物降解 7) 帶油率較低 8) 液面下注入結構不易遭到爆炸破壞 9) 槽體有效儲存量較高 10) 液面下注入提高滅火效果 11) 不設專用泡沫管線

	蛋白泡沫	氟蛋白泡沫
劣點	1) 擴散展開性較差 2) 滅火劑相容性差 3) 抗消泡比氟蛋白差 4) 帶油率較高 5) 不適合水溶性液體滅火 6) 液面上放出口易遭爆炸破壞 7) 液面上放出口泡沫體易消泡 8) 槽體有效儲存量較低 9) 設專用泡沫管線	1) 較貴 2) 穩定性略差 3) 不適合水溶性液體滅火 4) 液面下注入結構安裝檢修不易
使用對象	1) 用於固定頂、內浮頂及外浮頂儲槽 2) 蛋白泡沫穿過油層時，會有較高的帶油率，因此如果採用蛋白泡沫，液下噴射方式進行滅火的話，泡沫會攜帶大量油重新到達火災表面，從而達不到滅火的作用。 3) 常使用液面上放出口 4) 非水溶性液體儲槽低倍數泡沫液的選擇	1) 用於固定頂 2) 常見於撲滅油槽火災的液面下注入（Subsurface Injection）方法，以及透過瞄子或泡沫炮塔（Monitor Foam），使大量泡沫能滲入（Plunged）燃料。氟蛋白泡沫由於有這種擺脫燃料特性，對於深層（In-Depth）原油火災或其他烴類燃料火勢非常有效

6-3 108年水系統考題詳解

等　　別：高等考試
類　　科：消防設備師
科　　目：水系統消防安全設備
考試時間：2 小時
※ 注意：
　1) 禁止使用電子計算器。
　2) 不必抄題，作答時請將試題題號及答案依照順序寫在試卷上，於本試題上作答者，不予計分。
　3) 請以黑色鋼筆或原子筆在申論試卷上作答。
　4) 本科目除專門名詞或數理公式外，應使用本國文字作答。

一、有一 16 層樓高之防火構造辦公建築物，每層樓面積為 70 m（長）×50 m（寬），採用密閉溼式自動撒水設備（使用快速反應型撒水頭）。在不考慮樑柱及隔間條件下，採用正方型配置，則每一樓層至少應配置幾個撒水頭？所需最小水源容量為何？至少應配置幾個送水口？（備註：撒水頭數量以有效防護面積計算）（25 分）

解：

一) 依第 46 條　撒水頭，依下列規定配置：
　　快速反應型撒水頭（第一種感度），各層任一點至撒水頭之水平距離在二點三公尺以下。但設於防火構造建築物，其水平距離，得增加爲二點六公尺以下；撒水頭有效撒水半徑經中央主管機關認可者，其水平距離，得超過二點六公尺。

　　因此，正方型配置 $2.6 \times \sqrt{2} = 3.68$，$\dfrac{(70 - 1.84)}{3.68} = 18.52$ 取 19 個，$19 + 1 = 20$（頭尾都有）。

　　$\dfrac{(50 - 1.84)}{3.68} = 13.08$ 取 14 個，$14 + 1 = 15$（頭尾都有）。

　　$20 \times 15 = 300$ 個

二) 第 50 條　撒水頭之放水量，每分鐘應在八十公升（設於高架倉庫者，應爲一百十四公升）以上，且放水壓力應在每平方公分一公斤以上或 0.1Mpa 以上。

　　第 57 條　自動撒水設備之水源容量，依下列規定設置：使用密閉式一般反應型、快速反應型撒水頭時，應符合下表規定個數繼續放水二十分鐘之水量。

各類場所	撒水頭個數	
	快速反應型	一般反應型
十一樓以上建築物、地下建築物	十二	十五

因此，12×20min×80 L/min = 19,200 L

三) 第 59 條　裝置自動撒水之建築物，應於地面層室外臨建築線，消防車容易接
　　　　　　近處，設置口徑六十三毫米之送水口，並符合下列規定：裝置自動
　　　　　　撒水設備之樓層，樓地板面積在三千平方公尺以下，至少設置雙口
　　　　　　形送水口一個，並裝接陰式快速接頭，每超過三千平方公尺，增設
　　　　　　一個。
　　　　　　因此，設置雙口形送水口二個。

二、某一室內停車空間其樓地板面積為 200 m²，欲設置水霧滅火設備，試問其最
　　小水源容量為多少？排水設備設置規定為何？（25 分）

解：
　一) 第 63 條　放射區域，指一只一齊開放閥啟動放射之區域，每一區域以五十平
　　　　　　方公尺為原則。前項放射區域有二區域以上者，其主管管徑應在
　　　　　　一百毫米以上。
　　　第 64 條　水霧滅火設備之水源容量，應保持二十立方公尺以上。但放射區域
　　　　　　在二區域以上者，應保持四十立方公尺以上。
　　　　　　因此，最小水源容量為四十立方公尺以上。
　二) 第 68 條　裝置水霧滅火設備之室內停車空間，其排水設備應符合下列規定：
　　　　　　1. 車輛停駐場所地面作百分之二以上之坡度。
　　　　　　2. 車輛停駐場所，除面臨車道部分外，應設高十公分以上之地區境
　　　　　　　界堤，或深十公分寬十公分以上之地區境界溝，並與排水溝連通。
　　　　　　3. 滅火坑具備油水分離裝置，並設於火災不易殃及之處所。
　　　　　　4. 車道之中央或二側設置排水溝，排水溝設置集水管，並與滅火坑
　　　　　　　相連接。
　　　　　　5. 排水溝及集水管之大小及坡度，應具備能將加壓送水裝置之最大
　　　　　　　能力水量有效排出。

三、有一工廠為混合型工作場所，其性質及面積如下：
1. 儲存一般可燃性固體物質倉庫高度 5 m，面積 1200 m^2。
2. 油漆作業場所，面積 600 m^2。
3. 輕工業場所，面積 1200 m^2。
4. 儲存一般可燃性固體物質倉庫高度 6 m，面積 800 m^2。
5. 儲存微量可燃物之倉庫高度 6 m，面積 3200 m^2。
試計算該工廠依規定是否需設置室外消防栓設備？（25 分）

解：

依第 4 條

1. 高度危險工作場所：儲存一般可燃性固體物質倉庫之高度超過五點五公尺者，或易燃性液體物質之閃火點未超過攝氏六十度與攝氏溫度為三十七點八度時，其蒸氣壓未超過每平方公分二點八公斤或 0.28 百萬帕斯卡（以下簡稱 MPa）者，或可燃性高壓氣體製造、儲存、處理場所或石化作業場所，木材加工業作業場所及油漆作業場所等。

2. 中度危險工作場所：儲存一般可燃性固體物質倉庫之高度未超過五點五公尺者，或易燃性液體物質之閃火點超過攝氏六十度之作業場所或輕工業場所。

3. 低度危險工作場所：有可燃性物質存在。但其存量少，延燒範圍小，延燒速度慢，僅形成小型火災者。

依第 16 條　下列場所應設置室外消防栓設備：

1. 高度危險工作場所，其建築物及儲存場所之第一層及第二層樓地板面積合計在三千平方公尺以上者。

2. 中度危險工作場所，其建築物及儲存場所之第一層及第二層樓地板面積合計在五千平方公尺以上者。

3. 低度危險工作場所，其建築物及儲存場所之第一層及第二層樓地板面積合計在一萬平方公尺以上者。

4. 如有不同危險程度工作場所未達前三款規定標準，而以各款場所之實際面積為分子，各款規定之面積為分母，分別計算，其比例之總合大於一者。

高度危險工作場所：$\dfrac{600+800}{3000} = 0.47$

中度危險工作場所：$\dfrac{1200+1200}{5000} = 0.48$

低度危險工作場所：$\dfrac{3200}{10000} = 0.32$

因此，0.47 + 0.48 + 0.32 = 1.27 > 1（需設置室外消防栓設備）

四、試繪圖說明消防幫浦性能曲線之相關規定及其對應之理由。（25 分）

解：

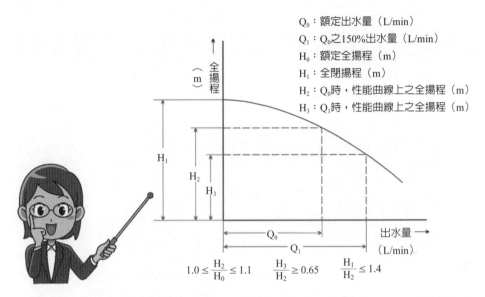

Q_0：額定出水量（L/min）
Q_1：Q_0之150%出水量（L/min）
H_0：額定全揚程（m）
H_1：全閉揚程（m）
H_2：Q_0時，性能曲線上之全揚程（m）
H_3：Q_1時，性能曲線上之全揚程（m）

$$1.0 \leq \frac{H_2}{H_0} \leq 1.1 \qquad \frac{H_3}{H_2} \geq 0.65 \qquad \frac{H_1}{H_2} \leq 1.4$$

揚程（H）是指幫浦對液體所提供的有效能量，幫浦揚程與轉速（N）、出水量（Q）等有關；揚程必須克服管路的阻力，使揚程愈高時，出水量將會變少，且揚程必須比預計管路阻力需求高才行。在幫浦性能曲線上，幫浦效率隨出水量增大而上升，達到最大值後隨出水量增加而下降，使幫浦存在一最佳效率之設計點，因此在幫浦最佳效率點，在其相對應下 Q 與 H 成為經濟、效率最高。

因此，全揚程（H）及出水量（Q）幫浦性能應依上圖應符合下列規定。於全揚程及出水量在圖所示性能曲線上，應符合下列 1～3 之規定，並應符合 4～6 所列許可差之規定（防止水溫上升排放之水量，不包括在額定出水量內）。

1. 幫浦在額定出水量（Q）時，在其性能曲線上之全揚程應為額定全揚程（H）之 100% 以上、110% 以下；其全揚程必須克服管路的阻力，必須在 100% 以上。

2. 幫浦之出水量（H）在額定出水量之 150% 時，其全揚程（H）應為額定出水量在性能曲線上全揚程之 65% 以上；幫浦效率隨出水量達到最大值後隨出水量增加而下降，使幫浦存在一最佳效率之設計點。

3. 全閉揚程應為額定出水量在性能曲線上全揚程之 140% 以下。

4. 額定出水量時之全揚程應在設計值之 +10%、−0% 內。

5. 額定出水量之 150% 時之全揚程應在設計值之 −8% 內。

6. 全閉揚程應在設計值之 ±10% 內。

所以，在幫浦性能曲線上，在 Q 與 H 相對應下之值如上所述，成為幫浦最佳效率點。

6-4 107年水系統考題詳解

一、依據「各類場所消防安全設備設置標準」規定，小規模老人服務機構之水系統滅火設備設計原則為何？為能提升避難弱者生命安全保障，俾利在火災發生初期，採行相關緊急滅火應變作為，減少傷亡風險發生，試比較我國與日本等先進國家對此類場所在規範水系統滅火設備設計規定之差異處，並請說明有那些補強設計原則可讓現場醫護人員（非工務勞安人員）確實有效操作該系統設備？（25分）

解：

1. 依各類場所消防安全設備設置標準第 17 條供第十二條第一款第六目所定長期照顧機構（長期照護型、養護型、失智照顧型）、身心障礙福利機構（限照顧植物人、失智症、重癱、長期臥床或身心功能退化者）、護理之家機構使用之場所，樓地板面積≧ 300m² 者，應設置自動撒水設備。在設計原則上，於第 46 條撒水頭依下列規定配置，指出第十二條第一款場所之住宿居室、病房及其他類似處所，得採用小區劃型撒水頭（以第一種感度為限），任一點至撒水頭之水平距離在 2.6m 以下，且任一撒水頭之防護面積在 <13m²。而前款所列場所之住宿居室等及其走廊、通道與其類似場所，得採用側壁型撒水頭（以第一種感度為限），牆面二側至撒水頭之水平距離在 1.8m 以下，牆壁前方至撒水頭之水平距離在 3.6m 以下。依據該標準第 50 條撒水頭放水量之規定，小區劃型撒水頭之放水量，每分鐘應在 50 公升以上；第 57 條自動撒水設備水源容量之規定，使用小區劃型撒水頭時，10 層以下樓層在 8 個撒水頭、11 層以上樓層在 12 個撒水頭繼續放水 20 分鐘之水量以上，故設置自動撒水設備水源容量約需 8 至 12 噸。

2. 日本「消防法施行令」指出，安養及長照服務機構設置使用之場所，總樓地板面積≧ 275m² 者，應設置自動撒水設備；日本與臺灣皆要求位於樓層數達十一樓以上之建築物時，皆應設置自動撒水設備。因此，我國與日本在老人服務機構場所設置自動撒水設備規定類似，差異不大。

3. 在補強設計原則上，在水源容量可能礙於建築物現況，如屋頂水箱或消防專用蓄水池、自動撒水設備之管路施工困難等，而難以設置。因此，可能參考日本於小型老人福利機構等場所設置水道連結型撒水設備，以因應場所火災之發生，提高老人服務機構之自主防災能力。依據 106 年 7 月 4 日內授消字第 1060823004 號令修正發布之「密閉式撒水頭認可基準修正規定」，將原「小流量型撒水頭」用語調整為「水道連結型撒水頭」，其將加壓水分撒於地面及壁面，以符合水道連結型撒水頭之撒水分布試驗規定，並得與自來水配管連接設置者。其最低放水壓力規定為 0.2 kgf/cm² 或放水量 15L/min 時之放水壓力二者取最大值，其放水量每分鐘約在 9～51 公升以上。如此，第 57 條自動撒水設

備水源容量之規定，10 層以下樓層在 8 個撒水頭、11 層以上樓層在 12 個撒水頭繼續放水 20 分鐘之水量以上，採用水道連結型撒水頭水源容量最小僅約需 1.5～2.2 公噸。以此水源容量，將提高既有安養及長照服務機構設置自動撒水設備之可能性。

4. 此外，設置第一種室內消防栓改為第二種室內消栓或是日本保形水帶讓現場醫護人員（非工務勞安人員）確實有效操作該系統設備。

二、水霧滅火設備可撲滅電器類火災之原理為何？水霧噴頭及配管與 190 電壓（KV）高壓電器設備應保持多少毫米（mm）之離開距離？請繪出水霧滅火設備主要設備與系統配件構成之升位圖。（25 分）

解：

1. 水霧滅火設備可撲滅電器類火災之原理，因為所噴出細小水粒子，必須比撒水頭水壓（1kg/cm^2）還要高，如果噴出水粒子夠細小，空氣為一不良傳導體，細小水粒子之間存有空氣隔絕，滅火時就能不侷限於 A 類火災，而擴大應用於 C 類火災場所，且水霧不具任何化學毒性。

2. 為了防護 C 類火災場所，本條所稱「距離」係指電氣絕緣距離，是水霧噴頭及配管與高壓電器設備之帶電導體（不含具有效絕緣保護者）應保持之距離。最低距離間隔是 15 cm，最大間隔是 3.3m。以變壓器室而言，該防護對象係指變壓器本體，該總面積係指變壓器總面積。於各類場所消防安全設備設置標準第 66 條，水霧噴頭及配管與高壓電器設備應保持之距離，依下表規定：

離開距離（mm）		電壓（KV）
最低	標準	
150	250	7 以下
200	300	10 以下
300	400	20 以下
400	500	30 以下
700	1000	60 以下
800	1100	70 以下
1100	1500	100 以下
1500	1900	140 以下
2100	2600	200 以下
2600	3300	345 以下

3. 水霧滅火設備主要設備與系統配件構成之升位圖

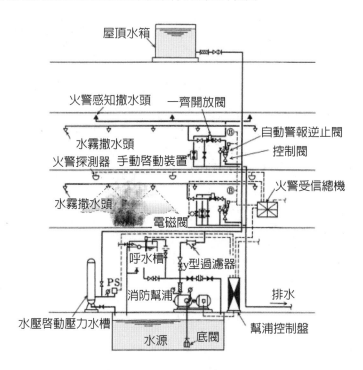

三、有一印刷機房之空間規模為 35 m（長）× 25 m（寬）× 12 m（高），內有一座印刷機臺大小為 12 m（長）× 8 m（寬）× 6 m（高），需設置固定式滅火設備來防護之，若採用高發泡放出口之泡沫滅火設備及第一種膨脹比泡沫，泡沫原液（使用水成膜泡沫滅火藥劑）濃度為 6%，且其防護區域開口部能在泡沫水溶液放射前自動關閉，請問至少應設置幾個高發泡放出口？高發泡放出口之泡沫水溶液放射量為多少？充滿配管之泡沫水溶液量為 0.8 立方公尺（m³），試計算其所需最小泡沫原液量？其泡沫原液儲槽設置規定為何？（25分）

解：

一) 冠泡體積指防護區域自樓地板面至高出防護對象最高點零點五公尺所圍體積。
防護對象物 35 m × 25 m × 6.5 m = 5688 m³
高發泡放出口在防護區域內，樓地板面積每五百平方公尺至少設置一個，且能有效放射至該區域，並附設泡沫放出停止裝置。

高發泡發出口數 $= \dfrac{35 \times 35}{500} = 2$（個）

二) 防護對象位置距離樓地板面高度，超過五公尺，且使用高發泡放出口時，應為

全區放射方式。

高發泡放出口之泡沫水溶液放射量依下表核算：

防護對象	膨脹比種類	冠泡體積 1m³（L/min）
第 18 條第 8 項場所	（第 1 種）	1.25
	（第 2 種）	0.31
	（第 3 種）	0.18

1.25 L/min m³×5688 m³ = 7109 L/min

7109 L/min÷2 = 3555 L/min

三) 最小水源容量

膨脹比種類	冠泡體積 ×m³／每 1m³ 冠泡體積 = 泡水溶液量
第 1 種	0.04
第 2 種	0.013
第 3 種	0.008

0.04×5688 m³ = 227.5 m³

計算之水溶液量，應加算充滿配管所需之泡沫水溶液量，且應加算總泡沫水溶液量之百分之二十。

(227.5 m³ + 0.8 m³)×1.2 = 274 m³

四) 泡沫原液量

274×0.06 = 16.4 m³

五) 依第 81 條泡沫原液儲槽，依下列規定設置：

1. 設有便於確認藥劑量之液面計或計量棒。

2. 平時在加壓狀態者，應附設壓力表。

3. 設置於溫度攝氏四十度以下，且無日光曝曬之處。

4. 採取有效防震措施。

四、某建設公司擬蓋地上四十層地下三層鋼筋混凝土構造之防火建築物一棟，基
地土地面積為 2000 m²，建築物各層面積如下：地下各層樓地板面積各為 1200
m²（長 50 m × 寬 24 m），高度各為 3.5 m，用途為：停車場、機房；地上第
一層至第四十層：各層樓地板面積各為 1000 m²（長 50 m × 寬 20 m），高度
各為 4 m，用途各為：辦公室；屋頂突出物樓地板面積為 185 m²，高度為 2.5
m，用途為：電梯機械室。於 2018 年 3 月 10 日向基地管轄之某縣市政府申請
「建築物建造執照」，並於 2018 年 5 月 2 日審核通過並核發建照，其設置有
消防專用蓄水池及溼式連結送水管，已知：連結送水管使用 150 毫米（mm）
管徑，配管摩擦損失水頭為 28.5 m、落差高度為 100 m，試求：
一) 中繼幫浦設計之目的為何？（5 分）
二) 中繼幫浦全揚程為多少公尺（m）以上？（5 分）
三) 中繼幫浦出水量每分鐘為多少公升以上？（2 分）
四) 中繼幫浦所需屋頂水箱及水源容量為多少立方公尺（m³）以上？（5 分）
五) 消防專用蓄水池有效水量應為多少立方公尺（m³）以上？其投入孔或採水
口設置規定為何？（8 分）

解：

一) 連結送水管之設置係考量樓層較高之建築物於消防搶救上，假使逐層延著室內
梯佈置水帶至火災層，耗費體力且耗時，摩擦損失也大，以致不切實際，故設
計連結送水管，希望消防車延伸水線能將水儘速送至高層部，以有效射水。但
樓層過高時，消防車幫浦加壓有限，為使水線具備一定水壓，以使消防水能射
至遠方，故於建築物內設置中繼幫浦，目的是將消防車之用水送至高層搶救位
置，所以連結送水管之中繼幫浦之設置位置，應考慮國內消防車之車齡、送水
揚程、四周環境、水帶（耐壓）等現實狀況，設置高度原則仍以六十公尺為限，
方能確保發揮其功能。且中繼幫浦之全閉揚程與押入揚程合計在一百七十公尺
以上時，應增設幫浦使串聯運轉方能確保發揮其功能，以符合其中繼之意旨。

二) 中繼幫浦全揚程
全揚程 = 消防水帶摩擦損失水頭 + 配管摩擦損失水頭 + 落差 + 放水壓力
依第 184 條規定消防水帶摩擦損失水頭為四公尺。
幫浦全揚程：H = 4m + 28.5m + 100m + 60m = 192.5 m
中繼幫浦全閉揚程：H = 192.5×120% = 231 m

三) 中繼幫浦出水量
依第 183 條規定中繼幫浦出水量在每分鐘二千四百公升以上

四) 中繼幫浦所需屋頂水箱及水源容量為多少立方公尺（m³）以上？（5 分）依第
183 條規定中繼幫浦之屋頂水箱有零點五立方公尺以上容量，中繼水箱有二點
五立方公尺以上

五) 消防專用蓄水池有效水量

依第 185 條：消防專用蓄水池，依下列規定設置：

一、蓄水池有效水量應符合下列規定設置：

　　(一) 依第二十七條第一款及第三款設置者，其第一層及第二層樓地板面積
　　　　合計後，每七千五百平方公尺（包括未滿）設置二十立方公尺以上。

　　(二) 依第二十七條第二款設置者，其總樓地板面積每一萬二千五百平方公
　　　　尺（包括未滿）設置二十立方公尺以上。

　　　　本棟屬第二十七條第二款設置場所，因此總樓地板面積

　　　　$40 \times 1000 + 185 + 1200 \times 3 = 43{,}785 \text{ m}^2$

　　　　$43785 \div 12500 = 3.5$（包括未滿，故為 4）

　　　　$20 \text{ m}^3 \times 4 = 80 \text{ m}^3$

六) 投入孔或採水口設置規定

　　依第 185 條：依下列規定設置投入孔或採水口。

1. 投入孔為邊長六十公分以上之正方形或直徑六十公分以上之圓孔，並設鐵蓋
　　保護之。水量未滿八十立方公尺者，設一個以上；八十立方公尺以上者，設
　　二個以上。

2. 採水口為口徑七十五毫米，並接裝陰式螺牙。水量二十立方公尺以上，設
　　一個以上；四十立方公尺以上至一百二十立方公尺未滿，設二個以上；
　　一百二十立方公尺以上，設三個以上。採水口配管口徑至少八十毫米以上，
　　距離基地地面之高度在一公尺以下零點五公尺以上。

　　前項有效水量，指蓄水池深度在基地地面下四點五公尺範圍內之水量。但採機
　　械方式引水時，不在此限。

6-5 106年水系統考題詳解

> 一、自動撒水設備免設撒水頭處所設置補助撒水栓時,可否免設室內消防栓設備?並比較補助撒水栓與第二種室內消防栓相關規定之異同點?(25分)

解：

1. 應設室內消防栓設備之場所,依本標準設有自動撒水(含補助撒水栓)、水霧、泡沫、二氧化碳、乾粉或室外消防栓等滅火設備者,在該有效範圍內,得免設室內消防栓設備。但設有室外消防栓設備時,在第一層水平距離四十公尺以下、第二層步行距離四十公尺以下有效滅火範圍內,室內消防栓設備限於第一層、第二層免設。

2. 補助撒水栓與第二種室內消防栓異同:

項目		補助撒水栓	第二種室內消防栓
相同	防護距離	15m	
	全部數量	超過2支時以同時使用2支計算	
	瞄子	設有容易開關之裝置	
相異	放水壓力	$2.5\text{kgf/cm}^2 \le P \le 10\ \text{kgf/cm}^2$	$2.5\text{kgf/cm}^2 \le P \le 7\ \text{kgf/cm}^2$
	放水量	60 L/min	80 L/min
	標示字樣	標示補助撒水栓字樣	標示消防栓字樣
	開關閥高度	開關閥在距地板面 ≤ 1.5m	開關閥在距地板面 0.3～1.5m
	幫浦出水量	70 L/min	90 L/min

> 二、自動撒水設備之小區劃型撒水頭可適用於那些場所?並說明小區劃型撒水頭的相關設置規定。(20分)於14樓層高之建築物設置小區劃型撒水頭自動撒水設備,就該設備試計算其最小水源容量。(5分)

解：

一) 可適用於下列場所:

1. 第十二條第一款第三目(觀光旅館、飯店、旅館、限有寢室客房之招待所)第六目(醫院、療養院、長期照顧機構(長期照護型、養護型、失智照顧型)、安養機構、老人服務機構(限供日間照顧、臨時照顧、短期保護及安置者)、托嬰中心、早期療育機構、安置及教養機構(限收容未滿二歲兒童者)、護理之家機構、產後護理機構、身心障礙福利機構(限供住宿養護、日間服務、臨時及短期照顧者)、身心障礙者職業訓練機構(限提供住宿或

使用特殊機具者）、啓明、啓智、啓聰等特殊學校）。

2. 第二款第七目（集合住宅、寄宿舍、住宿型精神復健機構）。

3. 第五款第一目（複合用途建築物中，有供第一款用途者）等場所之住宿居室、病房及其他類似處所。

4. 得採用小區劃型撒水頭（以第一種感度爲限），任一點至撒水頭之水平距離在二點六公尺以下，且任一撒水頭之防護面積在十三平方公尺以下。

二) 最小水源容量

1. 小區劃型撒水頭之放水量，每分鐘應在五十公升以上。

2. 用小區劃型撒水頭時，十層以下樓層在八個撒水頭、十一層以上樓層在十二個撒水頭繼續放水二十分鐘之水量以上。

   $50 \text{ L/min} \times 20\text{min} \times 12 \text{ 個} = 12 \text{ m}^3$

三、某一汽車修護廠，其長、寬、高各爲 50 m、30 m、8 m，內有一防護對象物，大小爲 30 m×15 m×6 m（高），採用高發泡放出口及第三種膨脹比泡沫，泡沫原液濃度爲 3%，且其防護區域開口部能在泡沫水溶液放射前自動關閉，充滿配管之泡沫水溶液量爲 0.4 m³，請求出：

一) 冠泡體積爲多少（m³）？（5分）

二) 高發泡放出口至少應設置幾個？（5分）

三) 每個高發泡放出口之放射量爲多少（L/min）？（5分）

四) 最小水源容量爲多少（m³）？（5分）

五) 泡沫原液量爲多少（L）？（5分）

解：

一) 冠泡體積指防護區域自樓地板面至高出防護對象最高點零點五公尺所圍體積。

防護對象物 50 m×30 m×6.5 m = 9750m³

二) 高發泡放出口在防護區域內，樓地板面積每五百平方公尺至少設置一個，且能有效放射至該區域，並附設泡沫放出停止裝置。

高發泡發出口數 $= \dfrac{50 \times 30}{500} = 3$（個）

三) 高發泡放出口之泡沫水溶液放射量依下表核算：

防護對象	膨脹比種類	冠泡體積 1m³（L/min）
汽車修護廠	（第1種）	1.11
	（第2種）	0.28
	（第3種）	0.16

0.16 L/min m³×9750 m³ = 1560 L/min

1560 L/min ÷ 3 = 520 L/min

四) 最小水源容量

膨脹比種類	冠泡體積 ×m³ / 每 1m³ 冠泡體積 = 泡水溶液量
第 1 種	0.04
第 2 種	0.013
第 3 種	0.008

$0.008 × 9750m^3 = 78\ m^3$

計算之水溶液量,應加算充滿配管所需之泡沫水溶液量,且應加算總泡沫水溶液量之百分之二十。

$(78 + 0.4) × 1.2 = 94\ m^3$

五) 泡沫原液量

$94 × 0.03 = 2.82\ m^3$

四、請說明儲存公共危險物品之室內、室外儲槽場所,屬於顯著滅火困難場所需符合哪些條件?室內、室外儲槽儲存閃火點在 70℃以下之第四類公共危險物品之顯著滅火困難場所,有關設置冷卻撒水設備之設置規定為何?(25 分)

解:

一) 需符合哪些條件

1. 室內儲槽場所符合下列規定之一。但儲存高閃火點物品或第六類公共危險物品,其操作溫度未滿攝氏一百度者,不在此限:

(1)儲槽儲存液體表面積在四十平方公尺以上。

(2)儲槽高度在六公尺以上。

(3)儲存閃火點在攝氏四十度以上未滿攝氏七十度之公共危險物品,其儲槽專用室設於一層以外之建築物。但以無開口且具一小時以上防火時效之牆壁、樓地板區劃分隔者,不在此限。

2. 室外儲槽場所符合下列規定之一。但儲存高閃火點物品或第六類公共危險物品,其操作溫度未滿攝氏一百度者,不在此限:

(1)儲槽儲存液體表面積在四十平方公尺以上。

(2)儲槽高度在六公尺以上。

(3)儲存固體公共危險物品,其儲存數量達管制量一百倍以上。

二) 以室內、室外儲槽儲存閃火點在攝氏七十度以下之第四類公共危險物品之顯著滅火困難場所,除設置固定式泡沫滅火設備外,並依下列規定設置冷卻撒水設備:

1. 撒水噴孔符合 CNS、一二八五四之規定,孔徑在四毫米以上。

2. 撒水管設於槽壁頂部，撒水噴頭之配置數量，依其裝設之放水角度及撒水量核算；儲槽設有風樑或補強環等阻礙水路徑者，於風樑或補強環等下方增設撒水管及撒水噴孔。

3. 撒水量按槽壁總防護面積每平方公尺每分鐘二公升以上計算之，其管徑依水力計算配置。

4. 加壓送水裝置為專用，其幫浦出水量在前款撒水量乘以所防護之面積以上。

5. 水源容量在最大一座儲槽連續放水四小時之水量以上。

6. 選擇閥（未設選擇閥者為開關閥）設於防液堤外，火災不易殃及且容易接近之處所，其操作位置距離地面之高度在零點八公尺以上一點五公尺以下。

7. 加壓送水裝置設置符合下列規定之手動啟動裝置及遠隔啟動裝置。但送水區域距加壓送水裝置在三百公尺以內者，得免設遠隔啟動裝置：

   (1)手動啟動裝置之操作部設於加壓送水裝置設置之場所。

   (2)遠隔啟動裝置由下列方式之一啟動加壓送水裝置：

   　　A. 開啟選擇閥，使啟動用水壓開關裝置或流水檢知裝置連動啟動。

   　　B. 設於監控室等平常有人駐守處所，直接啟動。

8. 加壓送水裝置啟動後五分鐘以內，能有效撒水，且加壓送水裝置距撒水區域在五百公尺以下。但設有保壓措施者，不在此限。

9. 加壓送水裝置連接緊急電源。

   前項緊急電源除準用第三十八條規定外，其供電容量應在其連續放水時間以上。

第4類閃火點≦70°C油槽

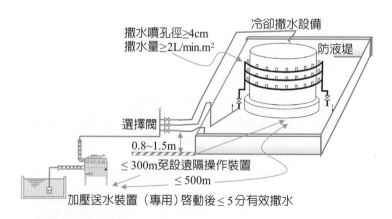

撒水噴孔徑≥4cm
撒水量≥2L/min.m²
冷卻撒水設備
防液堤
選擇閥
0.8~1.5m
≦300m免設遠隔操作裝置
≦500m
加壓送水裝置（專用）啟動後≦5分有效撒水

水源容量≥最大儲槽放水4小時

6-6 105年水系統考題詳解

> 一、請說明下列有關消防專用蓄水池設置之規定。
> 1. 消防專用蓄水池之有效水量之設置為何？（15分）
> 2. 消防專用蓄水池之標示，依規定應如何設置？（10分）

解：

一) 消防專用蓄水池之有效水量之設置

第185條　消防專用蓄水池，依下列規定設置：

一、蓄水池有效水量應符合下列規定設置：

(一) 依第二十七條第一款及第三款設置者，其第一層及第二層樓地板面積合計後，每七千五百平方公尺（包括未滿）設置二十立方公尺以上。

(二) 依第二十七條第二款設置者，其總樓地板面積每一萬二千五百平方公尺（包括未滿）設置二十立方公尺以上。

二、任一消防專用蓄水池至建築物各部分之水平距離在一百公尺以下，且其有效水量在二十立方公尺以上。

三、設於消防車能接近至其二公尺範圍內，易於抽取處。

四、有進水管投入後，能有效抽取所需水量之構造。

五、依下列規定設置投入孔或採水口。

(一) 投入孔為邊長六十公分以上之正方形或直徑六十公分以上之圓孔，並設鐵蓋保護之。水量未滿八十立方公尺者，設一個以上；八十立方公尺以上者，設二個以上。

(二) 採水口為口徑七十五毫米，並接裝陰式螺牙。水量二十立方公尺以上，設一個以上；四十立方公尺以上至一百二十立方公尺未滿，設二個以上；一百二十立方公尺以上，設三個以上。採水口配管口徑至少八十毫米以上，距離基地地面之高度在一公尺以下零點五公尺以上。

前項有效水量，指蓄水池深度在基地地面下四點五公尺範圍內之水量。但採機械方式引水時，不在此限。

二) 消防專用蓄水池之標示規定

第187條　消防專用蓄水池之標示，依下列規定設置：

一、進水管投入孔標明消防專用蓄水池字樣。

二、採水口標明採水口或消防專用蓄水池採水口字樣。

二、依法 (A) 倉庫、傢俱展示販售場所以及 (B) 公共危險物品製造、儲存或處理場所若設置室內消防栓時，皆應設置第一種室內消防栓，請針對此二類室內消防栓設置時，針對 1. 水平防護；2. 放水壓力；3. 放水量；4. 水源容量；5. 緊急電源供電容量之差異進行比較？（25 分）

解：

第 34 條　除第十二條第二款第十一目或第四款之場所，應設置第一種消防栓，這是考量這些場所火載量大與火災猛烈度大，滅火所需水量大，才足以壓抑火勢發展，因此沒有用出水量較小之第二種室內消防栓。

第 209 條　公共危險物品製造、儲存或處理場所設置第一種室內消防栓，因公共危險物品火勢猛烈，人員太靠近會有危險，所以放水壓力大，人員能遠處射水，且放水量要大，也考慮滅火時間長，緊急電源也需到四十五分鐘之久。

第一種 室內消防栓	倉庫、傢俱展示販售場所、工廠	公共危險物品製造、儲存或處理場所
水平防護	25 m	25 m
放水壓力	1.7 kg/cm^2	3.5 kg/cm^2
放水量	130 L/min	260 L/min
水源容量	130×20×2= 5.2 m^3	260×30×5= 39 m^3
緊急電源容量	30 min	45 min

三、公共危險物品儲槽之滅火設備若採用固定式泡沫滅火設備，其除應依法設置固定式泡沫放出口外，依規定應如何設置補助泡沫消防栓及連結送液口？（25 分）

解：

一) 固定式泡沫滅火設備設置補助泡沫消防栓

第 214 條　儲槽除依前條設置固定式泡沫放出口外，並依下列規定設置補助泡沫消防栓及連結送液口：

一、補助泡沫消防栓，應符合下列規定：

1. 設在儲槽防液堤外圍，距離槽壁十五公尺以上，便於消防救災處，且至任一泡沫消防栓之步行距離在七十五公尺以下，泡沫瞄子放射量在每分鐘四百公升以上，放射壓力在每平方公分三點五公斤以上或 0.35Mpa 以上。但全部泡沫消防栓數量超過三支時，以同時使用三支計算之。

2. 補助泡沫消防栓之附設水帶箱之設置，準用第四十條第四款之規定。

二)固定式泡沫滅火設備設置連結送液口
連結送液口所需數量，依下列公式計算：

$$N = Aq/C$$

N：連結送液口應設數量
A：儲槽最大水平斷面積。但浮頂儲槽得以環狀面積核算（m^2）。
q：固定式泡沫放出口每平方公尺放射量（$L/min\ m^2$）
C：每一個連結送液口之標準送液量（800 L/min）

四、在消防搶救上之必要設備中，連結送水管之出水口及送水口，依規定應如何設置？（25分）

解：

第 180 條　出水口及送水口，依下列規定設置：

1. 出水口設於地下建築物各層或建築物第三層以上各層樓梯間或緊急升降機間等（含該處五公尺以內之處所）消防人員易於施行救火之位置，且各層任一點至出水口之水平距離在五十公尺以下。

2. 出水口為雙口形，接裝口徑六十三毫米快速接頭，距樓地板面之高度在零點五公尺以上一點五公尺以下，並設於厚度在一點六毫米以上之鋼板或同等性能以上之不燃材料製箱內，其箱面短邊在四十公分以上，長邊在五十公分以上，並標明出水口字樣，每字在二十平方公分以上。但設於第十層以下之樓層，得用單口形。

3. 在屋頂上適當位置至少設置一個測試用出水口。

4. 送水口設於消防車易於接近，且無送水障礙處，其數量在立管數以上。

5. 送水口為雙口形，接裝口徑六十三毫米陰式快速接頭，距基地地面之高度在一公尺以下零點五公尺以上，且標明連結送水管送水口字樣。

6. 送水口在其附近便於檢查確認處，裝設逆止閥及止水閥。

Note

6-7 104年水系統考題詳解

> 一、某 200 m 之大樓每層 4 m 高，若依水力計算其中繼幫浦設置之樓層，並以消防隊送水時能達 60 m 高度且放水壓力達每平方公分 6 公斤作為其地面層之送水設計壓力，試問此送水設計壓力應為多少？其中繼幫浦最少應為幾具，分別設於那個高度之樓層？假設其只有單支立管，管徑使用 5 吋，其配管之摩擦損失以每 10 公尺損失為 2 m 計算，且中繼幫浦之全閉揚程為額定揚程之 120%。（25 分）

解：

一) 送水設計壓力

第 184 條　送水設計壓力，依下列規定計算：

一、送水設計壓力在下列計算值以上：

送水設計壓力 = 配管摩擦損失水頭 + 消防水帶摩擦損失水頭 + 落差 + 放水壓力

$H = h_1 + h_2 + h_3 + 60m$

二、消防水帶摩擦損失水頭為四公尺。

三、立管水量，最上層與其直下層間為每分鐘一千二百公升，其他樓層為每分鐘二千四百公升。

四、每一線瞄子支管之水量為每分鐘六百公升。

$H = \dfrac{2m}{10m} \times 60m + 4m + 60 + 60m = 136\ m = 13.6\ kgf/cm^2$

二) 中繼幫浦最少應為幾具

第 183 條　建築物高度超過六十公尺者，連結送水管應採用濕式，其中繼幫浦，依下列規定設置：

一、中繼幫浦全揚程在下列計算值以上：

全揚程 = 消防水帶摩擦損失水頭 + 配管摩擦損失水頭 + 落差 + 放水壓力

$H = h_1 + h_2 + h_3 + 60m$

二、中繼幫浦出水量在每分鐘二千四百公升以上。

三、於送水口附近設手動啟動裝置及紅色啟動表示燈。但設有能由防災中心遙控啟動，且送水口與防災中心間設有通話裝置者，得免設。

四、中繼幫浦一次側設出水口、止水閥及壓力調整閥，並附設旁通管，二次側設逆止閥、止水閥及送水口或出水口。

五、屋頂水箱有零點五立方公尺以上容量，中繼水箱有二點五立方公尺以上。

六、進水側配管及出水側配管間設旁通管，並於旁通管設逆止閥。

七、全閉揚程與押入揚程合計在一百七十公尺以上時，增設幫浦使串聯運轉。

八、設置中繼幫浦之機械室及連結送水管送水口處，設有能與防災中心通話之裝置。

九、中繼幫浦放水測試時，應從送水口以送水設計壓力送水，並以口徑二十一毫米瞄子在最頂層測試，其放水壓力在每平方公分六公斤以上或 0.6MPa 以上，且放水量在每分鐘六百公升以上，送水設計壓力，依下圖標明於送水口附近明顯易見處。

全揚程 = 消防水帶摩擦損失水頭 + 配管摩擦損失水頭 + 落差 + 放水壓力

配管摩擦損失水頭最上層與地面 60m 處：

$H = (2\ m)/(10\ m) \times (200 - 60)m = 28\ m$

幫浦全揚程：$H = 4 + 28 + (200 - 60)m + 60m = 232\ m$

中繼幫浦全閉揚程：$H = 232 \times 120\% = 278\ m$

是否需串聯運轉：

全閉揚程與押入揚程 278m + 10m = 288 m > 170m

故必須串聯運轉：

$1.4\,(H_水 + H_配 + H_落 + H_放) + 10 \geq 170$

$1.4\,(4 + H_配 + H_落 + 60) + 10 \geq 170$

$H_配 + H_落 \geq \dfrac{170 - 10}{1.4} - 60 - 4 = 114.28 - 60 - 4 = 50.28$

$H_落\,(200 - 60) = 140\ m \geq 50.28\ m$

故設置 2 個以上中繼幫浦串聯運轉

三) 中繼幫浦分別設於樓層之高度

設中繼幫浦可達 50m 高度之幫浦全揚程

$H = 4 + \dfrac{2m}{10} \times 60 + 50 + 60 = 126\ m$

核算是否需串聯運轉

低層中繼幫浦距地面 100m – 50m = 50m 高約 13 層

中層中繼幫浦距地面 150m – 50m = 100m 高約 25 層

高層中繼幫浦距地面 200m – 50m = 150m 高約 38 層

中繼幫浦最少應為 3 具

二、某危險物品工廠依規定設置室外消防栓設備,其設有六支室外消防栓,若配管之摩擦損失合計為 20 m、落差為 4 m,水帶每百公尺之損失為 9 m,試問若幫浦效率為 0.65,則其電動機之出力應為多少?若電動機之額定出力即為幫浦關閉運轉之出力,則其防止水溫上升用排放裝置之排放水量應為多少?(25 分)

解:

一) 電動機之出力

1. 幫浦全揚程 = 消防水帶摩擦損失水頭 + 配管摩擦損失水頭 + 落差 + 35

$$H = \frac{9m}{100m} \times 40m + 20m + 4m + 35 = 62.6 \text{ m}$$

2. 幫浦出水量,一支消防栓在每分鐘 450 公升以上。但全部消防栓數量超過 4 支時,以 4 支計算之。

$$Q = 450 \text{ L/min} \times 4 = 1800 \text{ L/min}$$

3. 電動機之出力:

$$L = \frac{0.163 \times Q \times H}{E} \times K = \frac{0.163 \times 1.8 \times 62.6}{0.65E} \times 1.1 = 31 \text{ kW}$$

二) 防止水溫上升用排放裝置之排放水量

$$Q = \frac{L_s \times C}{60 \times \Delta t} = \frac{L_s \times 860}{60 \times 30} = 0.48 \times L_s = 0.48 \times 31 = 14.8 \text{ L/min}$$

三、冷卻撒水設備有分油槽與氣槽之不同,其冷卻撒水之水源容量相關之規定分別為何?並說明其何以有這些不同?(25 分)

解:

一) 冷卻撒水之水源容量相關規定

第 229 條 可燃性高壓氣體場所、加氣站、天然氣儲槽及可燃性高壓氣體儲槽之冷卻撒水設備,依下列規定設置:

1. 撒水管使用撒水噴頭或配管穿孔方式,對防護對象均勻撒水。

2. 使用配管穿孔方式者,符合 CNS 一二八五四之規定,孔徑在四毫米以上。

3. 撒水量為防護面積每平方公尺每分鐘五公升以上。但以厚度二十五毫米以上之岩棉或同等以上防火性能之隔熱材被覆,外側以厚度零點三五毫米以上符合 CNS 一二四四規定之鋅鐵板或具有同等以上強度及防火性能之材料被覆者,得將其撒水量減半。

4. 水源容量在加壓送水裝置連續撒水三十分鐘之水量以上。

5. 構造及手動啟動裝置準用第二百十六條之規定。

冷卻撒水噴頭（噴孔）之放射量應符合放射壓力之放射曲線上之值，公共危險物品室外儲槽場所實際測得之放射量除以該冷卻撒水噴頭（噴孔）所防護儲槽側壁面積應在 2 L/min m^2 以上，水源容量在最大一座儲槽連續放水四小時之水量以上。可燃性高壓氣體場所、加氣站、天然氣儲槽及可燃性高壓氣體儲槽場所實際測得之放射量除以該冷卻撒水噴頭（噴孔）之防護面積應在 5 L/min m^2 以上，水源容量在加壓送水裝置連續撒水三十分鐘之水量以上，但以厚度 25mm 以上之岩棉或同等以上防火性能之隔熱材被覆，外側以厚度 0.35mm 以上符合 CNS 1244 規定之鋅鐵板或具有同等以上強度及防火性能之材料被覆者，應在 2.5 L/min m^2 以上。

二) 油槽與氣槽防護異同

1. 油類為速燃性之物質，一旦起火，即沒有起火、發展、猛烈這三個明顯的階段區分，而是具有猛烈的爆轟性，燃燒發展速度非常快。油槽內液體燃燒火焰輻射熱，是造成油槽間火災蔓延之直接或間接原因。以原油燃燒而言一般輻射強度為 90000 Joul/cm^2，而下風方向溫度是上風方向之 2～3 倍，燃燒時如油槽高度越低，地面受輻射熱越強。依實驗指出，熱傳導、對流與輻射在火災熱回饋機制中所佔比例，分別為 2%、10% 與 88%，可見輻射熱量傳遞佔絕對因素，如此主因係熱傳（Heat Transfer）與質傳（Mass Transfer）交叉回饋中之輻射能效應；而隨著油槽直徑增加，輻射能所佔比例亦更大。在重油槽體會產生濺溢（Slop-Over）與沸溢（Boil-Over）之大火燃燒現象。因冷卻撒水噴頭（噴孔）所防護儲槽側壁面積應在 2 L/min m^2 以上，以使其冷卻，而水源容量在最大一座儲槽連續放水四小時之水量以上。

2. 氣槽如外洩液相 LPG 燃燒時火焰高度比燃燒面積直徑大 2～2.5 倍。有些液狀化學品槽體受火災勢致壓力增加（與溫度升高成正比），一旦破裂外洩會產生液體蒸氣膨脹爆炸（BLEVE）、火球現象（Fire Ball），致現場救災人員之安全性受到嚴重威脅。槽體之內容物，在微細化的過程中一邊與蒸氣猛烈碰撞，一旦破裂同時向外部噴出。因此時四周圍都存在火焰，所以蒸氣雲（VCE）會立即起火燃燒。此時火球會先在地表產生，隨著沸騰液體蒸發雲膨脹，而逐漸擴大成長為空中的巨大火球（Fire Ball）現象。必須瞬間大量水予以快速冷卻，以冷卻撒水噴頭（噴孔）之防護面積應在 5 L/min m^2 以上，水源容量在加壓送水裝置連續撒水三十分鐘之水量以上；此水源容量沒有油槽燃燒時間那麼久。

四、密閉式撒水設備之壓力檢測是由末端查驗閥來做測試，而末端查驗閥所測量的是靜壓，一般密閉式撒水頭所要求之壓力是為動壓，試問為何可以使用測得之靜壓來代替動壓？並求若測得之壓力為 2 kg/cm^2，使用一般型撒水頭，則此壓力下之流量為多少？（25 分）

解：

一)使用測得之靜壓來代替動壓

流體流動時之總壓力則為靜壓（Static Pressure）與動壓（Dynamic Pressure）之和，其動壓可由速度落差計算出。

某些裝置可以測量流速（或流量）而求流體流動之靜壓，因為能量方程式中，速度與壓力之關係為已知。流動流體之靜壓可於流速不受擾動的狀況下測得。流管之管壁上開一測壓口，當流體平行流動（即不受擾動）時，壓力之變化即為垂直於流線方向之水壓變化。因此，量測管壁之壓力，可決定此截面上任一點之壓力。測壓管管徑必須很小，方可避免誤差。其中 K 值，可根據已知速度，壓力而求得。但由於此靜壓管低速時不太靈敏，可能有誤差產生。

量測靜壓時必須注意：

1. 測壓口之中心軸必須與管壁或物體表面垂直。

2. 測壓計之管儘量細小，以減小誤差。

於放水壓力利用一次側壓力表與二次側同撒水性能限流孔，配合流量計算公式判斷其放水量及放水壓力是否符合標準。因在系統末端測試動壓是限制在一定範圍內，依靜壓仍能準確計算出放水量，以靜壓來代替動壓可行性。

二)$Q = K\sqrt{P}$

Q = 放水量（L/min）

K = 常數

P = 放水壓力（kgf/cm^2）

則壓力為 2 kgf/cm^2 之流量，$Q = 80\sqrt{2} = 113.1$ L/min

+ 知識補充站

日本消防設備三條路徑開發新體系

消防用設備新體系

為了促進消防領域新技術發展，因應大規模複雜建築物之高層化和地下化A路徑（現有規格式法規）、B路線（性能法規）、C路線（部長認定）三條多樣化路線（平成16年實施）

路徑A 規格式規定
（消防法第17條之1）

- 滅火設備
- 警報設備
- 避難設備
- 消防搶救必要設備

路徑B 性能式規定
（消防法第17條之1）
①抑制初期擴大性能
②支援避難活動性能
③支援消防活動性能

- 具有與法定消防設備同等性能並能替代
- 具有必要防火安全性能之消防設備
- 如套裝型滅火設備替代室內消防栓設備
- 如套裝型自動滅火設備替代自動撒水設備

消防法第17條之1消防用設備等

路徑A與路徑B相同依法定程序之消防用設備，以確保透明性
☒檢修申報義務
☒消防設備認可
☒消防設備士業務對象

路徑C 部長認定
（消防法第17條之3）
依消防法施行細則之程序規定

- 新技術開發之特殊消防用設備等部長認定
- 如新開發高性能滅火藥劑
- 如特殊撒水設備精準定位放射
- 由專門機構進行性能評估後部長批准
- 不依法規基準，由該設備維護計畫彈性管理，促進技術開發

特殊消防用設備等

部長認定特殊消防用設備已在一定程度上擴展並累積技術知識，移轉路徑B，能簡化程序進行普及化

6-8 103年水系統考題詳解

> 一、設國內某一重要博物館之地下典藏庫擬採細水霧（Water Mist）設備加以防護
> 其火災安全，則在設計審查上會碰到何種困難？有何解決作法建議？試申述
> 之。（25分）

解：

一) 在設計審查上會碰到困難

1. 因國內並無細水霧滅火設備之標準設計方法。

2. 重要博物館之地下典藏庫擬採細水霧（Water Mist）設備加以防護其火災安
   全，是否妥當，因細水霧仍有噴射後溼度水份之水損問題，故應依室內空間
   之可燃物，實質個案而論定。

3. 細水霧系統基本要求

   A. 水氣霧系統配管和管件採用無縫銅管或不銹鋼管

   B. 水源水質要求高，水源不得含其它雜質，避免造成細微噴頭阻塞。

   C. 考慮過度風速流動而影響水氣霧無法集中噴撒至保護物而達滅火之目的

二) 解決作法建議

1. 可依 NFPA750 細水霧設計規範之標準。

2. 上述結合國內本土化相關數據，訂定出國內細水霧法令裝置標準。

3. 審查時電腦模擬或火災實驗。

4. 上述配合相關數據驗證之進行書面審查等之性能化設計。

> 二、設一挑高 8m 之賣場空間，依法應設自動撒水設備，請建議可採用之配管型式
> 設計及撒水頭之種類，並圖示解說該系統構件及功能連動程序。（25分）

解：

一) 配管型式設計及撒水頭之種類

中央主管機關認定儲存大量可燃物之場所天花板高度超過六公尺，或其他場所
天花板高度超過十公尺者，應採用放水型撒水頭。

第 50 條　撒水頭之放水量，每分鐘應在八十公升（設於高架倉庫者，應為
　　　　　一百十四公升）以上，且放水壓力應在每平方公分一公斤以上或
　　　　　0.1Mpa 以上。但小區劃型撒水頭之放水量，每分鐘應在五十公升以上。

放水型撒水頭之放水量，應達防護區域每平方公尺每分鐘五公升以上。但儲存
可燃物場所，應達每平方公尺每分鐘十公升以上。

使用放水型撒水頭時，應在實設撒水頭數繼續放射二十分鐘之水量以上。

前項撒水頭數量之規定，在使用乾式或預動式流水檢知裝置時，應追加百分之
五十。

消防幫浦，應符合下列規定：幫浦出水量，依前條規定核算之撒水頭數量，乘以每分鐘九十公升（設於高架儲存倉庫者，為一百三十公升）。但使用小區劃型撒水頭者，應乘以每分鐘六十公升。另放水型撒水頭依中央消防機關認可者計算之。

二) 放水型撒水系統構件及功能連動程序

放水型撒水系統之動作流程可由探測器自動啟動或人為手動啟動，在自動啟動中會有釋放延遲設定，主要是考量火災真實性，以及誤報釋放將造成大量水損問題，這是一種謹慎必要作法。過程中以人為判斷，決定滅火模式，如人員發現僅是初期火災，以一般手提滅火器即可撲滅，以降低火損或水損之程度，倘若延遲釋放且火災成長快速，導致火勢已成較大規模，考量啟動人員安全性，採取遠距操作放式，其動作流程示意如圖 1 所示。

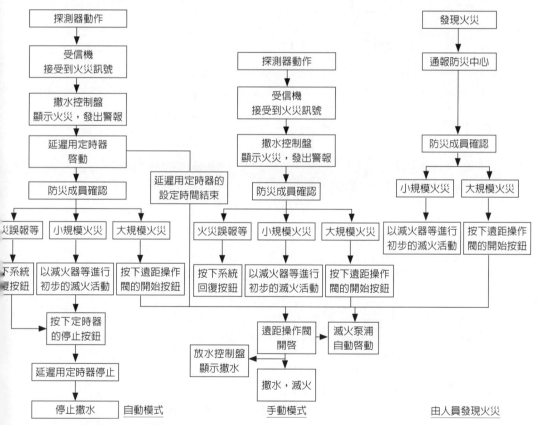

圖1　放水型撒水系統動作流程示意圖

從系統感應部→受信部→控制部→撒水部，前述各項通盤演算數據（發火初期

至警報啓動時間，滅火設備啓動至鎖定目標之時間，均需由製造廠商配合提供。有關放水型撒水系統時序表如圖2所示。

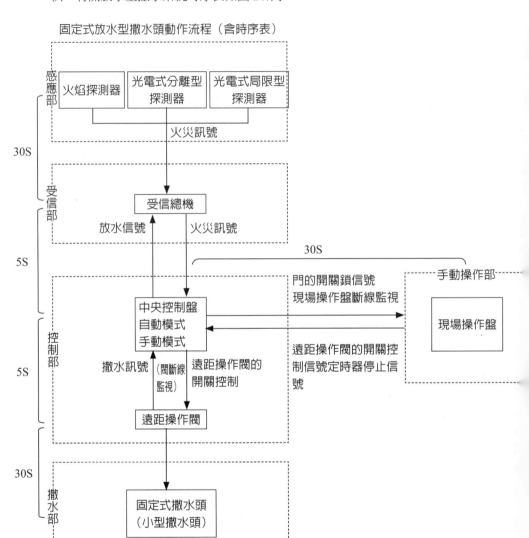

固定式放水型撒水頭動作流程（含時序表）

圖2　放水型撒水系統動作時序表

（圖1及圖2引用：倪中銘，大空間的滅火設備，工業安全，2011年10月號）

三、依各類場所消防安全設備設置標準之規定，水系統滅火設備之中繼水箱與中繼幫浦，是否一定要設在每60m垂直高度處？在審勘查作業及工程技術性能上有何可調和之處，試申論之。（25分）

解：

一) 中繼水箱與中繼幫浦是否一定要設在每 60m 垂直高度處

第 183 條 建築物高度超過六十公尺者，連結送水管應採用濕式，其中繼幫浦，依下列規定設置：

一、中繼幫浦全揚程在下列計算值以上：

全揚程 = 消防水帶摩擦損失水頭 + 配管摩擦損失水頭 + 落差 + 放水壓力

H = h1 + h2 + h3 + 60m

二、中繼幫浦出水量在每分鐘二千四百公升以上。

三、於送水口附近設手動啟動裝置及紅色啟動表示燈。但設有能由防災中心遙控啟動，且送水口與防災中心間設有通話裝置者，得免設。

四、中繼幫浦一次側設出水口、止水閥及壓力調整閥，並附設旁通管，二次側設逆止閥、止水閥及送水口或出水口。

五、屋頂水箱有零點五立方公尺以上容量，中繼水箱有二點五立方公尺以上。

六、進水側配管及出水側配管間設旁通管，並於旁通管設逆止閥。

七、全閉揚程與押入揚程合計在一百七十公尺以上時，增設幫浦使串聯運轉。

八、設置中繼幫浦之機械室及連結送水管送水口處，設有能與防災中心通話之裝置。

九、中繼幫浦放水測試時，應從送水口以送水設計壓力送水，並以口徑二十一毫米瞄子在最頂層測試，其放水壓力在每平方公分六公斤以上或 0.6MPa 以上，且放水量在每分鐘六百公升以上，送水設計壓力，依下圖標明於送水口附近明顯易見處。

因此，依建築技術規則規定 60m 以上需設連結中繼泵，又依設置標準建築物 > 60m 以上要設中繼泵浦。而各類場所消防安全設備設置標準第一百八十三條第七款之規定，係指中繼幫浦之全閉揚程與押入揚程合計在一百七十公尺以上時，應增設幫浦使串聯運轉，至其他水系統滅火設備（室內消防栓設備及自動撒水設備等），亦得比照辦理。

此外，在地下層適當位置另加設一中繼幫浦，再配合屋頂層之中繼幫浦，亦即法規雖規定只要一個中繼幫浦即可，但因要在屋頂層設置中繼幫浦，為滿足消防隊消防車之車齡需求，因此加設一個中繼幫浦，若消防車不能送至屋頂層之中繼幫浦，地下層之中繼幫浦可以擔負此一工作。假使地下層與屋頂層之中繼幫浦損壞，在 60m 之中間樓層另行設置出水口與送水口，並在大樓另行購置移動式幫浦，當中繼幫浦損壞時可使用移動式幫浦經由中間樓層之出水口與送水口，加壓送水至發生火災之樓層，便利消防人員之救災。然而，為避免水槌作

用，增設水槌吸收器，以降低中繼幫浦高揚程下之水槌作用：由於水槌吸收器設有氣室，可有效吸收高揚程下之突增壓力，避免管線相關管件閥類之損壞。在日本規定在有設置自動撒水設備之樓層，其中繼幫浦是可以設置在屋頂層或超過 60m 之任一樓層，並不一定要在超過 60m 之該樓層。依水力計算在消防機關消防車有能力搶救 60m 以下高樓之前題下，中繼幫浦可設於 90～100m 以下之任一樓層。若要精確值可加以詳細計算而言。

而在消防局審查過程，為避免中繼幫浦損壞所衍生問題之解決方案，如於 60m 處設置出水口與送水口、購置移動式消防幫浦、加設水槌吸收器、使用耐高壓之管件與閥類等，亦均是解決相關問題之更佳方式。（資料來源：名師開講陳火炎老師談高樓中繼幫浦）

四、設某室內停車場尺寸為長 100m、寬 40m、高 5m，試問如採泡沫滅火設備防護之，則所需法定泡沫原液量及幫浦出水量應為多少以上？試列述之。（25 分）

解：

第 72 條　泡沫頭之放射量，依下列規定：泡沫噴頭放射量，依下表規定：

泡沫原液種類	樓地板面積每平方公尺之放射量（公升 / 分鐘）
蛋白質泡沫液	六點五以上
合成界面活性泡沫液	八以上
水成膜泡沫液	三點七以上

第 75 條　泡沫滅火設備之放射區域，依下列規定：用泡沫噴頭時，每一放射區域在樓地板面積五十平方公尺以上一百平方公尺以下。

第 76 條　泡沫滅火設備之水源，依下列規定：使用泡沫頭時，依第七十二條核算之最低放射量在最大一個泡沫放射區域，能繼續放射二十分鐘以上。
　　　　　前項各款計算之水溶液量，應加算充滿配管所需之泡沫水溶液量，且應加算總泡沫水溶液量之百分之二十。

第 77 條　依前條設置之水源，應連結加壓送水裝置。前條第一項第一款及第二款之加壓送水裝置使用消防幫浦時，其出水量及出水壓力，依下列規定：出水量：泡沫放射區域有二區域以上時，以最大一個泡沫放射區域之最低出水量加倍計算。

第 78 條　泡沫原液儲存量，依第七十六條規定核算之水量與使用之泡沫原液濃度比核算之。

因此，$100 \times 40 = 4000 \ m^2$，$4000/100 = 40$ 個放射區域，最大區域爲 $100 \ m^2$

一) 所需法定泡沫原液量：

蛋白質泡沫噴頭放射量 $= \dfrac{6.5 \ L}{min \times m^2} \times 100 \ m^2 \times 20 \ min \times (1 + 20\%) = 15600 \ L$

蛋白質泡沫原液量：$15600 \ L \times 3\% = 468 \ L$

合成界面泡沫噴頭放射量 $= \dfrac{8.0 \ L}{min \times m^2} \times 100 \ m^2 \times 20 \ min \times (1 + 20\%) = 19200 \ L$

合成界面泡沫原液量：$19200 L \times 1\% = 192 \ L$

水成膜泡沫噴頭放射量 $= \dfrac{3.7 \ L}{min \times m^2} \times 100 \ m^2 \times 20 \ min \times (1 + 20\%) = 8880 \ L$

水成膜泡沫原液量 $= 8880 L \times 3\% = 266 \ L$

二) 幫浦出水量：

蛋白質泡沫幫浦出水量 $= \dfrac{6.5 \ L}{min \times m^2} \times 100 \ m^2 \times 2 = 1300 \ L/min$

成界面泡沫幫浦出水量 $= \dfrac{8.0 \ L}{min \times m^2} \times 100 \ m^2 \times 2 = 1600 \ L/min$

水成膜泡沫幫浦出水量 $= \dfrac{3.7 \ L}{min \times m^2} \times 100 \ m^2 \times 2 = 740 \ L/min$

✚ 知識補充站

日本一般消防設備種類

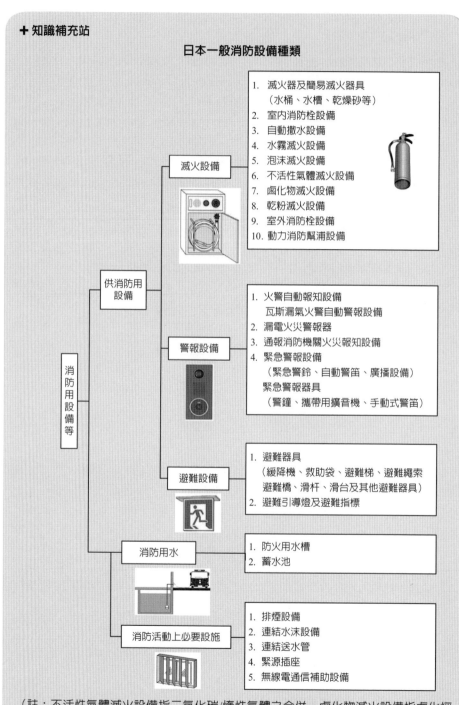

滅火設備
1. 滅火器及簡易滅火器具
   （水桶、水槽、乾燥砂等）
2. 室內消防栓設備
3. 自動撒水設備
4. 水霧滅火設備
5. 泡沫滅火設備
6. 不活性氣體滅火設備
7. 鹵化物滅火設備
8. 乾粉滅火設備
9. 室外消防栓設備
10. 動力消防幫浦設備

警報設備
1. 火警自動報知設備
   瓦斯漏氣火警自動警報設備
2. 漏電火災警報器
3. 通報消防機關火災報知設備
4. 緊急警報設備
   （緊急警鈴、自動警笛、廣播設備）
   緊急警報器具
   （警鐘、攜帶用擴音機、手動式警笛）

避難設備
1. 避難器具
   （緩降機、救助袋、避難梯、避難繩索
   避難橋、滑杆、滑台及其他避難器具）
2. 避難引導燈及避難指標

消防用水
1. 防火用水槽
2. 蓄水池

消防活動上必要設施
1. 排煙設備
2. 連結水沫設備
3. 連結送水管
4. 緊源插座
5. 無線電通信補助設備

消防用設備等 — 供消防用設備

（註：不活性氣體滅火設備指二氧化碳/惰性氣體之合併，鹵化物滅火設備指鹵化烴與海龍之合併。）

Note

6-9 102年水系統考題詳解

> 一、試比對分析歐美日公路長隧道所設水霧系統與我國消防法規規定室內停車空
> 間可選用設置之水霧滅火設備，兩者在設計目標、災害境況與性能基準上之
> 差異，並逐一說明之。（25分）

解：

　　106年通車的蘇花改公路，因沿途有8座累計長達24.5公里隧道群，為能掌握搶救意外時效，蘇花改工程首度在國內公路隧道中採用自動水霧系統。

第61條　水霧噴頭，依下列規定配置：

　　1. 防護對象之總面積在各水霧噴頭放水之有效防護範圍內。

　　2. 每一水霧噴頭之有效半徑在二點一公尺以下。

　　3. 水霧噴頭之配置數量，依其裝設之放水角度、放水量及防護區域面積核算，其每平方公尺放水量，供第十八條附表第三項、第四項所列場所使用，在每分鐘二十公升以上；供同條附表其他場所使用，在每分鐘十公升以上。

第68條　裝置水霧滅火設備之室內停車空間，其排水設備應符合下列規定：

　　1. 車輛停駐場所地面作百分之二以上之坡度。

　　2. 車輛停駐場所，除面臨車道部分外，應設高十公分以上之地區境界堤，或深十公分寬十公分以上之地區境界溝，並與排水溝連通。

　　3. 滅火坑具備油水分離裝置，並設於火災不易殃及之處所。

　　4. 車道之中央或二側設置排水溝，排水溝設置集水管，並與滅火坑相連接。

　　5. 排水溝及集水管之大小及坡度，應具備能將加壓送水裝置之最大能力水量有效排出。

第63條　放射區域，指一只一齊開放閥啟動放射之區域，每一區域以五十平方公尺為原則。

　　前項放射區域有二區域以上者，其主管管徑應在一百毫米以上。

第64條　水霧滅火設備之水源容量，應保持二十立方公尺以上。但放射區域在二區域以上者，應保持四十立方公尺以上。

第65條　依前條設置之水源，應連結加壓送水裝置。

　　加壓送水裝置使用消防幫浦時，其出水量及出水壓力，依下列規定，並連接緊急電源：

　　一、出水量：每分鐘一千二百公升以上，其放射區域二個以上時為每分鐘二千公升以上。

　　二、出水壓力：核算管系最末端一個放射區域全部水霧噴頭放水壓力均能達每平方公分二點七公斤以上或0.27MPa以上。但用於防護電氣

設備者，應達每平方公分三點五公斤以上或 0.35MPa 以上。

在國外隧道水霧滅火設備設計上，如日本隧道緊急用設施設計要領：AA 級隧道、A 級隧道（3km 且交通量四千輛／日以上）需設置水噴霧設備。日本於公路隧道中裝設水霧系統水霧設備，規定放射區域為五十公尺（與我國一樣），所需要之放射水量至少為 6 LPM/m^2，放射壓力 3 bar，單顆噴頭流量 58.9 LPM，噴頭 K 值為 34，設置間隔每 4～5m，放射粒徑為 800 μm。（資料來源：簡賢文教授研究室）

在日本高速道路株式會社 NEXCO 提出：

1. 建議水噴霧設備採自動放水操作。
2. 單向隧道自動放水延遲時間：三分鐘。
3. 雙向隧道自動放水延遲時間：十分鐘。

而水霧設備設置方式，均為一排，非我國常見的水霧配置方式。且 Ohashi 交流道隧道內的水霧設備是在車道正上方，而建造中的品川隧道則是在側牆上，設置方式值得參考比較，我國在交通部頒布「公路隧道消防安全設備設置規範」後，甲級隧道都將設置自動滅火設備，日本從 1960 年開始設置隧道水霧設備，在日本設置隧道水霧是有相當經驗。

美國國家防火標準 NFPA 502, 2011 年版附錄 E 指出：

1. 水系統可設計為手動啟動搭配自動放水延遲時間設計。
2. 放水延遲時間不應超過三分鐘。
3. 系統內之水源水量和／或泡沫量設計至少要滿足 2 個事故區劃。

歐盟跨國計畫 UPTUN 指出

1. 水系統為自動放水設計，需採兩套偵測系統雙回路設計。
2. 當兩套偵測系統皆偵知火災事故時，水系統才自動放水。

歐盟 UPTUN WP2 文獻指出撒水系統啟動時機則應由訓練合格之隧道人員手動啟動，而撒水放水持續時間必須為救災人員抵達火災現場所需時間的二倍時間，如隧道長度超出五百公尺以上者，撒水系統放射時間至少需達三十分鐘以上，因考慮交通堵塞等最嚴重之突發狀況。

自動放水時機	
單向通行	於偵知有火災發生時，計時 3 分鐘內自動啟動。
雙向通行	於偵知有火災時，計時 5 分鐘內自動啟動。

因此，國內室內停車空間設置水霧滅火設備，與歐美日公路長隧道所設水霧系統是有相當差異性。室內停車空間與隧道本身空間與火載量（火災猛烈度）是有相當差異，以及有風及氣流及水平煙囪效應之顯著影響，或許國內學者研究隧道設計水霧滅火設備與主管政府部門已取得共識，在參考先進國家設計例，修正隧道設計水霧滅火設備之法令規範。

二、試從文化資產保存之重要性，申論古蹟歷史建築之基地內外及建築物本體是否應設消防栓設備？理由何在？有何補強方案或操作上應注意事項？（25分）

解：

1. 試從文化資產保存之重要性，申論古蹟歷史建築之基地內外及建築物本體是否應設消防栓設備？首先，觀之日本有其相當歷史，對於文化財場所保存更是不遺餘力，在其收容人數達五十人者，應設防火管理人。再查日本消防設備設置基準表，對於文化財場所消防設備之設置，在整個消防設備是著重在警報設備，如無論場所大小應設火警自動警備、漏電火災警報器、119火災通報裝置（總樓地板面積≥ 500m² 者）；在滅火設備中要求滅火器（不論樓地板面積皆應設置）、室外消防栓及動力消防幫浦設備（一樓及二樓面積合計於防火構造9000m²、準防火構造6000m²、其他3000m² 以上者，始設置之）。在避難設備中連出口標示燈及避難方向指示燈也沒有要求。所以，消防栓設備要求，可能是避免之。

2. 理由何在？
因文化財場所構造主要以木構造，有些牆壁是土造，結構又經年代久遠，致建築結構及其屬性，已屬脆弱，經不起室內消防栓之射水及自動撒水設備之撒水，可能其對水損又是相當敏感的。因此，在日本滅火設備僅要求手提滅火器，而達到一定規模以上者，始有要求室外消防栓，以防止外牆或棟與棟間之火勢延燒。且為避免破壞其歷史景觀，連出口標示燈及避難方向指示燈也未要求設置。

3. 有何補強方案或操作上應注意事項？
在日本消防設備是強調在警報設備，意即早期發現火勢以手提滅火器進行快速滅火，或使消防隊在火勢發展未具相當規模時，儘快到達，由專業救災方法來處理火災，在救災操作上可遵守應注意事項，避免大量水損或因救災時結構遭到毀壞。因此，補強方案是參考日本設置漏電火災警報器、119火災通報裝置，並要求防火管理人設置，進行平時防火防災管理，並與當地消防隊進行聯合消防訓練等，而消防署應訂定文化財救災要領及安全守則，一旦有火災時當地消防隊能快速到達，並遵守文化財救災要領，始屬正辦。

三、醫院重症病房（如開刀房、加護病房等）均為生死交關之特殊醫 作業場所，基於醫療品質與病人安全之理由，試申論該等場所是否應設置自動撒水設備？請說明有那些可以提供給現場醫護人員（非工務勞安人員）簡易確認該設備有效性之構件設計？（25分）

解：

一) 醫院重症病房（如開刀房、加護病房等）設置自動撒水設備問題

依各類場所消防安全設備設置標準第49條規定：「手術室、產房、X光（放射線）室、加護病房或麻醉室等其他類似處所得免設置撒水頭。」這些空間沒有訂定其他替代安全方案。基本上，國內開刀房、ICU於防止火煙侵入之常見缺失為 (1) 未施作防火填塞、(2) 空調通風系統破壞防煙防火區劃、(3) 防火填塞材質錯誤、(4) 防火區劃材質錯誤、(5) 常閉式防火門遭受開啟。

各類場所設置標準當中無描述手術室所涵蓋之區域，導致備品室等儲存大量可燃物之附屬空間誤沿用免設撒水頭之條文，且開刀房、ICU等空間不可因部分區域設置自動撒水系統而將防火區劃面積提高至三千平方公尺（因已有部分區域為免設撒水頭區域。）

為確保開刀房、ICU等空間不受外部火災之影響，建議醫療機構設置標準應對於手術區與加護病房等特殊空間，規定其需設置獨立之防火區劃。而區域內部應至少區分成兩個以上防火區劃，以供區域內部發生火災時就近避難用。小區劃內至少需有兩個以上之對外出口，以及一個通往鄰近防火區劃之就近避難出口，且兩個對外出口需位於不同防火區劃內，以防止外部火災時無法逃生之困境。

火災發生時間往往為人力最少之時段，為強化初期滅火能力，建議於各類場所消防安全設置標準中規定開刀房、ICU等空間應增設第二種消防栓或補助撒水栓，以減少救災之所需人力（第二種消防栓之特點為可單人操作）。（以上資料來源：內政部建築研究所，醫院開刀房ICU等特殊空間，計畫主持人：陳建忠，民99年3月）

二) 提供給現場醫護人員簡易確認設備有效性之構件設計

設置第二種室內消防栓，現行法規已將日本「易操作性第一號消防栓」納入，其有別於第一種消防栓兩條水帶及直線水霧兩用瞄子（兩人操作），目的在於強化第一種消防栓的易操作性，更改為保形水帶及可開閉瞄子（一人操作）。以因應消防設備發展輕薄短小、節能小型化，一人可方便操作，在初期火災發生時也能具相當滅火效果。使用方法簡便，瞄子具有開關閥開放及消防水帶延長操作等連動系統啟動；另水帶收納方式，以25A保形水帶一條30m長、捲曲式，延伸及收納操作皆容易。

四、試評論類似臺塑六輕等大型石化工廠廠區，在設置室外消防栓設備時，其火災境況需求與現行消防法規在法定尺寸規格及放射性能上，有何必須進一步相互調和之問題與對策。（25分）

解：

一) 現行消防法規在大型石化工廠法定尺寸規格及放射性能規定

第210條　室外消防栓設備應符合下列規定：

　　　　一、配管、試壓、室外消防栓箱及有效水量之設置，準用第三十九條、第四十條第三款至第五款、第四十一條第二項、第三項之

規定。

二、加壓送水裝置，除室外消防栓瞄子放水壓力超過每平方公分七公斤或 0.7MPa 時，應採取有效之減壓措施外，其設置準用第四十二條之規定。

三、口徑在六十三毫米以上，與防護對象外圍或外牆各部分之水平距離在四十公尺以下，且設置二支以上。

四、採用鑄鐵管配管時，使用符合 CNS 八三二規定之壓力管路鑄鐵管或具同等以上強度者，其標稱壓力在每平方公分十六公斤以上或 1.6 MPa 以上。

五、配管埋設於地下時，應採取有效防腐蝕措施。但使用鑄鐵管，不在此限。

六、全部室外消防栓同時使用時，各瞄子出水壓力在每平方公分三點五公斤以上或 0.35 MPa 以上；放水量在每分鐘四百五十公升以上。但全部室外消防栓數量超過四支時，以四支計算之。

七、水源容量在全部室外消防栓繼續放水三十分鐘之水量以上。但設置個數超過四支時，以四支計算之。

室外消防栓設備之緊急電源除準用第三十八條規定外，其供電容量應供其有效動作四十五分鐘以上。

前項緊急電源除準用第三十八條規定外，其供電容量應在其連續放水時間以上。

二) 進一步相互調和之問題與對策

消防單位消防車輛、機具與六輕廠區內室外消防栓管徑規格不相容，無法就地取材救災，且六輕塑化消防隊所屬車輛與裝備與消防局均不同，無法提供消防人員救災之用。臺塑石化廠區一般都有消防環廠水源大管徑管路、隔離閥及幫浦站加壓系統。

大型石化工廠等工作場所，如依本標準設有室外消防栓，且能符合消防專用蓄水池有效水量及有關設置規定者，得申請視同設有消防專用蓄水池，其係指室外消防栓蓄水池之水源容量亦能符合消防專用蓄水池有效水量時，得兼作消防專用蓄水池使用，惟此時該蓄水池仍應符合上揭標準第一百八十五條至第一百八十七條消防專用蓄水池之相關規定。

此外，第四類公共危險物品石化廠，於設置標準之相關多重防護措施及對策如次：

第 215 條　以室外儲槽儲存閃火點在攝氏四十度以下之第四類公共危險物品之顯著滅火困難場所者，且設於岸壁、碼頭或其他類似之地區，並連接輸送設備者，除設置固定式泡沫滅火設備外，並依下列規定設置泡沫射水槍滅火設備：

一、室外儲槽之幫浦設備等設於岸壁、碼頭或其他類似之地區時，泡沫射水槍應能防護該場所位於海面上前端之水平距離十五公

尺以內之海面，而距離注入口及其附屬之公共危險物品處理設備各部分之水平距離在三十公尺以內，其設置個數在二具以上。

二、泡沫射水槍為固定式，並設於無礙滅火活動及可啟動、操作之位置。

三、泡沫射水槍同時放射時，射水槍泡沫放射量為每分鐘一千九百公升以上，且其有效水平放射距離在三十公尺以上。

第 216 條　以室內、室外儲槽儲存閃火點在攝氏七十度以下之第四類公共危險物品之顯著滅火困難場所，除設置固定式泡沫滅火設備外，並依下列規定設置冷卻撒水設備：

一、撒水噴孔符合 CNS、一二八五四之規定，孔徑在四毫米以上。

二、撒水管設於槽壁頂部，撒水噴頭之配置數量，依其裝設之放水角度及撒水量核算；儲槽設有風樑或補強環等阻礙水路徑者，於風樑或補強環等下方增設撒水管及撒水噴孔。

三、撒水量按槽壁總防護面積每平方公尺每分鐘二公升以上計算之，其管徑依水力計算配置。

四、加壓送水裝置為專用，其幫浦出水量在前款撒水量乘以所防護之面積以上。

五、水源容量在最大一座儲槽連續放水四小時之水量以上。

六、選擇閥（未設選擇閥者為開關閥）設於防液堤外，火災不易殃及且容易接近之處所，其操作位置距離地面之高度在零點八公尺以上一點五公尺以下。

七、加壓送水裝置設置符合下列規定之手動啟動裝置及遠隔啟動裝置。但送水區域距加壓送水裝置在三百公尺以內者，得免設遠隔啟動裝置：

(一)手動啟動裝置之操作部設於加壓送水裝置設置之場所。

(二)遠隔啟動裝置由下列方式之一啟動加壓送水裝置：

1. 開啟選擇閥，使啟動用水壓開關裝置或流水檢知裝置連動啟動。

2. 設於監控室等平常有人駐守處所，直接啟動。

八、加壓送水裝置啟動後五分鐘以內，能有效撒水，且加壓送水裝置距撒水區域在五百公尺以下。但設有保壓措施者，不在此限。

九、加壓送水裝置連接緊急電源。

＋知識補充站

臺灣與日本場所管理人未依檢修申報規定罰則

　　臺灣方面，於消防法第九條第一項規定，管理權人應委託第八條所規定之消防設備師或消防設備士，定期檢修消防安全設備，其檢修結果應依限報請當地消防機關備查；消防機關得視需要派員複查。但高層建築物或地下建築物消防安全設備之定期檢修，其管理權人應委託中央主管機關許可之消防安全設備檢修專業機構辦理。假使違反規定者，處其管理權人新臺幣一萬元以上五萬元以下罰鍰，並通知限期改善；屆期未改善者，得按次處罰。

　　日本方面，依消防法第 17 條指出建築物關係人（所有者、管理者、佔用者）應設置消防設備等，並必須定期檢修並將結果申報至消防局長。而消防設備檢修申報罰則，依消防法第 44 條指出建築物關係人（管理者、所有者、佔有者）未依規定進行申報或虛假申報，將處以三十萬日元以下罰鍰或拘留。

臺灣與日本從事消防設備業務罰則規定

　　臺灣方面，違反第七條第一項規定從事消防安全設備之設計、監造、裝置或檢修者，處新臺幣三萬元以上十五萬元以下罰鍰，並得按次處罰。

　　日本方面，未能提出消防設備士或檢修資格證書，而從事危險物品製造場所、儲存場所及處理設施之消防設備或特殊消防設備之工事或整備相關業務，依消防法第 42 條之 6 月以下懲役或 50 萬元以下罰鍰。

　　又於第 44 條第 1 項甲種消防設備士違反第 17 條之五規定，應於工事實施日之十日前，將場所消防用設備等種類及工事必要事項，向消防局提出審查；處以三十萬元以下罰金或拘留。

Note

6-10 101年水系統考題詳解

> 一、水霧滅火設備用於建築物附設室內停車空間時，其放射性能有何要求？（10分）設置時有那些應特別考量事項？（15分）試述之。

解：

　一) 放射性能要求

　　放射壓力及放射量應在所設置噴頭之使用範圍內。

　　另放射量依下列公式算出：

　　$Q = K \sqrt{P}$

　　Q：放射量（1/min）

　　P：放射壓力（kgf/cm^2）

　　K：係數

　　水霧噴頭，依下列規定配置：

　　1. 防護對象之總面積在各水霧噴頭放水之有效防護範圍內。

　　2. 每一水霧噴頭之有效半徑在二點一公尺以下。

　　3. 水霧噴頭之配置數量，依其裝設之放水角度、放水量及防護區域面積核算，其每平方公尺放水量，供第十八條附表第三項、第四項所列場所使用，在每分鐘二十公升以上。

　二) 設置時特別考量事項

　　第 68 條　裝置水霧滅火設備之室內停車空間，其排水設備應符合下列規定：

　　　　一、車輛停駐場所地面作百分之二以上之坡度。

　　　　二、車輛停駐場所，除面臨車道部分外，應設高十公分以上之地區境界堤，或深十公分寬十公分以上之地區境界溝，並與排水溝連通。

　　　　三、滅火坑具備油水分離裝置，並設於火災不易殃及之處所。

　　　　四、車道之中央或二側設置排水溝，排水溝設置集水管，並與滅火坑相連接。

　　　　五、排水溝及集水管之大小及坡度，應具備能將加壓送水裝置之最大能力水量有效排出。

> 二、建築物附設室內停車空間依法可選設那些滅火設備？（5分）試比對分析這些滅火設備對該空間火災境況之適用性及合理性。（20分）

解：

　一) 建築物附設室內停車空間依法可選設滅火設備

　　第 18 條　下表所列之場所，應就水霧、泡沫、乾粉、二氧化碳滅火設備等選擇設置之。但外牆開口面積（常時開放部分）達該層樓地板面積百分之

十五以上者，上列滅火設備得採移動式設置。

項目	應設場所	水霧	泡沫	二氧化碳	乾粉
一	屋頂直升機停機場（坪）。		○		○
二	飛機修理廠、飛機庫樓地板面積在二百平方公尺以上者。		○		○
三	汽車修理廠、室內停車空間在第一層樓地板面積五百平方公尺以上者；在地下層或第二層以上樓地板面積在二百平方公尺以上者；在屋頂設有停車場樓地板面積在三百平方公尺以上者。	○	○	○	○

二) 分析上述滅火設備對室內空間火災境況之適用性及合理性

建築物附設室內停車空間，依法可選設應就水霧、泡沫、乾粉、二氧化碳滅火設備等選擇設置。

1. 泡沫：泡沫主要針對溫度之冷卻作用，當水轉化為水蒸氣時從燃燒中燃料吸收熱量。任何暴露於泡沫的熱物體會連續地使泡沫破裂（Breaking Down），將水轉化為水蒸氣，從而進一步受到冷卻。且能針對可燃物之隔絕作用，因泡沫有保溼又加上流動性，由上緩慢流下，在可燃物體表面形成附著覆蓋，可以持續一段時間，使其與火燄隔離。當累積到一定深度時，會形成一道隔離層（Insulating Barrier），保護受火災曝露的物質或建築物不捲入火勢，從而防止火災蔓延。是目前國內應用最普遍情形，有良好冷卻及覆蓋能力，可防止火勢復燃之可能。

2. 水霧：水霧主要之滅火機制是水顆粒噴向火災區域時，會大量增加吸收空間熱表面積，汽化後體積膨脹為一千七百倍，使火災區域得到充分的冷卻。其以霧滴粒方式，吸收空氣中煙霧粒和油霧粒，產生大量冷卻效果，而具有大量吸收油類及易燃體類大量輻射熱之降溫效果。

3. 乾粉：乾粉主要滅火機制是針對連鎖反應之化學抑制作用，由乾粉中的無機鹽的揮發性分解物，與燃燒過程中燃料所產生的自由基，發生化學抑制和副催化作用，亦就是其表面能夠捕獲 H+ 和 OH- 使之結合成水，而破壞鏈鎖反應（Chain Reaction），有效抑制自由基的產生或者能夠迅速降低火焰中 H+、OH- 等自由基濃度，導致燃燒中止現象。但乾滅之滅火濃度必須足夠，且其冷卻能力有限，需注意火勢複燃之可能，但在室內停車空間之開口風及氣流或大空間使用，有其效果被打折之虞。

4. 二氧化碳滅火機制主要是窒息滅火，在常壓下液態的二氧化碳會立即汽化，一般 1kg 的液態二氧化碳可產生約 $0.5m^3$ 氣體量。因而，滅火時二氧化碳能排除火災室空氣，而覆蓋籠罩在燃燒物體的表面或分佈空間中，降低可燃物周圍或防護空間內的氧濃度，產生窒息作用而滅火。雖法規有規定該層樓地板面積百分之十五以上者，上列滅火設備得採移動式設置，但使用二氧化碳，但在室內停車空間之開口風及氣流或大空間使用，有其效果被打折之虞。

三、試圖示並說明有關自動撒水設備其壓力水箱壓力開關動作下限值應如何設定，才能達成撒水頭持續有效放水之性能需求？（25 分）

解：

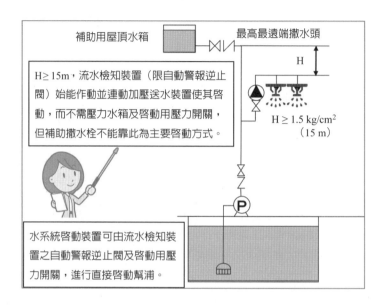

補助用屋頂水箱　　最高最遠端撒水頭

H≥15m，流水檢知裝置（限自動警報逆止閥）始能作動並連動加壓送水裝置使其啓動，而不需壓力水箱及啓動用壓力開關，但補助撒水栓不能靠此為主要啓動方式。

H ≥ 1.5 kg/cm² （15 m）

水系統啓動裝置可由流水檢知裝置之自動警報逆止閥及啓動用壓力開關，進行直接啓動幫浦。

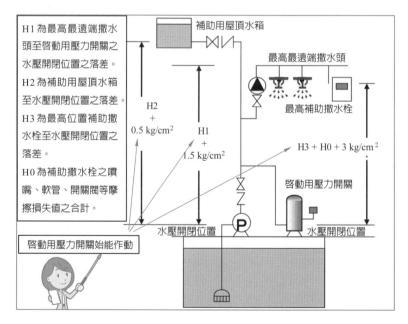

H1 為最高最遠端撒水頭至啓動用壓力開關之水壓開閉位置之落差。
H2 為補助用屋頂水箱至水壓開閉位置之落差。
H3 為最高位置補助撒水栓至水壓開閉位置之落差。
H0 為補助撒水栓之噴嘴、軟管、開關閥等摩擦損失值之合計。

補助用屋頂水箱

最高最遠端撒水頭

最高補助撒水栓

H2 + 0.5 kg/cm²

H1 + 1.5 kg/cm²

H3 + H0 + 3 kg/cm²

啓動用壓力開關

水壓開閉位置　　水壓開閉位置

啓動用壓力開關始能作動

四、試圖示並說明水系統滅火設備其加壓送水裝置之性能用測試配管之相關構件
　　操作要領與幫浦性能判定合格要求。（25分）

解：

（一）加壓送水裝置之性能用測試配管之相關構件操作要領
　1.形狀與構造
　　以目視或實測，對照申請圖說，確認符合下列規定。
　　(1)性能試驗裝置之配管應從幫浦出水側逆止閥之一次側分歧接出，並裝設流
　　　量調整閥及流量計。
　　(2)配管及流量計應符合下列規定。
　　　A. 配管之口徑應採適合額定出水量者。
　　　B. 流量計之一次側設維護檢查用之閥（以下簡稱檢查閥），二次側設流
　　　　量調整閥。但以檢查閥調整流量，且不影響流量計之性能、機能者，
　　　　得不設流量調整閥。
　　　C. 未於流量計二次側設流量調整閥時，其一次側之檢查閥與流量計間之
　　　　直管長度應在該管管徑之十倍以上。
　　　D. 流量計與設在二次側之流量調整閥間應為直管，其長度應為該管管徑
　　　　之六倍以上。
　　　E. 流量計指示器之最大刻度應為幫浦額定出水量之120%以上，300%以
　　　　下。對於幫浦之額定出水量具有範圍者，得採額定出水量下限值之300
　　　　%以下。
　　　F. 流量計指示器之一格刻度，應為其最大刻度之5%以下。
　　(3)不得有造成使用障礙顧慮之龜裂、變形、損傷、彎曲、洩漏、明顯腐蝕及
　　　其他缺陷。
　　(4)形狀、構造及尺寸應與申請圖說記載之形狀及尺寸相同。
　2.流量試驗
　　(1)在幫浦設有性能試驗裝置之狀態，於額定出水量點，依附錄2之幫浦出水
　　　量測定方法施測，讀取當時之流量計標示值。
　　(2)依附錄「幫浦出水量之測定方法」規定求得之值與幫浦性能試驗裝置之流

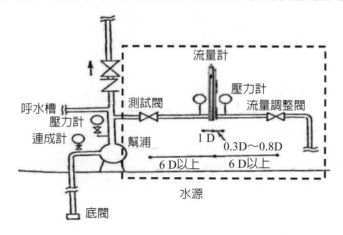

量標示值之差，應在該流量計使用範圍之最大刻度之 ± 3% 以內。但作為測定裝置之堰堤等，於附錄規定之測定誤差得不包含在該流量試驗裝置誤差範圍內。

二) 幫浦性能判定合格要求

先將幫浦吐出側之制水閥關閉之後，使幫浦啓動，然後緩緩的打開性能測試用配管之制水閥，由流量計及壓力表確認額定負荷運轉及全開點時之性能。

全揚程及出水量在附圖 1 所示性能曲線上，應符合下列 1.～3. 之規定，並應符合 4.～6. 所列許可差之規定（防止水溫上升用排放之水量，不包括在額定出水量內）。

1. 幫浦在額定出水量時，在其性能曲線上之全揚程應為額定全揚程之 100% 以上、110% 以下。

2. 幫浦之出水量在額定出水量之 150% 時，其全揚程應為額定出水量在性能曲線上全揚程之 65% 以上。

3. 全閉揚程應為額定出水量在性能曲線上全揚程之 140% 以下。

4. 額定出水量時之全揚程應在設計值之＋ 10%、–0% 內。

5. 額定出水量之 150% 時之全揚程應在設計值之 –8% 內。

6. 全閉揚程應在設計值之 ±10% 內。

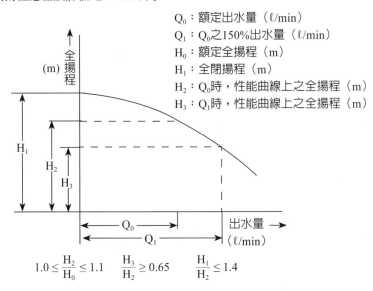

Q_0：額定出水量（ℓ/min）
Q_1：Q_0之150%出水量（ℓ/min）
H_0：額定全揚程（m）
H_1：全閉揚程（m）
H_2：Q_0時，性能曲線上之全揚程（m）
H_3：Q_1時，性能曲線上之全揚程（m）

$$1.0 \leq \frac{H_2}{H_0} \leq 1.1 \qquad \frac{H_3}{H_2} \geq 0.65 \qquad \frac{H_1}{H_2} \leq 1.4$$

附圖 1 揚程曲線圖

電動機之性能應符合下列規定：

1. 幫浦在額定負載狀態下，應能順利啓動。

2. 電動機在額定輸出連續運轉八小時後，不得發生異狀，且在超過額定輸出之 10% 下運轉一小時，仍不致發生故障，引起過熱現象。

＋ 知識補充站

日本消防安全設備檢修申報流程

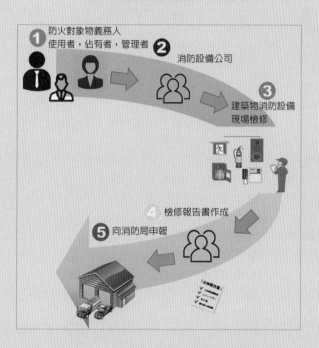

臺灣與日本從事消防設備專技人員講習訓練規定

　　臺灣方面，依「消防設備師及消防設備士管理辦法」第11條規定，消防設備師及消防設備士，自取得證書日起每三年應接受講習一次或取得累計積分達一百六十分以上之訓練證明文件。由複訓證書發證日往後推三年，到期前應再複訓。

　　日本方面，取得消防設備士證書之日起或之後之4月1日起二年內接受複訓課程，日後從接受第1次複訓課程之日起第一個4月1日起之每隔五年再行複訓。

6-11 100年水系統考題詳解

一、試圖示並說明連結送水管及中繼幫浦之檢查項目及必要性能測試內容。（25分）

解：

一) 連結送水管及中繼幫浦之檢查項目

1. 檢查方法
   (1)有中繼幫浦者，將其切換至緊急電源狀態下，操作遠隔啓動裝置，確認該幫浦有無啓動。
   (2)由該幫浦電動機控制盤之電流表，確認運轉電流是否正常。
   (3)由該幫浦之壓力表，確認全閉壓力是否正常。
   (4)於幫浦及電動機運轉中，確認有無不規則之間斷聲音或異常振動之情形。

2. 判定方法
   (1)由遠隔啓動裝置之操作，應能確實啓動加壓送水裝置。
   (2)電動機之運轉電流值應在容許範圍內。
   (3)幫浦之全閉壓力應滿足該幫浦性能曲線之全閉壓力。
   (4)電動機及幫浦運轉中應無不規則之間斷聲音或異常振動之情形。

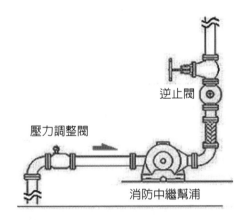

（圖來源：日泰凡而工業有限公司）

二) 連結送水管及中繼幫浦竣工查驗測試項目

1. 幫浦性能：
   (1)三點性能測試需符合設計值及測試報告數據。
   (2)缺水警報、過載測試需符合規定。
   (3)壓力桶之安全閥洩壓裝置需符合規定。

2. 幫浦一次側之壓力調整閥功能：

消防車以送水設計壓力送水，分別進行下列測試：

(1)啓動低層中繼幫浦。

(2)啓動低層及高層中繼幫浦。

其壓力調整閥壓力值需爲 1 kgf/cm² 以上，且幫浦全閉揚程（壓力值）＋ 押入揚程（壓力值）需小於 17 kgf/cm²。

壓力調整閥功能測試

項目	測試 1-1	測試 1-2	測試 2-1	測試 2-2
消防車送水	○	○	○	○
低層中繼幫浦	○開啓	○開啓	○開啓	○開啓
高層中繼幫浦	× 關閉	× 關閉	○開啓	○開啓
出水口	× 各層均關閉	△上行管最頂層及其直下層出水，各出 2 線，共 4 線	× 各層均關閉	△下行管最頂層及其直下層出水，各出 2 線，共 4 線
移動式幫浦	×	×	×	×

3. 低層中繼幫浦送至高層中繼幫浦處，應有押入揚程 10m 以上：

消防車以送水設計壓力送水，啓動低層及高層中繼幫浦，測試高層中繼幫浦一次側之壓力調整閥壓力是否達 1 kgf/cm² 以上。

押入揚程測試

項目	測試 3-1	測試 3-2	測試 3-3
消防車送水	○	○	○
低層中繼幫浦	○開啓	○開啓	○開啓
高層中繼幫浦	○開啓	○開啓	○開啓
出水口	× 各層均關閉	△上行管最頂層及其直下層出水，各出 2 線，共 4 線	△下行管最頂層及其直下層出水，各出 2 線，共 4 線
移動式幫浦	×	×	×

4. 放水測試：

(1)消防車以送水設計壓力送水，啓動高層中繼幫浦，測試上行管最頂層及其直下層（各出 2 線，共 4 線）出水口之放水量是否達 600LPM、放水壓力是否達 6 kgf/cm²。

(2)消防車以送水設計壓力送水，啓動低層及高層幫浦。

(3)管最頂層及其直下層（各出 2 線，共 4 線）之放水量是否達 600LPM、放水壓力是否達 6 kgf/cm²。

(4)消防車以送水設計壓力送水，啟動低層中繼幫浦，測試上行管最頂層及其直下層（各出 2 線，共 4 線）出水口之放水量是否達 600LPM、放水壓力是否達 6 kgf/cm²。

放水測試

項目	測試 4-1	測試 4-2	測試 4-3
消防車送水	○	○	○
低層中繼幫浦	✕ 關閉	○開啟	○開啟
高層中繼幫浦	○開啟	○開啟	✕ 關閉
出水口	△上行管最頂層及其直下層出水，各出 2 線，共 4 線	△下行管最頂層及其直下層出水，各出 2 線，共 4 線	△上行管最頂層及其直下層出水，各出 2 線，共 4 線
移動式幫浦	✕	✕	✕

5. 管系最大壓力測試：

消防車以送水設計壓力送水，啟動低層及高層中繼幫浦，各層出水口全閉，低層中繼幫浦一次側之壓力調整閥關閉，測試低層中繼幫浦二次側壓力，不得超過系統設計最大壓力值，各閥體、管另件不得有漏水或故障現象。

管系最大壓力

測試項目	測試 5
消防車送水	○
低層中繼幫浦	○開啟
低層中繼幫浦一次側之壓力調整閥	✕ 關閉
高層中繼幫浦	○開啟
出水口	✕ 各層均關閉
移動式幫浦	✕

6. 消防搶救驗證：

消防車以送水設計壓力送水，啟動低層中繼幫浦，移動式幫浦裝置於建築物最頂層之直下層，最頂層出水 1 線，測試放水壓力是否達 6 kgf/cm²。

消防搶救驗證

項目	測試 6
消防車送水	○
低層幫浦	△視個案由本局指定
高層幫浦	× 關閉
出水口	於最頂層出水 1 線
移動式幫浦	○裝置於最頂層

二、小型旅館、古蹟歷史建築、小型安養機構等夜間常只有一位工作人力等使用
　　類別場所，一旦半夜發生火災，一般法定室內消防栓設備將難以有效操作，
　　致令火勢延燒擴大，造成重大損失。試申論為何國內消防工程實務少見一人
　　可簡易操作的消防栓設備安裝實例？應如何推動落實？（25 分）

解：

一) 法定室內消防栓設備

第 34 條　除第十二條第二款第十一目或第四款之場所，應設置第一種消防栓
　　　　　外，其他場所應就下列二種消防栓選擇設置之：

一、第一種消防栓，依下列規定設置：

(一) 各層任一點至消防栓接頭之水平距離在二十五公尺以下。

(二) 任一樓層內，全部消防栓同時使用時，各消防栓瞄子放水壓
　　　力在每平方公分一點七公斤以上或 0.17MPa 以上，放水量在
　　　每分鐘一百三十公升以上。但全部消防栓數量超過二支時，
　　　以同時使用二支計算之。

(三) 消防栓箱內，配置口徑三十八毫米或五十毫米之消防栓一
　　　個，口徑三十八毫米或五十毫米、長十五公尺並附快式接頭
　　　之水帶二條，水帶架一組及口徑十三毫米以上之直線水霧兩
　　　用瞄子一具。但消防栓接頭至建築物任一點之水平距離在
　　　十五公尺以下時，水帶部分得設十公尺水帶二條。

二、第二種消防栓，依下列規定設置：

(一) 各層任一點至消防栓接頭之水平距離在十五公尺以下。

(二) 任一樓層內，全部消防栓同時使用時，各消防栓瞄子放水壓
　　　力在每平方公分二點五公斤以上或 0.25MPa 以上，放水量在
　　　每分鐘六十公升以上。但全部消防栓數量超過二支時，以同
　　　時使用二支計算之。

(三) 消防栓箱內，配置口徑二十五毫米消防栓連同管盤長二十公
　　　尺之皮管及直線水霧兩用瞄子一具，且瞄子設有容易開關之

裝置。

二) 國內第二種室內消防栓設備少見之原因

1. 價格昂貴，因第二種消防栓防護半徑較第一種小，所以設置數量較第一種多。

2. 佔較多空間且樓梯走廊通道無法供應適量空間而不被考慮。

3. 安裝較麻煩。

4. 第二種消防栓管徑小，出水量少，不利於火勢快速延燒壓住之用，相較於第一種消防栓泵浦揚程夠大水壓就強，流水量也大，滅火快速。

三) 應如何推動落實

畢竟第二種室內消防栓比第一種室內消防栓操作方便，且一人即可操作，於初期火勢往往是一人發現，欲使用第一種室內消防栓，在未受過訓練人員有其困難性。因此，第二種室內消防栓有其使用相當優勢。

設置二種室內消防栓，若加以修改，強制要求建築設計在樓梯間或走廊通道，提供適當安裝空間，並在此類場所修改水帶架結構，讓一人即可簡易操作類似第二種消防栓的消防栓能夠被廣泛的使用，並將這種消防栓外型像第一種消防栓，配置水帶及直線水霧瞄子，正式納入第一種消防栓。

輔導業主使用者宣導安裝第二種室內消防栓，對使用安全及操作性較有保障。

第二種室內消防栓使用時後座力小，且無需拆卸再接合之問題，鼓勵業主安裝使用。

三、試引據說明國內消防法規對撒水頭有何安裝高度的限制？並申論大賣場等挑高空間常見的集熱板之實質功效與必要性。（25分）

解：

一) 撒水頭安裝高度限制

第 46 條　撒水頭，依下列規定配置：

五、中央主管機關認定儲存大量可燃物之場所天花板高度超過六公尺，或其他場所天花板高度超過十公尺者，應採用放水型撒水頭。

六、地下建築物天花板與樓板間之高度，在五十公分以上時，天花板與樓板均應配置撒水頭，且任一點至撒水頭之水平距離在二點一公尺以下。但天花板以不燃性材料裝修者，其樓板得免設撒水頭。

第 17 條第 1 項第 6 款之高架儲存倉庫，其撒水頭依下列規定配置：

一、設在貨架之撒水頭，應符合下列規定：

(一) 任一點至撒水頭之水平距離，在二點五公尺以下，並以交錯方式設置。

(二) 儲存棉花類、塑膠類、木製品、紙製品或紡織製品等易燃物品時，每四公尺高度至少設置一個；儲存其他物品時，每六公尺高度至少設置一個。

　　(三) 儲存之物品會產生撒水障礙時，該物品下方亦應設置。
　　(四) 設置符合第四十七條第二項規定之集熱板。但使用經中央主管機關認
　　　　可之貨架撒水頭者，不在此限。
二) 撒水頭集熱板之實質功效與必要性
　　依各類場所消防安全設備設置標準規定必須有集熱板規定，一是裝設於貨架的
　　撒水頭，另一個是撒水頭側面有樑的情形。
　　第 46 條　撒水頭，依下列規定配置：
　　　　　　　(四) 設置符合第四十七條第二項規定之集熱板。但使用經中央主管機
　　　　　　　　　關認可之貨架撒水頭者，不在此限。
　　第 47 條　撒水頭之位置，依下列規定裝置：
　　　　　　　八、密閉式撒水頭側面有樑時，依下表裝置。

撒水頭與樑側面淨距離（公分）	74 以下	75 以上 99 公下	100 以上 149 以下	150 以上
迴水板高出樑底面尺寸（公分）	0	9 以下	14 以下	29 公分

前項第八款之撒水頭，其迴水板與天花板或樓板之距離超過三十公分時，依下
列規定設置集熱板。
一、集熱板應使用金屬材料，且直徑在三十公分以上。
二、集熱板與迴水板之距離，在三十公分以下。
於消防署 99 年執法疑義提案三：各類場所消防安全設備設置標準自動撒水設備
撒水頭集熱板之設置，得否在高架儲存倉庫之貨架或撒水頭側面有樑等兩種情
況以外設置。
決議：為確保依各類場所消防安全設備設置標準設置之自動撒水設備功能正
常，上開標準第四十六條高架儲存倉庫貨架撒水頭設置集熱板，係為避免感熱
元件遭上方撒水頭撒水淋溼，影響作動時間；另第四十七條撒水頭側面有樑，
係考量撒水頭要符合設於裝置面下方三十公分內，迴水板又要與樑底保持在一
定距離以下，因可能無法兼顧二者之規定，故有得設集熱板之規定；至其他處
所應考量能及早動作，避免作動延遲造成無法滅火之疑慮，撒水頭之迴水板應
設於裝置面下方，其間距在三十公分以下。
於 NFPA 13 指出集熱板不能當做輔助撒水頭動作的裝置，集熱板形成熱流的停
滯點反而會成為撒水頭啟動的障礙。
因此，撒水頭集熱板之實質功效並非輔助撒水頭動作的裝置，必要性考量如同
消防署 99 年執法疑義及裝設於貨架的撒水頭或撒水頭側面有樑的情形，始有其
考量。

四、公路隧道火災境況特殊，為克服公設消防力可及性之實質困難，國外多採可
冷卻控溫及抑制火勢的水系統滅火設備。試問該隧道水系統滅火設備其設計
條件與國內法定水霧滅火設備有何差異？安裝完成後如何驗證其有效性能？
（25分）

解：

一）隧道水系統滅火設備其設計條件與國內法定水霧滅火設備有何差異

106年通車的蘇花改公路，因沿途有8座累計長達24.5公里隧道群，為能掌握
搶救意外時效，蘇花改工程首度在國內公路隧道中採用自動水霧系統。

第61條　水霧噴頭，依下列規定配置：
1. 防護對象之總面積在各水霧噴頭放水之有效防護範圍內。
2. 每一水霧噴頭之有效半徑在二點一公尺以下。
3. 水霧噴頭之配置數量，依其裝設之放水角度、放水量及防護區域面
積核算，其每平方公尺放水量，供第十八條附表第三項、第四項所
列場所使用，在每分鐘二十公升以上；供同條附表其他場所使用，
在每分鐘十公升以上。

第68條　裝置水霧滅火設備之室內停車空間，其排水設備應符合下列規定：
1. 車輛停駐場所地面作百分之二以上之坡度。
2. 車輛停駐場所，除面臨車道部分外，應設高十公分以上之地區境界
堤，或深十公分寬十公分以上之地區境界溝，並與排水溝連通。
3. 滅火坑具備油水分離裝置，並設於火災不易殃及之處所。
4. 車道之中央或二側設置排水溝，排水溝設置集水管，並與滅火坑相
連接。
5. 排水溝及集水管之大小及坡度，應具備能將加壓送水裝置之最大能
力水量有效排出。

第63條　放射區域，指一只一齊開放閥啓動放射之區域，每一區域以五十平方
公尺爲原則。
前項放射區域有二區域以上者，其主管管徑應在一百毫米以上。

第64條　水霧滅火設備之水源容量，應保持二十立方公尺以上。但放射區域在
二區域以上者，應保持四十立方公尺以上。

第65條　依前條設置之水源，應連結加壓送水裝置。
加壓送水裝置使用消防幫浦時，其出水量及出水壓力，依下列規定，
並連接緊急電源：
一、出水量：每分鐘一千二百公升以上，其放射區域二個以上時爲每
分鐘二千公升以上。
二、出水壓力：核算管系最末端一個放射區域全部水霧噴頭放水壓力
均能達每平方公分二點七公斤以上或0.27MPa以上。但用於防

護電氣設備者，應達每平方公分三點五公斤以上或 0.35MPa 以上。

在國外隧道水霧滅火設備設計上，如日本隧道緊急用設施設計要領：AA 級隧道、A 級隧道（3km 且交通量 4000 輛／日以上）需設置水噴霧設備。日本於公路隧道中裝設水霧系統水霧設備，規定放射區域為五十公尺（與我國一樣），所需要之放射水量至少為 6 LPM/m²，放射壓力 3 bar，單顆噴頭流量 58.9 LPM，噴頭 K 值為 34，設置間隔每 4～5m，放射粒徑為 800 μm。（資料來源：簡賢文教授研究室）

在日本高速道路株式會社 NEXCO 提出

1. 建議水噴霧設備採自動放水操作

2. 單向隧道自動放水延遲時間：三分鐘

3. 雙向隧道自動放水延遲時間：十分鐘

而水霧設備設置方式，均為一排，非我國常見的水霧配置方式。且 Ohashi 交流道隧道內的水霧設備是在車道正上方，而建造中的品川隧道則是在側牆上，設置方式值得參考比較，我國在交通部頒布「公路隧道消防安全設備設置規範」後，甲級隧道都將設置自動滅火設備，日本從 1960 年開始設置隧道水霧設備，在日本設置隧道水霧是有相當經驗。

美國國家防火標準 NFPA 502, 2011 年版附錄 E 指出：

1. 水系統可設計為手動啟動搭配自動放水延遲時間設計。

2. 放水延遲時間不應超過三分鐘。

3. 系統內之水源水量和／或泡沫量設計至少要滿足二個事故區劃。

歐盟跨國計畫 UPTUN 指出

1. 水系統為自動放水設計，需採兩套偵測系統雙迴路設計

2. 當兩套偵測系統皆偵知火災事故時，水系統才自動放水。

歐盟 UPTUN WP2 文獻指出撒水系統啟動時機則應由訓練合格之隧道人員手動啟動，而撒水放水持續時間必須為救災人員抵達火災現場所需時間的二倍時間，如隧道長度超出五百公尺以上者，撒水系統放射時間至少需達三十分鐘以上，因考慮交通堵塞等最嚴重之突發狀況。

自動放水時機	
單向通行	於偵知有火災發生時，計時三分鐘內自動啟動。
雙向通行	於偵知有火災時，計時五分鐘內自動啟動。

因此，國內室內停車空間設置水霧滅火設備，與歐美日公路長隧道所設水霧系統是有相當差異性。室內停車空間與隧道本身空間與火載量（火災猛烈度）是有相當差異，以及有風及氣流及水平煙囪效應之顯著影響，或許國內學者研究隧道設計水霧滅火設備與主管政府部門已取得共識，在參考先進國家設計例，

修正隧道設計水霧滅火設備之法令規範。

二) 安裝完成後驗證有效性

水霧滅火設備放射區域二區以上時，依實設水霧噴頭數量、放水量及防護區域面積核算結果，其幫浦出水量超過第六十五條第二項第一目每分鐘二千公升以上時，應以其實際核算值檢討。而其水源容量則以能供放射區域二區同時放水二十分鐘核算，且應為四十立方公尺以上。

可依隧道水霧設備設計之需求原則，進行確認之。

1. 火災確認

  A. 自動偵測

    (A)隧道機電火警探測器或交控影像式事件自動偵測器偵知有火災發生時，並經操作人員確認後。

    (B)隧道機電火警探測器及交控影像式事件自動偵測器兩者同時偵測到火災時。

  B.人工通報

    (A) 行控中心接獲用路人通報。

    (B) 透過 CCTV 發現起火點或有煙霧或火焰時。

2. 放水持續時間

  水霧設備放水持續時間需考慮到交通堵塞等最嚴重之突發狀況，以確保消防人員未抵達前，隧道內尚未逃生成功之用路人仍處於可以維生的環境條件。因此消防用水量應必須滿足水霧設備最低的放水持續時間之水量。公路隧道最低放水持續時間如下表所示。

表　水霧設備最低放水持續時間

隧道	放水持續時間	備註
市區隧首	至少二十分鐘	參考各類場所消防安全設備設置標準規定自動撒水設備之水源容量應符合繼續放水二十分裡鐘之水量，鄰近消防分隊可趕赴救災。
山區隧道	至少四十分鐘	考量山區隧首地處偏遠，且消防救援可能性低或長時間抵達，故以二倍市區隧道放水持續時間計算之。
特殊個案	救災人員抵達火災現場所需時間的二倍時間	隧道長度超過公里以上者，且具交通運輸之重要性或為國家重要交通建設者，參考歐盟跨國 UPTUN 計畫建議，放水持續時間應為二倍救災人員抵達火場展開救援之所需時間。

在簡賢文教授研究指出，以書面資料審查及火災實驗審查兩項進行。

  A. 書面審查

    水霧設備設計及安裝文件應該明確定義系統設計目標、設計參數等，包括：可行性（feasibility）、有效性（effectiveness）、可靠度

（reliability）、性能（performance），以及設置和維護成本（cost），以便確認評估系統性能，且書面文件中應清楚確定工程安全因子能與隧道內所有系統設計進行整合，並針對水霧設備對於整體系統安全概念之影響進行評估，其評估至少包括：

(A)對於排水系統的影響。

(B)與其他系統的整合度，包括：火警偵測及警報系統、通風煙控系統、交通控制及監視系統。

(C)後續的系統維護管理要求。

(D)數值模擬分析：投標廠商需進行隧道火災境況模擬，提出系統設計相關書面資料，為評估水霧設備之適用性，以及是否能建立並營造可接受之救援避難安全性能。

B.火災實驗審查，其境況模擬應包括如下：

(A) 油盤火災（25MW）或六輛小客車火災（30MW）。

(B) 一輛大貨車火災（100MW）。

(C) 兩輛大客車火災（60MW）。

因此，得以書面資料審查及火災實驗審查兩項，來驗證其實質有效性。

✚ 知識補充站

泡沫與泡水噴頭比較

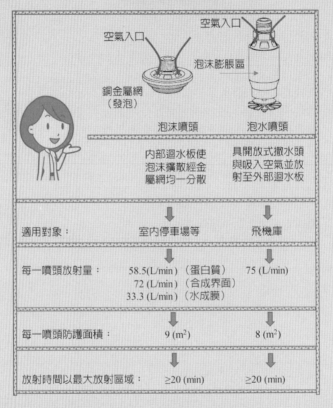

適用對象：	室內停車場等	飛機庫
每一噴頭放射量：	58.5(L/min)（蛋白質） 72 (L/min)（合成界面） 33.3 (L/min)（水成膜）	75 (L/min)
每一噴頭防護面積：	9 (m²)	8 (m²)
放射時間以最大放射區域：	≥20 (min)	≥20 (min)

例題：合成泡沫之泡沫液淨重 660 mL，測得泡沫還原數如下表，請求出 25% 還原體積及 25% 還原時間？

時間（min）	還原量（mL）	時間（min）	還原量（mL）
0	0	2.5	150
1	30	3.0	180
1.0	60		
1.5	90		
2.0	120		

解：

25% 還原體積 = 660×25% = 165 mL

設 25% 還原時間為 Y，則 $\dfrac{165-150}{180-150}=\dfrac{Y-2.5}{3.0-2.5}$

Y= 2.75 min

第7章
消防設備士水系統歷屆考題詳解

7-1 110年水與化學系統考題詳解

1. 因應高齡化社會需求，衛生福利部補助各地方老人福利機構，設置水道連結型自動撒水設備，請說明該設備在原有合法建築物可採用的設置類型方式？（15分）並說明設置後水源、配管、配件及閥類性能檢查的重點。（10分）

解：

一) 採用的設置類型方式

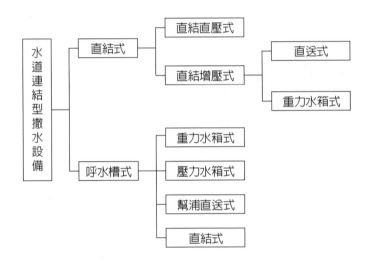

原有合法建築物改善防火避難設施或消防設備時，不得破壞原有結構之安全。又已敷設於建築物內之消防設備，如消防水池、消防立管、消防栓、滅火設備、警報設備、避難器具等設備，其功能正常者得維持原有使用。水道連結型自動撒水設備設置類型方式，計有 7 種（上圖），其中第 1 及 2 種之直結式，是不適合台灣自來水管路設備。僅能採用呼水槽式，所以實務上採用一直是呼水槽式之幫浦直送式及呼水槽式之直結式之類型方式。

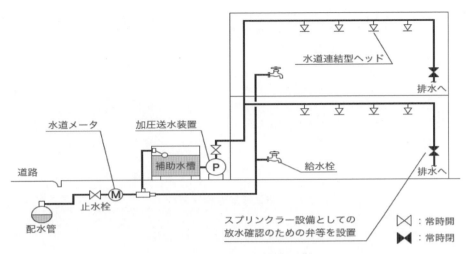

（呼水槽式併用直結式類型方式）

二) 水源、配管、配件及閥類性能檢查

(一) 水源

1. 檢查方法

(1) 水質

打開人孔蓋以目視及水桶採水，確認有無腐敗、浮游物、沉澱物等。

(2) 給水裝置

A. 確認有無變形、腐蝕等，及操作排水閥確認給水功能是否正常。

B. 如不使用操作排水閥檢查給水功能時，可使用下列方法：

(A) 使用水位電極控制給水者，拆除其電極回路之配線，形成減水狀態，確認其是否能自動給水；其後再將拆掉之電極回路配線接上復原，形成滿水狀態，確認其給水能否自動停止。

(B) 使用浮球水栓控制給水者，以手動操作將浮球沒入水中，形成減水狀態，使其自動給水；其後使浮球復原，形成滿水狀態，使給水自動停止。

(3) 水位計

水位計之量測係打開人孔蓋，用檢尺測量水位，並確認水位計之指示值。

(4) 閥類

用手操作確認開、關動作是否容易進行。

2. 判定方法

(1) 水質

應無顯著腐敗、浮游物、沉澱物等。

(2) 給水裝置

　　A.應無變形、損傷、顯著腐蝕。

　　B.於減水狀態應能自動給水，於滿水狀態應能自動停止供水。

(3) 水位計

　　水位計之指示值應正常。

(4) 閥類

　　開、關操作應能容易進行。

(三) 配管、配件及閥類

　1. 檢查方法

　　(1) 閥類

　　　用手操作確認開、關動作是否容易進行。

　　(2) 過濾裝置

　　　分解打開確認過濾網有無變形、異物堆積。

　2. 判定方法

　　(1) 閥類

　　　開、關操作能容易進行。

　　(2) 過濾裝置

　　　過濾網應無變形、損傷、異物堆積等。

---

2. 二氧化碳滅火設備在檢修時，國內外皆偶有發生意外情事，請說明高壓二氧化碳全區放射系統綜合檢查方式，（10分）並說明檢查前及檢查時應準備與注意的事項。（15分）

解：

(一) 全區放射方式

　　將電源切換為緊急電源狀態，依下列各點規定進行檢查。惰性氣體滅火設備全區放射方式應依設置之系統數量進行抽樣檢查。抽測之系統放射區域在二區以上時，應至少擇一放射區域實施放射試驗；進行放射試驗系統，應於滅火藥劑儲存容器標示放射日期。

　1. 全區放射方式

　　(1) 檢查方法

　　　A. 高壓式者依下列規定

　　　　(A) 以空氣或氮氣進行放射試驗，所需空氣量或氮氣量，應就放射區域應設滅火藥劑量之10%核算，每公斤以下表所列公升數之比例核算，每次試驗最多放出5支。

滅火藥劑	每公斤核算空氣量或氮氣量（公升）
二氧化碳	55
氮氣	100
IG-55	100
IG-541	100

(B) 檢查時應注意下列事項
    a. 充填空氣或氮氣之試驗用氣體容器壓力，應與該滅火設備之儲存容器之充填壓力大約相等。
    b. 使用啟動用氣體容器之設備者，應準備與設置數量相同之氣體容器數。
    c. 應準備必要數量供塞住集合管部或容器閥部及操作管部之帽蓋或塞子。
(C) 檢查前，應就儲存容器部分事先備好下列事項
    a. 暫時切斷控制盤等電源設備。
    d. 將自儲存容器取下之容器閥開放裝置及操作管連接裝設在試驗用氣體容器上。
    e. 除放射用儲存容器外，應取下連接管，用帽蓋等塞住集合管。除試驗用氣體容器外，應取下連接管後用帽蓋蓋住集合管部。
    f. 應塞住放射用以外之操作管。
    g. 確認除儲存容器部外，其他部分是否處於平常設置狀態。確認儲存容器部分外之其餘部分是否處於平時設置狀況。
    h. 控制盤等設備電源，應在「開」之位置。

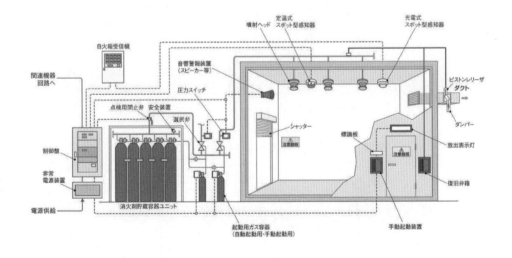

(D) 檢查時，啟動操作應就下列方式擇一進行
　　a. 手動式，應操作手動啟動裝置使其啟動。
　　b. 自動式者，應將自動、手動切換裝置切換至「自動」位置，使探測器動作、或使受信機、控制盤探測器回路端子短路，使其啟動。

【選擇題】（50分）

(C) 1. 公共危險物品等場所消防設計及消防安全設備，電氣設備使用之處所，每多少平方公尺（含未滿）應設置第五種滅火設備一具以上？
(A) 20　　　　　　　(B) 50　　　　　　　(C) 100　　　　　　　(D) 200
解析：第 204 條電氣設備使用之處所，每一百平方公尺（含未滿）應設置第五種滅火設備一具以上。

(A) 2. 連結送水管之中繼幫浦放水測試時，應從送水口以送水設計壓力送水，並以口徑 21 公厘瞄子在最頂層測試，其放水壓力不得小於 X kgf/cm²，且放水量不得小於 Y L/min。X、Y 分別為何？
(A) X = 6；Y = 600　　　　　　　(B) X = 6；Y = 800
(C) X = 8；Y = 600　　　　　　　(D) X = 8；Y = 800
解析：

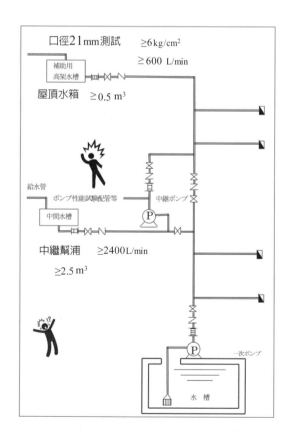

（C） 3. 下列有關室內消防栓設備之規定，何者錯誤？

(A) 低度危險工作場所應設置第一種消防栓

(B) 老人福利機構可選擇設置第二種消防栓

(C) 第一種消防栓箱內應配置口徑 25 毫米消防栓

(D) 第一種消防栓箱內應配置口徑 38 毫米或 50 毫米之消防栓一個

解析：第一種消防栓箱內應配置口徑 38 毫米或 50 毫米之消防栓一個

（A） 4. 公共危險物品等場所消防設計及消防安全設備，顯著滅火困難場所之室外儲槽場所，儲存硫磺，應設置何種滅火設備？

(A) 第三種滅火設備之水霧滅火設備

(B) 第三種滅火設備之固定式泡沫滅火設備

(C) 第三種滅火設備之二氧化碳滅火設備

(D) 第三種滅火設備之乾粉滅火設備

解析：

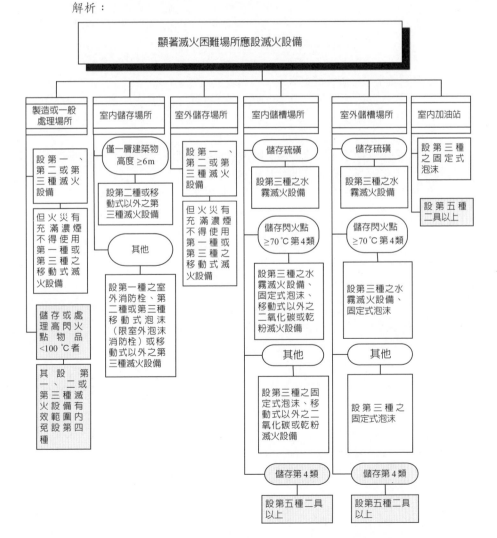

（C）5. 消防幫浦加壓送水裝置之啓動用水壓開關裝置，下列規定何者正確？
 (A) 在啓動用壓力槽上或其近傍應裝設壓力表、啓動用水壓開關及試驗幫浦啓動用之逆止閥
 (B) 啓動用壓力儲槽應使用口徑 35mm 以上配管，與幫浦出水側逆止閥之一次側配管連接
 (C) 啓動用壓力槽之構造應符合危險性機械及設備安全檢查規則之規定
 (D) 啓動用壓力槽容量應有 110L 以上
 解析：啓動用水壓開關裝置應符合下列規定：
 　　1) 啓動用壓力槽容量應有 100 公升以上。
 　　2) 啓動用壓力槽之構造應符合危險性機械及設備安全檢查規則之規定。
 　　3) 啓動用壓力儲槽應使用口徑 25mm 以上配管，與幫浦出水側逆止閥之二次側配管連接，同時在中途應裝置止水閥。
 　　4) 在啓動用壓力槽上或其近傍應裝設壓力表、啓動用水壓開關及試驗幫浦啓動用之排水閥。
 　　5) 啓動用水壓開關裝置，其設定壓力不得有顯著之變動。

（B）6. 有關撒水頭位置裝置之規定，下列敘述何者錯誤？
 (A) 撒水頭迴水板下方 45 公分內及水平方向 30 公分內，應保持淨空間，不得有障礙物
 (B) 撒水頭軸心與裝置面成 85 度角裝置
 (C) 密閉式撒水頭裝置於樑下時，迴水板與樑底之間距在 10 公分以下，且與樓板或天花板之間距在 50 公分以下
 (D) 密閉式撒水頭之迴水板裝設於裝置面下方，其間距在 30 公分以下
 解析：撒水頭軸心與裝置面成 45 度角裝置

局限型裝置在探測區域中心

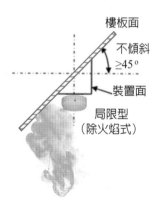

樓板面

不傾斜
≥45°

裝置面

局限型
（除火焰式）

（ C ）　7. 依密閉式撒水頭認可基準規定，其中之耐洩漏試驗，係將撒水頭施予多少之靜水壓力，保持 5 分鐘不得有漏水現象？
　　　　(A) 5kgf/cm^2　　　(B) 15kgf/cm^2　　　(C) 25kgf/cm^2　　　(D) 35kgf/cm^2

解析：耐洩漏試驗：
　　　　1)將撒水頭施予 25 kgf/cm^2 之靜水壓力，保持 5 分鐘不得有漏水現象。
　　　　2) 以目視檢查有困難者，則將撒水頭之墊片部分用三氯乙烯洗滌乾淨、放置乾燥後，裝接於空氣加壓裝置之配管上，然後將撒水頭浸入水中，施予 25kgf/cm^2 之空氣壓力 5 分鐘，檢查有無氣泡產生，據以判斷有無洩漏現象。

（ B ）　8. 消防搶救上之必要設備中，連結送水管之送水口設置，下列敘述何者正確？
　　　　(A) 送水口為單口形，接裝口徑 63 毫米陰式快速接頭
　　　　(B) 距基地地面之高度在 1 公尺以下 0.5 公尺以上
　　　　(C) 在屋頂上適當位置至少設置一個測試用送水口
　　　　(D) 送水口在其附近便於檢查確認處，裝設測試用出水口

解析：第 180 條　出水口及送水口，依下列規定設置：
　　　　1) 出水口設於地下建築物各層或建築物第三層以上各層樓梯間或緊急升降機間等（含該處五公尺以內之處所）消防人員易於施行救火之位置，且各層任一點至出水口之水平距離在五十公尺以下。
　　　　2) 出水口為雙口形，接裝口徑六十三毫米快速接頭，距樓地板面之高度在零點五公尺以上一點五公尺以下，並設於厚度在一點六毫米以上之鋼板或同等性能以上之不燃材料製箱內，其箱面短邊在四十公分以上，長邊在五十公分以上，並標明出水口字樣，每字在二十平方公分以上。但設於第十層以下之樓層，得用單口形。
　　　　3) 在屋頂上適當位置至少設置一個測試用出水口。
　　　　4) 送水口設於消防車易於接近，且無送水障礙處，其數量在立管數以上。
　　　　5) 送水口為雙口形，接裝口徑六十三毫米陰式快速接頭，距基地地面之高度在一公尺以下零點五公尺以上，且標明連結送水管送水口字樣。
　　　　6) 送水口在其附近便於檢查確認處，裝設逆止閥及止水閥。

（ D ）　9. 實施泡沫噴頭外觀檢查，應進行之項目內容不包括下列那一項？
　　　　(A) 確認有無因隔間變更而未加設泡沫頭，造成未警戒之部分
　　　　(B) 以目視確認泡沫頭周圍有無妨礙泡沫分布之障礙
　　　　(C) 以目視確認外形有無變形、腐蝕、阻塞等
　　　　(D) 確認泡沫噴頭網孔大小及其發泡性能

解析：確認泡沫噴頭網孔大小及其發泡性能為性能檢查

(C) 10. 依據密閉式撒水頭認可基準之規定，進行玻璃球之強度試驗時，標示溫度在多少以上者將採用油浴方式進行測試？

(A) 57℃　　　　　(B) 68℃　　　　　(C) 79℃　　　　　(D) 121℃

解析：

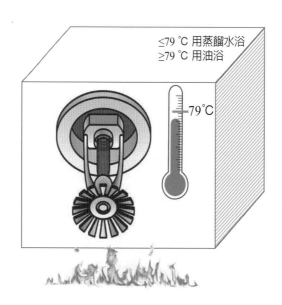

(B) 11. 室內消防栓設備之加壓送水裝置，若採用壓力水箱方式，則其水箱內空氣不得小於水箱容積的幾分之幾？

(A) 1/2　　　　　(B)1/3　　　　　(C) 1/4　　　　　(D)1/5

解析：

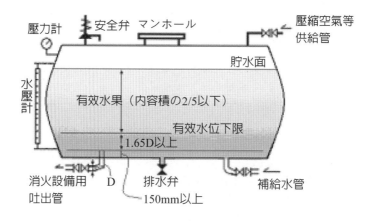

（B）12. 進行乾粉滅火設備性能檢查時，對於滅火藥劑檢查注意事項，溫度及濕度超過多少以上時，應暫停檢查？
(A) 溫度超過 30℃ 以上，濕度超過 70% 以上
(B) 溫度超過 40℃ 以上，濕度超過 60% 以上
(C) 溫度超過 50℃ 以上，濕度超過 50% 以上
(D) 溫度超過 40℃ 以上，濕度超過 50% 以上
解析：注意事項：溫度超過 40℃ 以上，濕度超過 60% 以上時，應暫停檢查

（D）13. 使用主成分為碳酸氫鈉之移動放射方式乾粉滅火設備，每一具噴射瞄子之每分鐘藥劑放射量應為下列何者？
(A) 18kg/min　　(B)27kg/min　　(C) 36kg/min　　(D)45kg/min
解析：

移動式乾粉滅火設備

滅火藥劑種類	第 1 種	第 2 種	第 3 種
滅火藥劑量（kg）	50	30	20

滅火藥劑種類	第 1 種	第 2 種或第 3 種	第 4 種
每分鐘放射量（kg/min）	45	27	18

（A）14. 高壓電器設備其電壓在 7000 伏特以下時，水霧噴頭及配管與高壓電器設備應保持多少公分之標準離開距離？
(A) 25　　(B)50　　(C) 150　　(D) 250
解析：

離開距離（mm）		電壓（kV）
最低	標準	
150	250	7 以下
200	300	10 以下
300	400	20 以下
400	500	30 以下
700	1000	60 以下
800	1100	70 以下
1100	1500	100 以下
1500	1900	140 以下
2100	2600	200 以下
2600	3300	345 以下

(C) 15. 公共危險物品儲槽設置補助泡沫消防栓之規定，下列敘述何者錯誤？
(A) 放射壓力在每平方公分 3.5 公斤以上
(B) 泡沫瞄子放射量在每分鐘 400 公升以上
(C) 全部泡沫消防栓數量超過 2 支時，以同時使用 2 支計算之
(D) 設在儲槽防液堤外圍，距離槽壁 15 公尺以上，便於消防救災處
解析：補助泡沫消防栓，應符合下列規定：

　　(一) 設在儲槽防液堤外圍，距離槽壁 ≧15m，便於消防救災處，且
　　　　至任一泡沫消防栓之步行距離≦ 75m，泡沫瞄子放射量≧ 400L/
　　　　min，放射壓力≧ 3.5kg/cm² 或 0.35Mpa 以上。但全部泡沫消防栓
　　　　數量≧ 3 支時，以同時使用 3 支計算之。

(D) 16. 某觀光飯店餐廳的廚房面積 750 平方公尺，其使用火源處所設置滅火器核
算之最低滅火效能值應為多少？
(A) 3　　　　　　(B)6　　　　　　(C)24　　　　　　(D)30
解析：750/25 = 30

(C) 17. 密閉乾式或預動式之流水檢知裝置二次側配管，為有效排水，支管每 10 公
尺傾斜 A 公分，主管每 10 公尺傾斜 B 公分。下列 A，B 何者正確？
(A) A＝5；B＝3　(B) A＝4；B＝4　(C) A＝4；B＝2　(D) A＝2；B＝4
解析：

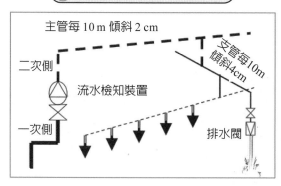

(B) 18. 有關滅火器設置規定，下列何者錯誤？
(A) 供鍋爐房等大量使用火源之處所，樓地板面積每 25 平方公尺有一滅火
效能值
(B) 供電信機器室使用之場所，各層樓地板面積每 300 平方公尺有一滅火效
能值
(C) 供保齡球館使用之場所，各層樓地板面積每 100 平方公尺有一滅火效能
值

　　(D) 供學校教室使用之場所，各層樓地板面積每 200 平方公尺有一減火效能值

　解析：電影片映演場所放映室及電氣設備使用之處所，每一百平方公尺（含未滿）另設一減火器。

（ A ）19. 依各類場所消防安全設備設置標準，應設置室內消防栓設備之場所，下列規定何者正確？

　　(A) 五層以下建築物，供第 12 條第 1 款第 1 目所列場所使用，任何一層樓地板面積在 300 平方公尺以上者

　　(B) 六層以上建築物，供第 12 條第 1 款至第 4 款所列場所使用，任何一層之樓地板面積在 300 平方公尺以上者

　　(C) 總樓地板面積在 300 平方公尺以上之地下建築物

　　(D) 地下層或無開口之樓層，供第 12 條第 1 款第 1 目所列場所使用，樓地板面積在 300 平方公尺以上者

　解析：

應設置室內消防栓場所

類別	目別	應設置室內消防栓場所	樓地板面積	地下層或無開口	≥ 6 層
甲	1	電影片映演場所（戲院、電影院）、歌廳、舞廳、夜總會、俱樂部、理容院（觀光理髮、視聽理容等）、指壓按摩場所、錄影節目帶播映場所（MTV 等）、視聽歌唱場所（KTV 等）、酒家、酒吧、酒店（廊）	≥ 300 m²	≥ 100 m²	≥ 150 m²
	2	保齡球館、撞球場、集會堂、健身休閒中心（含提供指壓、三溫暖等設施之美容瘦身場所）、室內螢幕式高爾夫練習場、遊藝場所、電子遊戲場、資訊休閒場所。	≥ 500 m²（除學校 ≥ 1400 m²）	≥ 150 m²	
	3	觀光旅館、飯店、旅館、招待所（限有寢室客房者）			
	4	商場、市場、百貨商場、超級市場、零售市場、展覽場			
	5	餐廳、飲食店、咖啡廳、茶藝館			
	6	醫院、療養院、榮譽國民之家、長期照顧服務機構（限機構住宿式、社區式之建築物使用類組非屬 H-2 之日間照顧、團體家屋及小規模多機能）、老人福利機構（限長期照護型、養護型、失智照顧型之長期照顧機構、安養機構）、兒童及少年福利機構（限托嬰中心、早期療育機構、有收容未滿二歲兒童之安置及教養機構）、護理機構（限一般護理之家、精神護理之家、產後護理機構）、身心障礙福利機構（限供住宿養護、日間服務、臨時及短期照顧者）、身心障礙者職業訓練機構（限提供住宿或使用特殊機具者）、啓明、啓智、啓聰等特殊學校。			
	7	三溫暖、公共浴室			

類別	目別	應設置室內消防栓場所	樓地板面積	地下層或無開口	≥ 6 層
乙	1	車站、飛機場大廈、候船室	≥ 500 m²（除學校≥ 1400 m²）	≥ 150 m²	≥ 150 m²
	2	期貨經紀業、證券交易所、金融機構			
	3	學校教室、兒童課後照顧服務中心、補習班、訓練班、K 書中心、前款第六目以外兒童及少年福利機構（限安置及教養機構）及身心障礙者職業訓練機構			
	4	圖書館、博物館、美術館、陳列館、史蹟資料館、紀念館及其他類似場所			
	5	寺廟、宗祠、教堂、供存放骨灰（骸）之納骨堂（塔）及其他類似場所			
	6	辦公室、靶場、診所、長期照顧服務機構（限社區式之建築物使用類組屬 H-2 之日間照顧、團體家屋及小規模多機能）、日間型精神復健機構、兒童及少年心理輔導或家庭諮詢機構、身心障礙者就業服務機構、老人文康機構、前款第六目以外之老人福利機構及身心障礙福利機構			
	7	集合住宅、寄宿舍、住宿型精神復健機構			
	8	體育館、活動中心			
	9	室內溜冰場、室內游泳池			
	10	電影攝影場、電視播送場			
	11	倉庫、傢俱展示販售場			
	12	幼兒園			
丙	1	電信機器室			
	2	汽車修護廠、飛機修理廠、飛機庫			
	3	室內停車場、建築物依法附設之室內停車空間			
丁	1	高度危險工作場所			
	2	中度危險工作場所			
	3	低度危險工作場所			
戊	1	複合用途建築物中，有供甲類用途者			
	2	前目以外供乙至丁類用途之複合用途建築物			
	3	地下建築物	總樓地板≥ 150 m²		

免設規定
1. 設有自動撒水（含補助撒水栓）、水霧、泡沫、二氧化碳、乾粉或室外消防栓等滅火設備者，在該有效範圍內，得免設室內消防栓設備。
2. 但設有室外消防栓設備時，在第一層水平距離 < 40m、第二層步行距離 < 40m 有效滅火範圍內，室內消防栓設備限於第一層、第二層免設

(D) 20. 飛機修理廠、飛機庫樓地板面積在 200 平方公尺以上者，可就水霧、泡沫、乾粉、二氧化碳滅火設備等選擇下列何者設置之？
(A) 乾粉、二氧化碳 　　　　　　(B) 水霧、泡沫
(C) 泡沫、二氧化碳 　　　　　　(D) 泡沫、乾粉
解析：

水霧、泡沫、乾粉、二氧化碳滅火設備等選擇設置場所

項目	應設場所	水霧	泡沫	二氧化碳	乾粉
一	屋頂直昇機停機場（坪）。		○		○
二	飛機修理廠、飛機庫樓地板面積≥ 200m²。		○		○
三	汽車修理廠、室內停車空間在第一層樓地板面積≥ 500m²；在地下層或第二層以上樓地板面積≥ 200m²；在屋頂設有停車場樓地板面積≥ 300m²。	○	○	○	○
四	昇降機械式停車場可容納≥ 10 輛。	○	○	○	○
五	發電機室、變壓器室及其他類似之電器設備場所，樓地板面積≥ 200m²。	○		○	○
六	鍋爐房、廚房等大量使用火源之場所，樓地板面積≥ 200m²。			○	○
七	電信機械室、電腦室或總機室及其他類似場所，樓地板面積≥ 200m²。			○	○
八	引擎試驗室、石油試驗室、印刷機房及其他類似危險工作場所，樓地板面積≥ 200m²。	○	○	○	○

一、大量使用火源場所，指最大消費熱量合計在每小時三十萬千卡以上者。
二、廚房設有自動撒水設備，且排油煙管及煙罩設簡易自動滅火裝置時，得不受本表限制。
三、停車空間內車輛採一列停放，並能同時通往室外者，得不受本表限制。
四、本表第七項所列應設場所得使用預動式自動撒水設備。
五、有特定或不特定人員使用中央管理室、防災中心等處所，不得設置二氧化碳滅火設備。

(D) 21. 依各類場所消防安全設備設置標準，應就水霧、泡沫、乾粉、二氧化碳滅火設備等選擇設置之場所，下列場所何者得使用預動式自動撒水設備？
(A) 屋頂直昇機停機場（坪）
(B) 發電機室、變壓器室及其他類似之電器設備場所，樓地板面積在 200 平方公尺以上者
(C) 鍋爐房、廚房等大量使用火源之場所，樓地板面積在 200 平方公尺以上者
(D) 電信機械室、電腦室或總機室及其他類似場所，樓地板面積在 200 平方公尺以上者

解析：如上一題解說

一、大量使用火源場所，指最大消費熱量合計在每小時三十萬千卡以上者。

二、廚房設有自動撒水設備，且排油煙管及煙罩設簡易自動滅火裝置時，得不受本表限制。

三、停車空間內車輛採一列停放，並能同時通往室外者，得不受本表限制。

四、本表第七項所列應設場所得使用預動式自動撒水設備。

五、有特定或不特定人員使用中央管理室、防災中心等處所，不得設置二氧化碳滅火設備。

(C) 22. 下列場所何者可選擇第二種室內消防栓選擇設置之？

(A) 傢俱展示販售場　　　　　(B) 低度危險工作場所
(C) 汽車修護廠　　　　　　　(D) 高度危險工作場所

解析：第 34 條除第十二條第二款第十一目或第四款之場所，應設置第一種消防栓外，其他場所應就下列二種消防栓選擇設置之

(D) 23. 需設置自動撒水設備之場所中，下列何者應設開放式？

(A) 健身休閒中心（含提供指壓、三溫暖等設施之美容瘦身場所）
(B) 室內螢幕式高爾夫練習場
(C) 展覽場
(D) 集會堂使用之舞臺

解析：舞台之布幕火災猛烈度大，起火迅速必須以一齊開放之方式來壓制火勢。

(A) 24. 同一建築基地內有二棟以上建築物時，建築物間外牆與中心線水平距離第一層在 X 公尺以下，第二層在 Y 公尺以下，且合計各棟該第一層及第二層樓地板面積在 Z 平方公尺以上者，應設置消防專用蓄水池。X、Y、Z 分別為何？

(A) X = 3；Y = 5；Z = 10000　　(B) X = 5；Y = 10；Z = 6000
(C) X = 5；Y = 10；Z = 10000　 (D) X = 10；Y = 20；Z = 20000

解析：

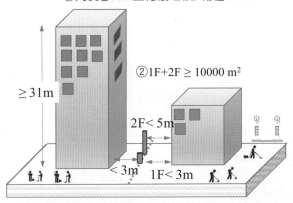

①高度 ≥ 31m且總樓地板面積≥ 25000m²

②1F+2F ≥ 10000 m²

≥ 31m

2F< 5m

< 3m　1F< 3m

③建築基地面積≥ 20000 m²且任何一層≥ 1500m²

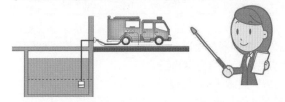

（ A ） 25. 自動撒水設備之水源容量規定，若使用側壁型或小區劃型撒水頭時，十層以下樓層在 X 個撒水頭、十一層以上樓層在 Y 個撒水頭繼續放水 20 分鐘之水量以上。X、Y 分別為何？
(A) X=8；Y=12　(B) X=12；Y=15　(C) X=16；Y=20　(D) X=24；Y=30

解析：

各類場所		撒水頭個數		水源容量（m³）	
		快速反應	一般反應	快速反應型	一般反應型
十一樓以上建築物、地下建築物		12	15	80×20×12=19.2	80×20×15=24
十樓以下建築物	供甲類第四目使用及複合用途建築物中供甲類第四目使用者	12	15	80×20×12=19.2	80×20×15=24
	地下層	12	15	80×20×12=19.2	80×20×15=24
	其他	8	10	80×20×8=12.8	80×20×10=16
高架儲存倉庫	儲存棉花、塑膠、木製品、紡織品等易燃物品	24	30	114×20×24=54.72	114×20×30=68.4
	儲存其他物品	16	20	114×20×16=36.48	114×20×12=45.6

(C) 26. 固定式泡沫滅火設備之泡沫放出口，若採用高發泡放出口，其泡沫膨脹比應選擇下列何者設置之？
(A) 膨脹比 20 以下
(B) 膨脹比 20 以上 1000 以下
(C) 膨脹比 80 以上 1000 以下
(D) 膨脹比 1000 以上
解析：

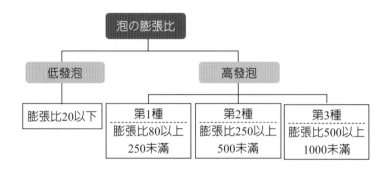

(C) 27. 二氧化碳滅火設備之全區放射或局部放射方式防護區域，對放射之滅火藥劑之排放規定，下列何者錯誤？
(A) 採機械排放時，排風機為專用，且具有每小時 5 次之換氣量。但與其他設備之排氣裝置共用，無排放障礙者，得共用之
(B) 採自然排放時，設有能開啟之開口部，其面向外氣部分（限防護區域自樓地板面起高度三分之二以下部分）之大小，占防護區域樓地板面積百分之十以上，且容易擴散滅火藥劑
(C) 排放裝置之操作開關須設於防護區域內便於操作處，且在其附近設有標示
(D) 排放至室外之滅火藥劑不得有局部滯留之現象
解析：排放裝置之操作開關須設於防護區域外便於操作處，且在其附近設有標示

(B) 28. 消防專用蓄水池規定之有效水量，指蓄水池深度在基地地面下多少公尺範圍內之水量，但採機械方式引水時，不在此限？
(A) 3
(B)4.5
(C)6
(D)7.5
解析：

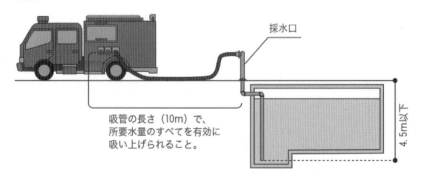

（ C ） 29. 公共危險物品等場所消防設計及消防安全設備，設置第五種滅火設備者，公共危險物品每達管制量之幾倍（含未滿）應有一滅火效能值？

(A) 5　　　　　(B) 6　　　　　(C) 10　　　　　(D)15

解析：第 199 條：公共危險物品每達管制量之 10 倍（含未滿）應有一滅火效能值

（ D ） 30. 公共危險物品等場所消防設計及消防安全設備，室外消防栓設備採用鑄鐵管配管時，使用符合 CNS832 規定之壓力管路鑄鐵管或具同等以上強度者，其標稱壓力在每平方公分多少公斤以上？

(A) 3.5　　　　(B) 6　　　　　(C) 7　　　　　(D) 16

解析：第 210 條：採用鑄鐵管配管時，使用符合 CNS832 規定之壓力管路鑄鐵管或具同等以上強度者，其標稱壓力在 $16kg/cm^2$ 以上或 1.6MPa 以上。

（ B ） 31. 公共危險物品等場所消防設計及消防安全設備，有關設置冷卻撒水設備規定，下列何者正確？

(A) 撒水噴孔符合 CNS、12855 之規定

(B) 撒水量按槽壁總防護面積每平方公尺每分鐘 2 公升以上計算之，其管徑依水力計算配置

(C) 水源容量在最大一座儲槽連續放水 1 小時之水量以上

(D) 撒水噴孔孔徑在 6 毫米以上

解析：第 216 條

1) 撒水噴孔符合 CNS12854 之規定，孔徑在 4 mm 以上。

2) 撒水量按槽壁總防護面積 $2 \ L/m^2 \cdot min$ 以上計算之，其管徑依水力計算配置。

3) 水源容量在最大一座儲槽連續放水 4 小時之水量以上。

（ C ） 32. 依消防安全設備及必要檢修項目檢修基準，滅火器設置間距規定，下列何者錯誤？

(A) 以目視或簡易之測定方法確認之

(B) 設有滅火器之樓層或場所，自樓面居室任一點或防護對象任一點至滅火器之步行距離不得超過 20 公尺。但公共危險物品等場所與第一種、第二種、第三種或第四種滅火設備併設者，不在此限

(C) 公共危險物品等場所達顯著滅火困難、一般滅火困難者設置之第四種滅火設備（大型滅火器），距防護對象任一點之步行距離，應在 20 公尺以下。但與第一種、第二種或第三種滅火設備併設者，不在此限

(D) 設有滅火器之可燃性高壓氣體儲存場所，任一點至滅火器之步行距離應在 15 公尺以下，並不得妨礙出入作業

解析：第 224 條　第 4 種滅火設備距防護對象任一點之步行距離，應在 30m 以下。但與第 1 種、第 2 種或第 3 種滅火設備併設者，不在此限。

(D) 33. 公共危險物品等場所消防設計及消防安全設備，其他滅火困難場所，應設
置第幾種滅火設備？
(A) 一 (B) 二 (C) 三 (D) 五
解析：

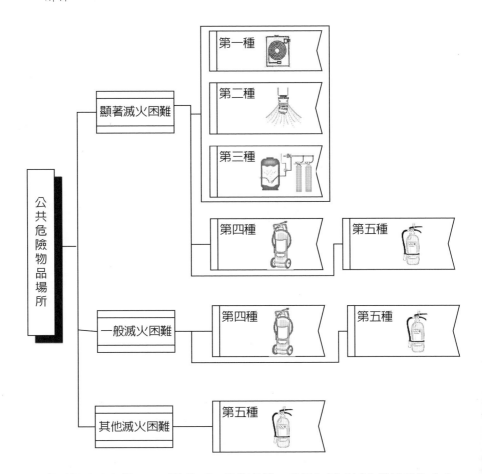

(C) 34. 依消防安全設備及必要檢修項目檢修基準，乾粉加壓式滅火器性能檢查之
檢查抽樣頻率，應幾年實施一次性能檢查？
(A) 1 (B) 2 (C) 3 (D) 4
解析：乾粉加壓式滅火器性能檢查之檢查抽樣頻率，應 3 年實施一次性能
檢查。

(A) 35. 依消防安全設備及必要檢修項目檢修基準，製造日期超過 10 年或無法辨識
製造日期之何種滅火器，非經水壓測試合格，不得再行更換及充填藥劑，
應予報廢？

(A) 機械泡沫滅火器　　　　　　　　(B) 化學泡沫滅火器
(C) 鹵化物滅火器　　　　　　　　　(D) 二氧化碳滅火器

解析：備註：製造日期超過十年或無法辨識製造日期之水滅火器、機械泡
　　　　沫滅火器或乾粉滅火器，非經水壓測試合格，不得再行更換及充填
　　　　藥劑，應予報廢。

(D) 36. 依消防安全設備及必要檢修項目檢修基準，自動撒水設備之加壓送水裝
置，在減壓措施方面，補助撒水栓放水壓力應在 Xkgf/cm^2 以上 Ykgf/cm^2 以
下。X、Y 分別為何？
(A) X=1；Y=6　　　　　　　　　　(B) X=1；Y=10
(C) X=2.5；Y=6　　　　　　　　　(D) X=2.5；Y=10

解析：撒水頭放水壓力應在 1kgf/cm^2 以上 10kgf/cm^2 以下。補助撒水栓放
　　　　水壓力應在 2.5kgf/cm^2 以上 10kgf/cm^2 以下。

(D) 37. 依消防安全設備及必要檢修項目檢修基準，水道連結型自動撒水設備之末
端查驗閥或連結之水龍頭等日常生活用水設施配置的壓力表，其放水壓力
應在 Xkgf/cm^2 以上 Ykgf/cm^2 以下。X、Y 分別為何？
(A) X=1；Y=6　　　　　　　　　　(B) X=1；Y=10
(C) X=0.5；Y=6　　　　　　　　　(D) X=0.5；Y=10

解析：末端查驗閥或連結之水龍頭等日常生活用水設施配置的壓力表，其
　　　　放水壓力應在 0.5kgf/cm^2 以上 10kgf/cm^2 以下

(C) 38. 依消防安全設備及必要檢修項目檢修基準，海龍滅火設備全區放射方式檢
查方法，若以空氣或氮氣進行放射試驗，所需空氣量或氮氣量，應就放射
區域應設滅火藥劑量之多少％核算？
(A) 3　　　　　　(B) 6　　　　　　(C) 10　　　　　　(D) 20

解析：

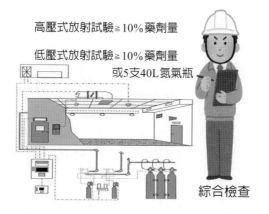

高壓式放射試驗≧10%藥劑量

低壓式放射試驗≧10%藥劑量
或5支40L氮氣瓶

綜合檢查

(C) 39. 依消防安全設備及必要檢修項目檢修基準，冷卻撒水設備之遠隔啓動裝置，限用於儲存閃火點多少℃以下公共危險物品之室外儲槽？
(A) 40　　　　　(B) 50　　　　　(C)70　　　　　(D) 100
解析：

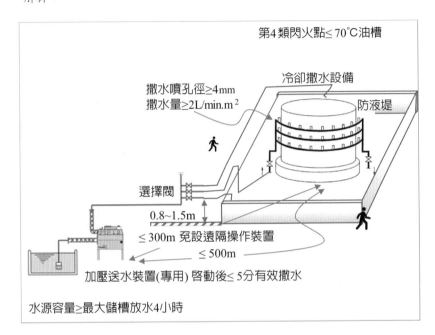

第4類閃火點≤70℃油槽

撒水噴孔徑≥4mm
撒水量≥2L/min.m²

冷卻撒水設備

防液堤

選擇閥

0.8~1.5m

≤300m 免設遠隔操作裝置

≤500m

加壓送水裝置(專用) 啓動後≤5分有效撒水

水源容量≥最大儲槽放水4小時

(D) 40. 依消防安全設備及必要檢修項目檢修基準，冷卻撒水設備之供第四類公共危險物品之顯著滅火困難場所之加壓送水裝置，啓動後 X 分鐘內應能有效撒水，且加壓送水裝置距撒水區域在 Y 公尺以下，但設有保壓措施者不在此限。X、Y 分別爲何？
(A) X=3；Y=300　　　　　(B) X=3；Y=500
(C) X=5；Y=300　　　　　(D) X=5；Y=500
解析：如上一圖解

Note

7-2 109年水與化學系統考題詳解

【申論題】（50分）

> 1. 某石化作業場所與傢俱展示販售場所若設置室內消防栓時，試問應分別設置何種室內消防栓？並請說明此二類場所設置室內消防栓時，放水壓力、放水量、放水時間、水源容量、緊急電源供電容量之異同。

解：

第34條　第十二條第二款第十一目或第四款之場所，應設置第一種消防栓。因此，石化作業場所與傢俱展示販售場應設第一種消防栓。

項目		第一種室內消防栓
防護水平距離	一般場所	$\leqq 25$ m
	公共危險物品場所	$\leqq 25$ m
放水壓力（kgf/cm^2）	一般場所	1.7～7 m
	公共危險物品場所	3.5～7 m
放水量（l/min）	一般場所	1 支消防栓 130×1 $\geqq 2$ 支消防栓 130×2
	公共危險物品場所	1 支消防栓 260×1 $\geqq 5$ 支消防栓 260×5
口徑		38 或 50 mm
水帶		15m×2 水帶架
瞄子		13 mm 直線水霧兩用

> 2. 某室內停車場設置乾粉滅火設備，應設置何種乾粉滅火藥劑？並說明該乾粉滅火藥劑受熱分解之化學反應方程式及進行性能檢查時，滅火藥劑儲存容器之滅火藥劑量檢查、判定方法及注意事項為何？

解：

室內停車場應設置第三種乾粉滅火設備。

受熱分解之化學反應方程式如下

第三種乾粉：磷酸二氫銨（$NH_4H_2PO_4$）

適用 A、B、C 類火災，為淺粉紅粉末，又稱多效能乾粉。磷酸二氫銨受熱後初步形成磷酸與 NH_3，之後形成焦磷酸與水，再繼續變成偏磷酸，最後變成五氧化二磷。

此種乾粉能與燃燒面產生玻璃狀之薄膜，覆蓋於表面上形成隔絕效果，所以也能適用於 A 類火災，但乾粉之冷卻能力不及泡沫或二氧化碳等，於火勢暫熄後，應注意火勢復燃之可能。

$NH_4H_2PO_4 \rightarrow NH_3 + H_3PO_4$

$2H_3PO_4 \rightarrow H_4P_2O_7 + H_2O$

$H_4P_2O_7 \rightarrow 2HPO_3 + H_2O$

$2HPO_3 \rightarrow P_2O_5 + H_2O$

性能檢查

1. 檢查方法

    (1) 滅火藥劑量：依下列方法確認之。

        A.以釋壓閥將壓力洩放出，確認不得有殘壓。

        B.取下滅火藥劑充填蓋，自充填口測量滅火藥劑之高度，或將容器置於台秤上，測定其重量。

        C.取少量（約 300cc）之樣品，確認有無變色或結塊，並以手輕握之，檢視其有無異常。

    (2) 壓力表：以釋壓閥將壓力洩放出，確認壓力表指針有無歸零。

2. 判定方法

    (1) 滅火藥劑量

        A.儲存所定之滅火藥劑應達規定量以上。

        B.不得有雜質、變質、固化等情形，且以手輕握搓揉，並自地面上高度五十公分處使其落下，應呈粉狀。

    (2) 壓力表：歸零點之位置及指針之動作應適當正常。

3. 注意事項：溫度超過 40℃以上，濕度超過 60% 以上時，應暫停檢查。

【選擇題】（50分）

（ D ）　1. 下列場所何者未達依法應設置滅火器之條件？

    (A) 總樓地板面積 50 平方公尺之電影院

    (B) 總樓地板面積 50 平方公尺之商場

    (C) 總樓地板面積 100 平方公尺之幼兒園

    (D) 總樓地板面積 100 平方公尺之辦公室

解析：

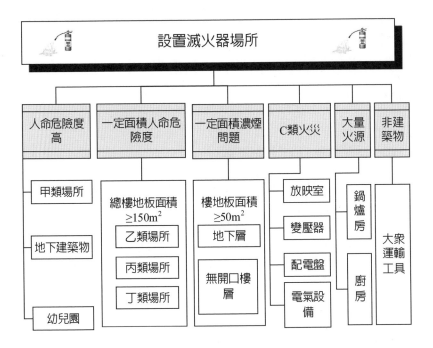

設置滅火器場所

- **人命危險度高**
  - 甲類場所
  - 地下建築物
  - 幼兒園
- **一定面積人命危險度**
  - 總樓地板面積 ≥150m²
    - 乙類場所
    - 丙類場所
    - 丁類場所
- **一定面積濃煙問題**
  - 樓地板面積 ≥50m²
    - 地下層
    - 無開口樓層
- **C類火災**
  - 放映室
  - 變壓器
  - 配電盤
  - 電氣設備
- **大量火源**
  - 鍋爐房
  - 廚房
- **非建築物**
  - 大眾運輸工具

（D） 2. 某地下一層、地上七層建築物，地下層為室內停車空間，面積 200 平方公尺，一至七層為集合住宅，各層面積 100 平方公尺，有室內安全梯直通地下層，本案是否需設置室內消防栓設備？

(A) 不需設置室內消防栓設備

(B) 僅地下層需設置室內消防栓設備

(C) 僅地上層需設置室內消防栓設備

(D) 全棟皆需設置室內消防栓設備

解析：第 15 條　下列場所應設置室內消防栓設備：

　　　　一、五層以下建築物，供第十二條第一款第一目所列場所使用，任何一層樓地板面積在三百平方公尺以上者；供第一款其他各目及第二款至第四款所列場所使用，任何一層樓地板面積在五百平方公尺以上者；或為學校教室任何一層樓地板面積在一千四百平方公尺以上者。

　　　　二、六層以上建築物，供第十二條第一款至第四款所列場所使用，任何一層之樓地板面積在一百五十平方公尺以上者。

　　　　三、總樓地板面積在一百五十平方公尺以上之地下建築物。

　　　　四、地下層或無開口之樓層，供第十二條第一款第一目所列場所使

　　用，樓地板面積在一百平方公尺以上者；供第一款其他各目及
　　第二款至第四款所列場所使用，樓地板面積在一百五十平方公
　　尺以上者。

(C) 3. 某建築物之室內、外消防栓、自動撒水及水霧滅火等設備配管採連通設計
　　並共用消防幫浦，其共用消防幫浦之出水量和全揚程之要求標準為何？
　　(A) 出水量採各系統最大值，全揚程取各系統之最大值
　　(B) 出水量採各系統合計值，全揚程取各系統揚程之合計
　　(C) 出水量採各系統合計值，全揚程取各系統之最大值
　　(D) 出水量採各系統最大值，全揚程取各系統揚程之合計
　　解析：內政部九十三年五月十七日消防安全執法疑義研討會會議決議事項
　　　　　一、各類場所消防安全設備設置標準第三十二條第一項第一款第一
　　　　　目但書有關水系統滅火設備配管共用之規定，亦包括水霧滅火設備
　　　　　及泡沫滅火設備之配管。二、水系統滅火設備共用消防幫浦時，其
　　　　　出水量在各設備合計出水量以上，全揚程在各設備之最大值以上，
　　　　　並加設同等性能之幫浦機組備用時，得認定為前開標準第三十七條
　　　　　第一項第三款第四目、第四十二條第一項第三款第三目及第五十八
　　　　　條第一項第三款第三目所稱之「與其他滅火設備並用，無妨礙各設
　　　　　備之性能」；另水霧滅火設備、泡沫滅火設備及連結送水管設備之
　　　　　加壓送水裝置，亦準用是項共用規定。

(C) 4. 供集會堂使用之舞臺，應設置何種自動撒水設備？
　　(A) 密閉濕式自動撒水設備
　　(B) 密閉乾式自動撒水設備
　　(C) 開放式自動撒水設備
　　(D) 預動式自動撒水設備
　　解析：第 43 條　自動撒水設備，得依實際情況需要就下列各款擇一設置。
　　　　　但供第十二條第一款第一目所列場所及第二目之集會堂使用之舞
　　　　　臺，應設開放式。開放式撒水頭設於一起火即可能火勢成長快規模
　　　　　大之處所如舞台等。而撒水配管應以明管設置方式施工為宜，使用
　　　　　暗管會有檢測維修困難、室內格局變更時，配管修改困難；而設備
　　　　　之維修檢查必需定期實施，暗管設計方式無法有效檢查。

(C) 5. 某電信機械室設置二氧化碳全區放射滅火設備，其核算之滅火藥劑量應於
　　多少時間內全部放射完畢？
　　(A) 60 秒　　　　(B) 180 秒　　　　(C) 210 秒　　　　(D) 300 秒

解析：

(A)　6. 消防幫浦設置呼水槽時，防止水溫上升用排放裝置之標稱口徑不得小於多少毫米？

(A) 15　　　　　　(B) 20　　　　　　(C) 25　　　　　　(D) 32

解析：

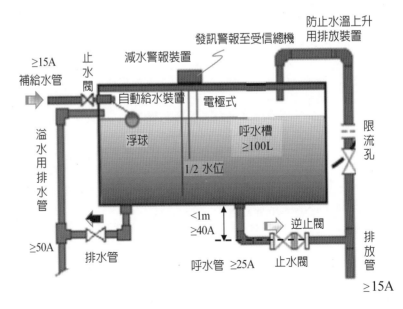

註：管徑對照表

A	10A	15 A	20 A	25 A	40 A	50 A	65 A	100 A
B(吋)	3/8	1/2	3/4	1	$1\frac{1}{2}$	2	$2\frac{1}{2}$	4

（ C ） 7. 下列何者非為消防機關辦理建築物消防安全設備審查及查驗作業基準規定，申請消防專用蓄水池查驗應檢附安裝施工測試佐證資料？
(A) 蓄水池　　　　　　　　　　(B) 加壓送水裝置
(C) 送水口　　　　　　　　　　(D) 採水口

解析：

申請查驗應檢附消防安全設備設備安裝施工測試佐證資料項目表（修正）

種類	應檢附設備安裝施工測試佐證資料項目
室內、外消防栓	室內（外）消防栓箱、瞄子射水測試、水帶箱、加壓送水裝置、室內（外）消防栓預埋管線、配管試壓等
自動撒水設備	撒水噴頭、自動警報逆止閥、加壓送水裝置、放射測試、配管試壓等
水霧滅火設備	水霧噴頭、自動警報逆止閥、加壓送水裝置、放射測試、配管試壓等
泡沫滅火設備	泡沫噴頭、比例混合器、泡沫原液（槽）、自動警報逆止閥、一齊開放閥、蜂鳴器、加壓送水裝置、放射測試、配管試壓等
惰性氣體、鹵化烴、乾粉滅火設備及簡易自動滅火設備	滅火藥劑儲存容器、配管、電磁閥、壓力開關、選擇閥、噴頭、警鈴、蜂鳴器、揚聲器、放射表示燈、控制盤、通風換氣設備、語音裝置等
火警自動警報設備	火警受信總機、火警綜合盤、探測器、火警受信總機至火警綜合盤間之預埋管（配）線等
瓦斯漏氣火警自動警報設備	瓦斯漏氣火警受信總機、瓦斯漏氣檢知器、預埋管（配）線等
緊急廣播設備	廣播主機、揚聲器、廣播主機至揚聲器間之預埋管（配）線等
一一九火災通報裝置	一一九火災通報裝置、啟動裝置、一一九火災通報裝置至火警受信總機間之預埋管（配）線等。
避難逃生設備	避難器具、出口標示燈、避難方向指示燈、避難指標、緊急照明燈、預埋管（配）線等
連結送水管	送水口、出水口、加壓送水裝置、配管試壓等
消防專用蓄水池	蓄水池、加壓送水裝置、投入孔（採水口）等
排煙設備	排煙機、控制盤、排煙風管（閘門）、埋管（配）線等
緊急電源插座	緊急電源插座、預埋管（配）線等
無線電通信輔助設備	洩波同軸電纜、預埋管（配）線等
緊急電源	蓄電池組、發電機組、預埋管（配）線等
冷卻撒水設備	冷卻撒水頭、選擇閥（或開關閥）、水壓開關裝置（或流水檢知裝置）、加壓送水裝置、放射測試、配管試壓等
射水設備	室外消防栓箱（或射水槍箱）、瞄子射水測試、水帶箱、加壓送水裝置、室外消防栓預埋管線、配管試壓等

(C) 8. 預動式自動撒水設備竣工測試進行放水試驗時，開放末端查驗閥後，應在多久時間內正常放水？

(A) 20 秒　　　　(B) 30 秒　　　　(C) 60 秒　　　　(D) 90 秒

解析：第 55 條　密閉乾式或預動式自動撒水設備，依下列規定設置：

一、密閉乾式或預動式流水檢知裝置二次側之加壓空氣，其空氣壓縮機為專用，並能在三十分鐘內，加壓達流水檢知裝置二次側配管之設定壓力值。

二、流水檢知裝置二次側之減壓警報設於平時有人處。

三、撒水頭動作後，流水檢知裝置應在一分鐘內，使撒水頭放水。

四、撒水頭使用向上型。但配管能採取有效措施者，不在此限。

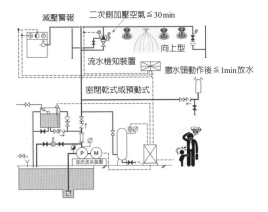

(C) 9. 進行低發泡水成膜泡沫放射試驗時，其 25% 還原時間應在多久時間以上？

(A) 20 秒　　　　(B) 30 秒　　　　(C) 60 秒　　　　(D) 90 秒

解析：

機械泡沫滅火劑係由界面活性劑或水成膜為主成份所產生泡沫之滅火劑。滅火劑應為水溶液，液狀或粉末狀，如為液狀或粉末狀者，應能容易溶解於水，且於該滅火劑容器上標示「應使用飲用水溶解」等字樣。在檢驗時，灌裝此滅火劑之滅火器，於 20℃使其作動時，

泡沫膨脹比在 5 倍以上且 25% 還原時間在 1 分鐘以上。

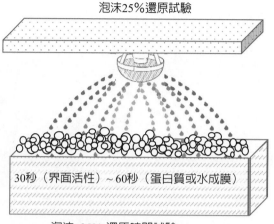

泡沫25%還原試驗

30秒（界面活性）～60秒（蛋白質或水成膜）

泡沫 25% 還原時間試驗

25% 還原時間試驗：與發泡倍率試驗同時進行。發泡後，其 25% 還
原時間應在下表所列之規定值以上。

泡沫藥劑種類	25% 還原時間（秒）
蛋白泡沫滅火藥劑	60
合成界面活性劑泡沫滅火藥劑	30
水成膜泡沫滅火藥劑	60

(A) 10. 全區放射方式之二氧化碳滅火設備，應設置從啟動裝置動作至二氧化碳放
出時間至少多久的遲延裝置？
(A) 20 秒　　　　(B) 30 秒　　　　(C) 60 秒　　　　(D) 90 秒

解析：

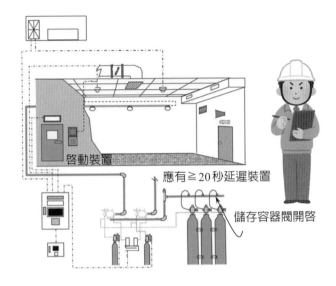

(C) 11. 乾粉滅火設備之緊急電源應為發電機設備或蓄電池設備，其容量應能使該設備有效動作多少時間以上？
(A) 20 分鐘　　　　(B) 30 分鐘　　　　(C) 60 分鐘　　　　(D) 90 分鐘

(D) 12. 消防水系統設置呼水裝置時，其溢水用排水管口徑應在多少尺寸以上？
(A) 25A　　　　(B) 32A　　　　(C) 40A　　　　(D) 50A

解析：

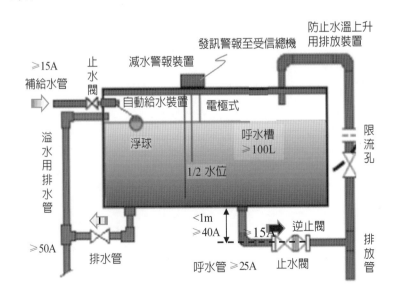

（A）13. 乾粉滅火設備設置啓動用氣體容器時，其容器之內容積應有多少以上？

(A) 0.27 公升　　　　(B) 0.45 公升　　　　(C) 1.85 公升　　　　(D) 4.87 公升

解析：

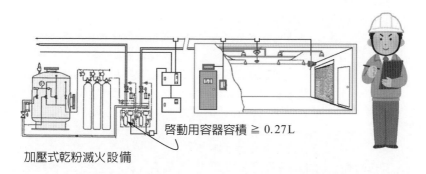

啓動用容器容積 ≧ 0.27L

加壓式乾粉滅火設備

（B）14. 測量室內消防栓瞄子直線放水之壓力時，應將壓力表之進水口，放置於瞄子前端多少距離處，讀取壓力表的指示值？

(A) 相當於瞄子口徑的 1/3 距離　　　　(B) 相當於瞄子口徑的 1/2 距離

(C) 相當於瞄子口徑的距離　　　　　　(D) 相當於瞄子口徑的 2 倍距離

解析：

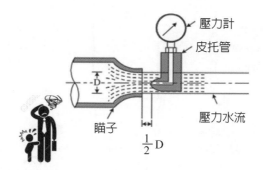

壓力計

皮托管

壓力水流

瞄子

$\frac{1}{2}D$

（D）15. 公共危險物品室外儲槽場所設置射水設備時，測試之放水壓力應在多少以上？

(A) 1.7kgf/cm^2　　　(B) 2.5kgf/cm^2　　　(C) 2.7kgf/cm^2　　　(D) 3.5kgf/cm^2

解析：射水設備綜合檢查

　　2. 放水壓力

　　　　應在 3.5kgf/cm^2 以上。

　　3. 放水量

　　　　每具應在 450 L/min 以上。

（B）16. 製造年份超過 10 年之室內消防栓水帶進行耐水壓試驗時，施以 7kgf/cm² 以上水壓試驗多久時間，始得視為合格可繼續使用？
(A) 3 分鐘　　　(B) 5 分鐘　　　(C) 7 分鐘　　　(D) 10 分鐘

解析：檢查方法

　　A.第一種消防栓檢查方法

　　　(A) 以目視確認有無腐蝕、損傷及用手操作確認是否容易拆接。

　　　(B) 製造年份超過 10 年或無法辨識製造年份之水帶，應將消防水帶兩端之快速接頭連接於耐水壓試驗機，並利用相關器具夾住消防水帶兩末端處，經確認快速接頭已確實連接及水帶內（快速接頭至被器具夾住處之部分水帶）無殘留之空氣後，施以 7kgf/cm² 以上水壓試驗 5 分鐘合格，始得繼續使用。但已經水壓試驗合格未達 3 年者，不在此限。

（B）17. 某爆竹煙火儲存場所設置室外消防栓設備共 8 具，進行設備檢修綜合檢查時，至少應選擇配管上最遠最高處多少數量之室外消防栓實施放水試驗？
(A) 2 具　　　(B) 4 具　　　(C) 6 具　　　(D) 8 具

解析：

室外消防栓設備綜合檢查

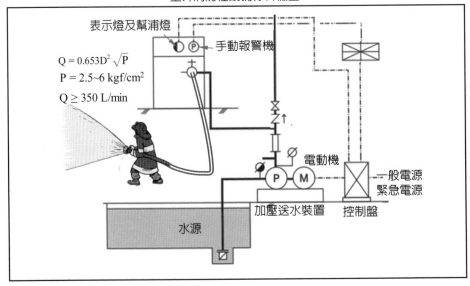

檢查方法	判定方法
切成緊急電源，操作啓動裝置： 1. 選擇最遠最高處之二具室外消防栓。但顯著滅火困難者、爆竹煙火場所 ≥ 4具，以4具四具做放水試驗。 2. 測量瞄子直線放水，將壓力表置於瞄子口徑1/2處，讀取壓力值。 3. 放水量計算式 $Q = 0.653D^2 \sqrt{P}$ Q：瞄子放水量（L／min） D：瞄子口徑（mm） P：瞄子壓力（kgf/cm²）	1. 啓動性能 (1) 加壓送水裝置啓動。 (2) 表示、警報正常。 (3) 電動機之運轉電流值在容許範圍。 (4) 運轉無不規則雜音或振動發熱等。 2. 放水壓力：在 2.5～6kgf/cm²。顯著滅火困難者、爆竹煙火場所 ≥3.5kgf/cm²。 3. 放水量：≥ 350 L/min。但顯著滅火困難者、爆竹煙火場所 ≥ 450 L/min。
注意事項：醫院等場所得使用常用電源檢查	

(C) 18. 移動式泡沫滅火設備進行綜合檢查作業時，發泡倍率應在幾倍以上？

    (A) 2　　　　　　(B) 3　　　　　　(C) 5　　　　　　(D) 8

    解析：移動式泡沫滅火設備

       1. 檢查方法

          切換成緊急電源供電狀態，藉由直接操作啓動裝置或遠隔啓動裝置使幫浦啓動，確認系統之性能是否正常。另外，發泡倍率、放射壓力及混合比率依下列方法確認。

         (1) 由任一泡沫消防栓進行放射試驗。

         (2) 依附表之發泡倍率及25%還原時間測定方法，測其發泡倍率及25%還原時間。並在測定發泡倍率時，使用其所採取之泡水溶液，利用糖度計法或比色計法，測其混合比率（稀釋容量濃度）。

       2. 判定方法

         (1) 幫浦方式

           A. 啓動性能

             (A)加壓送水裝置能確實啓動。

             (B)表示、警報等性能應正常。

             (C)電動機之運轉電流應在容許範圍內。

             (D)運轉中應無不規則、不連續之雜音或異常之震動、發熱等。

           B. 發泡倍率等

             放射壓力應符合設計圖說；發泡倍率應在5倍以上，其混合比率應爲設計時之稀釋容量濃度。

         (2) 重力水箱及壓力水箱

           A. 表示、警報等：表示、警報應正常。

           B. 發泡率等：放射壓力應符合設計圖說；發泡倍率應在5倍以上，其混合比率應爲設計時之稀釋容量濃度。

（ C ） 19. 某室內停車空間設置低發泡固定式泡沫滅火設備，每次檢修作業時，應選擇全部放射區域數多少比例以上之放射區域進行逐區放水試驗，測其放射分布及放射壓力？

(A) 10%　　　　(B) 15%　　　　(C) 20%　　　　(D) 25%

解析：泡沫滅火設備－固定式泡沫滅火設備（低發泡）綜合檢查

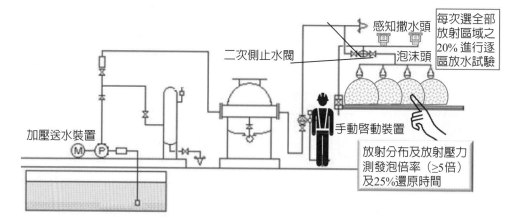

（ D ） 20. 用於防護電氣設施之水霧滅火設備進行放水試驗時，最末端放射區域全部水霧噴頭之放水壓力均應能達到多少壓力以上？

(A) 1.7kgf/cm^2　　(B) 2.5kgf/cm^2　　(C) 2.7kgf/cm^2　　(D) 3.5kgf/cm^2

解析：水源容量在最大放射區域，全部水霧噴頭繼續放水 30 分鐘之水量以上。其放射區域放水量在 20 L/m^2·min 以上。最大放射區域水霧噴頭同時放水時，各水霧噴頭之放射壓力在 3.5 kg/cm^2 以上或 0.35MPa 以上。

（ A ） 21. 室內消防栓中之減水警報裝置，應於？

(A) 1/2　　　　(B) 1/3　　　　(C) 1/4　　　　(D) 1/5

解析：

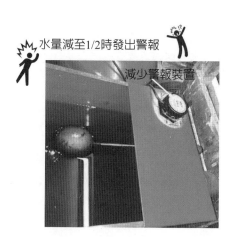

（B）22. 室內消防栓之箱面字樣，每字不得小於多少平方公分？

(A) 15　　　　　　(B) 20　　　　　　(C) 25　　　　　　(D) 30

解析：第 35 條　室內消防栓箱，應符合下列規定：

一、箱身為厚度在一點六毫米以上之鋼板或具同等性能以上之不燃材料者。

二、具有足夠裝設消防栓、水帶及瞄子等裝備之深度，其箱面表面積在零點七平方公尺以上。

三、箱面有明顯而不易脫落之消防栓字樣，每字在二十平方公分以上。

每字20 m²

箱面0.7 m²

（　）23. 關室內消防栓箱之敘述，何者正確？

(A) 箱身應為厚度 1.4 毫米以上之鋼板製箱

(B) 箱面表面積應在 0.4 平方公分以上

(C) 箱面應有明顯而不易脫落之「室內消防栓」字樣

(D) 應具有足夠裝設消防栓、水帶及瞄子等裝備之深度

解析：第 35 條　室內消防栓箱，應符合下列規定：

一、箱身為厚度在一點六毫米以上之鋼板或具同等性能以上之不燃材料者。

二、具有足夠裝設消防栓、水帶及瞄子等裝備之深度，其箱面表面積在零點七平方公尺以上。

三、箱面有明顯而不易脫落之消防栓字樣，每字在二十平方公分以上。

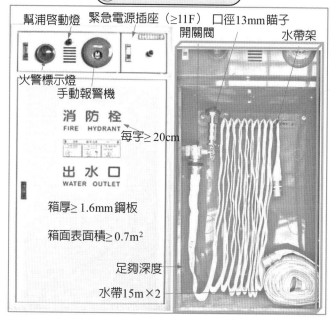

第1種室內消防栓

幫浦啓動燈　緊急電源插座（≥11F）　口徑13mm瞄子
開關閥　　　　　　　　水帶架
火警標示燈
手動報警機
消　防　栓
FIRE　HYDRANT
每字≥20cm
出　水　口
WATER　OUTLET
箱厚≥1.6mm鋼板
箱面表面積≥0.7m²
足夠深度
水帶15m×2

（ B ）24. 室外消防栓設備之水帶箱設置，箱內應配置口徑 63 毫米及長多少公尺之水帶 2 條？

(A) 10　　　　　(B) 20　　　　　(C) 25　　　　　(D) 35

解析：第 40 條　室外消防栓，依下列規定設置：

一、口徑在六十三毫米以上，與建築物一樓外牆各部分之水平距離在四十公尺以下。

二、瞄子出水壓力在每平方公分二點五公斤以上或 0.25 MPa 以上，出水量在每分鐘三百五十公升以上。

三、室外消防栓開關位置，不得高於地面一點五公尺，並不得低於地面零點六公尺。設於地面下者，其水帶接頭位置不得低於地面零點三公尺。

四、於其五公尺範圍內附設水帶箱，並符合下列規定：

(一) 水帶箱具有足夠裝置水帶及瞄子之深度，箱底二側設排水孔，其箱面表面積在零點八平方公尺以上。

(二) 箱面有明顯而不易脫落之水帶箱字樣，每字在二十平方公分以上。

(三) 箱內配置口徑六十三毫米及長二十公尺水帶二條、口徑十九毫米以上直線噴霧兩用型瞄子一具及消防栓閥型開關

　　　　　　　一把。

　　　五、室外消防栓三公尺以內，保持空曠，不得堆放物品或種植花
　　　　　木，並在其附近明顯易見處，標明消防栓字樣。

（ C ）25. 高架倉庫內所設置之撒水頭，其放水量每分鐘應在多少公升以上？

　　　(A) 100　　　　(B) 110　　　　(C) 114　　　　(D) 124

　　　解析：第 50 條　　撒水頭之放水量，每分鐘應在八十公升（設於高架倉庫
　　　　　　者，應為一百十四公升）以上，且放水壓力應在每平方公分一公斤
　　　　　　以上或 0.1Mpa 以上。但小區劃型撒水頭之放水量，每分鐘應在五十
　　　　　　公升以上。

　　　　　　放水型撒水頭之放水量，應達防護區域每平方公尺每分鐘五公升以
　　　　　　上。但儲存可燃物場所，應達每平方公尺每分鐘十公升以上。

　　　　　　一般撒水頭 $80 \times \sqrt{2} = 114$

（ A ）26. 密閉式撒水頭之自動撒水設備末端查驗閥規定，下列何者錯誤？

　　　(A) 距地板面高度 2.1 公尺以上

　　　(B) 管徑在 25 毫米以上

　　　(C) 附排水管裝置

　　　(D) 配置於最遠支管末端

　　　解析：第 56 條　　使用密閉式撒水頭之自動撒水設備末端之查驗閥，依下列
　　　　　　規定配置：

　　　　一、管徑在二十五毫米以上。

　　　　二、查驗閥依各流水檢知裝置配管系統配置，並接裝在建築物各層
　　　　　　放水壓力最低之最遠支管末端。

　　　　三、查驗閥之一次側設壓力表，二次側設有與撒水頭同等放水性能
　　　　　　之限流孔。

　　　　四、距離地板面之高度在二點一公尺以下，並附有排水管裝置，並
　　　　　　標明末端查驗閥字樣。

在各層放水壓力最低支管末端

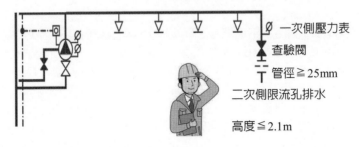

一次側壓力表

查驗閥

管徑≦25mm

二次側限流孔排水

高度≦2.1m

（A）27. 中央消防主管機關認定儲存大量可燃物之場所天花板高度超過 6 公尺，或其他場所天花板高度超過 10 公尺者，應採用何種撒水頭？
(A) 放水型撒水頭　　　　　　　(B) 小區劃型撒水頭
(C) 側壁型撒水頭　　　　　　　(D) 快速反應型撒水頭

解析：第 46 條　撒水頭，依下列規定配置：

一、戲院、舞廳、夜總會、歌廳、集會堂等表演場所之舞臺及道具室、電影院之放映室或儲存易燃物品之倉庫，任一點至撒水頭之水平距離，在一點七公尺以下。

二、前款以外之建築物依下列規定配置：

(一) 一般反應型撒水頭（第二種感度），各層任一點至撒水頭之水平距離在二點一公尺以下。但防火構造建築物，其水平距離，得增加為二點三公尺以下。

(二) 快速反應型撒水頭（第一種感度），各層任一點至撒水頭之水平距離在二點三公尺以下。但設於防火構造建築物，其水平距離，得增加為二點六公尺以下；撒水頭有效撒水半徑經中央主管機關認可者，其水平距離，得超過二點六公尺。

三、第十二條第一款第三目、第六目、第二款第七目、第五款第一目等場所之住宿居室、病房及其他類似處所，得採用小區劃型撒水頭（以第一種感度為限），任一點至撒水頭之水平距離在二點六公尺以下，撒水頭間距在三公尺以上，且任一撒水頭之防護面積在十三平方公尺以下。

四、前款所列場所之住宿居室等及其走廊、通道與其類似場所，得採用側壁型撒水頭（以第一種感度為限），牆面二側至撒水頭之水平距離在一點八公尺以下，牆壁前方至撒水頭之水平距離在三點六公尺以下。

五、中央主管機關認定儲存大量可燃物之場所天花板高度超過六公尺，或其他場所天花板高度超過十公尺者，應採用放水型撒水頭。

（D）28. 水霧滅火設備之放射區域有 2 區以上者，其主管管徑不得小於多少毫米？
(A) 65　　　　　(B) 85　　　　　(C) 95　　　　　(D) 100

解析：第 63 條　放射區域，指一只一齊開放閥啟動放射之區域，每一區域以五十平方公尺為原則。前項放射區域有二區域以上者，主管管徑應在一百毫米以上。

（D）29. 泡沫原液與水混合使用之濃度，下列何種原液之濃度為 1%？
(A) 水成膜泡沫液　　　　　　　(B) 酒精型泡沫液
(C) 蛋白質泡沫液　　　　　　　(D) 合成界面

解析：第 79 條　泡沫原液與水混合使用之濃度，依下列規定：

一、蛋白質泡沫液百分之三或百分之六。

二、合成界面活性泡沫液百分之一或百分之三。

三、水成膜泡沫液百分之三或百分之六。

合成界面活性泡沫液使用濃度較低，這是因其流動性與展開性優異，快速覆蓋油面層，使其難以形成蒸發燃燒，這是液體主要燃燒機制。

(B) 30. 活性泡沫液泡沫滅火設備計算之水溶液量，應加算充滿配管所需之泡沫水溶液量，且應加算總泡沫水溶液量之百分之多少？

(A) 10　　　　　(B) 20　　　　　(C) 30　　　　　(D) 40

解析：第 76 條　泡沫滅火設備之水源，依下列規定：

一、使用泡沫頭時，依第七十二條核算之最低放射量在最大一個泡沫放射區域，能繼續放射二十分鐘以上。

二、使用高發泡放出口時，應符合下列規定：

(一) 全區放射時，以最大樓地板面積之防護區域，除依下表核算外，防護區域開口部未設閉鎖裝置者，加算開口洩漏泡沫水溶液量。

膨脹比種類	冠泡體積每一立方公尺之泡沫水溶液量（立方公尺）
第一種	零點零四
第二種	零點零一三
第三種	零點零零八

(二) 局部放射時，依第七十三條核算之泡沫水溶液放射量，在樓地板面積最大區域，能繼續放射二十分鐘以上。

三、移動式泡沫滅火設備水源容量，在二具泡沫瞄子同時放水十五分鐘之水量以上。

前項各款計算之水溶液量，應加算充滿配管所需之泡沫水溶液量，且應加算總泡沫水溶液量之百分之二十。

(C) 31. 使用水成膜泡沫液時，樓地板面積每平方公尺之泡沫頭放射量為每分鐘多少公升以上？

(A) 3　　　　　(B) 3.5　　　　　(C) 3.7　　　　　(D) 4.2

解析：

第 72 條規定泡沫原液種類泡沫性能比較方式

泡沫原液種類		性能比較	放射量
蛋白質系	蛋白	動物性蛋白質加水分解形成，比界面活性劑系耐火性較佳，常用於儲槽固定式泡沫滅火設備。	≥6.5（L/m² · min）
	氟蛋白		
界面活性劑系	合成界面活性	因泡沫穩定性、耐熱性和耐油污性等滅火性能皆比其他泡沫差，但其優點是能長時間儲存，變化性小，發泡效果也不會劣化，且流動性與展開性優異，多用於流動性油類場所、汽車修理廠、維修工廠或停車場等火災。	≥8.0（L/m² · min）
	水成膜	為氟系界面活性劑，在油面上能形成水膜層，具有很高穩定性，而不易消泡，可以持久防止火勢復燃。	≥3.7（L/m² · min）

（ B ）32. 二氧化碳滅火設備採用移動放射方式時，每一具噴射瞄子所需滅火藥劑量在多少公斤以上？

(A) 80　　　　　(B) 90　　　　　(C) 100　　　　　(D) 110

（ C ）33. 加壓式乾粉滅火設備應設壓力調整裝置，其可調整壓力至每平方公分多少公斤以下？

(A) 10　　　　　(B) 20　　　　　(C) 25　　　　　(D) 30

解析：

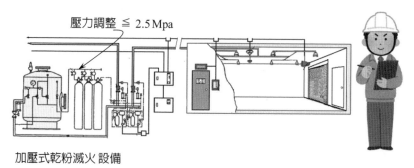

壓力調整 ≦ 2.5Mpa

加壓式乾粉滅火設備

（ A ）34. 乾粉滅火設備使用加壓或蓄壓用氣體容器，其所使用之氣體為下列何者？

(A) 氮氣或二氧化碳　　　　　(B) 氬氣或氧氣
(C) 空氣或二氧化碳　　　　　(D) 氮氣或氫氣

解析：

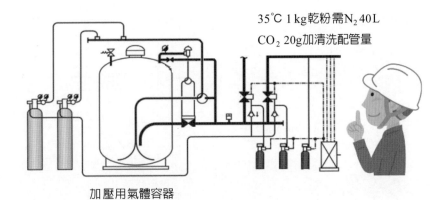

35°C 1 kg乾粉需N_2 40L

CO_2 20g加清洗配管量

加壓用氣體容器

(B) 35. 廚房等大量使用火源之處所，多少樓地板面積需有一減火效能值？
(A) 20 平方公尺 　　　　　　　　　(B) 25 平方公尺
(C) 30 平方公尺 　　　　　　　　　(D) 40 平方公尺

解析：第 31 條　滅火器應依下列規定設置：

(一)供第十二條第一款及第五款使用之場所，各層樓地板面積每
一百平方公尺（含未滿）有一減火效能值。

(二)供第十二條第二款至第四款使用之場所，各層樓地板面積每
二百平方公尺（含未滿）有一減火效能值。

(三)鍋爐房、廚房等大量使用火源之處所，以樓地板面積每二十五
平方公尺（含未滿）有一減火效能值。

二、電影片映演場所放映室及電氣設備使用之處所，每一百平方公
尺（含未滿）另設一減火器。

(C) 36. 任一消防專用蓄水池至建築物各部分之水平距離不得超過多少公尺？
(A) 60 　　　　　(B) 80 　　　　　(C) 100 　　　　　(D) 120

解析：

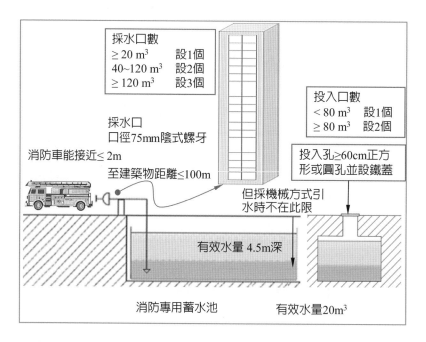

採水口數
≥ 20 m³　　　設1個
40~120 m³　　設2個
≥ 120 m³　　　設3個

投入口數
< 80 m³　　　設1個
≥ 80 m³　　　設2個

採水口
口徑75mm陰式螺牙

消防車能接近≤ 2m

至建築物距離≤100m

但採機械方式引
水時不在此限

投入孔≥60cm正方
形或圓孔並設鐵蓋

有效水量 4.5m深

消防專用蓄水池　　　有效水量20m³

(A) 37. 連結送水管之配管設置規定，應能承受送水設計壓力 1.5 倍以上之水壓，且
能持續多少時間才合格？

(A) 30 分鐘　　　　(B) 45 分鐘　　　　(C) 1 小時　　　　(D) 2 小時

解析：

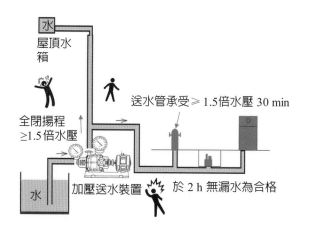

水
屋頂水箱

送水管承受 ≥ 1.5倍水壓 30 min

全閉揚程
≥1.5倍水壓

水　　　加壓送水裝置　　　於 2 h 無漏水為合格

(B) 38. 消防專用蓄水池之設置規定，下列何者正確？
　　　　(A) 可與社區游泳池共用
　　　　(B) 有進水管投入後，能有效抽取所需水量之構造
　　　　(C) 其有效水量在 15 立方公尺以上
　　　　(D) 應設於消防車能接近至其 3 公尺範圍內易於抽取處
　　　　解析：

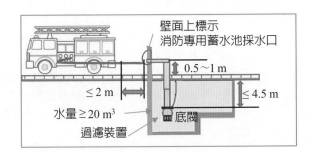

(D) 39. 公共危險品等場所中，所設置之室外消防栓設備，其緊急電源之供電容量應供其有效動作多久以上？
　　　　(A) 30 分鐘　　　　(B) 35 分鐘　　　　(C) 40 分鐘　　　　(D) 45 分鐘
　　　　解析：

室外消防栓設備規定比較

防護距離	一般場所	≤ 40 m
	公共危險物品	≤ 40 m（設 2 支消防栓）
放水壓力	一般場所	2.5～6 kgf/cm²
	公共危險物品	3.5～7 kgf/cm²
放水量	一般場所	≥ 350 ℓ/min
	公共危險物品	1 支消防栓 450 ℓ/min ≥ 4 支消防栓 450 ℓ/min ×4
電源容量	一般場所	1 發電機設備或蓄電池 ×30 min
	公共危險物品	1 發電機設備或蓄電池 ×45 min 2 丁類場所得使用引擎動力系統
水源容量（m³）	一般場所	2 支消防栓 30 min×2
	公共危險物品	1 支消防栓 30 min×1 ≥ 4 支消防栓 30 min×4

（B）40. 儲槽規定設置補助泡沫消防栓時，下列敘述何者錯誤？

(A) 設置於儲槽防液堤外圍

(B) 距槽壁 10 公尺以上

(C) 至任一泡沫消防栓之步行距離在 75 公尺以下

(D) 泡沫瞄子放射量在每分鐘 400 公升以上

解析：第 214 條　儲槽除依前條設置固定式泡沫放出口外，並依下列規定設置補助泡沫消防栓及連結送液口：

一、補助泡沫消防栓，應符合下列規定：

(一) 設在儲槽防液堤外圍，距離槽壁 ≥15m，便於消防救災處，且至任一泡沫消防栓之步行距離≤ 75m，泡沫瞄子放射量 ≥400L/min，放射壓力≥ 3.5kg/cm^2 或 0.35 Mpa 以上。但全部泡沫消防栓數量≥ 3 支時，以同時使用 3 支計算之。

(二) 補助泡沫消防栓之附設水帶箱之設置，準用第 40 條第 4 款規定。

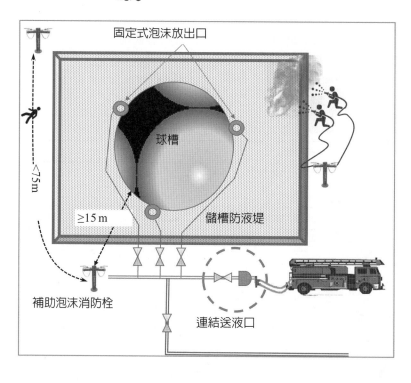

Note

7-3 108年水系統考題詳解

等　　別：普通考試
類　　科：消防設備士
科　　目：水與化學系統消防安全設備概要（僅摘取水系統）
考試時間：1 小時 30 分
※ 注意：

1) 禁止使用電子計算器。
2) 不必抄題，作答時請將試題題號及答案依照順序寫在試卷上，於本試題上作答者，不予計分。
3) 請以黑色鋼筆或原子筆在申論試卷上作答。
4) 本科目除專門名詞或數理公式外，應使用本國文字作答。

一、泡沫滅火設備進行綜合檢查時，固定式泡沫滅火設備如採用低發泡水成膜泡沫滅火藥劑，請說明泡沫試料採集方法、發泡倍率及 25% 還原時間之測定方式及合格標準。（25 分）

解：

泡沫試料採集方法	泡沫噴頭之場合	將 1000mL 附刻度之量筒二個之泡沫試料採集器置於發泡面積指定位置，至量筒充滿泡沫為止。採集試料，如泡沫盛滿後即按下碼錶讀秒，同時將採集自泡沫頭撒下之泡沫試料移至外部，清除多餘之泡沫及附著在量筒外側與底部之泡沫，對該試料進行分析。
	泡沫瞄子之場合	於發泡落下點之大約中央處放置刻有 1000mL 之量筒二個泡沫試料採集器，使量筒充滿泡沫為止。採集試料，如充滿時按下碼錶開始讀秒，並將採集之試料移至外部，除去多餘泡沫以及附著量筒外側或底面之泡沫，而分析該試料。
發泡倍率		發泡倍率係測量在未混入空氣前之泡沫水溶液量與最終發泡量之比率，故應預先測出刻度 1000mL 量筒之容器重量，次將泡沫試料測量至公克（g）單位，再利用下列公式計算之。 1000mL ÷ 減掉量筒重量之泡沫 重量（g）= 發泡倍率
25% 還原時間		泡沫之 25% 還原時間，係指自所採集之泡沫消泡為泡水溶液量，還原至全部泡沫水溶液量之 25% 所需時間。因其特別著重水之保持能力及泡沫之流動性，故以下列方法測定。 測定還原時間係以測量發泡倍率時所用之試料進行，如將泡沫試料之淨重分為四等份，即可得所含泡水溶液量之 25%（單位 mL），為側得還原至此量所需時間，應先將量筒置於平面上，利用量筒上之刻度觀察泡水溶液還原至 25% 之所需時間。 茲舉一例如下： 假設泡沫試料之淨重為 200g，1g 換算為 1mL，25% 容量值為 200mL ÷ 4=50（mL）。 故測定還原至 50ml 所需時間，以判定其性能。 茲舉測定之實例如下：

	還原之數值記錄如下： 　時間（分）　　還原量（mL） 　　0　　　　　　　0 　　1.0　　　　　　20 　　2.0　　　　　　40 　　3.0　　　　　　60 由此記錄可知 25% 容量（50mL）位於 2 至 3 分鐘之間。即由 （50mL（25% 容量值）－ 40mL（經過 2 分鐘還原量值））÷（60mL（經過 3 分鐘時之還原量值）－ 40mL（經過 2 分鐘時還原量值））＝ 0.5 可得 2.5 分鐘之時間，由此判定性能。

二、請說明水道連結型自動撒水設備之適用場所。（10 分）並請比較密閉溼式撒水系統（一般反應型撒水頭）及水道連結型自動撒水設備在放水壓力、每分鐘放水量、水源容量等之異同。（15 分）

解：

一) 第 17 條　下列場所或樓層應設置自動撒水設備：九、供第十二條第一款第六目所定榮譽國民之家、長期照顧服務機構（限機構住宿式、社區式之建築物使用類組非屬 H-2 之日間照顧、團體家屋及小規模多機能）、老人福利機構（限長期照護型、養護型、失智照顧型之長期照顧機構、安養機構）、護理機構（限一般護理之家、精神護理之家）、身心障礙福利機構（限照顧植物人、失智症、重癱、長期臥床或身心功能退化者）、護理之家機構使用之場所，樓地板面積在三百平方公尺以上者。

第一項第九款所定場所，其樓地板面積未達一千平方公尺者，得設置水道連結型自動撒水設備。

二)

撒水頭	一般反應型	水道連結型
放水壓力	1 kg/cm^2	0.5 kg/cm^2
每分鐘放水量	80L/min	30 L/min
水源容量	使用密閉式一般反應型應符合下表規定個數繼續放水二十分鐘之水量。但各類場所實設撒水頭數，較應設水源容量之撒水頭數少時，其水源容量得依實際撒水頭數計算之。	

撒水頭	一般反應型			水道連結型
水源容量	**各類場所**		**一般反應型**	以四顆水道連結型撒水頭，持續放水二十分鐘以上計算之 4×30L/min ×20min ＝2400L
	≧11F 建築物、地下建築物		十五	
	＜10F 建築物	供第十二條第一款第四目使用及複合用途建築物中供第十二條第一款第四目使用者	十五	
		地下層	十五	
		其他	十	
	上述其他：10×80L/min×20min＝16000L 上述非其他：15×80L/min×20min＝24000L			

乙、測驗題部分：（50分）

一)本測驗試題為單一選擇題，請選出一個正確或最適當的答案，複選作答者，該題不予計分。

二)共 40 題，每題 1.25 分，需用 2B 鉛筆在試卡上依題號清楚劃記，於本試題或申論試卷上作答者，不予計分。

(D) 1. 在應設置室內消防栓設備之場所，但設有室外消防栓設備時，在第一層水平距離 X 公尺以下、第二層步行距離 Y 公尺以下有效滅火範圍內，室內消防栓設備限於第一層、第二層免設。X、Y 分別為何？
(A) X＝20；Y＝20 　　　　(B) X＝20；Y＝40
(C) X＝40；Y＝20 　　　　(D) X＝40；Y＝40

(D) 2. 自動撒水設備竣工時，應做加壓試驗。但密閉乾式管系應併行空氣壓試驗，試驗時，應使空氣壓力達到 X MPa 之標準，其壓力持續 Y 小時，漏氣減壓量應在 Z MPa 以下為合格。X、Y、Z 分別為何？
(A) X＝2.8；Y＝24；Z＝0.01 　　(B) X＝2.8；Y＝12；Z＝0.1
(C) X＝0.28；Y＝12；Z＝0.1 　　(D) X＝0.28；Y＝24；Z＝0.01

(C) 3. 中央主管機關認定儲存大量可燃物之場所天花板高度超過 X 公尺，或其他場所天花板高度超過 Y 公尺者，應採用放水型撒水頭。X、Y 分別為何？
(A) X＝5；Y＝10 　　　　(B) X＝6；Y＝20
(C) X＝6；Y＝10 　　　　(D) X＝10；Y＝5

(D) 4. 密閉乾式或預動式自動撒水設備，下列設置規定何者正確？
(A) 密閉乾式或預動式流水檢知裝置一次側之加壓空氣，其空氣壓縮機為專用，並能在 30 分鐘內，加壓達流水檢知裝置二次側配管之設定壓力值
(B) 流水檢知裝置一次側之減壓警報設於平時有人處
(C) 撒水頭動作後，流水檢知裝置應在 30 秒內，使撒水頭放水
(D) 撒水頭使用向上型。但配管能採取有效措施者，不在此限

（ A ）　5. 開放式自動撒水設備之自動及手動啓動裝置，下列設置規定何者正確？

(A) 受信總機設在平時有人處，且火災時，能立即操作啓動裝置者，得免設自動啓動裝置

(B) 感知撒水頭與探測器均動作後，才能啓動一齊開放閥及加壓送水裝置

(C) 感知撒水頭使用標示溫度在 75 度以下者，每 20 平方公尺設置 1 個

(D) 感知撒水頭設在裝置面距樓地板面高度 6 公尺以下，且能有效探測火災處

（ B ）　6. 使用密閉式撒水頭之自動撒水設備末端之查驗閥，下列設置規定何者正確？

(A) 管徑在 50 毫米以上

(B) 查驗閥依各流水檢知裝置配管系統配置，並接裝在建築物各層放水壓力最低之最遠支管末端

(C) 查驗閥之一次側設有與撒水頭同等放水性能之限流孔，二次側設壓力表

(D) 距離地板面之高度在 1.5 公尺以下，並附有排水管裝置，並標明末端查驗閥字樣

（ D ）　7. 有關水霧滅火設備，下列設置規定何者錯誤？

(A) 每一水霧噴頭之有效半徑在 2.1 公尺以下

(B) 放射區域，指一只一齊開放閥啓動放射之區域，每一區域以 50 平方公尺為原則

(C) 放射區域有二區域以上者，其主管管徑應在 100 毫米以上

(D) 水霧滅火設備之水源容量，應保持 5.4 立方公尺以上。但放射區域在二區域以上者，應保持 10.8 立方公尺以上

（ C ）　8. 移動式泡沫滅火設備之加壓送水裝置使用消防幫浦時，若同一樓層設 3 個泡沫消防栓箱時，其出水量應在每分鐘多少公升以上？

(A) 70 　　　　　(B) 130 　　　　　(C) 260 　　　　　(D) 390

（ D ）　9. 依各類場所消防安全設備檢修及申報作業基準，公共危險物品等場所達顯著滅火困難者設置之第一種滅火設備之室內消防栓，其放水壓力應在 X kgf/cm² 以上 Y kgf/cm² 以下。則 X＋Y 為若干？

(A) 8.5 　　　　　(B) 8.7 　　　　　(C) 9.5 　　　　　(D) 10.5

（ C ）　10. 依各類場所消防安全設備檢修及申報作業基準，有關室內消防栓設備之第一種消防栓水帶及瞄子檢查方法，製造年份超過 10 年或無法辨識製造年份之水帶，應將消防水帶兩端之快速接頭連接於耐水壓試驗機，施以 X kgf/cm² 以上水壓試驗 Y 分鐘合格，始得繼續使用。則 X＋Y 為若干？

(A) 9 　　　　　(B) 11 　　　　　(C) 12 　　　　　(D) 17

（ D ）　11. 依各類場所消防安全設備檢修及申報作業基準，固定式泡沫滅火設備（低發泡）綜合檢查，設置泡沫頭者，每次選擇全部放射區域數之若干 % 以上之放射區域，進行逐區放水試驗，測其放射分布及放射壓力？

(A) 5 　　　　　(B) 10 　　　　　(C) 15 　　　　　(D) 20

(B) 12. 依各類場所消防安全設備設置標準之規定，有關應設置室外消防栓設備之場所，下列敘述何者正確？
(A) 高度危險工作場所，其建築物及儲存場所之第 1 層到第 4 層樓地板面積合計在 3,000 平方公尺以上者
(B) 中度危險工作場所，其建築物及儲存場所之第 1 層及第 2 層樓地板面積合計在 5,000 平方公尺以上者
(C) 低度危險工作場所，其建築物及儲存場所之總樓地板面積合計在 10,000 平方公尺以上者
(D) 不論何種危險程度工作場所，其建築物及儲存場所之總樓地板面積合計在 8,000 平方公尺以上者

(D) 13. 某一 15 樓層之建築物，其消防安全設備同時設有第一種室內消防栓及自動撒水設備，其屋頂水箱容量至少應為下列何者？
(A) 0.3 m³   (B) 0.5 m³   (C) 1.0 m³   (D) 1.5 m³

(C) 14. 依各類場所消防安全設備設置標準之規定，建築物高度超過 60 公尺者，連結送水管應採用溼式，其中繼幫浦設置規定之敘述何者錯誤？
(A) 中繼幫浦出水量在每分鐘 2,400 公升以上
(B) 屋頂水箱有 0.5 立方公尺以上容量，中繼水箱有 2.0 立方公尺以上
(C) 全閉揚程與押入揚程合計在 170 公尺以上時，增設幫浦使串聯運轉
(D) 設置中繼幫浦之機械室及連結送水管送水口處，設有能與防災中心通話之裝置

(A) 15. 依各類場所消防安全設備設置標準之規定，室外消防栓於其 I 公尺範圍內附設水帶箱，在 J 公尺以內，保持空曠，不得堆放物品或種植花木。下列 I，J 何者正確？
(A) I = 3，J = 5   (B) I = 4，J = 4   (C) I = 5，J = 3   (D) I = 5，J = 5

(B) 16. 某百貨商場（10 樓以下）內設有一般反應型撒水頭 15 個，試問其消防幫浦最低出水量應為何？
(A) 1,080 L/min   (B) 1,350 L/min   (C) 750 L/min   (D) 900 L/min

(D) 17. 依各類場所消防安全設備設置標準之規定，水霧滅火設備之加壓送水裝置使用消防幫浦時，用於防護電氣設備者，每一個水霧噴頭壓力依規定均應達到多少以上？
(A) 1.7 kgf/cm²   (B) 2.5 kgf/cm²   (C) 2.7 kgf/cm²   (D) 3.5 kgf/cm²

(C) 18. 依各類場所消防安全設備檢修及申報作業基準，有關室內消防栓設備呼水裝置之減水警報裝置，當水量減少至多少前應發出警報？
(A) 四分之一   (B) 三分之一   (C) 二分之一   (D) 三分之二

(C) 19. 依各類場所消防安全設備設置標準之規定，高發泡放出口在全區放射防護區域內，樓地板面積每多少平方公尺應至少設置 1 個，且能有效放射至該區域，並附設泡沫放出停止裝置？
(A) 100 平方公尺   (B) 300 平方公尺   (C) 500 平方公尺   (D) 1,000 平方公尺

（ A ）20. 依各類場所消防安全設備設置標準之規定，公共危險物品室外儲槽場所之冷卻撒水設備如以幫浦方式進行加壓時，實際測得之放射量除以該冷卻撒水噴頭（噴孔）所防護儲槽側壁面積應在多少以上？
(A) 2.0 L/ min · m^2 　　　　　(B) 1.75 L/ min · m^2
(C) 1.2 L/ min · m^2 　　　　　(D) 1.0 L/ min · m^2

（ D ）21. 電動機之使用應符合之相關規定，下列何者錯誤？
(A) 電動機在額定輸出連續運轉 8 小時後，不得發生異狀
(B) 電動機之絕緣電阻應符合用戶用電設備裝置規則之規定
(C) 幫浦在額定負荷狀態下，應能順利啓動
(D) 超過額定輸出之 15% 輸出力運轉 1 小時，仍不致發生障礙，引起過熱現象

7-4 107年水系統考題詳解

甲、申論題部分：

> 一、採用幫浦加壓之密閉式撒水系統，依「各類場所消防安全設備檢修及申報作業基準」進行綜合檢查時，請說明其檢查方法、判定方法及注意事項。（25分）

解：

一) 密閉式撒水設備

1.檢查方法

切換成緊急電源供電狀態，然後於最遠支管末端，打開查驗閥，確認系統性能是否正常。並由下列步驟確認放水壓力。

(1)應設有與撒水頭同等放水性能之限流孔（如下圖）。

(2)打開末端查驗閥，啟動加壓送水裝置後，確認壓力表之指示值。

(3)對加壓送水裝置最近及最遠的末端查驗閥進行放水試驗。

2.判定方法

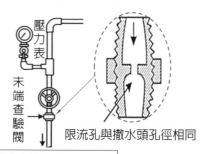

1.測試流水檢知裝置之警報
2.測試幫浦之啟動
3.測試出水量
4.管內滯留水更新
5.管內雜質排出

圖1 末端查驗閥

(1)幫浦方式

A.啟動性能

(A) 加壓送水裝置應能確實啟動。

(B) 表示、警報等正常。

　　　　(C) 電動機之運轉電流值應在容許範圍內。

　　　　(D) 運轉中應無不規則、不連續及異常發熱及振動。

　　B. 放水壓力

　　　　末端查驗管之放水壓力應在 1kgf/cm² 以上 10 kgf/cm² 以下。

3. 注意事項

　於檢查類似醫院之場所時，因切換成緊急電源可能會造成困擾時，得使用常用電源檢查。

乙、測驗題部分：

(D)　1. 撒水頭之設置位置規定中，撒水頭迴水板下方 A 公分內及水平方向 B 公分內，應保持淨空間，不得有障礙物，其中 A、B 分別為下列何者？

　　　　(A) A = 30；B = 30　　　　　　　　(B) A = 30；B = 45

　　　　(C) A = 45；B = 45　　　　　　　　(D) A = 45；B = 30

(A)　2. 有關連結送水管之送水口設置規定，下列何者錯誤？

　　　　(A) 設於消防車易於接近，且無送水障礙處，每棟大樓至少設一組

　　　　(B) 送水口為雙口形，接裝口徑 63 毫米陰式快速接頭

　　　　(C) 送水口距基地地面之高度在 1 公尺以下 0.5 公尺以上，且標明連結送水管送水口字樣

　　　　(D) 送水口在其附近便於檢查確認處，裝設逆止閥及止水閥

(D)　3. 水霧滅火設備之水源容量規定，下列何者正確？

　　　　(A) 應在最大放射區域放射 20 分鐘之水量以上

　　　　(B) 應在兩個放射區域放射 15 分鐘之水量以上

　　　　(C) 應在 40 立方公尺以上

　　　　(D) 應在 20 立方公尺以上，但兩個放射區域以上者，應在 40 立方公尺以上

(B)　4. 移動式泡沫滅火設備之水源容量，依規定為 2 具泡沫瞄子同時放水多少分鐘之水量以上？

　　　　(A) 10　　　　　(B) 15　　　　　(C) 20　　　　　(D) 30

(A)　5. 泡沫滅火設備使用泡沫噴頭時，每一放射區域之樓地板面積規定應為何？

　　　　(A) 50 平方公尺以上，100 平方公尺以下

　　　　(B) 100 平方公尺以上，200 平方公尺以下

　　　　(C) 占樓地板面積 1/3 以上

　　　　(D) 至少 200 平方公尺

(B)　6. 泡沫滅火系統中，採高發泡全區放射時，冠泡體積係指防護區域自樓地板面至高出防護對象最高點多少公尺所圍體積？

　　　　(A) 0.3　　　　　(B) 0.5　　　　　(C) 1.0　　　　　(D) 1.5

(C)　7. 自動撒水設備應裝置適當之流水檢知裝置，有關流水檢知裝置之設置規定，下列何者正確？

(A) 各樓層之樓地板面積在 5,000 平方公尺以下者，裝設一套

(B) 上下二層，設有火警自動警報設備者，得二層共用

(C) 無隔間之樓層內，樓地板面積在 10,000 平方公尺以下者，裝設一套

(D) 附設制水閥，其高度距離樓地板面在 1 公尺以下

(C) 8. 水滅火系統中，以立管連接屋頂水箱使配管平時充滿水，屋頂水箱之容量要求，下列何者錯誤？

(A) 第一種室內消防栓在 0.5 立方公尺以上

(B) 第二種室內消防栓在 0.3 立方公尺以上

(C) 室外消防栓在 1 立方公尺以上

(D) 自動撒水設備在 1 立方公尺以上

(B) 9. 某一學校教學大樓每一樓層皆設有第一種室內消防栓 3 具，則其水源容量應為多少立方公尺？

(A) 7.8   (B) 5.2   (C) 9.0   (D) 6.0

(C) 10. 第一種室內消防栓採用消防幫浦做為加壓送水裝置時，假設水帶摩擦損失水頭為 3 m，配管磨擦損失水頭為 7 m，落差為 30 m，則依規定，幫浦的全揚程應為多少公尺？

(A) 40   (B) 44   (C) 57   (D) 65

(B) 11. 室內消防栓之水源採重力水箱設置，下列何種裝置不屬於該構造應有之裝置？

(A) 補給水管   (B) 壓力表   (C) 排水管   (D) 水位計

(B) 12. 有關室內消防栓綜合檢查放水量及放水壓力之敘述，下列何者正確？

(A) 第一種消防栓放水量應在 120 l/min 以上

(B) 第二種消防栓放水量應在 60 l/min 以上

(C) 第一種消防栓放水壓力應在 1.3 kgf/cm^2 以上 7 kgf/cm^2 以下

(D) 第二種消防栓放水壓力應在 2.3 kgf/cm^2 以上 7 kgf/cm^2 以下

(C) 13. 竣工查驗時，於屋頂使用口徑 16 mm 瞄子實施第一種室內消防栓綜合檢查，測得放水壓力為 4 kgf/cm^2，所計算之每分鐘放水量約為：

(A) 134 公升   (B) 234 公升   (C) 334 公升   (D) 434 公升

(A) 14. 泡沫滅火設備進行綜合檢查時，有關泡沫滅火藥劑 25% 還原時間標準值敘述，下列何者正確？

(A) 合成界面活性劑：30 秒   (B) 蛋白泡沫滅火藥劑：45 秒

(C) 水成膜泡沫滅火藥劑：30 秒   (D) 水成膜泡沫滅火藥劑：45 秒

(D) 15. 室內消防栓設備之消防立管管系竣工時，應做加壓試驗，試驗壓力不得小於加壓送水裝置全閉揚程 A 倍以上之水壓。試驗壓力以繼續維持 B 小時無漏水現象為合格，A、B 分別為：

(A) A = 1；B = 1   (B) A = 1.5；B = 1   (C) A = 1；B = 2   (D) A = 1.5；B = 2

(C) 16. 泡沫滅火設備之場所，於進行性能檢查時，製造年份超過幾年或無法辨識製造年份之水帶，應進行水壓試驗？

(A) 3 年　　　　　(B) 5 年　　　　　(C) 10 年　　　　　(D) 15 年

(C) 17. 自動撒水設備竣工時進行加壓試驗，下列何者錯誤？
(A) 密閉乾式管系應併行空氣壓試驗，應使空氣壓力達到 0.28 MPa 之標準
(B) 密閉乾式管系應併行空氣壓試驗，壓力持續 24 小時，漏氣減壓量應在 0.01 MPa 以下
(C) 試驗壓力以繼續維持 1.5 小時無漏水現象為合格
(D) 試驗壓力不得小於加壓送水裝置全閉揚程 1.5 倍以上之水壓

(B) 18. 有關自動撒水設備末端查驗閥之敘述，下列何者正確？
(A) 開放式自動撒水設備應設置
(B) 限流孔之放水性能應與標準撒水頭相同
(C) 管徑小於 25 公厘
(D) 配置距離地板面之高度在 3 公尺以下

(D) 19. 有關撒水頭設置之敘述，下列何者正確？
(A) 設於夜總會表演場所舞臺之撒水頭，任一點至撒水頭之水平距離在 2.1 公尺以下
(B) 公共危險物品等場所設置自動撒水設備，防護對象任一點至撒水頭之水平距離在 2.1 公尺以下
(C) 高架儲存倉庫中，設於貨架之撒水頭，任一點至撒水頭之水平距離在 2.5 公尺以下，並以平行方式設置
(D) 一防火構造之餐廳設置一般反應型撒水頭（第二種感度），各層任一點至撒水頭之水平距離在 2.3 公尺以下

(C) 20. 依各類場所消防安全設備設置標準之規定，下列何種場所不需設置室外消防栓設備？
(A) 建築物及儲存總面積在 3,500 平方公尺之可燃性高壓氣體處理場所
(B) 建築物及儲存總面積在 6,000 平方公尺之輕工業場所
(C) 建築物及儲存總面積在 8,000 平方公尺有可燃性物質存在，但量少之工作場所
(D) 建築物及儲存總面積在 3,500 平方公尺之石化作業場所

(A) 21. 為執行檢修申報，針對水霧滅火系統綜合檢查，對於判定方法之敘述，下列何者正確？
(A) 一齊開放閥應正常動作
(B) 排水設備集水管應無損傷、阻塞等
(C) 確認延遲作用及自動排水裝置之排水能否有效地進行
(D) 確認給水裝置有無變形、腐蝕等，及操作排水閥確認給水功能是否正常

(A) 22. 進行幫浦性能試驗時，幫浦之出水量在額定出水量之 1.5 倍時，其全揚程應為額定出水量在性能曲線上全揚程百分之多少以上？
(A) 65%　　　　　(B) 55%　　　　　(C) 45%　　　　　(D) 35%

✚ 知識補充站

　設置標準第十五條指出：設有室外消防栓設備時，在第一層水平距離四十公尺以下、第二層步行距離四十公尺以下有效滅火範圍內，室內消防栓設備限於第一層、第二層免設。

　在「有效滅火範圍內」依日本規定指出：對於室外消防栓設備，距水帶連接口的水平距離在40m 以內，且消防水帶能在該範圍內延伸，來進行有效滅火的範圍；其中，瞄子射水距離約為15m。因此，「設備有效滅火的範圍」依日本規定，是指圖中水帶長度（L1）＋ 瞄子射水距離（L2）以下且距水帶連接口的水平距離 40 m 以下的範圍。

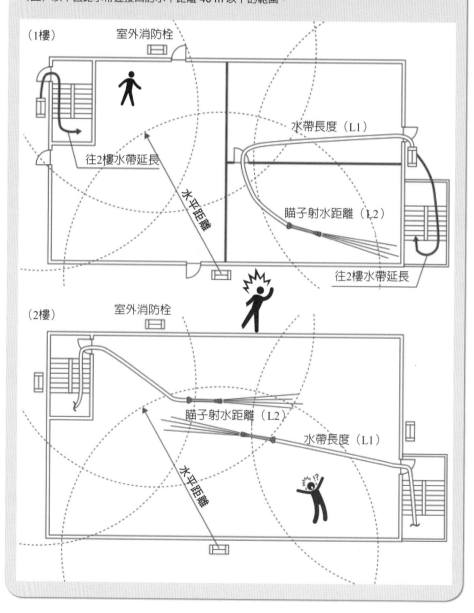

＋知識補充站

求室外消防栓出水口壓力值？

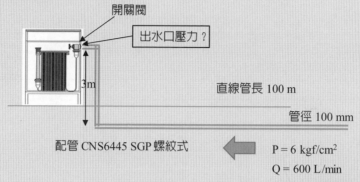

開關閥

出水口壓力？

3m

直線管長 100 m

管徑 100 mm

配管 CNS6445 SGP 螺紋式

$P = 6 \text{ kgf/cm}^2$

$Q = 600 \text{ L/min}$

解：
依消防幫浦加壓送水裝置等及配管摩擦損失計算基準
不使用自動警報逆止閥或流水檢知裝置時

$$H = 1.2 \frac{Q_k^{1.85}}{D_k^{4.87}}\left(\frac{I'_k + I''_k}{100}\right)$$

H：配管摩擦損失水頭（m）
Q：標稱管徑 K 配管之流量（l/min）
D：標稱管徑 K 管之內徑絕對值（cm）
I'k：標稱管徑 K 直管長之合計（m）
I"k：標稱管徑 K 接頭、閥等之等價管長之合計（m）
依消防幫浦加壓送水裝置等及配管摩擦損失計算基準之表 1 指出
90° 彎管（100mm 螺紋式）等價管長為 3.2
開關閥（100mm）等價管長為 0.7

$$H = 1.2 \frac{Q_k^{1.85}}{D_k^{4.87}}\left(\frac{I'_k + I''_k}{100}\right) = 1.2 \frac{600^{1.85}}{10^{4.87}}\left(\frac{100 + (3.2 \times 2 + 0.7)}{100}\right) = 2.39 \text{ m} = 0.239 \text{ kgf/cm}^2$$

落差 3m = 0.3 kgf/cm²
消防栓出水口壓力 = 6 − 0.3 − 0.239 = 5.46 kgf/cm²

7-5 106年水系統考題詳解

甲、申論題部分：

> 一、下圖是開放式撒水設備一齊開放閥附近之系統圖，請回答數字之構件名稱，並詳述一齊開放閥之性能檢查。（25分）

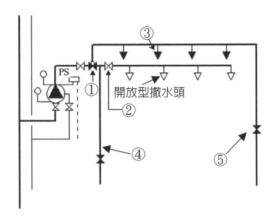

開放型撒水頭

解：

一)
　　1. 為一齊開放閥
　　2. 為二次側止水閥
　　3. 為感知撒水頭
　　4. 為手動啟動裝置
　　5. 末端查驗管

二) 將一齊開放閥二次側之止水閥關閉，再打開測試用排水閥然後操作手動啟動開關，確認加壓送水裝置是否啟動。
　　1. 檢查方法
　　　(1)以螺絲起子確認電磁閥之端子是否鬆動。
　　　(2)關閉一齊閥放閥二次側之止水閥，再打開測試用排水閥，然後操作手動啟動開關，檢查其性能是否正常。
　　2. 判定方法
　　　(1)端子應無鬆動脫落。
　　　(2)一齊開放閥應能確實開啟放水。

乙、測驗題部分：

(C) 1. 有關室內消防栓之放水壓力，下列何者錯誤？

(A) 第一種室內消防栓放水壓力應在 1.7 kgf/cm² 以上

(B) 第二種室內消防栓放水壓力應在 2.5 kgf/cm² 以上

(C) 公共危險物品等場所設置之室內消防栓，其放水壓力應在 2.5 kgf/cm² 以上

(D) 室內消防栓瞄子放水壓力超過 7 kgf/cm² 時，應採取有效之減壓措施

(B) 2. 達顯著滅火困難之公共危險物品室外儲存場所，設置室外消防栓設備，其緊急電源應使用發電機設備或蓄電池設備，供電容量應供其有效動作至少多久以上？

(A) 30 分鐘　　　　(B) 45 分鐘　　　　(C) 60 分鐘　　　　(D) 90 分鐘

解析：一般場所為 30 分鐘，但公共危險物品場所為 45 分鐘。

(B) 3. 某一高度危險工作場所，其建築物外面設有 4 具室外消防栓，則其水源容量至少應為多少？

(A) 14 立方公尺　　(B) 21 立方公尺　　(C) 28 立方公尺　　(D) 42 立方公尺

解析：350 L/min×30min×2 支 = 21000L。

(C) 4. 自動撒水設備竣工時進行加壓試驗，下列何者正確？

(A) 試驗壓力不得小於加壓送水裝置額定揚程 1.5 倍以上之水壓

(B) 水壓試驗壓力以繼續維持 1 小時無漏水現象為合格

(C) 密閉乾式管系應併行空氣壓試驗，應使空氣壓力達到 0.28 MPa 之標準

(D) 密閉乾式管系應併行空氣壓試驗，壓力持續 24 小時，漏氣減壓量應在 0.1MPa 以下

(D) 5. 有關撒水頭之設置，下列敘述何者錯誤？

(A) 設於電影院放映室之撒水頭，任一點至撒水頭之水平距離在 1.7 公尺以下

(B) 在公共危險物品等場所設置自動撒水設備，防護對象任一點至撒水頭之水平距離在 1.7 公尺以下

(C) 高架儲存倉庫中，設於貨架之撒水頭，任一點至撒水頭之水平距離在 2.5 公尺以下

(D) 一防火構造之餐廳設置快速反應型撒水頭（第一種感度），各層任一點至撒水頭之水平距離在 2.3 公尺以下

(A) 6. 公共危險物品等場所設置自動撒水設備時，使用密閉式撒水頭其水源容量，應在設置 X 個撒水頭繼續放水 Y 分鐘之水量以上，其中 X、Y 分別為：

(A) X=30，Y=30　　　　　　　(B) X=30，Y=20

(C) X=20，Y=20　　　　　　　(D) X=20，Y=30

解析：使用密閉式撒水頭其水源容量，應在設置 30 個撒水頭繼續放水 30 分鐘之水量以上。

(D) 7. 進行密閉溼式撒水設備綜合檢查時，末端查驗管之放水壓力應在那個範圍？

    (A) 1 kgf/cm² 以上 6 kgf/cm² 以下   (B) 1 kgf/cm² 以上 7 kgf/cm² 以下

    (C) 1.7 kgf/cm² 以上 7 kgf/cm² 以下   (D) 1 kgf/cm² 以上 10 kgf/cm² 以下

(B) 8. 水霧滅火設備之加壓送水裝置使用消防幫浦時，其出水量及出水壓力，下列敘述何者錯誤？

    (A) 僅一個放射區域時，出水量爲每分鐘 1200 公升以上

    (B) 放射區域二個以上時，出水量爲每分鐘 2400 公升以上

    (C) 出水壓力應使管系最末端一個放射區域全部水霧噴頭放水壓力均能達 2.7 kgf/cm² 以上

    (D) 用於防護電氣設備者，出水壓力應使管系最末端一個放射區域全部水霧噴頭放水壓力均能達 3.5 kgf/cm² 以上

    解析：放射區域二個以上時，出水量爲每分鐘 2000 公升以上

(A) 9. 裝置水霧滅火設備之室內停車空間，其排水設備應符合之規定，下列何者錯誤？

    (A) 車輛停駐場所地面作 5% 以上之坡度

    (B) 車輛停駐場所，除面臨車道部分外，應設深 10 公分寬 10 公分以上之地區境界溝，並與排水溝連通

    (C) 滅火坑具備油水分離裝置，並設於火災不易殃及之處所

    (D) 車道之中央或二側設置排水溝

(B) 10. 下列那一泡沫滅火設備之泡沫濃度，不符泡沫原液與水混合使用濃度之規定？

    (A) 6% 之蛋白質泡沫液   (B) 6% 之合成界面活性泡沫液

    (C) 3% 之蛋白質活性泡沫液   (D) 6% 之水成膜泡沫液

(B) 11. 泡沫滅火設備進行綜合檢查時，有關蛋白質泡沫滅火藥劑之發泡倍率至少應爲何？

    (A) 3 倍以上   (B) 5 倍以上   (C) 6 倍以上   (D) 10 倍以上

(B) 12. 公共危險物品等場所設置移動式泡沫滅火設備時，其水源容量與放水量之規定，下列何者錯誤？

    (A) 水源容量需加計配管內所需之水溶液量

    (B) 水源容量應在 2 具瞄子同時放水 15 分鐘之水量以上

    (C) 設於室內者，放水量在每分鐘 200 公升以上

    (D) 設於室外者，放水量在每分鐘 400 公升以上

(D) 13. 某一防護對象物長寬高分別爲 5 公尺、4 公尺及 1 公尺，若以高發泡局部放射泡沫滅火系統進行防護，依各類場所消防安全設備設置標準之規定，其防護面積應爲多少平方公尺？

    (A) 20   (B) 56   (C) 60   (D) 110

（ A ） 14. 消防專用蓄水池至建築物各部分之水平距離，應在多少公尺以下？

(A) 100　　　　(B) 150　　　　(C) 200　　　　(D) 250

（ B ） 15. 依各類場所消防安全設備設置標準，連結送水管之出水口設置，下列敘述何者錯誤？

(A) 出水口設於地下建築物各層或建築物第三層以上各層樓梯間或緊急升降機間等消防人員易於施行救火之位置

(B) 各層任一點至出水口之水平距離在 25 公尺以下

(C) 出水口為雙口形，接裝口徑 63 毫米快速接頭，但設於第 10 層以下之樓層，得用單口形

(D) 出水口距樓地板面之高度在 0.5 公尺以上 1.5 公尺以下

（ C ） 16. 末端查驗管量測到的壓力為何？

(A) 全壓　　　　(B) 動壓　　　　(C) 靜壓　　　　(D) 高壓

（ A ） 17. 第一種感度之撒水頭其反應時間指數（RTI）應小於多少（ms）$^{1/2}$？

(A) 50　　　　(B) 80　　　　(C) 100　　　　(D) 135

解析：第一種感度之撒水頭其反應時間指數（RTI）應小於 50（ms）$^{1/2}$，第二種感度之撒水頭其反應時間指數（RTI）應小於 80（ms）$^{1/2}$。

（ D ） 18. 消防幫浦之全閉揚程應為性能曲線上全揚程之百分之多少以下，方符合檢修基準要求？

(A) 65　　　　(B) 100　　　　(C) 110　　　　(D) 140

（ B ） 19. 泡沫滅火設備使用低發泡水成膜泡沫液，其泡沫 25% 還原時間應在多少分鐘以上？

(A) 0.5　　　　(B) 1　　　　(C) 2　　　　(D) 5

✚ 知識補充站

防止水溫上升用排放裝置之設置於消防幫浦全閉運轉時出力為 36KW，其排放水量至少應為多少？

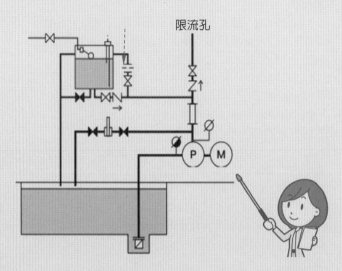

解：

水溫上升防止裝置

當幫浦全閉運轉（機械能轉成熱能）不得使內部水溫上升≥ 30°C

$$Q（流量）= \frac{L（幫浦馬力）\times C（發熱量\ 860kcal/kW.h）}{60 \times \Delta t(30kcal/l)}$$

$$Q = \frac{36 \times 860}{60 \times 30} = 17.2\ L/min$$

Note

7-6 105年水系統考題詳解

甲、申論題部分：

一、請依「各類場所消防安全設備設置標準」之規定，比較一般場所與危險物品場所之室外消防栓設備主要性能規定之相同點與相異點。（25分）

解：

相同點		放水壓力≥ kg/cm² 應採取有效之減壓措施。	
		口徑≥ 63mm	
相異點	防護距離	一般場所	≤ 40 m
		公共危險物品	≤ 40 m（設 2 支消防栓）
	放水壓力	一般場所	2.5×6 kgf/cm²
		公共危險物品	3.5×7 kgf/cm²
	放水量	一般場所	≥ 350 ℓ/min
		公共危險物品	1 支消防栓 450 ℓ/min ≥ 4 支消防栓 450 ℓ/min×4
	電源容量	一般場所	1 發電機設備或蓄電池 ×30 min
		公共危險物品	1 發電機設備或蓄電池 ×45 min 2 丁類場所得使用引擎動力系統
	水源容量	一般場所	2 支消防栓 30 min×2
		公共危險物品	1 支消防栓 30 min×1 ≥ 4 支消防栓 30 min×4

乙、測驗題部分：

(D) 1. 供長期照顧機構（長期照護型、養護型、失智照顧型）、身心障礙福利機構（限照顧植物人、失智症、重癱、長期臥床或身心功能退化者）等場所，依規定樓地板面積在多少以上時，應設置自動撒水設備？
(A) 一百平方公尺　　　　　　　　(B) 二百平方公尺
(C) 二百五十平方公尺　　　　　　(D) 三百平方公尺

(D) 2. 在自動撒水頭放水量之設置中，若採用放水型撒水頭，其放水量，應達防護區域每平方公尺每分鐘 A 公升以上。但儲存可燃物場所，應達每平方公尺每分鐘 B 公升以上。下列 A，B 何者正確？
(A) A = 4，B = 8　(B) A = 8，B = 4　(C) A = 5，B = 5　(D) A = 5，B = 10

(C) 3. 水霧滅火設備之水源容量，應保持 G 立方公尺以上。但放射區域在二區域

以上者，應保持 H 立方公尺以上。下列 G，H 何者正確？

(A) G = 15，H = 30 　　　　　　(B) G = 20，H = 30

(C) G = 20，H = 40 　　　　　　(D) G = 25，H = 40

（ B ） 4. 供爆竹煙火製造場所有火藥區之作業區或庫儲區之建築物，其使用之樓地板面積合計在一百五十平方公尺以上者，應設置何種滅火設備？

(A) 室內消防栓設備 　　　　　　(B) 室外消防栓設備

(C) 自動撒水設備 　　　　　　　(D) 二氧化碳或乾粉滅火設備

（ C ） 5. 存放易燃性物質處所，撒水頭位置之裝置時，撒水頭迴水板下方 X 公分及水平方向 Y 公分以內，應保持淨空間，不得有障礙物。下列 X，Y 何者正確？

(A) X = 45，Y = 30 　　　　　　(B) X = 45，Y = 45

(C) X = 90，Y = 30 　　　　　　(D) X = 90，Y = 45

（ C ） 6. 高壓電器設備其電壓在 7000 伏特以下時，水霧噴頭及配管與高壓電器設備應保持多少公分之標準離開距離？

(A) 50 　　　　(B) 150 　　　　(C) 250 　　　　(D) 300

（ B ） 7. 設置移動式泡沫滅火設備之規定，下列敘述何者正確？

(A) 同一樓層各泡沫瞄子放射量，應在每分鐘一百三十公升以上。但全部泡沫消防栓箱數量超過二個時，以同時使用二支泡沫瞄子計算之

(B) 泡沫瞄子放射壓力應在每平方公分三點五公斤以上或 0.35 MPa 以上

(C) 移動式泡沫滅火設備之泡沫原液，應使用高發泡

(D) 在水帶接頭三公尺範圍內，設置泡沫消防栓箱，箱內配置長十五公尺以上水帶兩條及泡沫瞄子乙具

（ C ） 8. 某工廠設置水霧滅火設備，其放水區域為三個，若加壓送水裝置使用消防幫浦，所需之最低出水量為何？

(A) 1200 l/min 　　(B) 1800 l/min 　　(C) 2000 l/min 　　(D) 2400 l/min

（ C ） 9. 開放式自動撒水設備之手動啟動裝置，在設置時，應於每一放水區域設置一個手動啟動開關，其高度距樓地板面在 E 公尺以上 F 公尺以下，並標明手動啟動開關字樣。下列 E，F 何者正確？

(A) E = 0.3，F = 1.0 　　　　　　(B) E = 0.5，F = 1.0

(C) E = 0.8，F = 1.5 　　　　　　(D) E = 1.0，F = 1.5

（ D ） 10. 各類場所消防安全設備設置標準第 52 條，第 2 款泡沫滅火設備之高發泡放出口配置規定，下列敘述何者正確？

(A) 冠泡體積是指防護區域自樓地板面至高出防護對象最高點 0.8 m 所圍體積

(B) 防護對象位置距離樓地板面高度超過 3 m，且使用高發泡放出口時應為全區放射方式

(C) 全區放射時高發泡放出口在防護區域內，樓地板面積每 300 m² 至少設置一個

(D) 局部放射時高發泡放出口之泡沫水溶液放射量應為防護面積每平方公尺每分鐘二公升以上

(B) 11. 有關於室內消防栓之設置，下列敘述何者正確？

(A) 消防栓開關距離樓地板之高度，在零點五公尺以上一點五公尺以下

(B) 設在走廊或防火構造樓梯間附近便於取用處

(C) 供集會或娛樂處所，設於舞臺後二側、觀眾席前二側、包廂後側之位置

(D) 在屋頂上適當位置至少設置一個測試用出水口，並標明測試出水口字樣。但斜屋頂設置測試用出水口有困難時，得設置延長管線至適當位置，不得免設

(B) 12. 現在許多高層建築物，因考量撒水頭強度、管路耐壓及水錘效應等因素，多採取有效減壓措施，但不包括下列何項方式？

(A) 設置減壓閥

(B) 採機械接頭連接立管

(C) 高低層分設幫浦

(D) 設中繼幫浦

(B) 13. 開放式撒水頭進行放水試驗，撒水頭口徑 11.3 mm 放水壓力為 1kgf/cm² 時，放水量為 50 l/min，若放水壓力增為 2 kgf/cm² 時，其放水量約為多少 L/min？

(A) 50 　　　　(B) 70 　　　　(C) 90 　　　　(D) 120

(B) 14. 竣工查驗一進口汽車修理廠，所採用移動式泡沫滅火設備作為滅火設備，預計設置三個泡沫消防栓箱，選用之泡沫原液為百分之六的水成膜泡沫，則現場泡沫原液儲槽內至少應存放多少公升的泡沫原液儲存量，方可符合規定：

(A) 120 公升 　　(B) 180 公升 　　(C) 225 公升 　　(D) 300 公升

(B) 15. 置換開放式自動撒水設備自動啟動裝置之感知撒水頭時，依規定應採用標示溫度在多少以下？

(A) 72℃ 　　　(B) 79℃ 　　　(C) 96℃ 　　　(D) 139℃

(C) 16. 檢修室內消防栓時，關掉表計之控制水閥將水排出，確認指針是否指在 0 之位置，再打開表計之控制水閥，操作啟動裝置確認指針是否正常動作，主要是針對下列何項裝置？

(A) 電動機之控制裝置 　(B) 啟動裝置 　(C) 加壓送水裝置 　(D) 呼水裝置

(D) 17. 水霧滅火設備係利用水霧接觸高溫時，快速形成大量水蒸氣，使體積急速膨脹，使氧氣濃度降低，可遮斷火源所需氧氣之滅火方式稱為？

(A) 冷卻作用 　　(B) 乳化作用 　　(C) 稀釋作用 　　(D) 窒息作用

(D) 18. 下列何者非室內外消防栓呼水裝置底閥性能檢查方法？

(A) 拉上吸水管或檢查用鍊條，確認有無異物附著或阻塞

(B) 打開幫浦本體上呼水漏斗之制水閥，確認有無從漏斗連續溢水出來

(C) 打開幫浦本體上呼水漏斗之制水閥，然後關閉呼水管之制水閥，確認底閥之逆止效果是否正常

(D) 以壓力表測試呼水裝置最近及最遠的消防栓開關閥之靜水壓力

（ D ）19. 下列有關自動撒水設備末端查驗閥，何者敘述錯誤？
　　(A) 開放式自動撒水可不設置
　　(B) 限流孔之放水性能應與標準撒水頭相同
　　(C) 管徑不得小於二十五公厘
　　(D) 放水壓力降至每平方公分一公斤以下前幫浦能正常啓動

（ A ）20. 在裝置開放式自動撒水設備一齊開放閥時，常見利用感知撒水頭動作或操作手動啓動裝置來開啓閥門，是下列何種型式？
　　(A) 減壓型　　　　(B) 加壓型　　　　(C) 電磁型　　　　(D) 電動型

（ C ）21. 對於泡沫滅火設備構造與機能，下列何者敘述錯誤？
　　(A) 泡沫滅火設備之放射由常關之一齊開放閥控制
　　(B) 天花板高度超過五公尺應使用探測器打開電磁閥將液壓管之水壓洩放而啓動一齊開放閥
　　(C) 一齊開放閥之末設制水閥及試驗配管，應以末端查驗管進行動作試驗
　　(D) 複層式停車空間爲有效放射泡沫達到快速滅火功能，泡沫噴頭應延伸配管對各層車輛放射泡沫

（ D ）22. 檢修停車場低發泡固定式泡沫滅火設備時，下列何項屬綜合檢查之正確進行方法？
　　(A) 選擇任一放射區域進行 25% 泡沫還原時間
　　(B) 操作直接操作部及手動啓動開關，確認加壓送水裝置應能確實啓動
　　(C) 測定還原時間，應利用比色計法測泡沫混合比率
　　(D) 選擇全部放射區域數之 20% 以上進行放水試驗

（ D ）23. 室內消防栓之水源採壓力水箱設置，下列何種裝置不屬於該構造應有之裝置？
　　(A) 減壓警報　　(B) 減水警報　　(C) 壓力表　　　(D) 限流孔

（ A ）24. 實施泡沫滅火設備綜合檢查時，有關合成介面活性劑泡沫滅火藥劑 25% 還原時間標準值爲：
　　(A) 30 秒　　　　(B) 60 秒　　　(C) 90 秒　　　　(D) 120 秒

（ B ）25. 依圖竣工查驗裝置水霧滅火設備之室內停車空間，發現其排水設備下列情況，何者不符規定？
　　(A) 車輛停駐場所地面有百分之三之坡度
　　(B) 車輛停駐場所，除面臨車道部分外，有設五公分之地區境界堤
　　(C) 滅火坑具備油水分離功能
　　(D) 在車道中央設置排水溝

（ B ）26. 下列有關室內消防栓加壓送水裝置之啓動用壓力水槽之敘述，何者錯誤？
　　(A) 啓動用壓力水槽應與幫浦出水側逆止閥之二次側配管連接，同時在中途應裝置止水閥
　　(B) 啓動用壓力水槽容量應有 50 公升以上
　　(C) 啓動用壓力水槽應使用 25 mm 以上配管

(D) 壓力開關以耐熱配線將信號傳至控制盤

(D) 27. 設備竣工查驗，測定合成介面活性滅火藥劑發泡倍率，依規定所需測定器具之量筒內容積為：

    (A) 600 ml   (B) 1000 ml   (C) 1200 ml   (D) 1400 ml

(B) 28. 例行檢修室內消防栓設備，至頂樓實施放水試驗時，壓力表之進水口與瞄子前端的距離為：

    (A) 瞄子口徑   (B) 瞄子口徑的一半   (C) 50 mm   (D) 100 mm

(D) 29. 為執行檢修申報，針對水霧滅火系統綜合檢查放射試驗之啟動性能，下列何者非其判定該性能之方法？

    (A) 一齊開放閥應可正常地動作   (B) 加壓送水裝置應確實地動作

    (C) 壓力檢知裝置可正常地動作   (D) 電池閥端子動作後無鬆動

(C) 30. 使用蛋白質泡沫原液之泡沫噴頭，其樓地板面積每平方公尺之放射量為：

    (A) 三點七公升／分鐘以上   (B) 五公升／分鐘以上

    (C) 六點五公升／分鐘以上   (D) 八公升／分鐘以上

(B) 31. 竣工查驗時，於屋頂使用口徑 13 mm 瞄子實施第一種室內消防栓綜合檢查，測得放水壓力為 3 kgf/cm^2，所計算之每分鐘放水量約為：

    (A) 110 公升   (B) 190 公升   (C) 230 公升   (D) 320 公升

＋ 知識補充站

求下圖之啓動壓力值應設定多少？

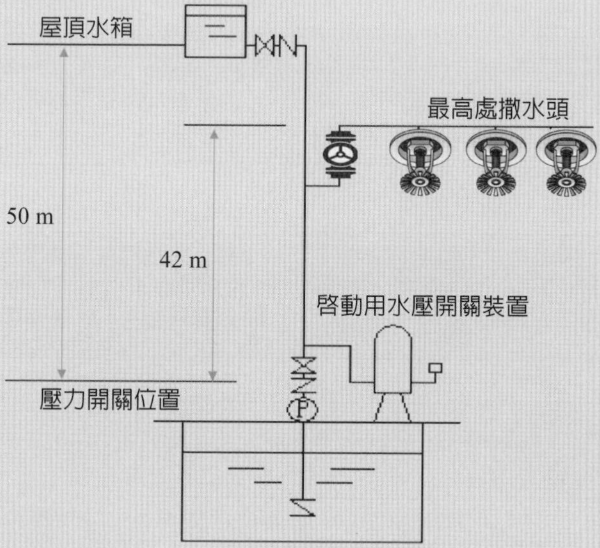

屋頂水箱

最高處撒水頭

50 m

42 m

啓動用水壓開關裝置

壓力開關位置

解：

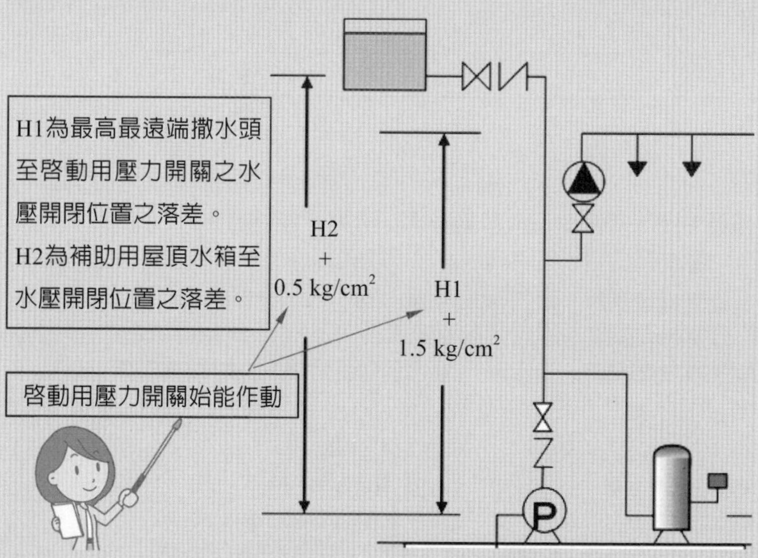

H1為最高最遠端撒水頭
至啓動用壓力開關之水
壓開閉位置之落差。
H2為補助用屋頂水箱至
水壓開閉位置之落差。

$H2$
$+$
$0.5 \ kg/cm^2$

$H1$
$+$
$1.5 \ kg/cm^2$

啓動用壓力開關始能作動

$H1 = 4.2 + 1.5 = 5.7$

$H2 = 5.0 + 0.5 = 5.5$

以 $5.7 kgf/cm^2$ 啓動壓力設定值

7-7 104年水系統考題詳解

甲、申論題部分：

> 二、設置密閉式自動撒水設備時，應計算其水源容量，請依「各類場所消防安全設備設置標準」之水源容量相關規定，繪製下表並填入相關撒水頭規定個數及水源容量（假設各場所實設撒水頭數目均在 30 個以上）。（25 分）

解：

各類場所		撒水頭個數		水源容量（M³）	
		快速反應型	一般反應型	快速反應型	一般反應型
十一樓以上建築物、地下建築物		12	15	80×20×12=19.2	80×20×15=24
十樓以下建築物	供甲類第四目使用及複合用途建築物中供甲類第四目使用者	12	15	80×20×12=19.2	80×20×15=24
	地下層	12	15	80×20×12=19.2	80×20×15=24
	其他	8	10	80×20×8=12.8	80×20×10=16
高架儲存倉庫	儲存棉花、塑膠、木製品、紡織品等易燃物品	24	30	114×20×24=54.72	114×20×30=68.4
	儲存其他物品	16	20	114×20×16=36.48	114×20×12=45.6

乙、測驗題部分：

(A) 1. 公共危險物品等場所之滅火設備分類，下列何者正確？
(A) 第一種滅火設備：指室內或室外消防栓設備
(B) 第二種滅火設備：指大型滅火器
(C) 第三種滅火設備：指自動撒水設備
(D) 第四種滅火設備：指水霧、泡沫、二氧化碳或乾粉滅火設備

(D) 2. 消防專用蓄水池依規定設置之投入孔尺寸，應為邊長 A 公分以上之正方形或直徑 B 公分以上之圓孔。下列 A，B 何者正確？
(A) A = 50，B = 60　　　　　　(B) A = 60，B = 50
(C) A = 50，B = 50　　　　　　(D) A = 60，B = 60

(B) 3. 設置固定式低發泡泡沫滅火設備之場所，於進行綜合檢查時，設置泡沫頭者，每次選擇全部放射區域數多少比例以上之放射區域進行逐區放水試驗？
(A) 10%　　　　(B) 20%　　　　(C) 25%　　　　(D) 30%

（ B ）　4. 自動撒水設備採密閉溼式撒水頭者進行綜合測試時，最低放水壓力應在 A kgf/cm² 以上，放水量應在 B l/min 以上。下列 A，B 何者正確？

(A) A = 1.7，B = 60　　　　　　(B) A = 1.0，B = 80

(C) A = 2.5，B = 60　　　　　　(D) A = 1.7，B = 80

（ D ）　5. 公共危險物品室外儲槽場所之冷卻撒水設備如以幫浦方式進行加壓時，實際測得之放射量除以該冷卻撒水噴頭（噴孔）所防護儲槽側壁面積應在多少以上？

(A) 1.0 l/min m²　　(B) 1.2 l/min m²　　(C) 1.75 l/min m²　　(D) 2.0 l/min m²

（ D ）　6. 下列不同玻璃球型撒水頭工作液色標，何者代表的標示溫度最高？

(A) 橙色　　　　　(B) 紅色　　　　　(C) 黃色　　　　　(D) 綠色

（ A ）　7. 泡沫滅火設備進行綜合檢查時，有關水成膜泡沫滅火藥劑之 25% 還原時間標準值為何？

(A) 60 秒　　　　(B) 75 秒　　　　(C) 90 秒　　　　(D) 120 秒

（ D ）　8. 依消防幫浦加壓送水裝置等及配管摩擦損失計算基準規定，消防幫浦本體需能耐最高水壓之 A 倍以上，且加壓 B 分鐘後，各部位仍無洩漏現象才算合格。下列 A，B 何者正確？

(A) A = 1.2，B = 5　　　　　　(B) A = 1.4，B = 3

(C) A = 1.4，B = 5　　　　　　(D) A = 1.5，B = 3

（ C ）　9. 進行補助撒水栓竣工查驗之綜合放水試驗，放水壓力應在 A kgf/cm² 以上、B kgf/cm² 以下。下列 A，B 何者正確？

(A) A = 1.0，B = 7　　　　　　(B) A = 1.7，B = 7

(C) A = 2.5，B = 10　　　　　　(D) A = 3.7，B = 10

（ C ）　10. 公共危險物品等場所達顯著滅火困難者設置之第一種滅火設備之室內消防栓設備，其放水量應在多少以上？

(A) 130 l/min　　(B) 190 l/min　　(C) 260 l/min　　(D) 350 l/min

（ A ）　11. 檢測水成膜泡沫液發泡倍率使用之測定器具，除了採集器、計量器外，尚需何種設備？

(A) 1,000 ml 具刻度之量筒二只　　(B) 1,000 ml 具刻度之量筒一只

(C) 1,400 ml 具刻度之量筒二只　　(D) 1,400 ml 具刻度之量筒一只

（ B ）　12. 裝置自動撒水設備之建築物，其送水口之規定，下列何者錯誤？

(A) 應於地面層室外臨建築線，消防車容易接近處，設置口徑 63 毫米之送水口

(B) 設在無送水障礙處，且其高度距基地地面在 1.5 公尺以下 0.8 公尺以上

(C) 裝置自動撒水設備之樓層，樓地板面積在 3,000 平方公尺以下，至少應設置雙口形送水口一個，並裝接陰式快速接頭，每超過 3,000 平方公尺，增設一個。但應設數量超過三個時，以三個計

(D) 送水口附近明顯易見處，標明自動撒水送水口字樣及送水壓力範圍

（ D ）　13. 依各類場所消防安全設備設置標準，室外消防栓應配置何種規格之水帶與

瞄子？

(A) 口徑 50 毫米及長 15 公尺水帶二條、口徑 13 毫米以上直線噴霧兩用型瞄子一具及消防栓閥型開關一把

(B) 口徑 63 毫米及長 15 公尺水帶二條、口徑 19 毫米以上直線噴霧兩用型瞄子一具及消防栓閥型開關一把

(C) 口徑 50 毫米及長 20 公尺水帶一條、口徑 13 毫米以上直線噴霧兩用型瞄子一具及消防栓閥型開關一把

(D) 口徑 63 毫米及長 20 公尺水帶二條、口徑 19 毫米以上直線噴霧兩用型瞄子一具及消防栓閥型開關一把

(D) 14. 可燃性高壓氣體場所、加氣站、天然氣儲槽及可燃性高壓氣體儲槽之射水設備，下列規定何者錯誤？

(A) 室外消防栓應設置於屋外，且具備消防水帶箱

(B) 全部射水設備同時使用時，各射水設備放水壓力在每平方公分 3.5 公斤以上或 0.35 MPa 以上

(C) 放水量在每分鐘 450 公升以上。但全部射水設備數量超過二支時，以同時使用二支計算之

(D) 射水設備之水源容量，在二具射水設備同時放水 20 分鐘之水量以上

(B) 15. 公共危險物品等場所設置室內消防栓設備，下列規定何者正確？

(A) 依使用場所需要可選擇設置第一種或第二種室內消防栓

(B) 建築物各層任一點至消防栓接頭之水平距離在 25 公尺以下，且各層之出入口附近設置一支以上之室內消防栓

(C) 任一樓層內，全部室內消防栓同時使用時，各消防栓瞄子放水壓力在每平方公分 2.5 公斤以上或 0.25 MPa 以上

(D) 水源容量在裝置室內消防栓最多樓層之全部消防栓繼續放水 30 分鐘之水量以上。但該樓層內，全部消防栓數量超過四支時，以四支計算之

(A) 16. 有關室內消防栓設備之配管、配件及屋頂水箱，下列規定何者正確？

(A) 配管可採經中央主管機關認可具氣密性、強度、耐腐蝕性、耐候性及耐熱性等性能之合成樹脂管

(B) 立管連接屋頂水箱、重力水箱或壓力水箱，亦可使配管平時充滿空氣

(C) 屋頂水箱之水量，第一種消防栓有 0.3 立方公尺以上

(D) 止水閥以明顯之方式標示水流之方向，逆止閥標示開關之狀態，並符合 CNS 規定

(B) 17. 某應裝置室內消防栓之場所，在裝置室內消防栓最多樓層，全部消防栓數量為五支，其水源最低容量應為多少立方公尺？

(A) 2.6 立方公尺　(B) 5.2 立方公尺　(C) 7.8 立方公尺　(D) 13.0 立方公尺

(C) 18. 室外消防栓設備之配管其水平主幹管外露部分，應於每多少公尺內，以明顯方式標示水流方向及配管名稱？

(A) 5 公尺　　　(B) 10 公尺　　　(C) 20 公尺　　　(D) 30 公尺

（ D ）19. 有關自動撒水設備之配管、配件及屋頂水箱，下列敘述何者正確？
　　　　(A) 一齊開放閥一次側配管，應施予鍍鋅等防腐蝕處理
　　　　(B) 密閉乾式或預動式之流水檢知裝置一次側配管，施予鍍鋅等防腐蝕處理
　　　　(C) 密閉乾式或預動式之流水檢知裝置二次側配管，為有效排水，支管每10 公尺傾斜 2 公分，主管每 10 公尺傾斜 4 公分
　　　　(D) 立管連接屋頂水箱時，屋頂水箱之容量在 1 立方公尺以上

（ A ）20. 有關撒水頭設置場所與配置距離規定，下列敘述何者錯誤？
　　　　(A) 儲存易燃物品之倉庫，任一點至撒水頭之水平距離，應在 2.1 公尺以下
　　　　(B) 餐廳（非設於防火構造建築物）設置快速反應型撒水頭，各層任一點至撒水頭之水平距離在 2.3 公尺以下
　　　　(C) 觀光旅館之住宿居室得採用小區劃型撒水頭（以第一種感度為限），任一點至撒水頭之水平距離在 2.6 公尺以下，且任一撒水頭之防護面積在13 平方公尺以下
　　　　(D) 中央主管機關認定儲存大量可燃物之場所天花板高度超過 6 公尺，應採用放水型撒水頭

（ A ）21. 溼式流水檢知裝置之性能試驗為以多少流速之加壓水流通，測試是否發出連續信號或警報等動作？
　　　　(A) 4.5 m/sec　　　　(B) 6 m/sec　　　　(C) 8 m/sec　　　　(D) 10 m/sec

（ A ）22. 二氧化碳滅火設備使用之音響警報裝置標示需設於室內明顯之處所，顏色規格為何？
　　　　(A) 黃底黑字　　　　(B) 紅底白字　　　　(C) 白底紅字　　　　(D) 綠底白字

（ D ）23. 簡易自動滅火設備蓄壓式滅火藥劑儲存容器進行外觀檢查時，需確認周圍溫度是否需在多少以下？
　　　　(A) 37.8℃　　　　(B) 40℃　　　　(C) 56℃　　　　(D) 49℃

（ C ）24. 高發泡放出口在全區放射防護區域內，樓地板面積每多少平方公尺至少設置一個，且能有效放射至該區域，並附設泡沫放出停止裝置？
　　　　(A) 100 平方公尺　　(B) 300 平方公尺　　(C) 500 平方公尺　　(D) 1,000 平方公尺

（ B ）25. 室內消防栓箱箱身之最小厚度與最小箱面表面積之規定為何？
　　　　(A) 1.3 毫米：0.7 平方公尺　　　　(B) 1.6 毫米：0.7 平方公尺
　　　　(C) 1.3 毫米：0.8 平方公尺　　　　(D) 1.6 毫米：0.8 平方公尺

7-8 103年水系統考題詳解

甲、申論題部分：

一、自動撒水設備是目前廣泛使用的固定式滅火設備，對於抑制初期火災特別有
效，請依「各類場所消防安全設備設置標準」，詳述撒水頭之裝置位置應符
合那些有關之規定。（25分）

解：

第47條　撒水頭之位置，依下列規定裝置：

一、撒水頭軸心與裝置面成垂直裝置。

二、撒水頭迴水板下方四十五公分內及水平方向三十公分內，應保持淨
空間，不得有障礙物。

三、密閉式撒水頭之迴水板裝設於裝置面（指樓板或天花板）下方，其
間距在三十公分以下。

四、密閉式撒水頭裝置於樑下時，迴水板與樑底之間距在十公分以下，
且與樓板或天花板之間距在五十公分以下。

五、密閉式撒水頭裝置面，四周以淨高四十公分以上之樑或類似構
造體區劃包圍時，按各區劃裝置。但該樑或類似構造體之間距在
一百八十公分以下者，不在此限。

六、使用密閉式撒水頭，且風管等障礙物之寬度超過一百二十公分時，
該風管等障礙物下方，亦應設置。

七、側壁型撒水頭應符合下列規定：

(一) 撒水頭與裝置面（牆壁）之間距，在十五公分以下。

(二) 撒水頭迴水板與天花板或樓板之間距，在十五公分以下。

(三) 撒水頭迴水板下方及水平方向四十五公分內，保持淨空間，不得
有障礙物。

八、密閉式撒水頭側面有樑時，依下表裝置。

撒水頭與樑側面淨距離（公分）	74以下	75以上99公下	100以上149以下	150以上
迴水板高出樑底面尺寸（公分）	0	9以下	14以下	29公分

前項第八款之撒水頭，其迴水板與天花板或樓板之距離超過三十公分
時，依下列規定設置集熱板。

一、集熱板應使用金屬材料，且直徑在三十公分以上。

二、集熱板與迴水板之距離，在三十公分以下。

二、水霧滅火設備係利用水霧噴頭，使水呈微粒霧狀噴出，以達到滅火效果，請依「各類場所消防安全設備檢修及申報作業基準」，詳述有關水霧滅火設備綜合檢查之檢查方法與判定方法。（25分）

解：

(一) 檢查方法

切換成緊急電源供電狀態，依下列步驟確認系統性能是否正常。

1. 選擇任一區作放水試驗。

2. 由操作手動啟動裝置或自動啟動裝置，啟動加壓送水裝置。

3. 在一齊開放閥最遠處之水霧噴頭附近裝上測試用壓力表。

4. 放射量依下式計算

$$Q = K \sqrt{P}$$

Q = 放射量（l/min）

K = 常數

P = 放射壓力（kgf/cm²）

(二) 判定方法

1. 幫浦方式

(1)啟動性能

A. 加壓送水裝置應能確實啟動。

B. 表示、警報等應正常。

C. 電動機之運轉電流值應在容許範圍內。

D. 運轉中應無不規則、不連續之雜音或異常之發熱、振動。

(2)一齊開放閥

一齊開放閥應正常動作。

(3)放射壓力等

A. 放射壓力

應可得到在設計上之壓力。

B. 放射量

水霧噴頭之放射量應符合放射壓力之放射曲線上之值。

C. 放射狀態

放射狀態應正常。

2. 重力水箱及壓力水箱方式

(1)表示、警報等

表示、警報等應正常。

(2)一齊開放閥

一齊開放閥應正常動作。

(3)放射量等

A.放射壓力

　　應可得到設計上之壓力。

B.放射量

　　水霧噴頭之放射量應符合放射壓力之放射曲線上之值。

C.放射狀態

　　放射狀態應正常。

3. 注意事項

　　於檢查類似醫院之場所時，因切換成緊急電源可能會造成困擾時，得使用常用電源檢查。

乙、測驗題部分：

(B)　1. 室內消防栓設備之配管設置部分，下列敘述何者正確？
　　　　(A) 應為共用。但與室外消防栓、自動撒水設備及連結送水管等滅火系統共用，無礙其功能者，不在此限
　　　　(B) 管徑，依水力計算配置。但立管與連結送水管共用時，其管徑在 100 毫米以上
　　　　(C) 立管管徑，第一種消防栓在 63 毫米以上；第二種消防栓在 100 毫米以上
　　　　(D) 立管裝置於易受外來損傷及火災易殃及之位置

(D)　2. 設於高架儲存倉庫之撒水頭放水量，每分鐘應在多少公升以上？
　　　　(A) 30 公升　　　　(B) 50 公升　　　　(C) 80 公升　　　　(D) 114 公升

(D)　3. 在固定式泡沫滅火設備（低發泡）進行綜合檢查時，對於設置泡沫頭者，每次選擇全部放射區域數之百分之多少以上之放射區域，進行逐區放水試驗，測其放射分布及放射壓力？
　　　　(A) 5%　　　　(B) 10%　　　　(C) 15%　　　　(D) 20%

(D)　4. 在竣工查驗自動撒水設備之屋頂水箱時，若有立管連接屋頂水箱，屋頂水箱之容量應在多少立方公尺以上？
　　　　(A) 4 立方公尺　　　(B) 3 立方公尺　　　(C) 2 立方公尺　　　(D) 1 立方公尺

(D)　5. 泡沫滅火設備所使用之泡沫噴頭，下列構造外觀相關規定何者敘述錯誤？
　　　　(A) 泡沫噴頭裝置於配管上時，不得有損害機能之變形或破損等情形
　　　　(B) 內外表面不得有破損或造成使用上障礙之砂孔、毛邊、砂燒結、咬砂、刮痕、龜裂等現象
　　　　(C) 濾網使用金屬網者，紋路表面不得有造成使用上障礙之刮痕、龜裂、剝落、變形，或編織點錯誤、紋路交錯點鬆落等現象
　　　　(D) 沖壓加工品有龜裂或顯著沖壓皺褶

(C)　6. 密閉乾式或預動式自動撒水設備之要求，下列敘述何者錯誤？
　　　　(A) 密閉乾式或預動式流水檢知裝置二次側之加壓空氣，其空氣壓縮機為專

　　用，並能在 30 分鐘內，加壓達流水檢知裝置二次側配管之設定壓力值

(B) 流水檢知裝置二次側之減壓警報設於平時有人處

(C) 撒水頭動作後，流水檢知裝置應在 2 分鐘內，使撒水頭放水

(D) 撒水頭使用向上型

(B) 7. 消防幫浦所標示之出水量，在其性能曲線上之全揚程必須達到所標示揚程之多少？

(A) 90%～100% 之間　　　　　　(B) 100%～110% 之間

(C) 110%～120% 之間　　　　　　(D) 120%～130% 之間

(A) 8. 使用消防幫浦之加壓送水裝置，至少應以具有幾小時以上防火時效之牆壁、樓地板及防火門窗等防火設備區劃分隔？

(A) 1 小時　　　　(B) 2 小時　　　　(C) 3 小時　　　　(D)4 小時

(D) 9. 電動機之使用應符合相關規定，下列敘述何者錯誤？

(A) 電動機在額定輸出連續運轉 8 小時後，不得發生異狀

(B) 電動機之絕緣電阻應符合屋內線路裝置規則之規定

(C) 幫浦在額定負荷狀態下，應能順利啟動

(D) 超過額定輸出之 15% 輸出力運轉 1 小時，仍不致發生障礙，引起過熱現象

(A) 10. 依據防止水溫上升用排放裝置之規定，防止水溫上升用之排放管應使用口徑多少 mm 以上者？

(A) 15　　　　(B) 20　　　　(C) 25　　　　(D) 30

(C) 11. 移動式泡沫滅火設備其水帶接頭至防護對象任一點之水平距離應在多少公尺以下？

(A)5 公尺　　　(B)10 公尺　　　(C)15 公尺　　　(D)20 公尺

(B) 12. 室內消防栓設備之消防立管管系竣工時，應做加壓試驗，試驗壓力不得小於加壓送水裝置全閉揚程 X 倍以上之水壓。試驗壓力以繼續維持 Y 小時無漏水現象為合格。下列 X，Y 何者正確？

(A) X = 2，Y = 1.5　　　　　　(B) X = 1.5，Y = 2

(C) X = 1，Y = 2　　　　　　(D) X = 2，Y = 1

(A) 13. 存放易燃性物質處所，其自動撒水設備之撒水頭迴水板下方 X 公分及水平方向 Y 公分以內，應保持淨空間，不得有障礙物，下列 X，Y 何者正確？

(A) X = 90，Y = 30　　　　　　(B) X = 30，Y = 90

(C) X = 90，Y = 90　　　　　　(D) X = 30，Y = 30

(B) 14. 下列那一項不是裝置水霧滅火設備之室內停車空間應符合之規定？

(A) 車輛停駐場所地面作 2% 以上之坡度

(B) 車輛停駐場所，除面臨車道部分外，應設高 5 公分以上之地區境界堤，或深 5 公分寬 5 公分以上之地區境界溝，並與排水溝連通

(C) 滅火坑具備油水分離裝置，並設於火災不易殃及之處所

(D) 排水溝及集水管之大小及坡度，應具備能將加壓送水裝置之最大能力水

量有效排出

（D）15. 有關泡沫頭放射量，下列何者正確？

(A) 使用蛋白質泡沫液之泡沫噴頭放射量應在每平方公尺樓地板面積每分鐘 6 公升以上

(B) 使用合成界面活性泡沫液之泡沫噴頭放射量應在每平方公尺樓地板面積每分鐘 7 公升以上

(C) 使用水成膜泡沫液之泡沫噴頭放射量應在每平方公尺樓地板面積每分鐘 3 公升以上

(D) 使用泡水噴頭放射量在每分鐘 75 公升以上

（C）16. 有關泡沫滅火設備之泡沫原液儲槽，下列那一項規定錯誤？

(A) 設有便於確認藥劑量之液面計或計量棒

(B) 平時在加壓狀態者，應附設壓力表

(C) 設置於溫度攝氏 50 度以下，且無日光曝曬之處

(D) 採取有效防震措施

（B）17. 室內消防栓設備之屋頂水箱之水量，第一種消防栓有 X 立方公尺以上；第二種消防栓有 Y 立方公尺以上。但與其他滅火設備並用時，水量應取其最大值，下列 X，Y 何者正確？

(A) X = 0.3，Y = 0.5　　　　　(B) X = 0.5，Y = 0.3

(C) X = 0.1，Y = 0.3　　　　　(D) X = 0.3，Y = 0.1

（C）18. 有關開放式自動撒水設備之自動及手動啓動裝置，竣工時下列那一項規定錯誤？

(A) 自動啓動裝置，感知撒水頭或探測器動作後，能啓動一齊開放閥及加壓送水裝置

(B) 自動啓動裝置，感知撒水頭使用標示溫度在 79 度以下者，且每 20 平方公尺設置 1 個；探測器使用定溫式 1 種或 2 種，並依各類場所消防安全設備設置標準第 120 條規定設置，每一放水區域至少 1 個

(C) 自動啓動裝置，感知撒水頭設在裝置面距樓地板面高度 15 公尺以下，且能有效探測火災處

(D) 手動啓動裝置，手動啓動開關動作後，能啓動一齊開放閥及加壓送水裝置

（B）19. 有關泡沫滅火設備竣工時之流水檢知裝置，下列那一項規定錯誤？

(A) 各樓層之樓地板面積在 3 千平方公尺以下者，裝設 1 套，超過 3 千平方公尺者，裝設 2 套

(B) 各樓層之樓地板面積在 3 千平方公尺以下者，裝設 1 套，超過 3 千平方公尺者，裝設 2 套；無隔間之樓層內，前述 3 千平方公尺得增為 6 千平方公尺

(C) 撒水頭或一齊開放閥開啓放水時，即發出警報

(D) 附設制水閥，其高度距離樓地板面在 1.5 公尺以下 0.8 公尺以上，並於

制水閥附近明顯易見處，設置標明制水閥字樣之標識

（ B ）20. 在測量室內消防栓設備之瞄子直線放水壓力時，應將含有皮托管及壓力計之壓力表進水口，放置於瞄子前端瞄子口徑的多少距離處進行測量？
(A) 瞄子前端瞄子口徑的 1 倍處
(B) 瞄子前端瞄子口徑的二分之一處
(C) 瞄子前端瞄子口徑的三分之一處
(D) 瞄子前端瞄子口徑的四分之一處

（ C ）21. 在泡沫滅火設備進行性能檢查時，對於泡沫原液槽的檢查方法，下列那一項錯誤？
(A) 泡沫原液：打開原液槽之排液口制水閥，用燒杯或量筒採取泡沫原液（最好能由上、中、下 3 個位置採液）
(B) 泡沫原液：以目視確認所採取泡沫原液有無變質、污損
(C) 壓力表：關掉表計之控制水閥將水排出，確認指針是否在 1 之位置；再打開表針控制水閥，操作啟動裝置確認指針是否正常動作
(D) 閥類：用手操作確認開、關動作是否容易進行

（ B ）22. 加壓送水裝置之閥類應能承受幫浦最高揚水壓力多少倍以上壓力？且應具有耐熱及耐腐蝕性或具有同等以上之性能者：
(A) 1.0　　　　　(B) 1.5　　　　　(C) 2.0　　　　　(D) 2.5

（ A ）23. 在進行自動撒水設備啟動裝置檢修時，下列那一項檢查判定方法錯誤？
(A) 對於手動啟動裝置而使用開放式撒水頭者：直接打開測試用排水閥然後操作手動啟動開關，確認加壓送水裝置是否啟動
(B) 對於手動啟動裝置而使用密閉式撒水頭者：直接操作控制盤上啟動按鈕，確認加壓送水裝置是否啟動
(C) 對於手動啟動裝置之判定方法：閥的操作應容易進行，且加壓送水裝置應能確實啟動
(D) 對於自動啟動裝置之啟動用水壓開關裝置：以目視及螺絲起子，確認壓力開關之端子有無鬆動

7-9 102年水系統考題詳解

甲、申論題部分：

一、消防幫浦係指由幫浦、電動機及控制盤、呼水裝置、防止水溫上升用排放裝置、幫浦性能試驗裝置、啓動用水壓開關裝置與底閥等全部或部分附屬裝置所構成，請繪出具呼水槽防止水溫排放裝置示意圖並說明性能要求（15分）；另以消防幫浦之性能曲線，說明消防安全檢查幫浦性能正常的判斷方式。（10分）

解：

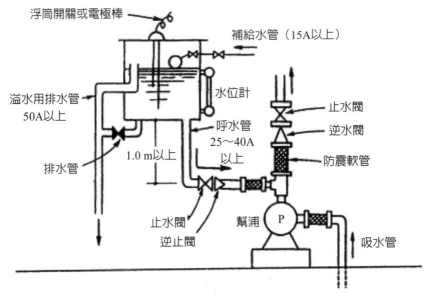

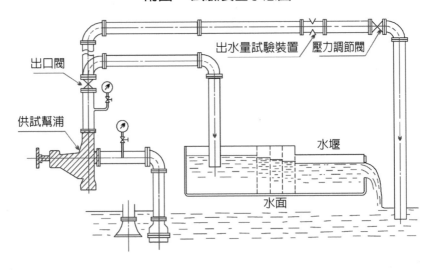

附圖　試驗裝置示意圖

防止水溫上升用排放裝置應符合下列規定：

(一) 設呼水槽時，防止水溫上升用排放管應從呼水管逆止閥之靠幫浦側連結，中途應設限流孔，使幫浦在運轉中能排水至呼水槽。

(二) 未設呼水槽時，其防止水溫上升之排放管應從幫浦出水側逆止閥之一次側連接，中途應設限流孔，使幫浦在運轉中能排水至水槽內。

(三) 防止水溫上升用之排放管之配管中途需裝設控制閥。

(四) 防止水溫上升用之排放管應使用口徑 15mm 以上者。

(五) 防止水溫上升用之排水管內之流水量，當幫浦在全閉狀態下連續運轉時，不使幫浦內部水溫。值升高攝氏三十度以上，其計算方式如下：

$$q = \frac{Ls \times C}{60 \times \Delta t}$$

q：排放水量（公升／分）

Ls：幫浦關閉運轉時之出力（Kw）

C：幫浦運轉時每小時千瓦八百六十千卡（kcal/hr.kw）

Δt：幫浦的水溫上升限度為攝氏三十度時每一公升水的吸收熱量（每一公升三十千卡）。

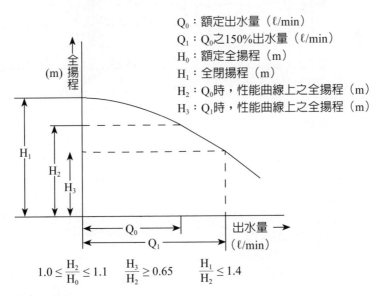

Q_0：額定出水量（ℓ/min）
Q_1：Q_0 之150%出水量（ℓ/min）
H_0：額定全揚程（m）
H_1：全閉揚程（m）
H_2：Q_0 時，性能曲線上之全揚程（m）
H_3：Q_1 時，性能曲線上之全揚程（m）

$$1.0 \le \frac{H_2}{H_0} \le 1.1 \qquad \frac{H_3}{H_2} \ge 0.65 \qquad \frac{H_1}{H_2} \le 1.4$$

附圖　揚程曲線圖

全揚程及出水量在附圖 1 所示性能曲線上，應符合下列 (a)～(c) 之規定，並應符合 (d)～(f) 所列許可差之規定（防止水溫上升用排放之水量，不包括在額定出水量內）。

(a) 幫浦在額定出水量時，在其性能曲線上之全揚程應為額定全揚之 100% 以

上、110% 以下。

(b) 幫浦之出水量在額定出水量之 150% 時，其全揚程應為額定出水量在性能曲線上全揚程之 65% 以上。

(c) 全閉揚程應為額定出水量在性能曲線上全揚程之 140% 以下。

(d) 額定出水量時之全揚程應在設計值之＋ 10%、－0% 內。

(e) 額定出水量之 150% 時之全揚程應在設計值之－8% 內。

(f) 全閉揚程應在設計值之 ±10% 內。

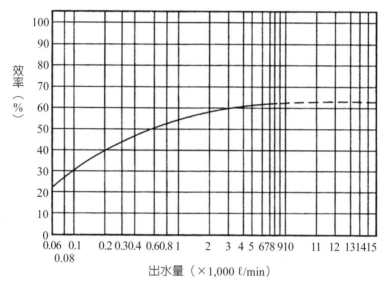

附圖　幫浦效率曲線

乙、測驗題部分：

(D) 1. 有關撒水頭位置裝置之規定，下列敘述何者正確？
    (A) 撒水頭迴水板下方三十公分內及水平方向四十五公分內，應保持淨空間，不得有障礙物
    (B) 撒水頭軸心與裝置面成 85 度角裝置
    (C) 密閉式撒水頭裝置於樑下時，迴水板與樑底之間距在十公分以下，且與樓板或天花板之間距在六十公分以下
    (D) 密閉式撒水頭之迴水板裝設於裝置面下方，其間距在三十公分以下

(C) 2. 使用密閉式撒水頭且風管等障礙物之寬度超過多少公分時，該風管等障礙物下方，亦應設置？
    (A) 八十　　　　　(B) 一百　　　　　(C) 一百二十　　　　(D) 一百五十

(A) 3. 密閉乾式或預動式之流水檢知裝置二次側配管，為有效排水，支管每十公

尺傾斜 X 公分，主管每十公尺傾斜 Y 公分。下列 X，Y 何者正確？

(A) X = 4，Y = 2　　　　　　　　(B) X = 4，Y = 3

(C) X = 5，Y = 2　　　　　　　　(D) X = 2，Y = 4

(B)　4. 下列有關自動撒水設備應裝置適當之流水檢知裝置之敘述，何者有誤？

(A) 各樓層之樓地板面積在三千平方公尺以下者，裝設一套，超過三千平方公尺者，裝設二套

(B) 上下二層，各層撒水頭數量在十個以下者，得二層共用

(C) 附設制水閥，其高度距離樓地板面在一點五公尺以下零點八公尺以上

(D) 撒水頭或一齊開放閥開啟放水時，即發出警報

(A)　5. 依各類場所消防安全設備設置標準之規定，設置泡沫原液儲槽時，下列敘述何者有誤？

(A) 設置於溫度攝氏四十度以下，可有日光曝曬之處

(B) 平時在加壓狀態者，應附設壓力表

(C) 設有 於確認藥劑量之液面計或計量棒

(D) 採取有效防震措施

(B)　6. 依各類場所消防安全設備設置標準裝置水霧滅火設備之室內停車空間，其排水設備應符合下列何者規定？

(A) 車輛停駐場所地面作百分之五以上之坡度

(B) 在車道之中央或二側應設置排水溝，排水溝設置集水管，並與滅火坑相連接

(C) 車輛停駐場所，都應設高十公分以上之地區境界堤，或深十公分寬十公分以上之地區境界溝，並與排水溝連通

(D) 滅火坑可不設油水分離裝置，但需設於火災不易殃及之處所

(C)　7. 中央消防主管機關認定儲存大量可燃物之場所天花板高度超過六公尺或其他場所天花板高度超過十公尺者，應採用下列何種撒水頭？

(A) 小區劃型撒水頭　　　　　　　(B) 標準型撒水頭

(C) 放水型撒水頭　　　　　　　　(D) 側壁型撒水頭

(B)　8. 有關泡沫原液與水混合使用濃度，下列敘述何者正確？

(A) 蛋白質泡沫液百分之四或百分之六

(B) 合成界面活性泡沫液百分之一或百分之三

(C) 水成膜泡沫液百分之三或百分之五

(D) 所有種類之泡沫液皆為百分之三或百分之六

(C)　9. 製造公共危險物品等場所中所設置之室外消防栓設備，其緊急電源之供電容量應供其有效動作多久以上？

(A) 20 分鐘　　　(B) 30 分鐘　　　(C) 45 分鐘　　　(D) 60 分鐘

(A)　10. 移動式泡沫滅火設備，其水帶接頭至防護對象任一點之水平距離，依各類場所消防安全設備設置標準，應在多少公尺以下？

(A) 十五　　　　(B) 二十　　　　(C) 三十　　　　(D) 四十

（B）11. 某一室內停車空間使用移動式乾粉滅火設備，依各類場所消防安全設備設置標準，每一具噴射瞄子之每分鐘藥劑放射量應爲多少公斤（kg/min）？
(A) 十八 　　　　(B) 二十七 　　　　(C) 三十六 　　　　(D) 四十八

（B）12. 任一消防專用蓄水池至建築物各部分之水平距離，應在多少公尺以下？
(A) 五十 　　　　(B) 一百 　　　　(C) 一百五十 　　　　(D) 二百

（D）13. 消防搶救上之必要設備中，連結送水管之送水口設置，下列敘述何者錯誤？
(A) 送水口爲雙口形，接裝口徑六十三公厘陰式快速接頭
(B) 距基地地面之高度在一公尺以下零點五公尺以上
(C) 標明連結送水管送水口字樣
(D) 送水口在其附近便於檢查確認處，裝設測試用出水口

（A）14. 有關室內消防栓之規定，下列何者正確？
(A) 室內消防栓箱身應具有足夠裝設消防栓、水帶及瞄子等裝備之深度，其箱面表面積在 0.7 平方公尺以上
(B) 設置第一種室內消防栓時，各層任一點至消防栓接頭之水平距離不得超過 15 公尺
(C) 供集會或娛樂處所，應設於舞臺二側、觀眾席前二側、包廂後側之位置
(D) 立管管徑，第一種消防栓不得小於 50 公厘；第二種消防栓不得小於 63 公厘

（B）15. 依各類場所消防安全設備設置標準之規定，移動放射方式之二氧化碳滅火設備，皮管接頭至防護對象任一部分之水平距離應在多少公尺以下？
(A) 10 　　　　(B) 15 　　　　(C) 20 　　　　(D) 25

（A）16. 福爾摩沙肥料公司，因製程需使用大量硫酸，故設置有硫酸製造原料硫磺之室外儲槽，由於其爲顯著滅火困難場所，依各類場所消防安全設備設置標準，應設置何種滅火設備？
(A) 第三種滅火設備之水霧滅火設備
(B) 第一種滅火設備之室外消防栓設備
(C) 第二種滅火設備
(D) 第三種滅火設備之固定式泡沫滅火設備

（C）17. 某十層以下建築物，供百貨商場使用之場所，樓地板面積二千五百平方公尺，設置自動撒水設備使用密閉式一般反應型撒水頭時，其水源容量不得小於幾個撒水頭繼續放水二十分鐘之水量？
(A) 十個 　　　　(B) 十二個 　　　　(C) 十五個 　　　　(D) 三十個

（B）18. 某新建大樓之室內消防栓設備加壓送水裝置全閉揚程如爲 70 m，消防立管管系竣工時，應做加壓試驗，試驗壓力不得小於多少之水壓？
(A) 7 kgf/cm² 　　(B) 10.5 kgf/cm² 　　(C) 14 kgf/cm² 　　(D) 30 kgf/cm²

（D）19. 室外消防栓口徑不得小於六十三公厘，與建築物一樓外牆各部分之水平距離不得超過幾公尺？
(A) 15 公尺 　　　　(B) 25 公尺 　　　　(C) 30 公尺 　　　　(D)40 公尺

(D) 20. 下列有關第二種室內消防栓設備之敘述，何者正確？
(A) 各層任一點至消防栓接頭之水平距離不得超過 25 公尺
(B) 其瞄子放水壓力不得小於每平方公分 2.7 公斤
(C) 其消防幫浦出水量每支不得小於每分鐘 60 公升
(D) 配置口徑 25 公厘、長 20 公尺皮管與一具直線水霧兩用瞄子

(A) 21. 室內消防栓竣工查驗測定瞄子放水壓力時，應將皮托管壓力計進水口對準瞄子出水口中心點且距離瞄子口前端多少處？
(A) 0.5 倍瞄子口徑大小 　　　　(B) 瞄子口徑大小
(C) 1.5 倍瞄子口徑大小 　　　　(D) 2 倍瞄子口徑大小

(C) 22. 某汽車修理廠位於建築物地面層，樓地板面積 500 平方公尺，欲選擇設置水霧、泡沫、乾粉等任一滅火設備，若修理廠之外牆開口最小面積（常時開放部分）達到多少時，上列之滅火設備即得採用移動式滅火設備設置？
(A) 25 m² 　　　　(B) 50 m² 　　　　(C) 75 m² 　　　　(D) 100 m²

(B) 23. 某一汽車引擎試驗室場所，樓地板面積三百平方公尺，設置水霧滅火設備時，其每平方公尺放水量不得小於每分鐘多少公升？
(A) 5 　　　　(B) 10 　　　　(C) 20 　　　　(D) 30

(A) 24. 某發電機室設置水霧滅火設備，採單一放水區域且水霧噴頭數為 20 個時，其加壓送水裝置使用消防幫浦，所需之最低出水量為何？
(A) 1200 l/min 　　(B) 1800 l/min 　　(C) 2000 l/min 　　(D) 2400 l/min

(D) 25. 若消防幫浦之額定出水量為 1200 l/min，額定全揚程為 50m，幫浦效率為 0.56，傳動係數為 1.1，試問其電動機所需之馬力（KW）約為多少？
(A) 7.5 KW 　　(B) 12.4 KW 　　(C) 15.6 KW 　　(D)19.3 KW

7-10 101年水系統考題詳解

甲、申論題部分：

一、儲存公共危險物品之室外儲槽場所，在符合那些條件下即屬於顯著滅火困難場所？（9分）其例外情形如何？（4分）若該室外儲槽為儲存閃火點在 40℃以下之第四類公共危險物品之顯著滅火困難場所，且設於碼頭並連接輸送設備，除需設置固定式泡沫滅火設備外，並應依那些規定設置泡沫射水槍滅火設備？（12分）

解：

第 194 條

　　五、室外儲槽場所符合下列規定之一。

　　　　㈠儲槽儲存液體表面積在四十平方公尺以上。

　　　　㈡儲槽高度在六公尺以上。

　　　　㈢儲存固體公共危險物品，其儲存數量達管制量一百倍以上。

　　　　但儲存高閃火點物品或第六類公共危險物品，其操作溫度未滿攝氏一百度者，不在此限：

第 215 條　以室外儲槽儲存閃火點在攝氏四十度以下之第四類公共危險物品之顯著滅火困難場所者，且設於岸壁、碼頭或其他類似之地區，並連接輸送設備者，除設置固定式泡沫滅火設備外，並依下列規定設置泡沫射水槍滅火設備：

　　一、室外儲槽之幫浦設備等設於岸壁、碼頭或其他類似之地區時，泡沫射水槍應能防護該場所位於海面上前端之水平距離十五公尺以內之海面，而距離注入口及其附屬之公共危險物品處理設備各部分之水平距離在三十公尺以內，其設置個數在二具以上。

　　二、泡沫射水槍為固定式，並設於無礙滅火活動及可啟動、操作之位置。

　　三、泡沫射水槍同時放射時，射水槍泡沫放射量為每分鐘一千九百公升以上，且其有效水平放射距離在三十公尺以上。

乙、測驗題部分：

（C）　1. 依據「消防幫浦認可基準」規定，下列何者為消防幫浦之性能試驗要求內容？

　　　　(A) 幫浦在額定出水量時，在其性能曲線上之全揚程應為額定全揚程之 100% 以上、125% 以下

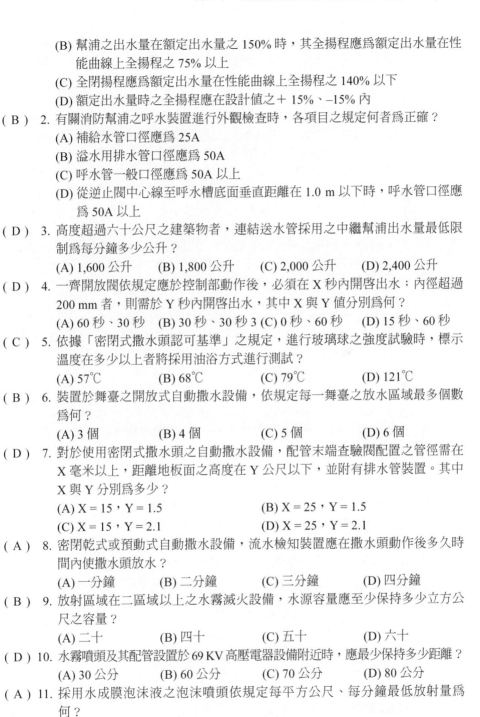

(B) 幫浦之出水量在額定出水量之 150% 時，其全揚程應為額定出水量在性
能曲線上全揚程之 75% 以上

(C) 全閉揚程應為額定出水量在性能曲線上全揚程之 140% 以下

(D) 額定出水量時之全揚程應在設計值之 + 15%、–15% 內

（ B ）2. 有關消防幫浦之呼水裝置進行外觀檢查時，各項目之規定何者為正確？

(A) 補給水管口徑應為 25A

(B) 溢水用排水管口徑應為 50A

(C) 呼水管一般口徑為 50A 以上

(D) 從逆止閥中心線至呼水槽底面垂直距離在 1.0 m 以下時，呼水管口徑應
為 50A 以上

（ D ）3. 高度超過六十公尺之建築物者，連結送水管採用之中繼幫浦出水量最低限
制為每分鐘多少公升？

(A) 1,600 公升　　　(B) 1,800 公升　　　(C) 2,000 公升　　　(D) 2,400 公升

（ D ）4. 一齊開放閥依規定應於控制部動作後，必須在 X 秒內開啓出水；內徑超過
200 mm 者，則需於 Y 秒內開啓出水，其中 X 與 Y 值分別為何？

(A) 60 秒、30 秒　(B) 30 秒、30 秒 3　(C) 0 秒、60 秒　　(D) 15 秒、60 秒

（ C ）5. 依據「密閉式撒水頭認可基準」之規定，進行玻璃球之強度試驗時，標示
溫度在多少以上者將採用油浴方式進行測試？

(A) 57℃　　　　　(B) 68℃　　　　　(C) 79℃　　　　　(D) 121℃

（ B ）6. 裝置於舞臺之開放式自動撒水設備，依規定每一舞臺之放水區域最多個數
為何？

(A) 3 個　　　　　(B) 4 個　　　　　(C) 5 個　　　　　(D) 6 個

（ D ）7. 對於使用密閉式撒水頭之自動撒水設備，配管末端查驗閥配置之管徑需在
X 毫米以上，距離地板面之高度在 Y 公尺以下，並附有排水管裝置。其中
X 與 Y 分別為多少？

(A) X = 15，Y = 1.5　　　　　　(B) X = 25，Y = 1.5

(C) X = 15，Y = 2.1　　　　　　(D) X = 25，Y = 2.1

（ A ）8. 密閉乾式或預動式自動撒水設備，流水檢知裝置應在撒水頭動作後多久時
間內使撒水頭放水？

(A) 一分鐘　　　　(B) 二分鐘　　　　(C) 三分鐘　　　　(D) 四分鐘

（ B ）9. 放射區域在二區域以上之水霧滅火設備，水源容量應至少保持多少立方公
尺之容量？

(A) 二十　　　　　(B) 四十　　　　　(C) 五十　　　　　(D) 六十

（ D ）10. 水霧噴頭及其配管設置於 69 KV 高壓電器設備附近時，應最少保持多少距離？

(A) 30 公分　　　　(B) 60 公分　　　　(C) 70 公分　　　　(D) 80 公分

（ A ）11. 採用水成膜泡沫液之泡沫噴頭依規定每平方公尺、每分鐘最低放射量為
何？

(A) 3.7 公升　　　　(B) 6.5 公升　　　　(C) 7.2 公升　　　　(D) 8.0 公升

（ D ）12. 依據「泡沫噴頭認可基準」之規定，採用水成膜泡沫滅火藥劑、蛋白泡沫
滅火藥劑之泡沫系統，進行 25% 還原時間之試驗時，還原時間各應在多久
以上？

    (A) 30 秒、30 秒   (B) 30 秒、60 秒   (C) 60 秒、30 秒   (D) 60 秒、60 秒

（ B ）13. 有關應設室外消防栓設備之場所，下列敘述何者正確？

    (A) 低度危險工作場所，其建築物及儲存面積在 8000 平方公尺以上者

    (B) 中度危險工作場所，其建築物及儲存面積在 5000 平方公尺以上者

    (C) 高度危險工作場所，其建築物及儲存面積在 2000 平方公尺以上者

    (D) 不同危險程度之工作場所，以「各類場所消防安全設備設置標準」第
16 條第 1 項第 1 至 3 款所列各款場所之實際面積為分母，各款規定之
面積為分子，分別計算，其比例之總合大於 1 者

（ C ）14. 公共危險物品儲槽設置補助泡沫消防栓之規定，下述何者正確：

    (A) 設在儲槽防液堤外圍，距離槽壁十公尺以上，於消防救災處

    (B) 泡沫瞄子放射量在每分鐘二百六十公升以上

    (C) 放射壓力在每平方公分三點五公斤以上

    (D) 全部泡沫消防栓數量超過二支時，以同時使用二支計算之

（ C ）15. 室內消防栓設備之加壓送水裝置，若採用壓力水箱方式，則其水箱內空氣
不得小於水箱容積的幾分之幾？

    (A) 1/5   (B) 1/4   (C) 1/3   (D) 1/2

（ C ）16. 某建築物外面設有三具室外消防栓，則其水源容量至少應為多少？

    (A) 3.6 m^3 (B) 7.8 m^3 (C) 21 m^3 (D) 31.5 m^3

（ B ）17. 室外消防栓幾公尺內應保持空曠，不得堆放物品或種植花木？

    (A) 1 公尺   (B) 3 公尺   (C) 5 公尺   (D) 7 公尺

（ B ）18. 某百貨商場（10 F 以下）內設有一般反應型撒水頭 15 個，問其消防幫浦最
低出水量為何？

    (A) 1080 l/min   (B) 1350 l/min   (C) 750 l/min   (D) 900 l/min

（ B ）19 自動撒水設備依規定，其撒水頭迴水板下方 I 公分及水平方向 J 公分內，應
保持淨空間，不得有障礙物？

    (A) I = 30 公分，J = 45 公分   (B) I = 45 公分，J = 30 公分

    (C) I = 35 公分，J = 40 公分   (D) I = 40 公分，J = 35 公分

（ D ）20. 對於裝置水霧滅火設備之規定，下列敘述何者正確？

    (A) 每一水霧噴頭之有效半徑不得小於 2.1 公尺

    (B) 每一放射區域以 100 平方公尺為原則

    (C) 供汽車修理廠使用，其每平方公尺之放水量應為 10 l/min 以上

    (D) 室內停車空間之車輛停駐場所地面應作不得小於 2/100 以上之坡度

（ D ）21. 水霧滅火設備之加壓送水裝置使用消防幫浦時，用於防護電氣設備者，每
一個水霧噴頭壓力依規定均應達到多少以上？

    (A) 1.7 kgf/cm^2 (B) 2.5 kgf/cm^2 (C) 2.7 kgf/cm^2 (D) 3.5 kgf/cm^2

（ A ）22. 對高發泡放出口之配置規定，當為全區放射防護對象為汽車修護廠時，下列敘述何者正確？
  (A) 膨脹比種類在 80～250 時，每分鐘每立方公尺冠泡體積之泡沫水溶液放射量為 1.11 公升
  (B) 膨脹比種類在 250～500 時，每分鐘每立方公尺冠泡體積之泡沫水溶液放射量為 0.5 公升
  (C) 膨脹比種類在 250～500 時，每分鐘每立方公尺冠泡體積之泡沫水溶液放射量為 0.38 公升
  (D) 膨脹比種類在 500～1000 時，每分鐘每立方公尺冠泡體積之泡沫水溶液放射量為 0.29 公升

（ C ）23. 有關室內消防栓設備之第一種消防栓設置規定，下列敘述何者不正確？
  (A) 各層任一點至消防栓接頭之水平距離不得超過 25 公尺
  (B) 瞄子放水壓力不得少於 1.7 kgf/cm^2
  (C) 瞄子放水量不得少於 60 l/min
  (D) 應配置口徑 38 毫米或 50 毫米之消防栓

7-11 100年水系統考題詳解

甲、申論題部分：

> 一、依據「各類場所消防安全設備設置標準」，試說明開放式自動撒水設備應設
> 置之場所、放水區域，與自動及手動啟動裝置之設置規定為何？（25分）

解：

第 43 條　自動撒水設備，得依實際情況需要就下列各款擇一設置。但供第十二條第一款第一目所列場所及第二目之集會堂使用之舞臺，應設開放式。

第 52 條　開放式自動撒水設備之自動及手動啟動裝置，依下列規定設置。但受信總機設在平時有人處，且火災時，能立即操作啟動裝置者，得免設自動啟動裝置：

一、自動啟動裝置，應符合下列規定：

(一) 感知撒水頭或探測器動作後，能啟動一齊開放閥及加壓送水裝置。

(二) 感知撒水頭使用標示溫度在七十九度以下者，且每二十平方公尺設置一個；探測器使用定溫式一種或二種，並依第一百二十條規定設置，每一放水區域至少一個。

(三) 感知撒水頭設在裝置面距樓地板面高度五公尺以下，且能有效探測火災處。

二、手動啟動裝置，應符合下列規定：

(一) 每一放水區域設置一個手動啟動開關，其高度距樓地板面在零點八公尺以上一點五公尺以下，並標明手動啟動開關字樣。

(二) 手動啟動開關動作後，能啟動一齊開放閥及加壓送水裝置。

第 54 條　開放式自動撒水設備之放水區域，依下列規定：

一、每一舞臺之放水區域在四個以下。

二、放水區域在二個以上時，每一放水區域樓地板面積在一百平方公尺以上，且鄰接之放水區域相互重疊，使有效滅火。

乙、測驗題部分：

(C)　1. 實施泡沫噴頭外觀檢查，應進行之項目內容不包括以下那一項？

(A) 確認有無因隔間變更而未加設泡沫頭，造成未警戒之部分

(B) 以目視確認泡沫頭周圍有無妨礙泡沫分布之障礙

(C) 確認泡沫噴頭網孔大小及其發泡性能

(D) 以目視確認外形有無變形、腐蝕、阻塞等

(D) 2. 下列關於自動撒水設備竣工時所做之加壓試驗，何者錯誤？
(A) 試驗壓力不得小於加壓送水裝置全閉揚程一點五倍以上之水壓
(B) 水壓試驗壓力以繼續維持二小時無漏水現象
(C) 密閉乾式管系應併行空氣壓試驗，應使空氣壓力達到每平方公分二點八公斤之標準
(D) 密閉乾式管系所併行空氣壓試驗，漏氣減壓量應在每平方公分零點五公斤以下

(D) 3. 依竣工查驗作業規定，進行泡沫滅火設備綜合試驗，水成膜泡沫低發泡之放射試驗，下列何者正確？
(A) 放射區域就預設放射壓力最高處實施
(B) 發泡倍率應在 10 倍以上
(C) 25% 還原時間應在 30 秒以上
(D) 泡沫稀釋濃度 3% 型者應在 3%～4% 範圍內

(C) 4. 竣工測試時應依據消防安全設備審查作業通過之圖說進行，下列圖例中，何者為密閉式撒水頭？

(A) Ⓢ   (B) ⊗   (C) ◯   (D) Ⓕ

(C) 5. 竣工測試時應依據消防安全設備審查作業通過之圖說進行，下列何者為綜合消防栓箱的圖例？

(A) ◪   (B) ◪   (C) ▨   (D) ▨

(C) 6. 進行自動撒水設備檢查作業中自動警報逆止閥（流水檢知裝置）性能檢查，下列何者不是檢查項目之一？
(A) 閥本體、閥類及壓力計   (B) 音響警報裝置（蜂鳴器或水鐘）
(C) 手動啟動裝置   (D) 延遲裝置（延遲箱）

(D) 7. 某棟十二層辦公用途建築物屋頂水箱出水口至壓力桶壓力開關間落差 58m，最頂層消防栓出水口至壓力開關落差為 47m，其室內消防栓加壓送水裝置幫浦之啟動壓力值應設定為多少？
(A) 4.7 kgf/cm^2 (B) 5.8 kgf/cm^2 (C) 6.3 kgf/cm^2 (D) 6.7 kgf/cm^2

(B) 8. 某停車空間泡沫滅火設備進行綜合檢查泡沫放射試驗時，如採水成膜泡沫液，其發泡倍率應達多少倍以上？
(A) 3 倍以上   (B) 5 倍以上   (C) 10 倍以上   (D) 20 倍以上

(B) 9. 某 12 層樓飯店建築物內走廊通道，設有自動撒水設備並裝置側壁型撒水頭，就該撒水頭計算其各有效防護面積最大為多少平方公尺？
(A) 13.52 m^2 (B) 12.96 m^2 (C) 11.43 m^2 (D) 10.56 m^2

(C) 10. 某百貨商場建築物內設置 5 支第一種室內消防栓設備時，其水源容量應不

得少於多少立方公尺？

(A) 2.4 立方公尺　(B) 4.8 立方公尺　(C) 5.2 立方公尺　(D)20.8 立方公尺

(B) 11. 室外消防栓設備竣工查驗作業綜合放水試驗規定瞄子放水壓力與放水量，下列何者錯誤？

(A) 測定預設放水壓力最低處同時使用規定個數消防栓

(B) 測定預設最遠處規定個數消防栓

(C) 測定預設放水壓力最高處使用一個消防栓

(D) 測定直線放水狀態

(C) 12. 消防幫浦運轉後停機時，水管內水突然倒流所產生的反向壓力，此為水錘作用（Water hammer），極易造成水管破 ，為減輕其作用，可在消防幫浦附近選擇增設之相關附屬裝置，下列何者錯誤？

(A) 防震軟管　　　　　　　　　(B) 旁通閥或安全閥

(C) 逆止閥　　　　　　　　　　(D) 空氣室（air chamber）

(A) 13. 水系統自動滅火設備構件有通用設計部分，如一齊開放閥之設置，下列有關一齊開放閥動作機制或型式之敘述，何者錯誤？

(A) 水馬達式　　(B) 水減壓式　　(C) 電動閥式　　(D) 氣體動力式

(C) 14. 進行補助撒水栓竣工查驗之綜合放水試驗，以下敘述何者正確？

(A) 以放水壓力預設為最高處所瞄子放水

(B) 以瞄子直線與水霧兩種狀態測定

(C) 瞄子放水壓力應在 2.5 kgf/cm² 以上，10 kgf/cm² 以下

(D) 瞄子放水量應在 80 l/min 以上

✚ 知識補充站

日本防火對象物檢修申報期限

款目		防火對象物	檢修申報期限
1	(1)	戲院、電影院、娛樂場所、展覽中心	一年一次
	(2)	公民館、集會場	
2	(1)	歌舞表演、咖啡館、夜總會	
	(2)	遊藝場、舞廳、	
	(3)	海關業務銷售場所	
	(4)	卡拉 OK、為客戶提供服務房間	
3	(1)	會議室、餐廳類似場所	
	(2)	飲食店	
4		百貨商店、超級市場、商場或展覽廳	
5	(1)	旅館、汽車旅館、有客房招待所	
	(2)	集合住宅、寄宿舍	三年一次
6	(1)	醫院、診所或有／無床診所	一年一次
	(2)	老年短期住宿設施，老人養老院等（自力避難困難者）	
	(3)	老人日服務中心，幼兒保育類似場所	
	(4)	幼兒園或特殊學校	
7		小學、中學、高中、大學類似場所	三年一次
8		圖書館，博物館，美術館等類似場所	
9	(1)	公共浴池之外部蒸汽浴室、熱氣浴室類似特定場所	一年一次
	(2)	9(1) 以外等一般公共浴場	三年一次
10		候車場或船舶／飛機起飛／到達地點（僅乘客上下車或等候場所）	
11		神社、寺廟、教會	
12	(1)	工廠、作業場	
	(2)	電影攝影場、電視播送場	
13	(1)	車庫、停車場	
	(2)	飛機或旋翼飛機機庫	
14		倉庫	
15		不適用上述之商業場所	
16	(1)	複合用途建築物中供第 1 至 4、5、6 或 9 款特定用途者	一年一次
	(2)	16(1) 以外之複合用途非特定建築物	三年一次
16-2		地下街	一年一次
16-3		16-2 以外地下層接合連續性地下通路（準地下街）	
17		古蹟歷史建築、重要民俗資料、史跡等建築物（文化財）	三年一次
18		≥ 50m 拱廊	

註：底色者為特定防火對象物，非底色者為一般防火特定物。

Note

參考文獻

1. 盧守謙，火災學（二版），五南圖書出版，2019 年 7 月。
2. 盧守謙，圖解消防工程（二版），五南圖書出版，2019 年 4 月。
3. 盧守謙，圖解消防危險物品（二版），五南圖書出版，2019 年 11 月。
4. 盧守謙，圖解消防安全設備設標準（二版），五南圖書出版，2019 年 5 月。
5. 盧守謙與陳永隆，防火防爆，五南圖書出版，2017 年 2 月。
6. 盧守謙與陳永隆，消防設備師士：消防法規，五南圖書出版，2017 年 4 月。
7. 陳火炎，各類場所消防安全設備設置標準解說（五版），鼎茂圖書出版，2009 年 3 月。
8. 陳火炎，圖解水系統滅火設備（三版），鼎茂圖書出版，2014 年 1 月。
9. 張裕忠與陳仕榕，消防危險物器法令解說（四版），鼎茂圖書出版，2011 年 3 月。
10. 內政部消防法令函釋及公告，內政部消防署消防法令查詢系統，http://law.nfa.gov.tw/GNFA/fint/，民國 106 年 8 月。
11. 消防設備士資格研究會，第 5 類與第 6 類消防設備士，新星出版社，平成 22 年。
12. 日本消防檢定協會，消防用設備等，平成 28 年。
13. 日本危險物設施基準指南，平成 7 年。
14. 日本總務省消防廳，高發泡泡沫滅火設備，平成 29 年。
15. 埼玉市消防局，埼玉市消防用設備等審查基準，平成 28 年。
16. 明石市消防局，明石市消防用設備等審查基準，平成 30 年。
17. 福岡市消防局，福岡市消防用設備等技術基準，平成 26 年。
18. 神戶市消防局，神戶市消防用設備等技術基準，平成 25 年
19. 橫濱市消防局，橫濱市危險物規制事務審查基準，平成 27 年。
20. 大津市消防局，大津市危險物規制事務審查基準，平成 26 年。
21. 堺市消防局，堺市危險物規制審查基準，平成 28 年。
22. 東京防災設備保守協會，消防用設備等，平成 28 年。
23. CHIKATA 株式會社，消火設備，平成 28 年。。
24. NOHMI BOSAI 株式會社，消防用設備，平成 29 年。
25. NIPPON DRY-CHEMICAL 株式會社，消防用設備等，平成 28 年。
26. MORITA MIYATA 株式會社，消防用設備等，平成 28 年。
27. 日本消防檢定協會網頁，http://www.jfeii.or.jp/，平成 31 年
28. 日本總務省消防廳網頁，http://www.fdma.go.jp/，平成 31 年。
29. 東京消防庁網頁，http://www.tfd.metro.tokyo.jp/，平成 31 年。
30. 日本消防設備安全中心網頁，http://www.fesc.or.jp/index.html，平成 31 年。
31. 財團法人消防試驗研究中心網頁，http://www.shoubo-shiken.or.jp/，平成 31 年。
32. NFPA 11, Standard for Low, Medium, and High-Expansion Foam, Foam Fatale, 2017.

國家圖書館出版品預行編目資料

圖解水系統消防安全設備／盧守謙，陳承聖
作. －－二版.－－臺北市：五南圖書出版
股份有限公司, 2022.04
面；　公分
ISBN 978-626-317-697-3（平裝）

1.CST: 消防設施　2.CST: 消防安全

575.875　　　　　　　　111003001

5T45

圖解水系統消防安全設備

作　　　者 ― 盧守謙（481）

協同作者 ― 陳承聖

發 行 人 ― 楊榮川

總 經 理 ― 楊士清

總 編 輯 ― 楊秀麗

副總編輯 ― 王正華

責任編輯 ― 金明芬

封面設計 ― 姚孝慈

出 版 者 ― 五南圖書出版股份有限公司

地　　　址：106台北市大安區和平東路二段339號4樓

電　　　話：(02)2705-5066　傳　　真：(02)2706-6100

網　　　址：https://www.wunan.com.tw

電子郵件：wunan@wunan.com.tw

劃撥帳號：01068953

戶　　　名：五南圖書出版股份有限公司

法律顧問　林勝安律師事務所　林勝安律師

出版日期　2020年1月初版一刷
　　　　　　2022年4月二版一刷

定　　　價　新臺幣650元

經典永恆·名著常在

五十週年的獻禮——經典名著文庫

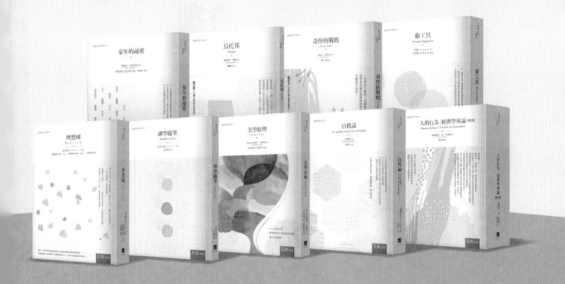

五南,五十年了,半個世紀,人生旅程的一大半,走過來了。

思索著,邁向百年的未來歷程,能為知識界、文化學術界作些什麼?

在速食文化的生態下,有什麼值得讓人雋永品味的?

歷代經典·當今名著,經過時間的洗禮,千錘百鍊,流傳至今,光芒耀人;

不僅使我們能領悟前人的智慧,同時也增深加廣我們思考的深度與視野。

我們決心投入巨資,有計畫的系統梳選,成立「經典名著文庫」,

希望收入古今中外思想性的、充滿睿智與獨見的經典、名著。

這是一項理想性的、永續性的巨大出版工程。

不在意讀者的眾寡,只考慮它的學術價值,力求完整展現先哲思想的軌跡;

為知識界開啟一片智慧之窗,營造一座百花綻放的世界文明公園,

任君遨遊、取菁吸蜜、嘉惠學子!